항균잉크란?

코로나19 바이러스
"친환경 99.9% 항균잉크 인쇄"
전격 도입

언제 끝날지 모를 코로나19 바이러스
99.9% 항균잉크(V-CLEAN99)를 도입하여 「안심도서」로
독자분들의 건강과 안전을 위해 노력하겠습니다.

㈜시대고시기획

Clean Zone

본 도서는 항균잉크로 인쇄하였습니다.

항균 + 99.9%
안심도서

항균잉크(V-CLEAN99)의 특징

- ◉ 바이러스, 박테리아, 곰팡이 등에 항균효과가 있는 산화아연을 적용

- ◉ 산화아연은 한국의 식약처와 미국의 FDA에서 식품첨가물로 인증받아 **강력한 항균력을** 구현하는 소재

- ◉ 황색포도상구균과 대장균에 대한 테스트를 완료하여 **99.9%의 강력한 항균효과** 확인

- ◉ 잉크 내 중금속, 잔류성 오염물질 등 **유해 물질 저감**

TEST REPORT

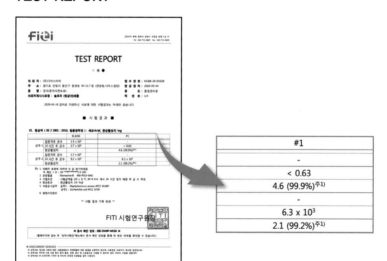

#1
-
< 0.63
4.6 (99.9%)주1)
-
6.3 x 10³
2.1 (99.2%)주1)

Clean Zone

SD에듀
(주)시대고시기획

시 대 에 듀

독학사
3단계

— 컴퓨터공학과 —

임베디드시스템

SD에듀
(주)시대고시기획

머리말

학위를 얻는 데 시간과 장소는 더 이상 제약이 되지 않습니다. 대입 전형을 거치지 않아도 '학점은행제'를 통해 학사학위를 취득할 수 있기 때문입니다. 그중 독학학위제도는 고등학교 졸업자이거나 이와 동등 이상의 학력을 가지고 있는 사람들에게 효율적인 학점인정 및 학사학위취득의 기회를 줍니다.

학습을 통한 개인의 자아실현 도구이자 자신의 실력을 인정받을 수 있는 스펙으로서의 독학사는 짧은 기간 안에 학사학위를 취득할 수 있는 가장 빠른 지름길로 많은 수험생들의 선택을 받고 있습니다.

독학학위취득시험은 1단계 교양과정 인정시험, 2단계 전공기초과정 인정시험, 3단계 전공심화과정 인정시험, 4단계 학위취득 종합시험의 1~4단계까지의 시험으로 이루어집니다. 4단계까지의 과정을 통과한 자에 한해 학사학위취득이 가능하고, 이는 대학에서 취득한 학위와 동등한 지위를 갖습니다.

이 책은 독학사 시험에 응시하는 수험생들이 단기간에 효과적인 학습을 할 수 있도록 다음과 같이 구성하였습니다.

01 단원 개요
핵심이론을 학습하기에 앞서 각 단원에서 파악해야 할 중점과 학습목표를 수록하였습니다.

02 핵심이론
다년간 출제된 독학학위제 평가영역을 철저히 분석하여 시험에 꼭 출제되는 내용을 '핵심이론'으로 선별하여 수록하였으며, 중요도 체크 및 이론 안의 '더 알아두기'를 통해 심화 학습과 학습 내용 정리를 효율적으로 할 수 있게 하였습니다.

03 실제예상문제
해당 출제영역에 맞는 핵심포인트를 분석하여 풍부한 '실제예상문제'를 수록하였습니다..

04 최종모의고사
최신출제유형을 반영한 최종모의고사를 통해 자신의 실력을 점검해 볼 수 있으며, 실제 시험에 임하듯이 시간을 재고 풀어보면 시험장에서 실수를 줄일 수 있습니다.

편저자 드림

BDES
독학학위제 소개

독학학위제란?

「독학에 의한 학위취득에 관한 법률」에 의거하여 국가에서 시행하는 시험에 합격한 사람에게 학사학위를
수여하는 제도

- ✓ 고등학교 졸업 이상의 학력을 가진 사람이면 누구나 응시 가능
- ✓ 대학교를 다니지 않아도 스스로 공부해서 학위취득 가능
- ✓ 일과 학습의 병행이 가능하여 시간과 비용 최소화
- ✓ 언제, 어디서나 학습이 가능한 평생학습시대의 자아실현을 위한 제도
- ✓ 학위취득시험은 4개의 과정(교양, 전공기초, 전공심화, 학위취득 종합시험)으로 이루어져 있으며 각
  과정별 시험을 모두 거쳐 학위취득 종합시험에 합격하면 학사학위취득

독학학위제 전공 분야 (11개 전공)

※ 유아교육학 및 정보통신학 전공 : 3, 4과정만 개설
※ 간호학 전공 : 4과정만 개설
※ 중어중문학, 수학, 농학 전공 : 폐지 전공으로 기존에 해당 전공 학적 보유자에 한하여 응시 가능

※ SD에듀는 현재 4개 학과(심리학과, 경영학과, 컴퓨터공학과, 간호학과) 개설 완료
※ 추가로 2개 학과(국어국문학과, 영어영문학과) 개설 진행 중

독학학위제 시험안내

과정별 응시자격

단계	과정	응시자격	과정(과목) 시험 면제 요건
1	교양	고등학교 졸업 이상 학력 소지자	• 대학(교)에서 각 학년 수료 및 일정 학점 취득 • 학점은행제 일정 학점 인정 • 국가기술자격법에 따른 자격 취득 • 교육부령에 따른 각종 시험 합격 • 면제지정기관 이수 등
2	전공기초		
3	전공심화		
4	학위취득	• 1~3과정 합격 및 면제 • 대학에서 동일 전공으로 3년 이상 수료 (3년제의 경우 졸업) 또는 105학점 이상 취득 • 학점은행제 동일 전공 105학점 이상 인정 (전공 28학점 포함) → 22.1.1. 시행 • 외국에서 15년 이상의 학교교육과정 수료	없음(반드시 응시)

응시 방법 및 응시료

• 접수 방법 : 온라인으로만 가능
• 제출 서류 : 응시자격 증빙 서류 등 자세한 내용은 홈페이지 참조
• 응시료 : 20,400원

독학학위제 시험 범위

• 시험과목별 평가 영역 범위에서 대학 전공자에게 요구되는 수준으로 출제
• 시험 범위 및 예시문항은 독학학위제 홈페이지(bdes.nile.or.kr) – 학습정보 – 과목별 평가영역에서 확인

문항 수 및 배점

과정	일반 과목			예외 과목		
	객관식	주관식	합계	객관식	주관식	합계
교양, 전공기초 (1~2과정)	40문항×2.5점 =100점	–	40문항 100점	25문항×4점 =100점	–	25문항 100점
전공심화, 학위취득 (3~4과정)	24문항×2.5점 =60점	4문항×10점 =40점	28문항 100점	15문항×4점 =60점	5문항×8점 =40점	20문항 100점

※ 2017년도부터 교양과정 인정시험 및 전공기초과정 인정시험은 객관식 문항으로만 출제

합격 기준

• 1~3과정(교양, 전공기초, 전공심화) 시험

단계	과정	합격 기준	유의 사항
1	교양	매 과목 60점 이상 득점을 합격으로 하고, 과목 합격 인정(합격 여부만 결정)	5과목 합격
2	전공기초		6과목 이상 합격
3	전공심화		

• 4과정(학위취득) 시험 : 총점 합격제 또는 과목별 합격제 선택

구분	합격 기준	유의 사항
총점 합격제	• 총점(600점)의 60% 이상 득점(360점) • 과목 낙제 없음	• 6과목 모두 신규 응시 • 기존 합격 과목 불인정
과목별 합격제	• 매 과목 100점 만점으로 하여 전 과목(교양 2, 전공 4) 60점 이상 득점	• 기존 합격 과목 재응시 불가 • 1과목이라도 60점 미만 득점하면 불합격

시험 일정

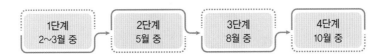

1단계 2~3월 중 → 2단계 5월 중 → 3단계 8월 중 → 4단계 10월 중

• 컴퓨터공학과 3단계 시험 과목 및 시험 시간표

구분(교시별)	시간	시험 과목명
1교시	09:00~10:40 (100분)	인공지능 컴퓨터네트워크
2교시	11:10~12:50 (100분)	임베디드시스템 소프트웨어공학
중식	12:50~13:40 (50분)	
3교시	14:00~15:40 (100분)	프로그래밍언어론 컴파일러
4교시	16:10~17:50 (100분)	컴퓨터그래픽스 정보보호

※ 시험 일정 및 시험 시간표는 반드시 독학학위제 홈페이지(bdes.nile.or.kr)를 통해 확인하시기 바랍니다.
※ SD에듀에서 개설되었거나 개설 예정인 과목은 빨간색으로 표시했습니다.

독학학위제 과정

대학의 교양과정을 이수한
사람이 일반적으로 갖추어야 할
학력 수준 평가

1단계
교양과정
01

각 전공영역의 학문을 연구하기
위하여 각 학문 계열에서 공통적
으로 필요한 지식과 기술 평가

02
2단계
전공기초

각 전공영역에서의 보다
심화된 전문 지식과 기술 평가

3단계
전공심화
03

학위를 취득한 사람이 일반적으로
갖추어야 할 소양 및 전문 지식과
기술을 종합적으로 평가

04
4단계
학위취득

GUIDE
독학학위제 출제방향

국가평생교육진흥원에서 고시한 과목별 평가영역에 준거하여 출제하되, 특정한 영역이나 분야가 지나치게 중시되거나 경시되지 않도록 한다.

교양과정 인정시험 및 전공기초과정 인정시험의 시험방법은 객관식(4지택1형)으로 한다.

단편적 지식의 암기로 풀 수 있는 문항의 출제는 지양하고, 이해력·적용력·분석력 등 폭넓고 고차원적인 능력을 측정하는 문항을 위주로 한다.

독학자들의 취업 비율이 높은 점을 감안하여, 과목의 특성상 가능한 경우에는 학문적이고 이론적인 문항뿐만 아니라 실무적인 문항도 출제한다.

교양과정 인정시험(1과정)은 대학 교양교재에서 공통적으로 다루고 있는 기본적이고 핵심적인 내용을 출제하되, 교양과정 범위를 넘는 전문적이거나 지엽적인 내용의 출제는 지양한다.

이설(異說)이 많은 내용의 출제는 지양하고 보편적이고 정설화된 내용에 근거하여 출제하며, 그럴 수 없는 경우에는 해당 학자의 성명이나 학파를 명시한다.

전공기초과정 인정시험(2과정)은 각 전공영역의 학문을 연구하기 위하여 각 학문 계열에서 공통적으로 필요한 지식과 기술을 평가한다.

전공심화과정 인정시험(3과정)은 각 전공영역에 관하여 보다 심화된 전문적인 지식과 기술을 평가한다.

학위취득 종합시험(4과정)은 시험의 최종 과정으로서 학위를 취득한 자가 일반적으로 갖추어야 할 소양 및 전문지식과 기술을 종합적으로 평가한다.

전공심화과정 인정시험 및 학위취득 종합시험의 시험방법은 객관식(4지택1형)과 주관식(80자 내외의 서술형)으로 하되, 과목의 특성에 따라 다소 융통성 있게 출제한다.

독학학위제 단계별 학습법

1 단계

평가영역에 기반을 둔 이론 공부!

독학학위제에서 발표한 평가영역에 기반을 두어 효율적으로 이론 공부를 해야 합니다. 각 장별로 정리된 '핵심이론'을 통해 핵심적인 개념을 파악합니다. 모든 내용을 다 암기하는 것이 아니라, 포괄적으로 이해한 후 핵심내용을 파악하여 이 부분을 확실히 알고 넘어가야 합니다.

2 단계

시험 경향 및 문제 유형 파악!

독학사 시험 문제는 지금까지 출제된 유형에서 크게 벗어나지 않는 범위에서 비슷한 유형으로 줄곧 출제되고 있습니다. 본서에 수록된 이론을 충실히 학습한 후 '실제예상문제'를 풀어 보면서 문제의 유형과 출제의도를 파악하는 데 집중하도록 합니다. 교재에 수록된 문제는 시험 유형의 가장 핵심적인 부분이 반영된 문항들이므로 실제 시험에서 어떠한 유형이 출제되는지에 대한 감을 잡을 수 있을 것입니다.

3 단계

'실제예상문제'를 통한 효과적인 대비!

독학사 시험 문제는 비슷한 유형들이 반복되어 출제되므로 다양한 문제를 풀어 보는 것이 필수적입니다. 각 단원 끝에 수록된 '실제예상문제' 및 '주관식 문제'를 통해 단원별 내용을 제대로 학습했는지 꼼꼼하게 체크합니다. 이때 부족한 부분은 따로 체크해 두고 복습할 때 중점적으로 공부하는 것도 좋은 학습 전략입니다.

4 단계

복습을 통한 학습 마무리!

이론 공부를 하면서, 혹은 문제를 풀어 보면서 헷갈리고 이해하기 어려운 부분은 따로 체크해 두는 것이 좋습니다. 중요 개념은 반복학습을 통해 놓치지 않고 확실하게 익히고 넘어가야 합니다. 마무리 단계에서는 '최종모의고사'를 통해 실전연습을 할 수 있도록 합니다.

COMMENT

합격수기

" 저는 학사편입 제도를 이용하기 위해 2~4단계를 순차로 응시했고 한 번에 합격했습니다.
아슬아슬한 점수라서 부끄럽지만 독학사는 자료가 부족해서 부족하나마 후기를 쓰는 것이 도움이 될까 하여
제 합격전략을 정리하여 알려 드립니다.

#1. 교재와 전공서적을 가까이에!

학사학위취득은 본래 4년을 기본으로 합니다. 독학사는 이를 1년으로 단축하는 것을 목표로 하는 시험이라
실제 시험도 변별력을 높이는 몇 문제를 제외한다면 기본이 되는 중요한 이론 위주로 출제됩니다. SD에듀의
독학사 시리즈 역시 이에 맞추어 중요한 내용이 일목요연하게 압축·정리되어 있습니다. 빠르게 훑어보기 좋지만
내가 목표로 한 전공에 대해 자세히 알고 싶다면 전공서적과 함께 공부하는 것이 좋습니다. 교재와 전공서적
을 함께 보면서 교재에 전공서적 내용을 정리하여 단권화하면 시험이 임박했을 때 교재 한 권으로도 자신
있게 시험을 치를 수 있습니다.

#2. 아리송한 용어들에 주의!

진법 변환, 부울대수, 컴퓨터 명령어, 기억장치, C프로그래밍 언어 등 공부를 하다 보면 여러 생소한 용어들을 접할
수 있습니다. 익숙하지 않은 기본 개념들을 반복해서 보면서 숙지하고 점차 이해도를 높여나가는 학습이 합격에
도움이 된다고 생각합니다.

#3. 시간확인은 필수!

쉬운 문제는 금방 넘어가지만 지문이 길거나 어렵고 헷갈리는 문제도 있고, OMR 카드에 마킹도 해야 하니 실제로
주어진 시간은 더 짧습니다. 1번에 어려운 문제가 있다고 해서 1번에서 5분을 허비하면 쉽게 풀 수 있는 마지막 문제
들을 놓칠 수 있습니다. 문제 푸는 속도도 느려지니 집중력도 떨어집니다. 그래서 어차피 배점은 같으니 아는 문제
를 최대한 많이 맞히는 것을 목표로 했습니다.
① 어려운 문제는 빠르게 넘기면서 문제를 끝까지 다 풀고 ② 확실한 답부터 우선 마킹하고 ③ 다시 시험지로 돌아
가 건너뛴 문제들을 다시 풀었습니다. 확실히 시간을 재고 문제를 많이 풀어봐야 실전에 도움이 되는 것 같습니다.

#4. 문제풀이의 반복!

어떠한 시험도 그렇듯이 문제는 많이 풀어볼수록 좋습니다. 이론을 공부한 후 실제예상문제를 풀다보니 부족한 부분
이 어딘지 확인할 수 있었고, 공부한 이론이 시험에 어떤 식으로 출제될 지 예상할 수 있었습니다. 그렇게 부족한 부분
을 보충해가며 문제유형을 파악하면 이론을 복습할 때도 어떤 부분을 중점적으로 암기해야 할 지 알 수 있습니다.
이론 공부가 어느 정도 마무리되었을 때 시계를 준비하고 최종모의고사를 풀었습니다. 실제 시험시간을 생각하면서
예행연습을 하니 시험 당일에는 덜 긴장할 수 있었습니다.

학위취득을 위해 오늘도 열심히 학습하시는 동지 여러분에게도 합격의 영광이 있으시길 기원하면서 이만 줄입니다. "

이 책의 구성과 특징

01

단원 개요

임베디드의 개념과 적용되는 임베디드 시스템, 임베디드 소프트웨어, 임베디드 운영체제, 임베디드 제어 시스템에 대해 설명한다. 임베디드 시스템은 실시간성, 고신뢰성, 저전력성, 저비용 등의 특성을 가지며, 독립적고 제한된 기능을 사용한다. 임베디드 프로세서는 80 계열과 6800 계열의 MCU, PIC, AVR, DSP 등 다양한 종류가 있다. 임베디드 시스템을 개발하는 기술은 하드웨어와 소프트웨어의 경계 영역을 충분히 이해할 수 있는 능력을 필요로 하며, 요구정의, 개발계, 외부설계, 내부설계, 종합 테스트, 평가 및 보수의 단계를 거쳐 개발되고 있다.

출제 경향 및 수험 대책

임베디드의 개념과 특성을 충분히 이해하고, 개발단계에서 하드웨어와 소프트웨어가 필요로 하는 요구사항들을 이해한다. 그리고 소프트웨어 개발단계의 유형들을 이해한다.

단원 개요

핵심이론을 학습하기에 앞서 각 단원에서 파악해야 할 중점과 학습목표를 수록하였습니다.

핵심이론

독학사 시험의 출제 경향에 맞춰 시행처의 평가영역을 바탕으로 과년도 출제문제와 이론을 빅데이터 방식에 맞게 선별하여 가장 최신의 이론과 문제를 시험에 출제되는 영역 위주로 정리하였습니다.

02

제1장 임베디드 시스템 개요

제1절 정의 및 특징

1 임베디드 시스템의 개념(정의)

(1) 임베디드(embedded, 내장형)

임베디드는 '내장되어 있는' 또는 '포함되어 있는'이라는 의미를 갖는다. 하드웨어나 소프트웨어가 다른 하드웨어나 소프트웨어의 일부로 내재되어 있는 것을 의미하며, 내장형 컴퓨터의 시스템인 메인프레임, 워크스테이션, 개인용 컴퓨터(PC) 등을 제외한 그 이외의 모든 컴퓨터 내장 제품을 의미하는 것이 그 예다.

(2) 임베디드 시스템 ★

임베디드 시스템은 제품 내부에 포함되어 있다는 개념으로 하드웨어와 소프트웨어, 버튼, 스위치, 모터...

03

제1편 실제예상문제

01 임베디드란 사람이 제품의 동작에 개입하지 않으면서 사용자의 요구를 수행하기 위한 시스템이라고 할 수 있다.

01 다음 중 임베디드에 대한 설명으로 옳지 않은 것은?

① 임베디드란 사람이 제품 동작에 개입하여 사용자의 요구를 수행하기 위한 시스템이라고 할 수 있다.
② 임베디드는 하드웨어나 소프트웨어가 다른 하드웨어나 소프트웨어 일부로 내재되어 있는 것을 의미한다.
③ 임베디드 시스템은 제품 내부에 포함되어 특정한 기능을 수행하도록 설계되고 만들어진 시스템이다.
④ 임베디드 시스템은 특정 목적만을 위해 하드웨어와 소프트웨어가 조합되어 동작하는 컴퓨징 시스템을 의미한다.

02 기업형 서버는 고성능 정밀히 서버 기반으로 수많은 클라이언트들의 요구에 서비스에 한 때, 서버 관리자가...

02 다음 중 임베디드 기술의 응용 분야로 적절하지 않은 것은?
① 홈 서버

실제예상문제

독학사 시험의 경향에 맞춰 전 영역의 문제를 새롭게 구성하고 지극히 지엽적인 문제나 쉬운 문제를 배제하여 학습자가 해당 교과정에서 필수로 알아야 할 내용을 문제로 정리하였습니다. 풍부한 해설을 추가하여 이해를 쉽게 하고 문제를 통해 이론의 학습내용을 반추하여 실제시험에 대비할 수 있도록 구성하였습니다.

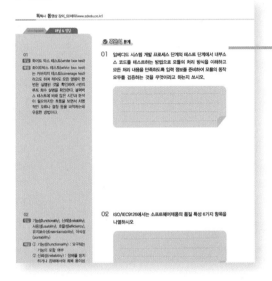

주관식 문제

다년간 각종 시험에 출제된 기출문제 중
주관식으로 출제될 만한 문제들을 엄선하여
가공 변형 후 수록하였으며,
배점이 큰 '주관식 문제'에 충분히
대응할 수 있도록 편성하였습니다.

최종모의고사

'핵심이론'을 공부하고,
'실제예상문제'를 풀어보았다면 이제
남은 것은 실전 감각 기르기와 최종 점검입니다.
'최종모의고사(총 2회분)'를
실제 시험처럼 시간을 두고 풀어보고,
정답과 해설을 통해 복습한다면
좋은 결과가 있을 것입니다.

CONTENTS
목차

제1편

임베디드 시스템 개요

단원 개요

임베디드의 개념과 적용되는 임베디드 시스템, 임베디드 소프트웨어, 임베디드 운영체제, 임베디드 제어 시스템에 대해 설명한다. 임베디드 시스템은 실시간성, 고신뢰성, 저전력성, 저비용 등의 특성을 가지며, 특화되고 제한된 기능을 사용한다. 임베디드 프로세서는 80 계열과 6800 계열의 MCU, PIC, AVR, DSP 등 다양한 종류가 있다.
임베디드 시스템을 개발하는 기술은 하드웨어와 소프트웨어의 경계 영역을 충분히 이해할 수 있는 능력을 필요로 하며, 요구정의, 개발계획, 외부설계, 내부설계, 종합 테스트, 평가 및 보수의 단계를 거쳐 개발되고 있다.

출제 경향 및 수험 대책

임베디드의 개념과 특성을 충분히 이해하고, 개발단계의 하드웨어와 소프트웨어가 필요로 하는 요구사항들을 이해한다. 그리고 소프트웨어 개발단계의 유형들을 이해한다.

합격의 공식
온라인 강의

잠깐!

혼자 공부하기 힘드시다면 방법이 있습니다.
SD에듀의 동영상강의를 이용하시면 됩니다.
www.sdedu.co.kr ➜ 회원가입(로그인) ➜ 강의 살펴보기

임베디드 시스템 개요

제 1 절 정의 및 특징

1 임베디드 시스템의 개념(정의)

(1) 임베디드(embedded, 내장형)

임베디드는 '내장되어 있는' 또는 '포함되어 있는'이라는 의미를 갖는다. 하드웨어나 소프트웨어가 다른 하드웨어나 소프트웨어의 일부로 내재되어 있는 것을 의미하며, 내장형 컴퓨터 시스템인 메인프레임, 워크스테이션, 개인용 컴퓨터(PC) 등을 제외한 그 이외의 모든 컴퓨터 내장 제품을 의미하는 것이 그 예다.

(2) 임베디드 시스템 중요 ★

임베디드 시스템은 제품 내부에 포함되어 있다는 개념으로 하드웨어와 소프트웨어, 버튼, 스위치, 모터 같은 기타 추가 장치로 구성되어 있고 이와 같은 구성을 이용하여 특정한 기능을 수행하도록 설계되어 만들어진 시스템이다.

임베디드 시스템이란 사람이 제품의 동작에 개입하지 않아도 사용자의 요구를 수행할 수 있는 시스템이라고 할 수 있다. 우리 생활의 필수품인 핸드폰의 통화, 문자, 음악 듣기, 게임 그리고 일정관리 등에 이용할 수 있으며, 알람 기능을 이용해 미리 예약 시간을 맞춰놓는 편리한 기능이 가능한 것 또한 바로 임베디드 시스템이 사람을 대신하여 그 역할을 하기 때문이다.

초기 임베디드 시스템은 단순한 논리회로로 구성된 시스템이었으나, 최근 MPU(Micro Processor Unit, 마이크로프로세서), 네트워크, 반도체 기술이 발전함에 따라 임베디드 시스템은 특정 기능을 반복적으로 수행하기 위해 컴퓨터의 하드웨어와 소프트웨어가 결합된 고기능의 전자제어 시스템을 의미하기도 한다.

현재의 자동차는 마이크로컴퓨터로 제어되며 마이크로컴퓨터는 프로그램으로 동작하고 있고, 이들 없이는 작동하지 않기 때문에 자동차는 수십 개 이상의 MPU와 수많은 센서 및 액추에이터가 부착되어 있다. 이것을 임베디드 기술이라고 할 수 있다.

> **내장형 마이크로 응용 시스템 = 임베디드 시스템**

(3) 임베디드 기술의 응용 분야

이처럼 임베디드 기술은 [그림 1-1]과 같이 휴대용 전화 등의 정보통신기기와 에어컨, 전자레인지, 식기세척기 등의 디지털 가전제품과 자동판매기, 신호기, 디지털 카메라 등 전자기기, 공장 등의 생산 라인에도 사용되는 등 다양한 응용 분야에 공통 기반 기술로써 정착되고 있다.

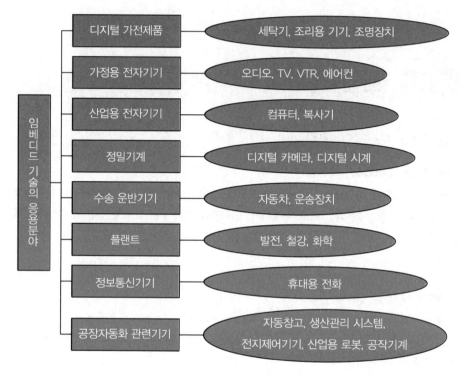

[그림 1-1] 임베디드 기술의 응용 분야

예를 들면 임베디드 기기를 사용한 홈 네트워크 시스템을 가정했을 경우 [그림 1-2]에 나타난 홈 네트워크에는 조명과 에어컨 등의 기기, 전류나 실내온도 등을 계측하는 센서 및 시스템 전체를 제어하는 컨트롤러가 접속되어 있으며 컨트롤러의 소프트웨어는 실시간 OS를 사용한다.

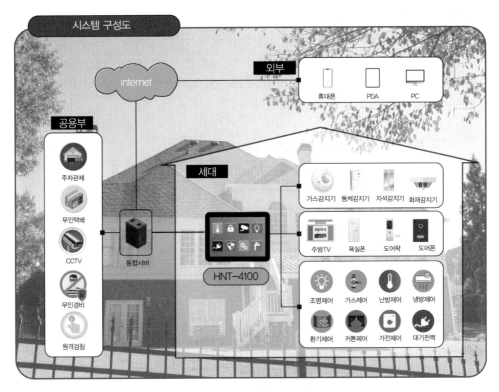

[그림 1-2] 홈 네트워크 시스템의 예

① **멀티미디어 장치** : PDA, 휴대전화, 스마트폰, 홈 네트워크, 디지털 TV, PMP, 디지털 비디오 레코더, 내비게이션, 디지털 카메라, USB 저장장치, MP3 플레이어, DMB 등
② **컨트롤러** : 산업용 컨트롤러, 전기밥솥, 냉장고 등
③ **인공위성** : 방송(통신)위성, 군사위성, 과학(실험)위성 등
④ **계측기** : 로직 애널라이저(Logic Analyzer), 오실로스코프(Oscilloscope), 스펙트럼 애널라이저(Spectrum Analyzer), 네트워크 애널라이저(분석기, VNA), 프로토콜 애널라이저(분석기) 등
⑤ **네트워크 장치** : 라우터(router), 서버(server) 등 각종 네트워크 장비
⑥ **기타 장치** : 게임기, 마이크로 마우스, 로봇의 제어부, 자동차 엔진 제어 장치 등

(4) 임베디드 소프트웨어(embedded software) 중요 ★★

미리 정해진 특정한 기능을 수행하고, 특정한 하드웨어만을 지원하기 위해 만들어지고 탑재되는 소프트웨어로, 시스템 소프트웨어(임베디드 운영체제, 미들웨어), 응용 소프트웨어 등이 있다.

(5) 임베디드 운영체제(embedded O/S) 중요 ★

일반적으로 비교적 규모가 큰 기기의 임베디드 시스템 내 다기능 수행을 위해 추가로 탑재되는 소형 운영체제이며, 시간 제약성, 신뢰성이 주요 특징이다. **실시간 시스템(RTOS : Real-Time OS)** 종류에는 Embedded Linux, VxWorks, pSOS 등이 있고, 최근에는 멀티미디어 처리 및 네트워크 기반을 지원하며 고기능화/범용화되고 있다. (예 WinCE, 임베디드 리눅스 등)

(6) 임베디드 제어 시스템(embedded controller)

마이크로프로세서, 소형 메모리, 타이머, I/O 포트 및 센서가 일체화된 적응적 제어 시스템이다.

(7) 임베디드 프로세서(embedded processor)

고성능, 저전력, 저비용, 소형화로 설계된 마이크로프로세서이다(ARM 프로세서, MIPS 프로세서 등). 최근 CPU, 메모리, I/O 포트, 기타 주변 모듈들을 단일의 칩으로 보드화하는 SoC화된 애플리케이션 프로세서가 있다.

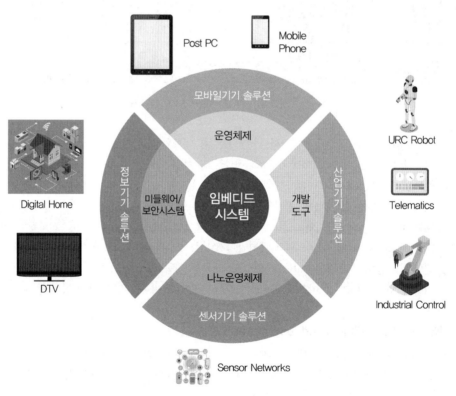

[그림 1-3] 임베디드 시스템 기술이 적용된 응용 분야

2 임베디드 시스템의 특징과 조건 중요 ★★★

(1) 임베디드 시스템의 특징

임베디드 시스템의 주요 특성은 실시간성, 고신뢰성, 저전력, 저비용, 특화된/제한된 기능, 적은 메모리 사용량, 열악한 개발환경이다.

① 대량 생산된 제품의 경우에는 비용이 매우 중요하기 때문에 적은 용량의 메모리와 가격이 저렴한 CPU에서 동작할 필요가 있다.

② 소프트웨어뿐만 아니라 하드웨어도 전용 제품을 개발하는 경우가 많다.

③ 기계를 제어할 때는 실시간 제약이 중요하다.

④ 소프트웨어는 ROM에 기억된 상태에서 제품으로 판매되기 때문에 출하 후에 버그가 발견되면 제품 회수 및 ROM 교환 작업 등이 필요해지고, 많은 비용이 소요된다. 최근 소프트웨어는 ROM이 아니라 플래시 메모리로 기억되기 때문에 다시쓰기가 가능해졌지만 출하 후의 수정이 곤란하다는 점은 변함이 없다.

⑤ 일반적인 임베디드 시스템에서는 사용자가 재프로그램하거나 갱신하는 것은 고려하지 않기 때문에 오버레이팅 시스템과 시스템 구성을 범용 컴퓨터보다는 더 자유롭게 선택할 수 있다.

⑥ 소프트웨어는 C 언어로 기술되는 경우가 많지만 어셈블리 언어도 사용한다.

⑦ 디버그는 ICE(In-Circuit Emulator) 기기를 사용한 개인용 컴퓨터를 CPU에 접속하여 원격으로 수행한다.

(2) 임베디드 시스템의 필요조건

범용 컴퓨터 시스템에서는 응용 프로그램의 전반적인 고성능 실행을 목적으로 하지만 임베디드 시스템에서는 특정한 목적을 수행하기 위해 설계되고 또 그 특정한 목적을 수행하기 위한 최적의 하드웨어와 소프트웨어로써 원하는 기능의 요구 조건을 만족해야 하는 점에서 범용 시스템의 설계와는 크게 다르다. 따라서 임베디드 시스템에는 여러 가지 조건이 요구되며 대표적인 시스템의 필요조건과 관련 사항을 열거하면 다음 [그림 1-4]와 같다.

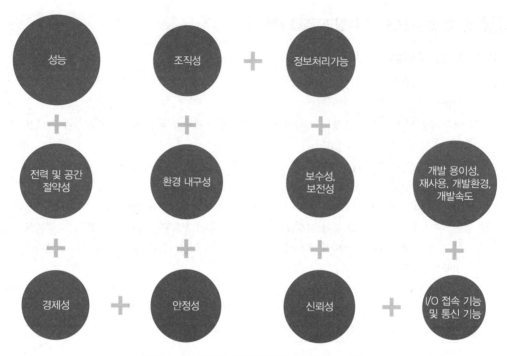

[그림 1-4] 임베디드 시스템의 필요조건과 관련 사항

특히 임베디드 기술이 다양한 응용 분야에 사용되는 것은 논리와 타이밍으로 설명할 수 있는 모든 기능을 설계 대상으로 하며, 개발하는 시스템의 공통기반 기술로서 컴퓨터의 기능을 가지도록 하여 다양한 종류의 하드웨어 설계를 감소시키고 그 상호보완으로 소프트웨어의 개발에 중점을 두도록 하는 것이다. 이러한 기술적 특징으로 임베디드 기술을 도입하여 논리와 타이밍에 의한 기능을 소프트웨어에 의해 실현하는 것이 가능하고, 이러한 기술적 특징으로부터 다음 두 가지 효과를 얻을 수 있다.

① 임베디드 기술에 의해 기존 시스템이 차지하고 있던 하드웨어의 비율을 소프트웨어화하여 감소시킬 수 있으며 남아있는 하드웨어 구성요소는 시스템 온 칩화로 감소시킬 수 있다. 이처럼 임베디드 기술에 의해 하드웨어의 내장된 구성 부품 수를 줄이는 것이 가능하다. 이것은 부품 획득 상의 위험성의 절감, 설계, 개발공정의 유연화, 제조비용 절감, 공장의 슬림화 및 기능화, 품질의 향상 등 큰 효과를 가진다.

② 실현 곤란하였던 기능의 실현, 기능의 고도화, 다기능화 그리고 장치의 초소형화가 동시에 가능하게 된다.

제 2 절   발전사

1   마이크로프로세서(CPU)의 역사

마이크로컨트롤러 역시 마이크로프로세서에서 갈라진 것이다. 마이크로프로세서의 역사를 알아보자.

(1) 1960년대 후반

① 마이크로프로세서라는 용어도 없던 1969년, 인텔은 최초의 마이크로프로세서 4004를 시장에 공개했다. 이는 기존의 전자계산기와는 다른 범용 목적의 집적회로였다. 4비트 데이터 버스와 12비트 어드레스 버스, 16핀 DIP(Dual Inline Package) 형태의 전자계산기용으로 설계되었다. 하드웨어 변경 없이 프로그램을 변경하면 다른 분야에 적용이 가능한 유연성이 있다.

② 4004의 성능을 향상시켜 4040 계열을 출시하였다.

(2) 1970년대 초반

① 1972년 8비트 마이크로프로세서인 8008 계열이 출시되었다.

② 1974년 8008보다 10배 빠른 8080을 출시하여 마이크로프로세서를 개발하고 엄청난 성공을 하게 되었으며, 오늘날처럼 대중적으로 사용되기 시작한 것은 인텔사의 8비트 마이크로프로세서인 8080이 나온 후부터이다.

③ CP/M 운영체제의 등장과 함께 개인용 컴퓨터의 CPU로 매우 널리 사용되었다.

④ 자일로그사에서 8080을 개량하여 만든 Z80은 오늘날까지도 많이 사용되는 8비트 마이크로프로세서가 되었다.

⑤ 모토로라사의 6800과 6809, 모스텍사의 6502 등도 널리 사용된 8비트 마이크로프로세서였다.

(3) 1970년대 후반

① 16비트 마이크로프로세서가 등장하였다.

② 인텔사의 8086과 모토로라사의 68000은 초창기의 16비트 마이크로프로세서인데, 이들은 각각 IBM PC와 매킨토시 마이크로컴퓨터에 사용되어 널리 알려졌다.

③ 인텔사의 80386과 80486, 그리고 모토로라사의 68020과 68030, 68040은 32비트 마이크로프로세서이며, 이들의 성능은 80년대 초, 미니 또는 그 이상의 컴퓨터를 능가한다.

④ 80486과 68040 이상의 마이크로프로세서들은 하나의 실리콘 칩에 100만 개 이상의 트랜지스터(TR)들을 집적한 고성능의 제품이다.

(4) 응용 면에서 마이크로프로세서

① 8비트 마이크로프로세서는 주로 가정용의 PC나 게임기, 가전제품이나 기계 제어 등에 사용된다.

② 16비트 마이크로프로세서는 일반적인 개인용 컴퓨터나 산업용의 제어기기로 사용된다.

③ 32비트 마이크로프로세서는 고성능의 개인용 컴퓨터나 워크스테이션, 미니급 컴퓨터에 주로 사용되고 있다.

④ 특히 근래는 미니 컴퓨터나 대형 컴퓨터를 사용하기보다는 값싼 마이크로프로세서들을 여러 개 연결하여 빠른 처리 속도를 내게 하는 병렬 처리(Parallel processing)에 대한 연구가 많이 이루어져 있다.

2 다양한 임베디드 프로세서

임베디드 시스템은 수많은 회사에서 생산하는 여러 종류의 프로세서를 사용하고 있다. PC의 프로세서는 인텔, AMD 등 몇 개의 회사의 제품들을 주로 사용하지만 임베디드 프로세서는 각 분야에서 다양하게 사용되고 있다. 임베디드 시스템은 CPU의 사용 범위가 특정 분야에 맞게 안정적이고, 임베디드 CPU를 사용하여 만든 제품을 이용하는 사람들에게도 안정적이기 때문에 임베디드 프로세서는 특정 분야에 탁월한 성능을 가지고 있다. 하지만 PC는 일반 사용자들을 위해서 만들어지기 때문에 PC의 프로세서는 모든 성능을 적절하게 갖고 있다. 즉, PC는 사용자가 어떤 모니터를 사용하고, 어느 정도 용량의 하드디스크와 램을 사용할지 모르기 때문에 일반적으로 사용하는 주변장치를 대부분 수용할 수 있는 CPU를 선택하게 된다. 그러나 이와는 달리 임베디드 프로세서는 시스템을 구성할 당시부터 목적이 정해져 있어서 어느 정도의 메모리가 필요한지 또 어떤 기능을 구현할지 등의 목적이 뚜렷하게 정해져 있으므로 사용 목적에 맞는 프로세서를 찾아서 사용해야 한다.

임베디드 시스템을 개발할 때는 주로 크기가 작고 가격도 저렴한 CPU를 사용하는 경우가 일반적이고, CPU들은 필요한 회로가 주로 내부에 있어서 주변 회로도 매우 단단하다.

(1) 80 계열 CPU

80 계열 MCU는 인텔사의 임베디드 프로세서 중 산업용 주력 컨트롤러이다. 인텔 DSM 프로세서 사업을 시작하면서 PC용과 산업용을 따로 분리하여 개발했으며, 1980년도에 8051을 발표한 이후 80196, 80296 등의 MCU가 국내에서 가장 많이 사용되고 있다. 현재 마이크로마우스 및 기타 로봇 대회 등에서 가장 많이 사용하고 있는 컨트롤러가 80 계열의 MCU이다.

80 계열 MCU의 한 부류인 8051, 80195 임베디드 프로세서의 장점은 학생들이 배우기 가장 적합한 16비트 컨트롤러이며, 가격에 비해 성능이 우수하다는 것이다. 80 계열의 컨트롤러는 임베디드 시스템의 구조와 시스템 속 프로세서의 역할을 하기에 가장 적합한 CPU이다.

(2) 6800 계열 MCU

모토로라의 프로세서로, PowerPC라는 프로젝트에 참여하기 전까지 주력 프로세서는 68000 시리즈였다. 즉, 8비트 프로세서 6800을 시작으로 68000 시리즈, 드래곤볼, 골드파이어 등으로 발전했으며, 프로세서 개발 초기에 모토로라사는 유닉스 기반 컴퓨터만을 설계하다가 현재는 광범위한 임베디드 시스템을 목표로 시장을 점유하고 있다. 아키텍처와 기능 면에서 우수할 뿐만 아니라 주변 디바이스와 인터페이스를 쉽게 연결할 수 있도록 설계되었으며, 코드 작성이 쉽도록 설계되었다는 것이 특징이다. 또한 컴파일러의 종류가 20여 개가 넘을 정도로 소프트웨어가 다양하고 상용운영체제의 대부분을 지원하고 있으며, 특히 GNU 개발도구들은 68000을 완벽하게 지원한다.

(3) PIC

마이크로칩사의 주력 마이크로컨트롤러로, 1980년대 말에 개발되어 8비트 컨트롤러 시장에 획기적인 돌풍을 일으켰다. 이 컨트롤러는 ROM과 RAM을 내장하고 있으며, 종류에 따라 UART, SPI, I2C들의 다양한 통신 규격에 따른 컨트롤러를 내장하고 있다. 이와 같은 타입의 컨트롤러를 원 칩(one-chip) 마이컴이라고 하는데 이 컨트롤러는 복잡한 하드웨어를 구성하지 않고도 칩 하나로 필요한 작업을 수행할 수 있다. 또 주변의 소자들이 하나의 칩으로 구성되어 있어서 가격도 기타 시스템에 비해 매우 저렴하며, 간단한 장난감들에 많이 사용한다. 그뿐만 아니라 임베디드 시스템과 관련된 회사에서도 간단한 제어에 많이 사용하고 있다.

(4) AVR

ATMEL사의 주력 마이크로컨트롤러로, 1990년 후반에 PIC에 대응하기 위해 출시하였으며, PIC와 같이 대부분의 기능을 내장하고 있어 사용이 편리하다. 현재 원칩 마이컴 시장에서 PIC와 함께 쌍벽을 이루고 있다. 소비전력과 실행 속도에 중점을 두고 설계한 컨트롤러이므로 같은 C 코드를 수행할 때 같은 계열의 컨트롤러들에 비해 상당히 빠른 속도를 자랑한다. 코드의 집약 또한 높아서 상당수의 AVR 애호가들을 확보한 제품이며, PIC와 같이 소규모 시스템에 많이 사용된다.

(5) DSP(Digital Signal Processor)

디지털 신호처리를 목적으로 하는 신호처리 전용 프로세서로, 일반적인 컨트롤러나 프로세서들은 곱셈을 수행할 때 덧셈기를 가지고 곱셈을 한다. 즉, 하드웨어적으로 곱셈기는 복잡한 구조를 가지고 있으므로 상대적으로 간단한 덧셈기를 이용해서 곱셈을 수행하지만 복잡한 곱셈을 덧셈기로만 해결하면 많은 연산 시간이 소요된다는 단점이 있다. 그러나 하드웨어적으로 곱셈기를 가지고 있다면 곱셈 기능을 구현하기는 어렵지만 시간을 단축시킬 수 있다.

DSP가 곱셈에 탁월한 성능을 보이는 것 외에는 기타 컨트롤러나 프로세서와 큰 차이가 없음에도 프로세서나 컨트롤러라고 하지 않고 DSP라는 독자적인 명칭으로 부르는 이유는 상업적인 전략 때문이다. DSP의 가장 유명한 제품으로는 TI사의 TMS 시리즈 제품이다. 현재 TI사는 DSP에 ARM core를 합성시킨 OMAP라는 프로세서로 시장을 석권하고 있다.

(6) 크루소(Crusoe)

2000년 트랜스메타사가 개발한 x86 호환 CPU의 명칭이다. 크루소는 고속 아키텍처인 VLIW(Very Long Instruction Word)를 사용하고 있다. VLIW는 1워드로 복수의 명령을 정의하는데, 1워드를 복수의 실행 유닛에서 처리함으로써 복수 명령을 동시에 실행할 수 있다. 크루소의 명령코드 길이는 128비트이며, 로드/저장 명령, 분기 명령, 연산 명령 2개까지 총 4개의 명령을 포함할 수 있다. 크루소가 탑재되는 시스템은 핸드폰, 스마트폰과 같은 휴대용 단말기, 노트북 등이다.

(7) PowerPC

Apple, IBM, 모토로라사가 합작으로 개발한 32비트 기반 프로세서로 MS사가 인텔과 연합하여 윈도우 + 인텔 프로세서 조합으로 시장을 장악할 때, 이에 대항하기 위해 세 개의 회사가 연합하여 선보였다. PowerPC는 IBM사의 PC RS/600의 CPU로 사용되는 POWER 아키텍처를 하나의 칩으로 개발한 것으로, PowerPC 아키텍처는 고속 처리를 위해 명령 실행이라는 개념을 도입하여 정수와 부동 소수점의 실행·저장 명령을 따로 준비한 후 연산 명령에 대해서도 준비된 각각의 범용 레지스터에서 처리하는 것이다. 그리고 fetch 유닛과 결합한 분기 처리기는 분기 예측에 기반을 둔 명령을 정수 처리와 부동 소수점 처리로 양분한다. 또한 정수 처리와 부동 소수점 처리의 각 유닛은 슈퍼 스칼라 구조에 의해 병렬처리를 한다. IBM의 연구 결과 '간단한 명령어가 가장 자주 사용된다'는 것에 기초하는 RISC 이론을 바탕으로 설계된 PowerPC는 현재 IBM의 유닉스 기반 운영체제 AIX를 얹은 RS/600 워크스테이션과 Mac운영체제를 사용하는 애플사의 매킨토시 컴퓨터, 그리고 여러 분야의 임베디드 시스템에 주로 사용되고 있다. PowerPC 연합으로 구성된 이 세 회사는 PowerPC 아키텍처를 개방형 표준으로 만들어, 다른 회사들이 이 아키텍처를 더욱 발전시키도록 장려하고 있다.

(8) SPARC

솔라리스와 Java로 유명한 Sun사가 자체적으로 개발했고, Sun사의 워크스테이션 Sun-4의 CPU로 사용된다. SPARC는 발전을 거듭하면서 1992년에는 32비트 버전8, 1994년에는 64비트 버전9가 발표되었다.

(9) Alpha AXP

DEC(Digital Equipment Corporation)사가 1998년부터 개발한 제품으로, 다른 CPU처럼 32비트에서 확장된 것이 아니라 처음부터 64비트로 개발된 것이다. AXP의 범용 레지스터는 정수용 64비트 32개, 부동 소수점용으로 64비트 32개를 갖추고, 모든 처리는 레지스터에 레지스터 간 연산으로 실행된다. 그리고 명령어 코드는 32비트, 가상 메모리 공간은 64비트로 설정되어 있으나 2001년 인텔의 IA-64에 통합되었다.

(10) SuperH

히타치에서 개발한 주력 프로세서이며, 32비트 RISC CPU이다. 이 제품은 PC용 RISC CPU와 달리 각종 전자기기의 통합을 목적으로 개발되었다. 통합된 기능을 열거해 보면 ROM, RAM, 부동 소수점 연산 유닛, 인터럽트 컨트롤러, 시리얼 인터페이스, DMA 컨트롤러, 클록, 타이머, 버스 컨트롤러, D/A 컨버터, A/D 컨버터 등이다. SuperH는 가정용 게임기와 PDA에 탑재되어 있다. 히타치에서 개발한 SH 시리즈는 현재 SH1부터 SH4 시리즈까지 출시되었으며, CPU가 단순하고 사용하기 쉬우므로 다양한 제품들에서 사용되고 있다. SH4에 들어서 막강한 고성능 프로세서가 되었으며, Sega사의 드림 캐스트 게임기에 히타치의 SH4 프로세서가 사용되고 있다.

(11) ARM

ARM이란 core 이름인 동시에 회사 이름이기도 하며, Apple 영국지사, VLSI Technology, Arcon의 세 회사가 합작하여 설립한 회사이다. ARM은 컴퓨터를 대상으로 개발된 것이 아니라 각종 전자기기의 통합을 전제로 개발된 것이므로, 개발 초기부터 저전력을 가장 큰 목적으로 하여 설계된 컨트롤러이다. 간단한 하드웨어 구조뿐만 아니라 간단한 명령어 세트에 의해 휴대전화 같은 휴대용 32비트 정보기기에 주로 사용되고 있으며 ARM7, ARM9, ARM10의 세 종류가 기본으로 사용되고 있다. ARM 아키텍처는 현재 PDA와 같은 휴대용 기기에 많이 사용되고 있으며, 임베디드 프로그래밍을 하면서 가장 많이 접하게 되는 프로세서이다.

(12) XScale

2000년에 인텔사가 발표한 XScale은 StrongARM을 재설계한 것이다. 멀티미디어 전용 핸드폰 등 무선 대응 제품을 대상으로 한 것으로, 저소비 전력화가 특징이다. 2002년에 XScale 최초의 프로세서인 PXA210과 PXA250이 출시되었고, 대부분 PDA에 사용된다.

(13) MIPS

MIPS는 1980년도에 스탠포드대학에서 개발되어, 64비트용 프로세서를 시장에 처음 출시한 컨트롤러이다. 현재 MIPS Technology사에서는 계속 core만을 개발하고 있으며, 다른 수많은 회사에서 실제 칩을 만들어 상용화하고 있고, 소니사의 플레이스테이션 2에도 적용하고 있다. [그림 1-5]는 RISC 프로세서의 발전사이다.

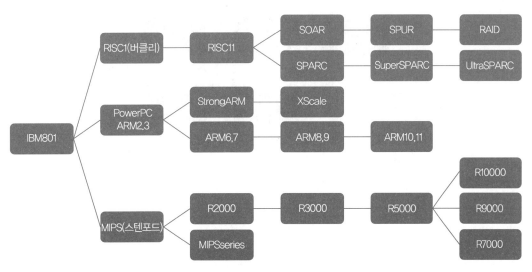

[그림 1-5] RISC 프로세서의 계보

제 3 절 자원과 설계 방법

임베디드 시스템은 시스템 자원의 집합체로 구성되어 있다고 볼 수 있다. MPU, 메모리 영역, 입력장치, 출력장치 등을 **하드웨어 자원**이라 하고 프로그램과 데이터 등을 **소프트웨어 자원**이라고 하며 그들을 연결(link)하는 자원을 **네트워크 자원**이라고 한다. 그리고 그 임베디드 시스템을 사용하는 사람도 임베디드 시스템 자원의 일부라고 할 수 있다. 따라서 임베디드 시스템의 설계란 요구 사항을 이처럼 다양한 자원의 집합 상에 사상(mapping)하는 것이다. 필요한 자원이 없을 때 자원의 특성에 따라서는 그 자원 그 자체가 임베디드 시스템으로서의 설계 대상이 된다.

요구된 기능을 세분화하면 최소한 MPU, 메모리 영역 및 프로그램을 포함한 시스템 자원의 부분적인 집합으로 구성된다. 이 부분집합을 태스크라 하며 태스크를 여러 개 모아 요구된 사양을 만족하는 임베디드 시스템의 설계 방법도 있다.

많은 임베디드 시스템에서는 이러한 태스크가 여러 개 존재하고 이와 같은 복수의 태스크를 동작시켜 요구 사양을 만족시키는 것이다. 여러 개 중의 어떤 태스크를 선택하여 실행시키는가는 그 태스크에 대응하는 요구가 발생(이벤트 또는 사상의 발생)했을 때 결정되도록 해 두는 것이다. 이러한 요구 중에는 요구가 발생하고 나서 일정한 시간 내 태스크의 실행을 완료시키는 것을 필요조건으로 하는 것도 있다. 이와 같은 시간 제한을 가진 태스크를 실시간 태스크라 한다.

임베디드 시스템을 설계할 시 다음과 같은 점을 주의해서 설계해야 한다.

> ① 요구된 임베디드 시스템을 구성하기 위한 시스템 자원의 집합을 정의한다.
> ② 존재하지 않거나 입수할 수 없는 시스템 자원은 새로운 설계 대상으로 실현한다.
> ③ 시스템 자원의 집합 상에서 세분된 복수의 요구와 그 요구에 대한 태스크 및 그들 태스크 사이의 동작 스케줄을 설계한다.

[그림 1-6] 태스크의 구성

다음 [표 1-1]은 하드웨어 개발과 소프트웨어 개발을 비교하였다.

[표 1-1] 하드웨어 개발과 소프트웨어 개발 비교

하드웨어	소프트웨어
① 모든 상태를 망라해서 상태가 확정되도록 설계한다. ② 부품을 모아 접속하면 마친다. ③ 도표를 활용한다(타이밍 차트, 블록도, 진리표 등). ④ 도구, 재료를 제공한 후는 소프트웨어에 의뢰한다. ⑤ PCB, 도면작성, 공장에서의 제도와 같이 전문 분업이 진행되고 있다.	① 기본적으로 사양서에 기술되어 있는 것을 실현하려고 한다. ② 설계 공정에서는 주어진 하드웨어를 사용하여 사양서에 쓰여 있는 것을 실현하려면 어떻게 하면 좋을지를 검토한다. ③ 테스트 공정에서는 소프트웨어가 사양서에 쓰여 있는 대로 만들어져 있는지, 아닌지 확인한다.

그리고 소프트웨어 개발에 다음 사항을 도입하면 더욱 효과적이다.

① 철저한 부품화를 추진한다.
② 사고의 도구를 문서에서 카드, 그림, 부품 표현으로 변환한다.
③ 타이밍 차트를 만든다(시간 축으로 정의한다).
④ 미확정 사항을 제거한다.
⑤ 한계(마진)를 고려한다.

제 4 절 임베디드 구축 기술과 효과

1 임베디드 기술의 효과 중요 ★★★

임베디드 시스템을 정확하게 정의하는 것은 어렵지만 개괄적으로 정의하면 마이크로칩과 그것을 제어하는 프로그램을 내장한 시스템 또는 정보기술을 내장한 시스템을 가리키고 있다고 할 수 있다. 임베디드 시스템을 구체적으로 열거하면 가전제품, 사무용기기, 통신기기, 제어기기, 운송기기 등과 같이 생활 주변에 일일이 열거할 수 없을 정도로 많다.

임베디드 시스템 설계 및 개발하기 위한 임베디드 기술을 구성하는 주된 요소 기술은 컴퓨터 기술, 소프트웨어 기술, 통신 기술, 네트워크 기술, 계측 및 제어 기술 등이다. 임베디드 시스템의 특징은 소프트웨어와 하드웨어가 세트로 되어 있다는 것과 그 대부분이 실시간성을 가지고 있다는 것이다.

임베디드 기술은 이들 기술을 활용하여 입력에서 출력에 이르기까지 물리적(직접화)인 관계를 정보화(간접화)하는 기술이라 할 수 있다. 더욱이 마이크로컴퓨터 등의 마이크로칩을 사용하고 있음에도 불구하고 사용자(user)는 마이크로컴퓨터와 프로그램을 의식할 수 없다. 회로 부품과 기구 부품에 의존하고 있던 기능을 임베디드 기술에 의해 소프트웨어화하여 부품의 개수를 대폭적으로 감소시킬 수 있게 된다.

부품 수를 소프트웨어에 의해 감소시킬 수 있다는 것을 디지털 카메라를 예로 살펴보자. [그림 1-7]에서와 같이 시스템의 경우 하드웨어로서 화상처리용, 신호처리용, 그리고 동작제어라는 3개의 프로세서를 고속으로 프로그램을 실행하는 RISC 칩 한 개로 만들었으며, 이 한 개의 RISC 칩에서 화상처리, 신호처리 그리고 동작제어를 소프트웨어(멀티태스크)에 의해 실행시키는 것이다.

[그림 1-7] 각종 프로세스의 소프트웨어화 예

임베디드 기술의 기술적 특징과 효과를 충분히 발휘시키는 데에는 임베디드 시스템을 체계적으로 개발하는 조직과 [그림 1-8]과 같이 하드웨어와 소프트웨어의 경계영역을 충분히 이해할 수 있는 능력이 필요하다. 과거 시스템의 개량과 보수, 또는 신규 개발 등 어느 경우에서라도 임베디드 소프트웨어 개발공정이 핵심적인 부분이 된다. 이 방향이 바로 임베디드 기술의 핵심이라고 할 수 있다.

[그림 1-8] 임베디드 기술의 영역

이처럼 소프트웨어화하려면 하드웨어의 아키텍처와 소프트웨어의 설계 기술을 포함하는 [그림 1-8]과 같은 임베디드 기술이 필요하게 되며 이로 인한 장점은 다음과 같다.

① 비용 절감화와 성능의 향상
② 소형화 및 경량화
③ 고신뢰화
④ 다기능화
⑤ 저전력화
⑥ 보수성의 향상
⑦ 설계 개발 기간의 단축
⑧ 제조 기간과 제조 비용의 절감
⑨ 제조공장 규모의 축소
⑩ 제조공장에서의 인적 스킬의 절감

위 ① ~ ⑤는 직접적으로 엔드유저에게 장점이 되며, ⑥은 엔드유저와 메이커 측 양쪽에게 모두 유용하다. 엔드유저에게는 같은 하드웨어이면서도 소프트웨어의 교환으로 기능을 변경 하거나 추가할 수 있게 된다. 메이커 측에는 소프트웨어의 개발 공정 관리, 버전 관리, 재사용 관리, 외주 관리라는 체계를 확실하게 구축, 운영하여 ⑦ ~ ⑩에 대한 극적인 효과를 얻을 수 있게 된다. 여기서 중요한 점은 임베디드 시스템의 생산활동에 의해 상대적으로 기업이 획득하는 이익원은 제조의 단계에서 설계 혹은 개발이라는 상위 단계로 이동하고 비용 원가의 비율이 하드웨어에서 소프트웨어로 이동한다는 점이다.

2 임베디드 구축 기술 중요 ★★★

임베디드 시스템은 유비쿼터스 컴퓨팅 플랫폼에 적용하며 자원 제약이 심한 환경에서 안정성, 신뢰성의 요구사항을 만족해야 하고 이동성, 실시간성, 융통성, 상호 운용성, 이식성 등을 지원해야 하며 멀티미디어 서비스 제공이 필수적이다. 임베디드 시스템을 설계하는 과정은 다양하지만, 기본적으로 하드웨어와 소프트웨어는 기본이고 때에 따라서는 네트워크까지 설계해야 한다. 여기서 문제는 설계과정에서의 범위와 깊이다. 예를 들면 PC용 소프트웨어를 테스트할 때 보통 PC의 하드웨어 테스트까지 포함하는 경우는 드물다. 그러나 임베디드 시스템의 경우 소프트웨어와 하드웨어를 각각 설계하기 때문에 두 가지를 결합한 종합 테스트를 할 필요가 있다.

(1) 시스템 전체 설계에 요구되는 기술

① 응용 분야의 데이터 속성과 데이터를 처리하는 데 필요한 지식, 기술 및 응용 분야의 환경과 사용자 인터페이스를 파악하여 요구사항을 문서화할 수 있어야 한다.
② 요구사항을 요구사양서로서 정리할 수 있고 그 요구사양을 임베디드 기술로서 실현하기까지의 개발 공정, 개발방법, 보수체제 등을 설계 및 관리할 수 있어야 한다.

(2) 하드웨어 설계에 요구되는 기술

① 필요한 기능이 내장된 보드, 싱글 칩 마이크로컴퓨터, 시스템 LSI들을 사용한 설계가 가능해야 하며 이것을 목표로 하는 요구 설계가 가능해야 한다.

② MPU, 메모리, 인터럽트 컨트롤러, DMA 컨트롤러, 논리소자 등을 사용하여 요구된 하드웨어의 논리구조 설계가 가능해야 한다.

③ A/D 변환기, D/A 변환기, 모터 등을 하드웨어의 논리구조 속에 포함되도록 설계할 수 있어야 한다.

④ 설계한 하드웨어를 제어하는 디바이스 드라이버들의 소프트웨어 설계가 가능해야 한다.

(3) 소프트웨어를 설계하는 데 있어 요구되는 기술

① 요구된 데이터 입출력 기능과 데이터의 유지 및 관리 기능의 설계가 가능해야 한다.

② 임베디드 시스템을 구성하는 MPU, 메모리, 프로그램과 데이터라는 시스템 자원에 관한 스케줄링 등의 관리 기능을 설계할 수 있어야 한다.

③ 하드웨어를 제어하는 디바이스 드라이버들의 개별 소프트웨어 설계가 가능해야 한다.

④ 적절한 OS를 선정하여 임베디드 시스템에 내장하여 활용하는 설계가 가능해야 한다.

⑤ 설계 요구에 따라 데이터의 압축, 신장, 화상처리, 암호, 기기의 제어 등 해당 분야의 지식, 이론과 기술을 획득하여 그것을 반영한 응용 소프트웨어의 설계가 가능해야 한다.

(4) 네트워크를 설계하는 데 있어서 요구되는 기술

① 네트워크 아키텍처 설계가 가능해야 한다.

② 암호화, 보안 등 네트워크에 특유한 기술을 설계에 응용할 수 있어야 한다.

③ 네트워크를 임베디드 시스템의 소형화, 에너지 절약화, 고신뢰화 등에 연결한 설계가 가능해야 한다.

제2장 임베디드 시스템 구성

제1절 임베디드 시스템의 하드웨어의 구성요소

임베디드 시스템은 설계 목적과 기능 및 성능에 따라 분류되며 시스템 구성은 하드웨어와 소프트웨어로 구분된다. 임베디드 하드웨어는 프로세서, 메모리, 입출력장치, 통신장치로 구성되며 그 외 모든 물리적인 부품을 의미한다.

임베디드 소프트웨어는 펌웨어, 운영체제(OS), 미들웨어, 응용 프로그램, 개발도구 등으로 나뉜다.

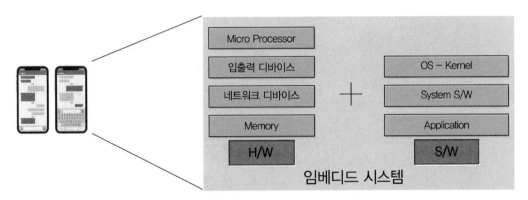

[그림 1-9] 임베디드 시스템 구성

1 임베디드 하드웨어

임베디드 시스템의 하드웨어는 프로세서, 메모리, 통신장치, 입출력장치 등으로 구성되며 대부분 특정 기능만을 수행하도록 프로그램이 제작된 컴퓨팅 장치로 최적화하여 설계되어 있다. 산업용 임베디드 시스템의 경우 성능보다는 안정성을 위주로 제품을 설계하며, 가전기기 또는 스마트장치의 경우 고객의 요구에 따라 다양한 기능과 고성능의 사양이 적용되고 있다.

(1) 임베디드 시스템의 변화

우리 주변에서 쉽게 볼 수 있는 임베디드 가전제품을 살펴보면 사물인터넷(IoT)과 인공지능(AI) 기술이
적용되어 다양한 요리법과 시기별 제철 음식 요리법을 제공하는 냉장고, 스마트폰과 연동해 최적의 실
내온도와 상태를 알려주는 에어컨, 내부환경 오염정보와 사용자 패턴을 인식하는 로봇청소기, 사용자
의 스케줄러 관리 및 개인비서 역할 로봇 등이 있다.

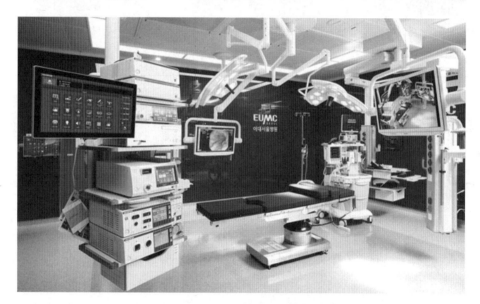

[그림 1-10] 산업용 임베디드(HMI, 의료장비)

[그림 1-11] 가정용 임베디드

(2) 임베디드 시스템의 대중화

사물인터넷(IoT)이 다양한 분야에 활용되면서 응용 서비스에 대한 사용자의 요구가 증가함에 따라 임베디드 시스템에 적용되는 디바이스의 종류 및 역할은 다양해지고 있다. 단순한 액세서리 형태의 웨어러블 장치부터 가전제품, 자동차, 의료기기, 산업 설비 등 개발자는 목적에 맞도록 디바이스를 설계하고 구성해야 한다. 이러한 제품을 개발하기 위해서 저렴한 하드웨어 비용과 빠른 개발 속도로 제품을 설계하고 응용 서비스를 제작하기 위한 오픈 하드웨어가 증가하고 있다.

최근 IT 관련 업계에서는 **오픈소스 소프트웨어**(OSS : Open Source Software)에 이어 **오픈소스 하드웨어**(OSHW : Open Source Hardware)를 새로운 기술 혁신 경향으로 주목하고 있다. 오픈소스 하드웨어는 소프트웨어의 소스 코드에 해당하는 설계와 디자인을 공개하고 관련 정보를 공유하는 일련의 과정을 통해 더욱 혁신적이고 참신한 제품 개발을 촉진하는 데 그 목적이 있다. 이러한 오픈소스 하드웨어의 확산은 전문 엔지니어나 전자기기 공학 관련 마니아를 비롯한 일반인들의 HW 제작 대중화를 견인하는 동시에 대기업 및 중소기업의 제품과 서비스 관련 R&D 활동을 촉진함으로써 이른바 제3의 산업혁명을 일으키는 주된 동인(이데올로기)으로까지 주목받고 있다.

(3) 오픈소스 하드웨어의 종류

오픈소스 하드웨어의 종류를 살펴보면 메인프로세서와 외부 입출력 인터페이스에 따라 다양하게 나뉘고, 특히 사용자들의 커뮤니티와 자발적인 참여에 따라 제품의 수익성과 완성도가 결정되며, 제작하는 메이커의 역할이 필수적이다.

① 아두이노(Arduino)

아두이노(이탈리아어 : Arduino)는 오픈소스를 기반으로 한 단일 보드 마이크로컨트롤러로 완성된 보드(상품)와 관련 개발도구 및 환경을 말한다. 2005년 이탈리아의 IDII(Interaction Design Institute Ivrea)에서 하드웨어에 익숙지 않은 학생들이 자신들의 디자인 작품을 손쉽게 제어할 수 있게 하려고 고안된 아두이노는 처음에는 AVR을 기반으로 만들어졌으며, 아트멜 AVR 계열의 보드가 현재 가장 많이 판매되고 있다. ARM 계열의 Cortex-M0(Arduino M0 Pro)과 Cortex-M3(Arduino Due)를 이용한 제품도 존재한다.

아두이노는 다수의 스위치나 센서로부터 값을 받아들여, LED나 모터와 같은 외부 전자장치들을 통제함으로써 환경과 상호작용이 가능한 물건을 만들어 낼 수 있다. 임베디드 시스템 중 하나로, 쉽게 개발할 수 있는 환경을 이용하여 장치를 제어할 수 있다. 아두이노 통합 개발 환경(IDE)을 제공하며, 소프트웨어 개발과 실행 코드 업로드도 제공한다. 또한 어도비 플래시, 프로세싱, Max/MSP와 같은 소프트웨어와 연동할 수 있다. 오픈소스이기 때문에 아두이노를 기반으로 여러 가지 프로젝트를 수행할 수 있다.

아두이노의 가장 큰 장점은 마이크로컨트롤러를 쉽게 동작시킬 수 있다는 것이다. 일반적으로 AVR 프로그래밍이 AVRStudio(Atmel Studio6으로 변경, ARM 도구 추가됨)와 WinAVR(avr-gcc)의 결합으로 컴파일하거나 IAR E.W.나 코드비전(CodeVision) 등으로 개발하여, 별도의 ISP장치를 통해 업로드를 해야 하는 번거로운 과정을 거쳐야 한다. 이에 비해 아두이노는 컴파일된 펌웨어를 USB를 통해 쉽게 업로드할 수 있다. 또한, 아두이노는 다른 모듈에 비해 비교적 저렴하고, 윈도우를 비롯해 맥 OS X, 리눅스와 같은 여러 OS를 모두 지원한다. 아두이노 보드의 회로도가 CCL(Creative

Commons license)에 따라 공개되어 있으므로, 누구나 직접 보드를 만들고 수정할 수 있다.

아두이노가 인기를 끌면서 이를 비즈니스에 활용하는 기업들도 늘어나고 있다. 장난감 회사 레고는 자사의 로봇 장난감과 아두이노를 활용하여 학생과 성인을 대상으로 한 로봇 교육 프로그램을 북미 지역에서 운영하고 있다. 자동차 회사 포드는 아두이노를 이용해 차량용 하드웨어와 소프트웨어를 만들어 차량과 상호작용을 할 수 있는 오픈XC라는 프로그램을 선보이기도 했다.

[그림 1-12] 아두이노 보드

② **라즈베리파이(Raspberry Pi)**

라즈베리파이(Raspberry Pi)는 영국 잉글랜드의 라즈베리파이재단이 학교와 개발도상국에서의 기초 컴퓨터 과학 교육을 증진하기 위해 개발한 신용카드 크기의 싱글 보드 컴퓨터이다. 라즈베리파이는 그래픽 성능이 뛰어나면서도 가격이 저렴한 것이 특징이다(VAT 제외. 1세대 모델 A와 A+의 경우 25달러, 1세대와 2세대를 포함한 나머지 모델의 경우 35달러).

라즈베리파이는 모두 같은 비디오코어 IV GPU와, 싱글코어 ARMv6에 호환되는 CPU 또는 신형의 ARMv7에 호환되는 쿼드코어(라즈베리파이 2), 1GB의 RAM(라즈베리파이 2), 512MB(라즈베리파이 1 모델 B와 B+), 또는 256MB(모델 A와 A+, 구형 모델 B)의 메모리를 포함한다. 이들은 SD카드 슬롯(모델 A와 B) 또는 부팅 가능한 매체와 지속적인 정보 저장을 위한 마이크로SDHC를 갖추고 있다.

라즈베리파이 2를 제외한 라즈베리파이 모델들은 브로드컴의 BCM2835 단일 칩 시스템을 사용하며, 이 칩에는 ARM1176JZF-S 700MHz 싱글코어 프로세서(일반 데스크톱은 보통 2.5GHz ~ 3.5GHz), 비디오 코어 IV VGA와 512Mbyte RAM이 들어 있다. 그리고 라즈베리파이의 프로세서는 오버클록 시 최대 1GHz까지의 성능을 발휘할 수 있으며, 하드디스크 드라이브나 솔리드 스테이트 드라이브를 내장하고 있지 않으며, SD카드(B+, 2B+ 모델은 Micro SDCard를 사용)를 외부기억장치로 사용한다. 새로 출시한 모델 B는 ARM Cortex-A7 0.9GHz 프로세서와 램 용량이 1GB로 성능이 업그레이드되어 출시되었다. 라즈베리파이재단은 컴퓨터 교육 증진을 위해 두 가지 모델을 내놓았으며, 각각 25달러와 35달러로 책정되었다. 2012년 2월 29일 재단에서 35달러짜리 모델의 주문을 받기 시작하였다.

2014년, 라즈베리파이재단은 원래의 라즈베리파이와 계산 능력이 같은 임베디드 시스템의 일부로 사용하기 위한 '계산 모듈'을 출시하였다. 2015년 초, 차세대 라즈베리파이인 라즈베리파이 2가 출시되었다. 이 새로운 컴퓨터 보드는 처음에는 한 가지 형식(모델 B)이었으며, 쿼드코어 ARM

Cortex-A7 CPU와 1GB RAM에 나머지 사양은 모델 B+와 유사했다. 라즈베리파이 2는 모델 B와 같은 35달러의 가격을 유지했으며, 20달러의 모델 A+는 여전히 판매되었다. 2015년 11월, 라즈베리파이재단은 그보다 작은 제품인 5달러의 라즈베리파이 제로를 출시하였다.

라즈베리파이재단은 데비안과 아치 리눅스 ARM 배포판의 다운로드를 제공하고, 주요 프로그래밍 언어로 파이썬의 사용을 촉진하며, BBC 베이직을 지원한다. C, C++, 자바, 펄, 루비, 스퀵 스몰토크 등의 언어가 사용 가능하다.

2015년 6월 8일 기준으로, 약 5 ~ 6백만 대의 라즈베리파이가 판매되었다. 영국에서 가장 빠른 속도로 팔리고 있는 개인용 컴퓨터로, 라즈베리파이는 800만 대가 판매된 워드프로세서 '암스트래드 PCW'에 이어 두 번째로 많이 선적되었다.

2016년 2월 29일 라즈베리파이의 새로운 모델 '라즈베리파이 3 모델 B(Raspberry Pi 3 Model B)'의 출시가 발표되었다. 세 번째 버전인 라즈베리파이 3은 무선랜 및 블루투스 기능이 기본으로 내장되어 있으며, 이전 모델인 라즈베리파이 2의 900MHz보다 개선된 1.2GHz의 속도를 구현한 브로드컴 BCM2837 64비트 ARMv8 프로세서를 기반으로 한다. 또한, 전력관리 기능도 개선되었으며, 최대 2.5A의 전력만을 사용하는 동시에 강력한 외부 USB 기기를 더욱 많이 지원할 수 있다. 저전력 블루투스(Bluetooth Low Energy)와 무선LAN을 지원하게 된 라즈베리파이 3는 구입 즉시 IoT, 블루투스 헤드폰 또는 스피커, 와이파이 게이트웨이, 홈 클라우드 스토리지 등에 사용할 수 있다. 제품은 35달러에 구매 가능하며 이전 버전과 호환된다.

2017년 라즈베리파이 3 모델 A에 대해 Pi Model A처럼, Pi 3 A보드는 Ethernet이 없고 USB만 있는 모델인데 가격은 더 저렴해졌다는 평가가 나왔다. 또한 Pi 1 Model A와 다르게 Wifi와 Bluetooth로 통신하게 되었으며, 새로운 OS가 지원된 IoT(android things)용으로 적용되었다.

2019년 6월 라즈베리파이 4 모델 B가 출시되었다. 1.5GHz quad-core 64-비트 ARM Cortex-A72 CPU를 사용해 약 3배의 성능 향상이 있다고 한다. 메모리는 1GB, 2GB, 4GB로 선택할 수 있게 되었다.

2020년 라즈베리파이 4 모델 B가 한층 더 업그레이드되어 다시 출시되었다. 8GB 메모리 옵션이 추가되었으며, 이것을 계기로 64비트 라즈베리파이 OS가 공개되었다.

[그림 1-13] 라즈베리파이 보드(Raspberry Pi 4)

③ 라떼판다(LattePanda)

라떼판다는 x86 기반의 SBC 개발 보드로, 동급이라고 볼 수 있는 개발 보드 중에서도 조금 기형적인 보드이다. 개발용 보드라기보다는 그 자체로 미니 PC에 가까운 형태로, 기존 개발 보드의 문제점을 해소하고 더 강력한 개발 보드를 필요로 하는 수요 때문에 등장하였다. 저렴한 가격대에 로우레벨에서 꽤 강력한 성능을 내주던 라즈베리파이 같은 물건은 태생적으로 성능, 즉 저전력에 최적화된 ARM 프로세서의 한계를 벗어나지 못하기 때문에, 영상 처리나 고도의 연산이 필요한 작업, 혹은 스캐너나 키넥트(Kinect) 등 주변기기와 같이 복잡도가 높은 센서류를 사용하는 프로젝트의 경우 성능상 제약이 생기는 문제점이 있었다. 또한, PC용으로 나온 여러 가지 부가 소프트웨어, 장비 등을 사용할 수 없다는 심각한 단점이 있었다.

기존에도 USB-FTDI 장비나 컴퓨터에 달린 시리얼 포트를 통해 조종하는 예시는 있었지만, 이렇게 구성하면 프로그래밍 난이도가 일반인 사용금지 수준까지 상승하고 부피 문제 또한 무시할 수 없어서 다들 고민하고 있었는데, 중국의 어느 기발한 업체가 그냥 싱글 보드 SBC에 인텔 아톰 시리즈, 그리고 여기에 직결되는 아두이노 롬을 올린 AVR MCU를 같이 올려버린다는 아이디어를 실행했고, 그 결과물이 바로 라떼판다이다.

[그림 1-14] 라떼판다(LattePanda)

④ 그 외

임베디드 시스템의 대중화와 오픈소스 기반의 하드웨어 발전에 따라 많은 국내외 기업들이 관련 제품들을 개발하고 출시하였다. 대표적으로 인텔, 삼성전자, 엔비디아, 텍사스 인스트루먼트(TI), ST Microelectronics 등이 있다.

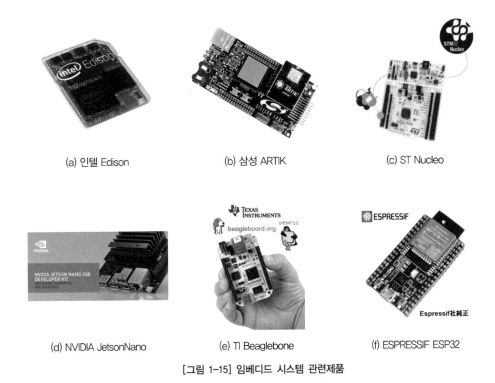

(a) 인텔 Edison

(b) 삼성 ARTIK

(c) ST Nucleo

(d) NVIDIA JetsonNano

(e) TI Beaglebone

(f) ESPRESSIF ESP32

[그림 1-15] 임베디드 시스템 관련제품

제 2 절 임베디드 소프트웨어

1 임베디드 소프트웨어의 개념

과거, 임베디드 소프트웨어에는 간단한 제어 프로그램만으로 산업용 기기를 제어하는 펌웨어 기반의 소프트웨어가 탑재되었으나, 요즘은 다양한 멀티미디어 처리와 고성능 입출력장치 등 복잡한 기능의 요구가 늘어남에 따라 운영체제가 올라가고 멀티태스킹, 네트워크, 디스플레이 기능을 제공하는 고성능 임베디드 소프트웨어를 사용하고 있다. 이러한 흐름은 제품의 성능과 생산능력, 소형화, 가격 등 제품 경쟁력의 핵심이 하드웨어 생산기술에서 소프트웨어 최적화 기술로 변화되는 기술집약적 고부가가치 산업으로 변화하고 있음을 의미한다.

임베디드 소프트웨어는 미리 정해진 특정한 기능을 수행하고, 특정 하드웨어만을 지원하기 위해 만들어지고 탑재되는 소프트웨어이며, 제한된 자원, 실시간성, 특정 작업을 수행하는 비정형화된 소형 내장 소프트웨어이다. 소형화, 저전력, 고신뢰성, 소프트웨어의 기능 및 성능의 최적화, 하드웨어에 대한 효율적 자원관리가 가능하다.

2 **임베디드 소프트웨어의 항목별 분류** 중요 ★★★

(1) 하드웨어 소프트웨어

① **펌웨어** : 프로그램 기능 영역에 직접 저장되어 하드웨어 장치의 저수준 동작을 담당

② **신호처리** : 오디오, 음성, 이미지, 비디오 처리 및 필터링 등에 특화된 응용 소프트웨어

(2) 임베디드 시스템 소프트웨어

① **운영체제** : 임베디드 시스템상의 소프트웨어들을 제어하는 고수준 이상의 역할을 수행

② **미들웨어** : 소프트웨어 컴포넌트 및 응용 서비스 조합을 제공하여 플랫폼의 독립적인 소프트웨어 수행이 가능

③ **응용 제어 소프트웨어** : 임베디드 시스템의 행동을 제어하기 위한 소프트웨어

(3) 입출력 서비스 소프트웨어

① **멀티미디어** : 멀티미디어 서비스를 제공하는 소프트웨어

② **네트워크** : 연결성을 제공하거나 네트워크를 이용한 서비스를 제공하는 소프트웨어

③ **비실시간 임베디드 응용** : 실시간성의 요구를 가지지 않는 상용자와 양방향 서비스를 제공하기 위한 소프트웨어

(4) 소프트웨어 도구

① **소프트웨어 설계 도구** : 소프트웨어 설계 단계에서 제약조건을 만족시키기 위한 다양한 방법론을 자동화한 소프트웨어

② **소프트웨어 구현 도구** : 임베디드 장치로의 소프트웨어 배포 및 디버깅 등을 도와주는 소프트웨어

③ **소프트웨어 검증 및 시험** : 소프트웨어 설계 시의 조건을 만족하는지 확인하기 위한 검증/시험 자동화 소프트웨어

제 **3** 절 　임베디드 운영체제

임베디드 시스템은 통상적으로 일반적인 시스템과는 달리 특정한 작업만을 수행하도록 설계된다. 초기의 임베디드 시스템은 비교적 단순해서 특별한 운영체제가 필요 없이 사람이 순차적인 프로그램을 작성해서 실행하게 되어 있고, 중간에 인터럽트가 발생하는 경우에만 그 순차적인 프로그램에서 잠시 벗어나는 정도였다. 이전의 임베디드 시스템은 주로 간단하고 단순한 순차적인 작업에 관련되었기 때문에 굳이 운영체제를 사용한다는 것은 낭비였고 그럴 필요도 없었다. 그러나 최근의 임베디드 시스템 분야에서는 그 시스템 자체가 상당히 커지게 되었고, 네트워크나 멀티미디어가 시스템에 기본으로 자리잡으면서 임베디드 시스템

이 해야 할 일들도 많아지고 복잡해졌기 때문에 순차적인 프로그램을 작성하기가 매우 어렵게 되었다. 따라서 임베디드 시스템에서는 운영체제의 개념이 필요하게 되었고 임베디드 시스템의 특성상 실시간이라 는 요소를 만족해야 하였으므로 실시간 운영체제를 임베디드 시스템에 도입하게 되었다. 실시간 RTOS를 채택하여 개발되는 제품들이 점점 늘어나는 추세며, 이제는 수많은 임베디드 시스템에서 그 목적에 맞게 실시간 운영체제와 함께 적절하게 사용되고 있다.

임베디드 운영체제는 크게 RTOS(Real Time OS)와 GPOS(General Purpose OS)로 분류할 수 있다.

1 RTOS(Real-Time OS) 중요 ★★★

RTOS는 정해진 시간 내에 시스템이 결과를 출력하는 실시간 시스템을 말한다. 이는 주어진 작업을 빨리 처리하는 개념이 아니고 정해진 시간을 넘겨서는 안 된다는 개념이다. 또한 RTOS에 사용되며 실시간 임베 디드 시스템 응용에 적합할 수 있도록 시스템 응답속도(response speed), 인터럽트(interrupt), 효율성 (efficiency), 확장성(scalability), 이식성(portability) 등에서 우수한 성능을 가지도록 설계된 운영체제를 말한다. RTOS는 실시간 요소를 충족시키기 위해서 모듈화, 선점형 멀티태스킹, 스케줄링, 통합 개발환경 지원 등을 고려해야 한다. 그리고 실시간 시스템도 hard real-time system과 soft real-time system으로 나눌 수 있다.

(1) hard real-time system

hard real-time system은 정해진 시간 내에 작업한 결과가 절대적으로 출력되어야 하는 시스템을 말 하며, 이런 시스템의 예로는 전투기의 비행 제어 시스템이라든지 핵발전소의 제어 시스템, 인공위성의 제어 시스템 등 작업의 결과가 미리 정해진 시간 내에 도출되지 않으면 막대한 손실이 발생할 수 있는 치명적인 결과가 나오게 되는 경우이다.

(2) soft real-time system

soft real-time system은 정해진 시간 내에 작업의 결과가 나오지 않더라도 hard real-time system 처럼 치명적인 결과를 양산하지는 않는다. soft real-time system은 정해진 범위 내를 넘는 시간 지연 이 발생하더라도 시스템 오류가 발생하지 않는다.

> **더 알아두기 Q**
>
> 연성 실시간 처리 시스템(soft real time processing system)은 작업 실행에서 시간 제약조건은 있으 나, 이를 지키지 못해도 전체 시스템에 치명적인 영향을 미치지 않는 시스템이다. 예를 들어, 동영상 은 초당 일정 프레임(frame) 이상의 영상을 재생해야 한다는 제약이 있으나, 일부 프레임을 건너뛰어 도 동영상을 재생하는 시스템에는 큰 영향을 미치지 않는다.

2 GPOS(General Purpose OS)

GPOS는 현재 흔히 사용하고 있는 Windows NT, Windows 10, DOS, UNIX, Macintosh OS 등으로 일반적인 응용 소프트웨어를 운영하기 위하여 설계된 운영체제를 말한다. 따라서 대용량의 메모리와 ROM 영역을 필요로 하며, local file system, paget virtual memory를 관리할 수 있는 MMU(Memory Management Unit)등이 필요하다.

GPOS는 실시간 운영 시 응답속도, 인터럽트 핸들링 면에서 RTOS보다 우수하지 못하며, 대부분의 임베디드 시스템들은 그 자체에 적절히 포팅된 운영체제를 가지고 있다. 이런 운영체제로는 하나의 운영체제가 거의 독점하고 있다시피 한 PC용 운영체제 시장과는 달리 여러 종류의 독특한 특성을 가진 운영체제가 공존하고 있다.

임베디드 리눅스란 일반적으로 PC의 운영체제로써 사용되는 GNU/Linux 시스템의 일반적인 명칭인 리눅스와는 차이가 있다. PC에서의 리눅스 운영체제의 기본 하부구조로서의 리눅스 커널과 더불어 그 상위 유닉스 운영체제와 유사한 구조를 이루는 Glibc C 라이브러리 시스템과 이를 기반으로 한 수많은 유틸리티로 이루어져 있으며 이를 통합해 리눅스 운영체제라 부른다. 그러나 임베디드 리눅스는 기본적인 특정 임베디드 애플리케이션에 맞도록 리눅스 커널의 크기와 성능을 최소·최적화시켜 만들어낸 커널을 의미하며 여기에 C 라이브러리나 유틸리티 등은 필요에 따라 추가되거나 교체되어 하나의 시스템을 만드는 형태가 된다. 이런 커널의 최소·최적화에는 커널의 내부구조 변화도 가능하며 이를 극대화하면서 일반적인 사용 운영체제의 성능을 뛰어넘는 것도 가능하다. 결국 임베디드 리눅스는 개발자에게 시스템 개발에 있어서 금전적 제약, 개발환경에 적응할 시간, 그리고 제품의 신뢰성 등 장벽을 넘을 수 있게 해주는 운영체제라 할 수 있다.

임베디드 시스템 개발과정

설계 및 개발 과정

임베디드 시스템은 제품 구성 및 기술적인 측면에서도 많은 요소가 포함되어 있지만, 고객의 요구 사항에 맞게 제품을 설계하고 다른 제품과의 차별화와 마케팅까지 고려해야 하므로 복잡한 과정을 많이 담고 있다. 일반적으로 임베디드 시스템 개발 프로세스는 [그림 1-16]과 같은 순서에 따라 개발되며, 각 공정의 개발과정에 대한 개략적인 부분은 다음과 같다. 각 공정은 지금까지 공정의 성과물을 입력하고 스스로 공정의 성과물을 다음 공정으로 단계별로 인계한다.

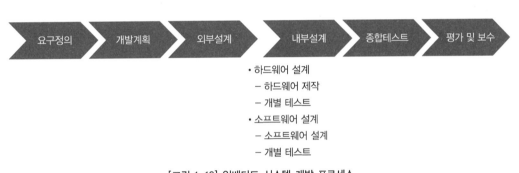

[그림 1-16] 임베디드 시스템 개발 프로세스

1 개발 순서 중요 ★★★

(1) 요구

영업전략과 사회적 요구, 고객 요구 등이 제품을 개발하는 계기가 된다.

(2) 요구정의

① 시스템의 목적, 기능, 성능, 구성요건 등을 분석 및 검토한다.
② 성과를 '요구정의서(요구사양서)'로 작성하고 시스템의 구현 방법을 기술한다.
③ 요구 구현에 불가결한 요건(하드웨어, 소프트웨어, 인력)을 규정하는 경우도 있다.

(3) 개발계획

① 제품 구현을 위한 체계, 구성 요건의 배치, 스케줄, 품질목표를 결정하여 명확히 한다.
② 품질목표에 대한 타당성 확인, 개발일정표(milestone), 시험 활동 등을 명확히 한다.
③ 성과를 '개발계획서'로서 작성한다.

(4) 외부설계

① 요구정의서에 기술된 기능을 상세하게 검토한다.
② 조작 방법, 기능의 적용 범위, 이상 동작, 테스트 항목 등을 명확히 한다.
③ 성과를 '외부설계서'로서 작성한다.

(5) 내부설계

① 외부설계서에 기재된 항목의 실현을 구체적인 방법으로 기술한다.
② 많은 경우 하드웨어와 소프트웨어의 기능 분담, 상호보완(trade off)을 결정한다.
③ 하드웨어에서는 '회로도', '타이밍 차트', 상세 시험 내용을 작성한다.
④ 소프트웨어에서는 '프로그램설계서', 상세 시험 내용을 작성한다.

(6) 제작

① 임베디드 시스템을 사용하는 장치에는 하드웨어, 소프트웨어를 병행하여 작성한다.
② 일반적으로 설계, 시험 제작, 완성까지를 개발부문의 작업으로 한다.

(7) 시험

① 시험공정에서는 설계검증과 품질보증 담당에서의 품질인정검증에 의해 시험한다.
② 설계검증에서는 설계 시작품을 사용하여 기능적인 한계를 검증한다.
③ 품질인정검증에서는 제품 시작품을 사용하여 제품으로서 출하가 가능하지 아닌지를 검증한다.

> **❗ 더 알아두기 🔍**
>
> **임베디드 시스템에서 요구되는 시스템 조건**
> ① 성능(실시간성) : 시간 제약, 실행시간의 최소화
> ② 신뢰성 : OS의 견고성, 고장이 없으며 고장이 발생해도 백업, 페일 세이프(fail safe)
> ③ 안정성 : 인간 사용자 피해를 주지 않는 메일 세이프, 취급 설명서
> ④ 경제성 : 개발비용, 제조비용, 라이센스료 등
> ⑤ 내환경성 : 온도, 습도, 진동, 전자 잡음, 먼지, 물, 기름 등
> ⑥ 개발용이성, 재사용, 개발환경, 개발속도 : 신속한 개발, 반환 시간의 단축, 소프트웨어의 부품화,
>   미들웨어, 툴, 지원체제
> ⑦ 저전력성, 저공간성 : 건전지의 긴 수명, 소형화, 경량화
> ⑧ 보수성, 보전성 : 유지 및 보수의 용이, 부품의 장기간 수급
> ⑨ 조직성 : 취급의 용이성, HMI 기능, GUI 기능
> ⑩ I/O 접속 기능, 통신 기능 : 외부와의 인터페이스, 네트워크 접속
> ⑪ 정보처리 기능 : 파일조작, 기억장치, 데이터 처리

2 수탁개발공정

시스템 회사와 소프트웨어 회사가 수탁개발하는 경우는 [그림 1-17]의 제품개발공정을 부분적으로 의뢰하는 경우가 많으며 수탁개발공정은 [그림 1-18]과 같으나 일반적인 방법은 요구정의와 외부설계에서 제작설계 시험 제작까지를 의뢰하는 경우가 많다. 최근 제품 시험에 노력이 요구되는 제품이 많아지고 시험을 위탁하는 개발도 증가하고 있으나 품질관리검사는 수행해도 제품의 품질보증까지 한다는 것은 아니다. 임베디드 시스템을 사용한 제품은 대량으로 제조되는 경우가 많으므로 출하된 제품의 비용은 개발 비용을 크게 상회한다. 비록 불량품의 수리는 부담해도 상태가 좋지 않은 데서 발생하는 손해를 보증하는 것은 비현실적이다.

[그림 1-17] 소프트웨어 설계 공정의 예

또 개발을 수탁하는 경우와 발주할 때 주의해야 할 점은 요구내용이 정해져 있는가, 아닌가 하는 것으로, '요구정의'가 확정되지 않는 개발모델인 경우 개발을 시작한 이후 재작업이 발생할 가능성이 크고 리스트를 포함한 개발모델(프로토타입 모델, 나선형 모델 등)을 채용하는 등 연구가 필요하다. 물론 그 때문에 개발비용은 증가하지만, 재시작의 리스크를 부담하는 것보다 낮다.

수탁개발 측의 개발공정은 제품개발공정의 어느 공정에서 수탁해도 개발의뢰 측의 요구를 기초로 요구분석, 외부설계, 내부설계, 제작, 테스트의 각 공정은 제품개발공정과 같다.

수탁개발에서는 타 회사와의 경합에서 수탁 전에 개발공정 수와 비용을 제시할 필요가 있지만 제품의 요구정의, 개발계획, 외부설계와 공정이 진행되고 나서 수탁하는 것이 정도가 높은 견적을 제시할 수 있다. 반대로 눈앞의 공정에서의 수탁은 리스트를 고려한 견적이 된다는 것을 고려해야 한다.

[그림 1-18] 수탁개발공정

제 2 절   프로젝트 매니저먼트

프로젝트란 특정 목적을 수행하기 위해 정해진 기간과 자원으로 실시되는 업무를 의미하며 기본적으로 프로젝트의 성과로서 작성되는 성과물은 독자성을 갖고, 프로젝트로서는 업무 전체에 반복성을 갖지 않는 것을 특징으로 한다. 예를 들어 시스템 개발, 신제품 개발, 조직 개혁, 정책 구현, 새로운 비즈니스 모델로의 변혁 등으로 프로젝트에서의 작업과 활동은 다음과 같은 특성을 갖는다.

> ① 달성해야 할 목표(goal)가 있다.
> ② 몇 개의 작업과 활동의 단계가 있고 그것이 순차 또는 병행하여 진행한다.
> ③ 작업과 활동에는 어느 정도의 기간이 소요된다.
> ④ 어떤 작업과 활동에는 순서의 제약이 있다.

1 프로젝트 매니지먼트(PM) 중요 ★★

프로젝트 매니지먼트란 프로젝트의 목표를 실현하고 관계자의 요구와 기대를 만족하기 위해 프로젝트 활동을 진행하고, 원활한 진행을 위한 지식, 스킬, 툴, 기법을 적용하는 것이다.

더 큰 상위 목표의 달성을 위해 상호관련되는 복수의 프로젝트 그룹 매니지먼트를 프로젝트 매니지먼트라고 부르는 경우도 있다. 구체적으로는 제품 개발에 있어서 제한된 스케줄과 예산, 인원으로 가능한 요구를 달성하기 위한 활동이 **프로젝트**이고, 이를 잘 계획하고 시행하는 것이 **프로젝트 매니지먼트**라고 할 수 있다. 대규모 시스템의 트러블 원인은 소프트웨어 개발과 검증에 있다. 임베디드 장치에서도 제품의 결함에 의해 판매가 끝난 제품을 회수하는 등의 문제가 일어나고 있다.

반면 시스템에 대해서도 고도화가 요구되고 결과적으로 시스템 개발은 복합적으로 변하고 대규모화되고 있다. 또한 임베디드 시스템의 개발은 하드웨어와 소프트웨어를 유기적으로 결합하여 개발할 필요가 있고, 개발 기간도 엄격하게 제한되는 경우가 많기 때문에 임베디드 시스템의 개발 프로젝트를 원활하게 추진하기 위한 프로젝트 매니지먼트는 중요한 키워드이다. 소프트웨어 개발의 지침인 IEEE/EIA 12209 SLCP(Software Life Cycle Processes)에서는 모든 주요한 역할과 상호관계를 모델화하고 있다.

임베디드 시스템의 개발에서는 요구사양에 대한 실현 방식을 검토할 때 **하드웨어와 소프트웨어의 분담 결정이 특히 중요**하다. 어떤 기능을 하드웨어에서 실현하고 어떤 기능을 소프트웨어에서 실현할 것인가를 결정하는 포인트는 성능(실시간성), 비용, 제품의 시리즈성(다른 제품에 이용할 예정의 유무), 개발기간, 리소스 등이다. 이를 배분하기 위한 결정에서는 개발전략과 우선순위의 판단이 중요하다. 예를 들면 단기 개발의 경우, 입수가 쉬운 기본제품을 이용하여 하드웨어를 보조하고, 소프트웨어도 시판제품의 이용과 재사용을 하여 요구 기능을 실현한다. 이와 달리 통상의 마이크로프로세서에서 실현 불가능한 성능이 요구되는 전용 하드웨어를 개발할 때는 충분한 개발 기간과 리소스를 투입할 수 있는지를 판단하게 된다.

프로젝트 관리라고 하면 하드웨어 스킬(skill)에 초점을 맞추기 쉬운데 프로젝트를 성공으로 이끄는 요인의 70 ~ 80%는 소프트웨어 스킬이라고 한다. 그 중에서도 커뮤니케이션이 큰 비중을 차지하고 있는 것이 통계적으로 나타나 있고 하드웨어 기술자, 소프트웨어 기술자, 개발의뢰 측, 개발수탁 측, 협력회사 등의 관계자가 관련된 임베디드 시스템 개발에서는 프로젝트의 상황을 관계자로부터 정확하게 끌어내는 커뮤니케이션 스킬이 중요하다.

> **❗ 더 알아두기 🔍**
>
> **매니지먼트와 관리**
> 품질과 리스크 등에 관한 용어의 정의로써 매니지먼트(management)와 관리(control)를 구별한다. 실질적으로 매니지먼트는 계획, 실행, 관리, 평가 등의 프로세스를 종합하여 넓은 의미로 해석하기도 하고, 관리는 감시, 제어, 검사, 보고 등의 프로세스에 중점을 두는 좁은 의미로 해석된다.

2 견적

임베디드 시스템 개발의 견적은 하드웨어 설계·제작과 소프트웨어 설계·제작으로 나눌 수 있는데 양쪽 모두 경비 이외에는 개발의 크기를 경험적인 비용으로 산출하고 있는 경우가 많다. 시스템 개발의 크기를 산출하는 방법에는 양을 계산하는 방법과 개발에 걸린 시간을 계산하는 방법이 있다. 일반적으로 양은 개발규모, 시간은 공정 수로 생각할 수 있는데 이 경우 개발규모와 공정 수는 어떤 계수로 비례라는 관계가 있으므로 모두 견적금액이 산출된다. 개발형태와 개발회사의 방침에 따라 개발규모에 직접 견적금액을 산출하고 있는 경우도 있다.

소프트웨어의 견적은 그 소프트웨어에 사용되는 OS, 프로그래밍 언어, 구현해야 하는 기능 등에 따라 크게 달라진다. OS와 프로그래밍 언어의 종류에 따라서 개발 가능한 인원과 프로그래밍 가능한 인원이 한정되는 경우도 있다. 또 회사 내의 인력만으로 개발하는 것인지, 회사 외의 인력(외부 소프트웨어 회사 등)에도 개발을 분담하게 하는 것인지에 따라 개발비용이 크게 달라진다. 개발기간에 여유가 없는 경우에는 복수의 담당자에 의한 병행작업을 하고 그에 따라 개발비용이 많아지게 된다.

하드웨어로 개발에 대해서는 제품을 신규 개발하는 것인지, 기존제품을 사용하는 것인지, 또는 시판제품을 구입하는 것인지 등에 의해 개발비용과 개발기간 또는 개발리스트가 변화한다. 무엇에 중점을 두고 개발하는가, 즉 개발의 우선순위에 따라 개발비용의 견적이 변화한다.

프로젝트 매니저는 개발리소스, 숙련도, 원가정보, 리스크를 파악하고 있을 필요가 있다. 또 프로젝트 멤버의 특성을 파악하여 적재적소에 배치하는 것이 중요하다.

하드웨어의 개발규모는 하드웨어 구성요소, 동작주파수 등 복잡한 요소를 경험적으로 조합시켜 개발규모를 산출하고 있고 체계적인 견적기법은 정해져 있지 않다.

소프트웨어의 견적에서도 설계자의 경험에 의존하는 부분은 크지만 개발규모 산출에는 많은 공학적 검토가 이루어져 일반화가 되어 있다. 지금까지 일반적으로 사용되고 있는 것은 LOC(Lines Of Code, **프로그램 라인 수)법**이라고 하고 프로그램 라인 수로서 규모를 표현하고 언어, 설계기법에 따른 계수에서 라인 수 단가를 산출하거나 공정 수로 환산하여 산출하는 방법이 많다.

또한 최근에 사용되고 있는 견적기법 중 FP(Function Point, **기능점수)법**이 주목받고 있다. 이것은 기능을 외부입력, 외부출력, 내부논리파일, 외부인터페이스파일, 외부조회의 5가지 종류의 요소로 표시하고 각 요소의 내용에 의한 비중을 수치로 부여하여 개발규모를 개발기능에서 산출하는 방법은 [그림 1-19]와 같고 임베디드 시스템 개발에서도 고기능 언어가 보급됨에 따라 도입하는 기업도 증가하고 있다.

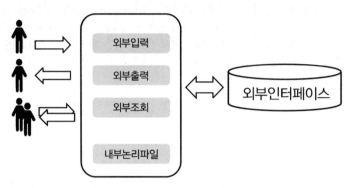

[그림 1-19] FP법의 모델

(1) LOC법

① 계측(라인 수의 카운트)이 간단하지만 개발종료 후에 카운트할 수 있다.

② 과거의 개발 실적을 정량화하기 쉽다.

③ 모듈화와 프로그래밍 기법을 사용한 기술이 평가되지 않는다(라인 수가 적어지면 생산성이 낮게 보인다).

④ 프로그램 기법이 표준화되어 있지 않으면 계수가 안정되지 않는다.

(2) FP법

① 개발언어에 의존하지 않는다.

② 개발담당자의 기량 향상에 의한 이익이 향상된다.

③ GUI 도구(tool) 등에 의한 자동 생성과 관계없이 기능으로 계측한다.

④ 기능단위의 산출이기 때문에 고객이 이해하기 쉽다.

⑤ 완전한 신규 개발에서도 비교적 정확하게 개발규모를 산출할 수 있다.

⑥ 변동치(생산성, 개발환경, 개발담당자의 기량) 산출에 최저 1년 이상의 장기 계측이 필요하다.

3 개발 모델 중요 ★★★

프로젝트 매니저에 의해 리스크를 감소시키고 개발하기 위해 최적의 소프트웨어 개발 모델을 채택하는 것이 중요하다. 가장 일반적인 개발 모델에서 각 공적은 요구분석, 사양결정, 설계, 코드화, 테스트, 운영보수의 순서로 단계적으로 수행한다. 소프트웨어 개발 모델에서는 공학적 연구도 진행되고 많은 개발 모델이 제안되고 있다.

(1) 폭포수 모델(waterfall model)

폭포수 모델은 과거로부터 사용되고 있는 개발 프로세스 모델로서, '요구정의 – 설계 – 제작 – 시험 – 보수'의 순서로 진행되어 간다. 각 공정은 성과물(요구정의서, 시스템설계서 등)을 검증하고 이전 공정으로 되돌아가지 않은 것을 전제로 각 공정이 완료된다. [그림 1-20]과 같이 이 모델은 각 공정의 검증을 확실하게 한다면 재작업 없이 진척관리도 하기 쉽고 효율적인 개발이 가능하다.

그러나 개발에 익숙하지 않은 경우에 개발의뢰자가 제품에 대한 지식 부족으로 인해 설계자가 요구정의 단계에서 상호 충분한 검증을 하지 않을 때 요구정의 단계에서 발생한 오류가 종합테스트와 운용 단계에 이르기까지 발견되지 않는다.

임베디드 시스템 개발은 소규모인데다가 개발기간이 짧은 경우가 많으므로, 요구정의를 확실하게 하면서 폭포수 모델을 도입하면 효율적인 개발이 가능하다. 이는 제품의 라인업 추가와 버전업 등에서 기존의 설계서를 이용할 수 있는 경우에 설계 일부의 모듈 변경 등의 개발 형태에도 적합한 개발 모델이다.

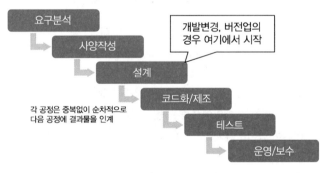

[그림 1-20] 폭포수 모델

(2) 프로토타입 모델(prototype model)

폭포수 모델에서 문제가 되는 개발 초기의 요구정의와 설계의 타당성을 검증하고 개발의뢰자의 요구를 바르게 반영시키기 위해 사용되는 것이 **프로토타입 모델**이다. 프로토타입 모델은 [그림 1-21]의 (a), (b)와 같다.

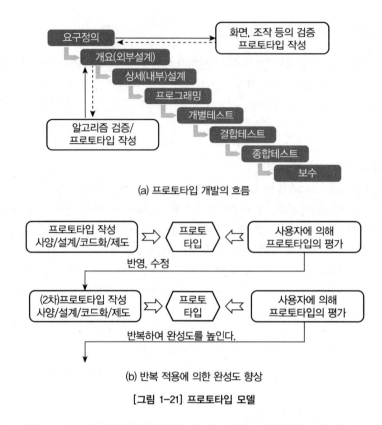

(a) 프로토타입 개발의 흐름

(b) 반복 적용에 의한 완성도 향상

[그림 1-21] 프로토타입 모델

프로토타입 모델은 요구정의의 사용자 인터페이스와 알고리즘, 동작 시간 등의 검증을 위해 개발 초기에 가상 시스템을 작성하고 각 기능의 타당성을 개발의뢰자와 엔드유저에게 평가받는다. 평가의 결과를받아 기능을 추가 및 개선하고 사양을 결정한다.

임베디드 시스템의 개발에는 개발의뢰자, 개발담당자가 최종 제품을 이미지화하기 위하여 유용하게 사용된다. 특히 신규로 체험하는 개발에서는 유용한 점으로서 다음과 같은 점이 있다.

① **사용자 인터페이스의 확인** : 표시항목, 표시내용, 디자인, 키 조작 등의 확인과 오류처리, 표시 휘도 등의 상정이 곤란한 처리의 확인을 한다.

② **상호보완의 실태를 체험** : 가격과 개발기간 등에 의해 상호보완된 기능으로 사용하는 상황에 지장이 없는지 확인한다.

③ **설계의 타당성과 리스트의 분석** : 알고리즘의 처리 시간 계측과 타이밍의 입출력 처리의 실현성 등을 검토한다.

④ **기능 실현 안의 검증** : 복수의 실현 안에 대응한 프로토타입을 준비하여 비교 및 검토한다.

(3) 나선형 모델(spiral model)

폭포수 모델의 각 공정을 더욱 세분화하여 개발해가는 방법으로 폭포수 모델의 각 공정을 기본 공정으로 하고 그 기본 공정을 분석, 설계, 개발, 검증의 공정으로 나눈다. 각 기본 공정의 마지막은 검증으로 끝나고 다음 기본 공정의 처음인 분석으로 이뤄가는 것이다. 이 공정을 반복하는 것을 나선으로 그린 나선형 모델은 [그림 1-22]와 같다.

이 공정을 반복하는 도중에 사양 변경 등을 반영할 수 있으므로 폭포수 모델보다 유연성이 높은 개발 모델이라고 할 수 있다.

나선형 모델은 폭포수 모델과 프로토타입 모델의 단점을 보완하도록 고안된 것이나 시스템 변경에 유연하게 대응하는 것에 너무 의존하면 비용 및 시간 등 개발비용의 증가를 초래하므로 주의가 필요하다. 기본적으로 프로토타입 모델과 같은 단점을 내포하고 있다.

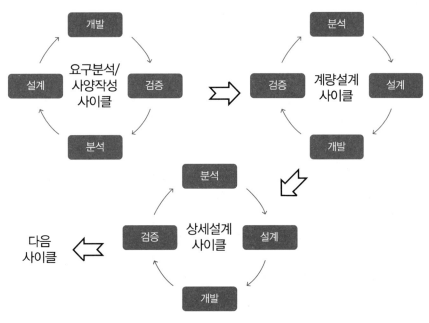

[그림 1-22] 나선형 모델

(4) 객체 지향 모델(object-oriented model)

객체 지향 모델은 객체 지향 언어에서 발달해 온 것으로 비즈니스 애플리케이션의 분야에서는 유용한 프로세스 개발 모델로서의 위치를 확립하였다. 기술 방법으로서 UML(Unified Modeling Language)이 제창되고 객체 지향에 UML은 필요 불가결한 것이 되었다. 언어의 기능에 의존하여 발달해온 객체 지향 모델은 UML의 등장으로 프로그램 개발의 상위에서 하위까지를 프로그래밍 언어에 의존하지 않고 개발할 수 있게 되었다.

그렇지만 최근까지 임베디드 분야에서는 객체 간 메시지 교환의 오버헤드에 의한 실시간성 확보의 불안으로 쉽게 사용하지 못하고 있다. 하지만 MPU의 고성능화에 의해 임베디드 분야에서 프로그래밍 언어로서 C++과 Java 등의 객체 지향 언어가 사용되고 단기간에 유사 제품을 개발하는 요구가 많아짐에 따라 부품의 재사용에 의한 생산성 향상이 전망되고 급속히 보급되고 있다.

(5) 개발 모델의 정리

임베디드 시스템 개발에서는 이들 개발 모델에서 하나를 선택하여 개발하는 것이 아니라 실제에는 폭포수 모델에 가까운 개발 형태로 다른 모델을 조합한 개발 형태를 취하는 경우가 많다. 개발의 각 단계에서 디자인 리뷰와 코드 리뷰 및 워크스루를 실시하고 앞 단계의 리뷰에서 과제 해결을 확인한 다음 설계 사양서, 회로도, 소프트웨어 모듈 관련도 등의 완성도를 확인하고 그 단계까지의 과제를 확인하고 해결의 방침을 검토한 후 다음 단계로 진행하는 폭포수 모델의 형태이다.

기본 제품과 같은 아키텍처를 갖는 제품의 개발과 개량 개발의 경우에는 기존 제품을 프로토타입 대신에 프로토타입 모델에 가까운 개발형태로 사용할 수 있다. 이 경우 기존의 하드웨어 회로와 소프트웨어 모듈의 유용이 가능해지고 개발리소스와 기간을 절감할 수 있게 된다. 그렇지만 제품에는 항상 새로운 기능이 요구되므로 기존 소프트웨어와 하드웨어를 그대로 사용할 수 있는 경우는 적다. 그래도 객체 지향에 의해 소프트웨어의 구조와 아키텍처를 이용할 수 있다는 것만으로 개발리소스 절감의 효과가 있다.

나선형 모델에 가까운 형태의 개발로서는 ASIC들의 하드웨어 개발과 소프트웨어 개발에 시뮬레이터를 사용한 경우의 개발을 들 수 있다. 이 경우에는 일단 작성한 모듈에 시뮬레이션의 결과를 반영하면서 기능의 향상 및 확장을 한다.

단기간에 시스템 개발을 실시하기 위해 복수의 프로그래머에 의해 현행 개발이 시행되고 있는데, 모든 소프트웨어 모듈이 완성되기까지 기다리지 않을 때도 있다. 이를 위해 부족한 부분을 시뮬레이션하는 시스템 시뮬레이터를 준비하는 경우도 있다. 마찬가지로 OS를 테스트하기 위한 시뮬레이터도 존재한다. 최근에는 ISO 9001에 근거한 개발 체계를 채택하고 있는 조직도 많고 사내 규정대로 디자인 리뷰를 개최하고 그 증거로서 규정으로 정한 종류의 사양서와 회의록 등을 문서화하는 것이 필수적이다.

또 비대화하는 개발(휴대전화 등에서는 10 ~ 100여 명 정도)의 관리 능력을 객관적으로 판단하는 방법으로서 개발 체계를 CMM(Capability Maturity Model)에서 평가하는 경우도 많다. ISO 9001의 인증을 얻은 조직의 CMM 레벨은 3에서 4와의 보고도 있지만 레벨1도 있을 수 있다. CMM의 취득과 유지에는 막대한 비용이 들지만 고품질 소프트웨어를 생산하기 위해 CMM에 의한 개발 체계 평가의 지표는 점점 더 중요해지고 있다.

> 🔔 **더 알아두기** 🔍
>
> **임베디드 시스템을 위한 개발도구**
> ① 소프트웨어 디버그
>   소프트웨어에서 동작하는 디버그로 대표적인 기능은 다음과 같다.
>   - 블랙 포인트 기능(임의의 주소에서 프로그램들의 실행을 정지)
>   - 단일스텝 기능(프로그램 중의 지정한 명령을 한 명령 씩 정비하여 실행 중에 MPU 레지스터값과 메모리의 값을 출력)
>   - 어셈블러 기능/역어셈블러 기능(어셈블러로부터 기계어, 어셈블러 기계어로부터 어셈블러로 변환 표시)
> ② 모니터 디버그
>   임베디드 시스템의 경우 타겟머신과 개발 시스템이 다른 경우가 많다. 타겟머신와 개발시스템 간에 통신회선으로 접속하여 시스템 개발을 하는 경우가 많은데 이를 교차개발환경이라고 한다. 타겟머신의 프로그램 중에 디버그 기능이 있는 모니터 프로그램을 설치하여 두고 통신회선으로 디버그를 한다. 모니터 프로그램은 타겟머신에서 동작하기 때문에 타겟머신을 완성하지 않으면 사용할 수 없다.

③ ICE(In-Circuit Emulator)

하드웨어의 동작체크와 소프트웨어의 디버그를 할 수 있는 디버그 전용의 장치로 타켓의 MPU 소켓에 전용 커넥터를 삽입하여 마이크로컴퓨터를 ICE가 가동하는 컴퓨터로서 에뮬레이터하여 디버그를 수행하며 미완성 하드웨어를 디버그하는 것도 가능하다.

ICE의 기능에는 일반적으로 디버그의 기능 외에 다음과 같은 기능을 추가할 수 있다.

- 실시간 트레이스 기능(실행 상태를 실시간으로 확인 가능)
- 레지스터 액세스 기능(레지스터의 데이터를 표시 또는 변화 가능)
- 매핑 메모리 기능(프로그램을 에뮬레이터 측의 RAM에 두고 디버그 가능)

④ 로직분석기

하드웨어의 디버그에 사용되는 측정기로서 16채널과 32채널의 다현상 디지털 파형을 관측할 수 있다.

⑤ 오실로스코프

하드웨어의 디버그에 사용되는 측정기로서 아날로그 파형을 관측할 수 있으며 2채널과 4채널을 동시에 관측할 수 있는 것이 일반적이다. 싱크로스코프(synchroscope)라고 부르는 경우도 있다.

4 품질보증 계획과 테스트

품질보증 계획은 제품에 대한 품질목표 및 요구사항, 제품 특유의 프로세스 및 문서 확립의 필요성 그리고 자원 제공의 필요성을 계획한다.

제품의 품질은 크게 나누어 설계검증과 품질보증 담당에서의 품질인증검증에 의해 보증되는 경우가 많다. 설계검증에는 하드웨어를 테스트 프로그램과 실제의 펌웨어 및 애플리케이션 소프트웨어를 사용하여 요구 기능을 모두 실현할 수 있는지를 검증하는 타당성 확인(기능적인 한계를 검정하는 경우가 많다. 예를 들면 최대 구성에서의 테스트와 최고 속도, 최대부하에서의 테스트 등), 장기 운전에서의 이상 감시, 제품의 환경 테스트 등의 검사 및 테스트 활동 등이 있다.

> ### 더 알아두기
>
> **소프트웨어의 품질 특성**
> ISO/IEC 9126에서는 소프트웨어제품의 품질 특성을 다음 6가지 항목으로 정의하고 있다.
> ① 기능성(functionality) : 요구되는 기능의 포함 여부
> ② 신뢰성(reliability) : 장해를 방지하거나 장해에서의 회복 용이성
> ③ 사용성(usability) : 사용 및 운영의 용이성
> ④ 효율성(efficiency) : 자원의 이용효율과 시간적 효율성
> ⑤ 유지보수성(maintainability) : 수정이나 복구의 용이성
> ⑥ 이식성(portability) : 다른 언어 및 시스템으로 변환의 용이성

5 테스트 기법

임베디드 시스템에서는 개발 프로그램이 ROM화하는 경우가 많고 버그의 존재는 기본적으로 허용되지 않으며 LSI화한 하드웨어의 버그도 마찬가지이다. 이들 버그 발생은 생산 라인 정비, LSI 칩의 재제조, 제품의 회수/교환 등이 되는 경우가 있어 그 피해가 크다. 이들 발생을 방지하는 방법으로 프로그램 작성 후의 테스트 작업이 있으며 개발자, 개발요구처인 고객은 가장 주의하여 테스트 계획을 작성해야 한다.

(1) 워크스루(work through)

리뷰의 한 형식으로, 시스템 개발관계자 전원이 모여 의견을 교환하는 것이며 관리자에 상관없이 자유롭게 의견을 교환한다. 디버그의 수행 시 문제 해결에 시간이 걸리는 경우 등의 상황에서 개발관계자와 각 분야의 전문가 등을 소집하여 문제를 다방면으로 검토하는 경우 등에 행해진다.

(2) 코드 검사(code inspection)

리뷰의 한 형식으로, 일반적으로 코딩 종료 시에 상세설계서와 코딩된 내용을 복수의 인력으로 확인하고 코드의 적합성을 판정한다. 최근에서 코딩 미스와 문법 오류 체크는 개발 툴에서 행해지고 있다.

(3) 화이트박스 테스트(white box test)

화이트박스 테스트는 모듈의 처리 방식을 이해하고 모든 처리 내용을 만족하도록 입력 정보를 준비하여 모듈의 동작 모두를 검증한다. 커버리지 테스트(coverage test)라고도 하며 적어도 모든 명령이 한 번은 실행된 것을 확인하는 C0 커버리지, 분기하는 모는 패스를 적어도 한 번은 통과한 것을 확인하는 C1 커버리지 등이 있다. 구조화되어 있는 경우, C1은 C0을 포함하며 그 외 n번의 루프 회수 실행을 확인하는 커버리지 등도 있다.

이들 커버리지는 디버그와 ICE 등의 툴을 사용하면 커버리지율을 수치화하고 반복 시행하는 것도 가능하며 객관적 디버그율의 지표가 되기도 한다.

(4) 블랙박스 테스트(black box test)

블랙박스 테스트란 모듈 내부의 처리 방식에서는 주목하지 않고 입력의 출력 결과에 초점을 두어 테스트하는 것이다. 입력 데이터의 범위를 몇 개로 분할하고 그 분할 범위의 대표치에 대해 테스트하는 동치 분할 테스트와 입력치의 경계치(허용치, 허용치 + 1)를 입력하여 테스트하는 한계치 테스트, 입출력한 결과를 그래프화하여 예상 그래프와 비교하는 원인-결과 그래프 등이 있다.

(5) 빅뱅 테스트(big bang test)

개별 테스트와 결합 테스트가 끝나고 모든 모듈에 접속하여 테스트를 하는 것이다. 대규모 시스템에서는 각종 좋지 않은 상황이 발생하는 경우가 있고 수습할 수 없게 되는 일도 있다.

(6) 그 외 테스트

① **성능 테스트(performance test)** : 데이터 처리 시간을 계측하여 처리능력을 이론치에 대조한다.

② **부하 테스트(load test)** : 대량의 데이터와 고속 데이터의 입력 여부와 관계없이 정확하게 처리되는 것을 확인한다.

③ **오류 테스트(error test)** : 고의로 오류를 일으키는 데이터를 입력하여 오류처리 상태를 확인한다.

6 요구획득

임베디드 시스템 개발의 계기가 되는 고객 요구(시스템 요구)의 형태는 다양하다. 일반적인 시스템 개발에서는 요구사양서의 형식으로 고객이 충분히 검토하여 정의되는 경우가 많지만 임베디드 시스템 개발에서는 기존의 기능이 추가된 제품 등 완전하게 신규 개발이 아닌 제품과 규모가 작은 제품인 경우, 시스템의 설계 및 개발에 필요충분한 요구사양서가 제시된다고는 할 수 없고, 단순하게 요구항목의 나열과 조작 설명만 있는 경우가 있다. 시스템 설계자는 이들 고객 요구를 목표 사양까지 정리할 필요가 있다.

예를 들면 휴먼/인터페이스 소프트웨어의 조작화면 등을 비주얼 베이직 등으로 작성하여 조작 버튼과 윈도우의 배치 및 표시의 전개 상황을 확인해주는 방법이 있다. 또는 프로토타입을 사용함으로써 더욱 상세하고 본질적인 고객 요구를 획득할 수 있다. 하드웨어에 대해서는 임베디드 기기의 기능을 PC 등을 사용하여 실현하는 방법으로 기능과 응답속도를 사전에 확인할 수 있다. 이와 같은 방법으로 정확한 고객 요구를 획득하고 개발 리스크를 감소시킬 수 있다.

현재에는 많은 제품이 컴퓨터 제어(임베디드화)되어 고객도 임베디드 시스템 개발에 정통하고 있는 경우가 많다. 하지만 임베디드화할 때는 특별한 주의가 필요한데, 그 주의사항은 다음과 같다.

(1) 업계의 상식

요구획득에서 가장 주의해야 할 점이다. 고객은 개발제품에 대해 숙지하고 있으므로 업계와 제품의 상식을 요구사양서에 넣지 않는 경우가 많다. 시스템 설계자는 이점에 주의하고 조작의 상식, 오류처리의 상식, 유지보수의 상식 등을 인터뷰나 설문조사를 통해 획득할 필요가 있다.

(2) 유사 시스템의 조사

시스템의 사양을 이해하는 선에서 확실한 것은 유사 시스템에 대한 사용 경험이다. 고객 제품별, 타회사 제품 등을 사용하여 요구사양과 제품과의 차이를 이해하고 불명확한 점을 명확히 해둔다. 또 개발제품의 시장을 조사하고 기본제품에 대한 위치를 명확히 하여 그 지위를 확보하는 데 필요한 기능, 가격, 외관(디자인) 등을 이해하는 것도 중요하다.

(3) 권리의 조사

실현하는 기능에 대한 특허, 실용신안과 상표등록, 의장등록에 대해서는 고객도 주의하고 있지만, 소프트웨어 라이센스, 회로특허의 회피는 개발자에게 일임되는 때도 있다. 특히 공개된 OS와 라이브러리, 함수의 상업적 이용 금지, 사용 프로그램의 개정(release) 의무 등이 있고 임베디드 개발에서의 이용은 주의할 필요가 있다. 또 최근의 제품에서 사용되는 경우가 많은 음악, 영상에 대해서도 저작권, 초상권 관리 상황을 파악할 필요가 있다.

checkpoint 해설 & 정답

01 임베디드란 사람이 제품의 동작에 개입하지 않으면서 사용자의 요구를 수행하기 위한 시스템이라고 할 수 있다.

02 기업형 서버는 고성능 컴퓨터 서버 기반으로 수많은 클라이언트의 요구에 서비스해야 하며, 서버 관리자의 모니터링 및 즉각적인 개입이 필요하다.

03 임베디드 제어 시스템은 마이크로프로세서, 소형 메모리, 타이머, I/O 포트 및 센서가 일체화된 적응적 제어 시스템으로 일반적으로 마이크로컨트롤러라고 한다.
마이크로프로세서는 범용 CPU 기능을 포함하고 있는 초소형 실리콘 칩(IC 소자)으로 일반적으로 컴퓨터 내에 장착되는 MPU이면, 이를 CPU라고 한다.

01 다음 중 임베디드에 대한 설명으로 옳지 <u>않은</u> 것은?

① 임베디드란 사람이 제품 동작에 개입하여 사용자의 요구를 수행하기 위한 시스템이라고 할 수 있다.
② 임베디드는 하드웨어나 소프트웨어가 다른 하드웨어나 소프트웨어 일부로 내재되어 있는 것을 의미한다.
③ 임베디드 시스템은 제품 내부에 포함되어 특정한 기능을 수행하도록 설계되고 만들어진 시스템이다.
④ 임베디드 시스템은 특정 목적만을 위해 하드웨어와 소프트웨어가 조합되어 동작하는 컴퓨팅 시스템을 의미한다.

02 다음 중 임베디드 기술의 응용 분야로 적절하지 <u>않은</u> 것은?

① 홈 서버
② 휴대용 전화
③ 지능형 센서
④ 기업형 서버

03 다음 중 임베디드에 대한 설명으로 옳지 <u>않은</u> 것은?

① 임베디드 소프트웨어는 미리 정해진 특정한 기능을 수행하고, 특정의 하드웨어만을 지원하기 위해 만들어지고 탑재되는 소프트웨어이다.
② 임베디드 운영체제는 비교적 규모가 큰 기기의 임베디드 시스템 내 다기능 수행을 위해 추가로 탑재되는 소형 운영체제이다.
③ 임베디드 제어 시스템은 마이크로프로세서, 소형 메모리, 타이머, I/O 포트 및 센서가 일체화된 적응적 제어 시스템으로 일반적으로 마이크로프로세서라고 한다.
④ 임베디드 프로세서는 고성능, 저전력, 저비용, 소형화 설계된 마이크로프로세서이다.

정답 01① 02④ 03③

04 다음 중 임베디드 시스템의 특징에 해당되지 <u>않는</u> 것은?

① 적은 용량의 메모리와 저렴한 가격의 CPU에서 동작할 필요가 있다.
② 기계를 제어할 때는 실시간 제약이 중요하다.
③ 디버그는 ICE(In-Circuit Emulator) 기기를 사용한 개인용 컴퓨터 CPU에 접속하여 원격으로 수행한다.
④ 임베디드 시스템에서는 범용 컴퓨터성이 우선시된다.

04 일반적인 임베디드 시스템에서는 사용자가 재프로그램하거나 갱신하는 것은 고려하지 않기 때문에 범용 컴퓨터보다는 자유롭게 오버레이팅 시스템과 시스템 구성을 선택할 수 있다.

05 다음 중 임베디드 시스템의 필요조건으로 적절하지 <u>않은</u> 것은?

① 고성능 실행을 목적으로 하는 범용성
② 개발의 용이성 및 재사용
③ I/O 접속 기능 및 통신 기능
④ 전력 및 공간성

05 범용 컴퓨터 시스템은 응용 프로그램의 전반적인 고성능 실행을 목적으로 하지만 임베디드 시스템은 특정한 목적을 수행하기 위해 설계된다. 또 그 특정한 목적을 수행하기 위한 최적의 하드웨어와 소프트웨어로서 원하는 기능의 요구 조건을 만족시켜야 하는 점에서 범용 시스템의 설계와는 크게 다르다.

06 다음 중 임베디드 프로세서에 해당되지 <u>않는</u> 것은?

① ATMEL사의 크루소(Crusoe)
② 모토로라 계열의 6800 MCU
③ 마이크로칩사의 PIC
④ ARM MCU

06 크루소(Crusoe)는 2000년 트랜스메타사가 개발한 x86 호환 CPU의 명칭이다.
AVR은 ATMEL사의 주력 마이크로컨트롤러로, 1990년 후반 출시되었다.

정답 04④ 05① 06①

07 임베디드 시스템 설계 시 존재하지 않거나 입수할 수 없는 시스템 자원은 새로운 설계대상으로 실현된다. 즉, 필요한 자원이 없을 경우에 자원의 특성에 따라서는 그 자원 자체가 임베디드 시스템으로서의 설계대상이 된다.

07 임베디드 시스템 설계 시 하드웨어 및 소프트웨어 개발에 대한 설명으로 옳지 <u>않은</u> 것은?

① 하드웨어 설계는 시스템의 모든 입력에 대한 출력상태가 확정되어야 한다.

② 하드웨어 설계 시 타이밍 차트와 블록도, 진리표 등을 활용하여 설계 검증한다.

③ 임베디드 시스템 설계 시 존재하지 않거나 입수할 수 없는 시스템 자원은 새로운 설계대상에서 제외한다.

④ 소프트웨어 설계는 기본적으로 명세서에 기술되어 있는 것으로 실현하려고 한다.

08 임베디드 기술은 임베디드 시스템을 설계 및 개발하기 위한 기술로, 주된 요소 기술은 컴퓨터 기술, 소프트웨어 기술, 통신 기술, 네트워크 기술, 계측 및 제어 기술 등이다.
임베디드 기술은 이들 기술을 활용하여 입력에서 출력에 이르기까지 물리적(직접화)인 관계를 정보화(간접화)하는 기술이라 할 수 있다.

08 다음에서 설명하고 있는 것으로 옳은 것은?

> 임베디드 시스템은 소프트웨어와 하드웨어가 세트가 되어 있는 것과 그 대부분이 실시간성을 가지고 있으며, 이들을 활용하여 입력에서 출력에 이르기까지 물리적(직접화)인 관계를 정보화(간접화)하는 것이다.

① 임베디드 기술
② 통합 기술
③ 하드웨어 기술
④ 소프트웨어 기술

정답　07 ③　08 ①

09 다음 설명에 맞는 용어로 옳은 것은?

> 임베디드 시스템을 구성하는 MPU, 메모리, 프로그램과 데이터라는 시스템 자원에 관한 스케줄링 등의 관리 기능을 설계할 수 있어야 하며, 요구된 데이터 입출력 기능과 데이터의 유지 및 관리 기능의 설계가 가능해야 한다.

① 소프트웨어 설계 시 요구되는 기술
② 하드웨어 설계 시 요구되는 기술
③ 네트워크 설계 시 요구되는 기술
④ 임베디드 시스템 설계 시 요구되는 기술

10 다음 중 임베디드 하드웨어의 구성요소가 <u>아닌</u> 것은?

① 프로세서
② 메모리
③ 통신장치
④ 미들웨어

11 다음 설명에 맞는 용어로 옳은 것은?

> 누구나 만들고 수정, 배포하며 사용할 수 있도록 일반 대중에게 디자인이 공개돼 손으로 만질 수 있는 기계, 장비 또는 기타 실체가 있는 것

① 오픈소스 하드웨어
② 오픈소스 소프트웨어
③ GNU
④ 자유소프트웨어재단

09 임베디드 소프트웨어를 설계하는 데 있어 요구되는 기술
• 요구된 데이터 입출력 기능과 데이터의 유지 및 관리 기능의 설계가 가능해야 한다.
• 임베디드 시스템을 구성하는 MPU, 메모리, 프로그램과 데이터라는 시스템 자원에 관한 스케줄링 등의 관리 기능을 설계할 수 있어야 한다.
• 하드웨어를 제어하는 디바이스 드라이버들의 개별 소프트웨어 설계가 가능해야 한다.
• 적절한 OS를 선정하여 임베디드 시스템에 내장하여 활용하는 설계가 가능해야 한다.
• 설계 요구에 따라 데이터의 압축, 신장, 화상처리, 암호, 기기의 제어 등 해당 분야의 지식, 이론과 기술을 획득하여 그것을 반영한 응용 소프트웨어의 설계가 가능해야 한다.

10 미들웨어는 서로 다른 두 개의 애플리케이션을 연결하는 소프트웨어로, 사용자의 응용 프로그램의 실행 기반을 제공하고, 기술적으로 다르게 설계된 소프트웨어의 혼합된 환경에서 연결 기능을 제공한다.

11 오픈소스 하드웨어(OSHW : Open Source Hardware)는 IT 관련 사업에 전문 엔지니어나 전자기기 공학 관련 일반인들의 하드웨어 제작 대중화를 견인하여, 특허제도가 현대에서는 오히려 산업 발전을 저해하고 독점적 폐해를 유발한다고 주장하며 이에 저항하는 형태로 시작되었다.

정답 09 ① 10 ④ 11 ①

12 '오픈소스 하드웨어는 누구나 이 디자인이나 이것에 근거한 하드웨어를 배우고, 수정, 배포, 제조하고 판매할 수 있는 공개된 하드웨어'란 대원칙을 발표했고, 주목받고 있는 오픈소스 하드웨어들은 라즈베리파이, 아두이노, 라떼판다, 젯슨나노이다.
④ i8051은 1980년 인텔이 발표한 8비트 마이크로컨트롤러로 8051 계열을 통틀어 MCS 51이라 부른다.

12 다음 중 오픈소스 하드웨어에 포함되지 <u>않는</u> 것은?

① 라즈베리파이
② 아두이노
③ 라떼판다
④ i8051

13 임베디드 소프트웨어(embedded software)란 PC 이외의 전자기기에 내장되어 제품에 요구되는 특정한 기능을 구현할 수 있도록 하는 소프트웨어이며, 그 종류로는 RTOS(Real-Time Operating System), 미들웨어, 응용 S/W 등이 있다. 제한된 자원, 실시간성, 특정 작업을 수행하는 비정형화된 소형 내장 소프트웨어이다. 소형화, 저전력, 고신뢰성, 소프트웨어의 기능 및 성능의 최적화, 하드웨어에 대한 자원을 효율적으로 관리한다.

13 미리 정해진 특정한 기능을 수행하고, 특정 하드웨어만을 지원하기 위해 만들어지고 탑재되는 소프트웨어는?

① 임베디드 소프트웨어
② 오픈소스 소프트웨어
③ 컴파일러
④ 사용자 정의 소프트웨어

14 RTOS(Real Time OS)는 정해진 시간 내에 시스템이 결과를 출력하는 실시간 시스템으로 주어진 작업을 빨리 처리하는 개념이 아니고 정해진 시간을 넘겨서는 안 된다는 개념이다.
② Hard Real-Time OS는 정해진 시간 내에 작업한 결과가 절대적으로 출력되어야 하는 시스템을 의미하며, 절대적이지 않은 시스템을 Soft Real-Time OS라고 한다.

14 정해진 시간 안에 주어진 작업을 완료하는 것을 목표로 설계된 운영체제로, 시스템의 결과가 미리 정해진 시간 내에 완료되지 않으면 막대한 손실이 발생할 수 있는 운영체제는?

① 시분할 운영체제
② Hard Real-Time OS
③ Soft Real-Time OS
④ 분산처리 운영체제

정답 12 ④ 13 ① 14 ②

15 다음 중 임베디드 시스템 개발 프로세스를 단계별로 맞게 나열한 것은?

> **보기**
>
> ㉠ 요구정의
> ㉡ 종합테스트
> ㉢ 외부설계
> ㉣ 개발계획
> ㉤ 내부설계
> ㉥ 평가 및 보수

① ㉠ → ㉣ → ㉢ → ㉤ → ㉡ → ㉥
② ㉢ → ㉣ → ㉠ → ㉡ → ㉤ → ㉥
③ ㉢ → ㉣ → ㉠ → ㉤ → ㉥ → ㉡
④ ㉢ → ㉡ → ㉤ → ㉥ → ㉠ → ㉣

≫🔍
다음 그림은 단계별 개발 프로세스 과정이다.

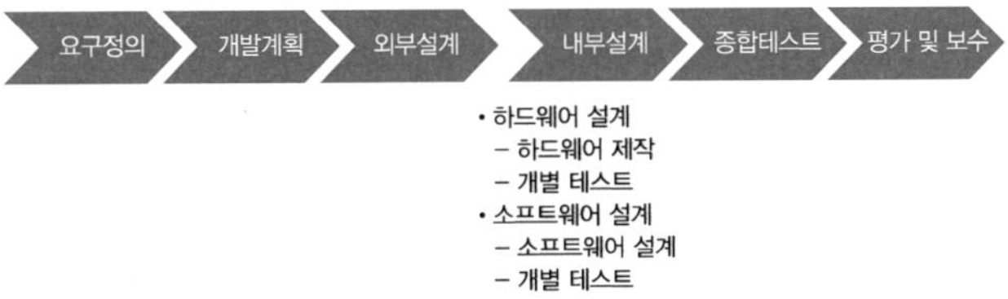

| 요구정의 | 개발계획 | 외부설계 | 내부설계 | 종합테스트 | 평가 및 보수 |

• 하드웨어 설계
  – 하드웨어 제작
  – 개별 테스트
• 소프트웨어 설계
  – 소프트웨어 설계
  – 개별 테스트

15 임베디드 시스템은 제품 구성 및 기술적인 측면에서도 많은 요소 기술이 포함되어 있지만, 고객의 요구 사항에 맞게 제품을 설계하고 다른 제품과의 차별화와 마케팅까지 고려해야 하므로 많은 복잡한 과정을 담고 있으며, 각 공정은 지금까지 공정의 성과물을 입력하고 스스로 공정의 성과물을 다음 공정으로 단계별로 인계한다.
[문제 하단 그림 참조]

16 다음 중 임베디드 시스템에서 요구하는 시스템의 조건으로 적절하지 **않은** 것은?

① 실시간성
② 경제성
③ 범용성
④ 저전력성

16 임베디드 시스템에서 요구하는 시스템 조건으로는 성능(실시간성), 신뢰성, 안정성, 경제성, 내환경성, 개발용이성, 재사용성, 저전력성, 저공간성, 보수성, 보전성, 조직성, I/O 접속기능, 통신기능, 정보처리기능 등을 고려해야 한다.
③ 임베디드 시스템은 특별한 하드웨어를 제어하기 위한 것으로 범용성은 부적절하다.

정답 15 ①   16 ③

안심Touch

17 비용산정 모형의 종류
- LOC(Line Of Code) : 원시 코드 라인수의 낙관치, 중간치, 비관치를 측정해서 예측치를 구해 비용을 산정하는 방식
- COCOMO : 보헴이 제안하였고, 프로그램 규모에 따라 비용을 산정하는 방식
- 푸트남 : 개발주기의 단계별로 요구할 인력의 분포를 가정하는 방식
- FP(Function Point) : 요구 기능에 따라 가중치를 부여하는 방식

17 다음 설명에 맞는 기법으로 옳은 것은?

> 소프트웨어의 양적인 크기와 질적인 수준을 동시에 고려하여 사용자 관점에서 소프트웨어의 데이터 기능 및 트랜잭션 기능과 기술적 복잡도를 계산하고, 소프트웨어 규모를 논리적으로 측정하는 소프트웨어 규모 산정 방식이다.

① FP법
② LOC법
③ 푸트남법
④ COCOMO법

18 폭포수 모델(waterfall model)은 각 공정의 검증을 확실하게 한다면 재작업 없이 진척관리도 하기 쉽고 효율적인 개발이 가능하다. 임베디드 시스템 개발에서는 소규모이고 개발기간이 짧은 경우가 많고, 요구정의를 확실하게 하면서 폭포수 모델로 효율적인 개발이 가능하다.

18 다음 설명에 맞는 모델로 옳은 것은?

> 요구정의 - 설계 - 제작 - 시험 - 보수의 순서로 진행된다. 각 공정은 성과물(요구정의서, 시스템설계서 등)을 검증하고 이전 공정으로 되돌아가지 않은 것을 전제로 각 공정이 완료된다.

① 프로토타이핑 모델
② 폭포수 모델
③ 나선형 모델
④ 반복적 모델

정답 17 ① 18 ②

19 다음 설명에 맞는 모델명으로 옳은 것은?

> 개발 초기에 요구정의와 설계의 타당성을 검증하고 개발의
> 뢰자의 요구를 바르게 반영하기 위해 사용되는 방식으로 고
> 객의 피드백을 반영하여 만들어간다.

① 프로토타이핑 모델
② 폭포수 모델
③ 나선형 모델
④ 반복적 모델

20 다음 설명에 맞는 용어로 옳은 것은?

> 하드웨어의 동작 체크와 소프트웨어의 디버그를 할 수 있는
> 디버그 전용의 장치로 디버그 기능 외에 실시간 트레이스 기
> 능, 레지스터 액세스 기능, 매핑 메모리 기능도 가능하다.

① 모니터 디버그
② 소프트웨어 디버그
③ ICE(In-Circuit Emulator)
④ 로직분석기

19 프로토타입 모델(prototype model)은 요구정의의 사용자 인터페이스와 알고리즘, 동작시간 등의 검증을 위해 개발 초기에 가상 시스템을 작성하고 각 기능의 타당성을 개발의뢰자와 엔드유저에게 평가받는다. 평가의 결과를 받아 기능 추가, 개선하고 사양을 결정한다.

20 ICE(In-Circuit Emulator)는 하드웨어의 동작체크와 소프트웨어의 디버그를 할 수 있는 디버그 전용의 장치로 타겟의 MPU 소켓에 전용 커넥터를 삽입하여 마이크로컴퓨터를 ICE가 가동하는 컴퓨터로서 에뮬레이터하여 디버그를 수행하며 미완성 하드웨어를 디버그하는 것도 가능하다. ICE는 디버그의 기능 외 실시간 트레이스기능, 레지스터 액세스 기능, 매핑 메모리 기능도 가능하다.

정답 19 ① 20 ③

checkpoint 해설 & 정답

01

정답 화이트박스 테스트(white box test)

해설 화이트박스 테스트(white box test) 는 커버리지 테스트(coverage test) 라고도 하며 적어도 모든 명령이 한 번은 실행된 것을 확인하여 n번의 루프 회수 실행을 확인한다. 블랙박스 테스트에 비해 많은 시간과 분석이 필요하지만 흐름을 보면서 치명적인 오류나 결함 등을 파악하는데 유용한 방법이다.

02

정답 기능성(functionality), 신뢰성(reliability), 사용성(usability), 효율성(efficiency), 유지보수성(maintainability), 이식성(portability)

해설 ① 기능성(functionality) : 요구되는 기능의 포함 여부
② 신뢰성(reliability) : 장해를 방지하거나 장해에서의 회복 용이성
③ 사용성(usability) : 사용 및 운영의 용이성
④ 효율성(efficiency) : 자원의 이용효율과 시간적 효율성
⑤ 유지보수성(maintainability) : 수정이나 복구의 용이성
⑥ 이식성(portability) : 다른 언어 및 시스템으로 변환의 용이성

✅ 주관식 문제

01 임베디드 시스템 개발 프로세스 단계의 테스트 단계에서 내부소스 코드를 테스트하는 방법으로 모듈의 처리 방식을 이해하고 모든 처리 내용을 만족하도록 입력 정보를 준비하여 모듈의 동작 모두를 검증하는 것을 무엇이라고 하는지 쓰시오.

02 ISO/IEC 9126에서의 소프트웨어 제품의 품질 특성 6가지를 나열하시오.

03 임베디드 시스템 개발모델 중 객체 지향 모델링 언어의 기술방법으로 개발대상물을 다이어그램으로 표현하는 방식의 언어가 무엇인지 쓰시오.

03

정답 UML(Unified Modeling Language)

해설 UML(Unified Modeling Language)은 임베디드 시스템 개발 모델 중 객체 지향 모델링 언어의 기술방법으로 프로그램 개발의 상위에서 하위까지를 프로그래밍 언어에 의존하지 않고 개발할 수 있게 되었다. 시스템 분석, 설계, 구현 등 시스템 개발과정에서 시스템 개발자와 고객 또는 개발자 간 의사소통이 원활하게 이루어지도록 표준화한 대표적인 객체 지향 모델링 언어이다.

04 임베디드 프로세서 중 Advanced RISC Machine 또는 Acorn RISC Machine으로도 불리며, 임베디드 기기에 많이 사용되는 RISC 프로세서로 저전력을 사용하도록 설계되어 모바일 시장 및 휴대기기에 많이 사용된 프로세서를 쓰시오.

04

정답 ARM

해설 ARM이란 core의 이름으로 회사 이름이기도 하며, 애플사의 영국지사, VLSI Technology, Arcon의 세 회사가 합작하여 설립한 회사로, 저전력을 가장 큰 목적으로 설계된 컨트롤러이다. 간단한 하드웨어 구조뿐만 아니라 간단한 명령어 세트에 의해 휴대전화 같은 휴대용 32bit 정보기기에 주로 사용되고 있다.

05 임베디드 소프트웨어를 항목별로 구분할 때 임베디드 시스템 소프트웨어에 해당되는 것을 3가지 쓰시오.

05

정답 운영체제, 미들웨어, 응용 제어 소프트웨어

해설 ① 운영체제 : 임베디드 시스템상의 소프트웨어들을 제어하는 고수준 이상의 역할을 수행한다.
② 미들웨어 : 소프트웨어 컴포넌트 및 응용 서비스 조합을 제공하여 플랫폼의 독립적인 소프트웨어 수행이 가능하다.
③ 응용 제어 소프트웨어 : 임베디드 시스템의 행동을 제어하기 위한 소프트웨어

안심Touch

여기서 멈출 거예요? 끝지가 바로 눈앞에 있어요.
마지막 한 걸음까지 SD에듀가 함께할게요!

제2편

임베디드 하드웨어

단원 개요

임베디드 시스템의 하드웨어 아키텍처는 기본적으로 마이크로컴퓨터부, 입력부, 출력부로 구성되어 있다. 마이크로컴퓨터부의 구성 방식에 따라 CISC와 RISC로 구분할 수 있으며, 외부입출력 인터페이스와 시스템 버스로 데이터, 주소, 제어신호를 주고받는다. 주변기기들과는 인터럽트 기술로 정해진 일정 시간 내 응답하도록 한다.

출제 경향 및 수험 대책

임베디드 시스템의 하드웨어 아키텍처 구조를 이해하고, 각 구성요소들의 특징과 구조별 방식 차이점을 구분하여 이해하도록 한다.

제 1 장 하드웨어 아키텍처

제 1 절 임베디드 시스템의 하드웨어 아키텍처

임베디드 시스템의 제품 수명이 점점 짧아지면서 신제품의 개발기간 단축이 중요한 과제가 되었다. 따라서 임베디드 기술자는 개발하려고 하는 임베디드 시스템의 하드웨어 사양과 구성을 명확하게 결정하고, 하드웨어에 관련된 부분에 대해서도 정확하게 요구할 수 있어야 한다. 따라서 IC 소자의 종류, 동작 타이밍, 사용 방법을 이해하고 목적에 맞게 선택할 수 있어야 한다. 또한 임베디드 시스템에서는 개발할 시스템에 따라 신뢰성과 안정성을 고려해야 하고, 이러한 사항들이 하드웨어 설계 단계에서 작성되어야 하며, 각종 대책과 방법을 위한 기법과 관련된 규격 및 명확한 기준 등에 관한 지식도 필요하다. 최근에는 임베디드 시스템의 하드웨어 전체를 단일 칩(one chip)으로 하는 시스템 LSI화 기술이 일반화되고 있어 이들에 관한 지식과 대응에 대해서도 검토할 필요가 있다.

임베디드 시스템이란 각종 기기에 내장되어 그것을 제어하는 컴퓨터 시스템이다. 하드웨어와 소프트웨어에서 요구하는 모든 사양을 실현하기 위해 전용되어 있으므로 임베디드 시스템에 요구되는 특성과 요구사양은 내장된 기기에 따라 크게 달라진다. 또한 하드웨어 구성은 기기에서 동작하는 소프트웨어에 필요한 최소 사양만 보유하고, 동시에 차후 기능 확장이 쉽도록 구성하는 것이 중요하다. 그리고 시스템의 목적에 따라 규모의 차이는 있지만, 기본적인 시스템 구성은 같다.

1 마이크로컴퓨터 시스템 중요 ★

임베디드 컴퓨터 시스템의 아키텍처에 대한 요구는 각각의 응용 분야에 따라 다양하게 변화하고 있고, 기본 구성은 [그림 2-1]과 같다.

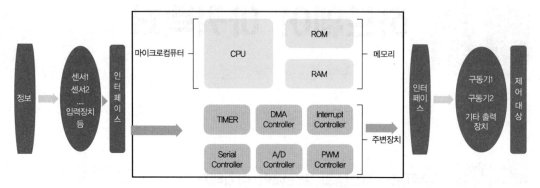

[그림 2-1] 임베디드 시스템 하드웨어 아키텍처

(1) 기본 구성

① 마이크로컴퓨터부(microcomputer part)

마이크로컴퓨터는 연산 처리와 기억을 담당하는 가장 중요한 부분으로 MPU(Micro Processing Unit), ROM, RAM, 기본 I/O 등의 요소로 구성된다. MPU는 임베디드 시스템의 연산 처리 능력을 결정하고, ROM은 프로그램 코드와 정수 데이터 등 다시 작성할 필요가 없는 데이터를 기억하며, RAM은 프로그램을 실행할 때 MPU가 필요로 하는 스택과 같은 전용 기억장소를 확보하거나 변수 데이터를 일시적으로 축적해 두는 버퍼 등과 같은 곳에 데이터를 기억한다. 따라서 각각에 필요한 최소 용량으로 구성되어야 한다.

② 입력부(input part)

인터페이스, 센서, 입력장치 등을 포함하는 기본 입력 부분은 MPU가 연산 처리하기 위한 정보를 마이크로컴퓨터로 입력하는 부분으로 입력 포트라고도 한다. MPU가 입력 포트에서 정보를 입력하는 타이밍은 한순간이고 또한 복수의 입력 포트로 교체하여 복수의 정보를 입력해야 한다. 이처럼 기본 입력 부분은 MPU와의 타이밍 조정과 포트의 교체 등에 관한 기능을 가지고 있다.

센서는 물리적인 변화를 전기적인 변화로 출력하기 위한 것으로, 센서가 출력하는 정보는 저항값의 변화나 미약한 전압의 변화일 수도 있다. 그리고 기본 입출력부에서는 그 출력을 직접 받을 수 없기 때문에 그 사이에 입력되는 정보가 정확하게 전달되도록 전환하는 것이 필요한데, 이것이 인터페이스 회로이며 이미 여러 가지 종류가 개발되어 있다.

③ 출력부(output part)

인터페이스, 액추에이터, 출력장치 등을 포함하는 기본 출력부는 MPU가 연산 처리한 결과를 사용하여 구체적으로 물리적인 동작을 시키기 위해 마이크로컴퓨터부에서 정보를 출력하는 것으로, 출력 포트라고도 한다. MPU가 출력 포트로 정보를 출력하는 타이밍은 한순간이며 정보를 보유하고 외부에 대해 안정된 상태에서 계속 출력해야 하며, 복수의 포트를 교체하여 출력해야 한다. 이처럼 기본 출력부에서도 기본 입력과 마찬가지로 MPU와의 타이밍 조정과 포트의 교체 등에 관한 기능이 있다.

액추에이터는 전기량의 변화를 기계적인 동작으로 변환하는 부분으로 MPU에서의 연산 결과를 실세계에 도움이 되게 하기 위해서는 필수적이다. 기본 출력 부분의 출력 신호에 의해 액추에이터를 원하는 대로 동작시키기 위해서도 인터페이스가 필요하다. 이 경우 인터페이스 회로는 기본 출력부에서 출력된 디지털 신호에 상응하는 전력량으로 변환한다.

(2) 임베디드 시스템 구성방법에 따른 종류

임베디드 시스템을 구성하는 방법에는 여러 가지가 있는데, 각각의 요소마다 전용 IC 칩을 사용하여 PCB 상에 실현하는 마이크로컴퓨터 보드, 모든 구성요소를 하나의 IC 칩 안에 수용하는 단일 칩 마이크로컴퓨터, 그리고 그 중간 위치에 있는 RAM, ROM과 같은 외부장착기기 등이 있다.

고성능 마이크로컴퓨터(고속, 고기능인 MPU, 대용량 메모리, 특수한 I/O)가 필요한 경우에는 자유도가 큰 보드 마이크로컴퓨터로 구성한다. 그에 비해 가격이 저렴한 양산품에는 단일 칩 마이크로컴퓨터를 사용하는 것이 일반적이다. 단일 칩 마이크로컴퓨터의 경우에는 사용 목적에 의해 최적인 것을 선택할 수 있도록 내장된 MPU의 종류, 메모리 용량, 내장하고 있는 기본 I/O의 종류 및 그 개수 등 다양하게 구성된 다수의 패밀리 칩이 준비되어 있다.

이들의 구성 중에서 어떤 것을 선택하는가는 임베디드 시스템이 필요로 하는 처리 능력 외에 개발기간, 개발 및 제조비용, 담당 인력, 개발환경 등의 조건에 달렸다. 특히 최근에는 시스템 규모의 지속적인 확대, 개발기간 단축, 개발비용 절감이 요구되고 있으며, 설계를 효율화하는 관점에서 기본 시스템의 재사용과 유효한 활용이 필요하다. 그러므로 시스템 확대에 유연하게 대응할 수 있는 확장성을 사전에 고려하는 것이 중요해졌다.

한 대의 임베디드 시스템에 사용되는 마이크로컴퓨터가 꼭 한 대라고 할 수는 없다. 복잡한 대량의 처리와 제어가 요구되는 최근의 임베디드 시스템에서는 각각의 처리마다 전용 마이크로컴퓨터를 사용하여 연산 처리하는 방식이 증가하고 있기 때문이다. 이와 같은 시스템 구성을 멀티프로세서 구성이라고 한다. 대규모 임베디드 시스템에서는 여러 장소에 마이크로컴퓨터를 배치하고 LAN에 유기적으로 접속하여 분산 처리하는 구성 방법도 등장하고 있다. 또한 종합 처리를 다수의 마이크로컴퓨터로 나누어 고속화 처리하는 응용 방법을 병렬 처리라고 한다.

2 마이크로프로세서의 장치

마이크로컴퓨터의 중심적인 부분을 MPU 또는 마이크로프로세서라고 한다. 임베디드 시스템에서 MPU의 선택은 처리성능을 결정적으로 좌우하는 요소이므로 매우 중요하다. MPU의 처리성능을 선택하기 위한 항목은 다음과 같다.

- 데이터 버스와 비트 폭 : 1회의 명령 동작으로 전송할 수 있는 데이터의 비트 수로 8, 16, 32비트 등이 있다.
- 메모리 어드레스 공간 : 액세스할 수 있는 메모리 용량이다.
- 클록 주파수 : 처리 속도의 기준으로, 특히 최근의 MPU는 클록을 MPU 내부에 장착하여 더욱 높은 주파수로 변환하여 고속 처리를 가능하게 하는 경향이 있다.

(1) 데이터 버스의 비트 폭

우선 데이터 버스의 비트 폭에서 비트 단위에서의 on/off 제어 등을 행하는 경우, 8비트 폭의 CPU로 충분하지만, 고정밀도의 수치 연산 등이 중심이 되는 처리에서는 32비트 폭의 MPU가 적당하다. 또한 화상 처리 등을 하기 위한 응용 시스템에서는 대용량 메모리를 취급할 필요가 있고, 처리 속도에도 그 나름대로 성능이 요구되지만, 온도와 같이 비교적 느린 변화에 측정이 목적이라면 측정 결과를 기억해 두기 위한 메모리 용량은 많이 필요하지 않으며, 처리 속도도 고속이 아닌 MPU로도 충분하다. 이처럼 임베디드 시스템은 요구되는 사용 목적에 적합하도록 최소한의 사양을 가진 MPU의 선택이 중요하다.

(2) 클록 주파수와 명령어 실행 단계

고속 연산 처리의 요구 수요에 적합하도록 클록 주파수를 끌어 올려 MPU의 연산 처리 속도를 고속화하는 한편 MPU 내부 동작 연구도 진행되고 있다. 일반적으로 MPU는 명령을 메모리에서 읽어내는 **인출(fetch)**을 수행한 다음, 명령을 **해독(decode)**하고 해독한 명령을 **실행(execute)**하는 작업을 반복하여 프로그램을 처리한다.

컴퓨터가 동작을 시작하면 [그림 2-2]와 같은 단계로 계속해서 명령을 처리한다. 이 단계를 명령 실행 사이클이라고 한다.

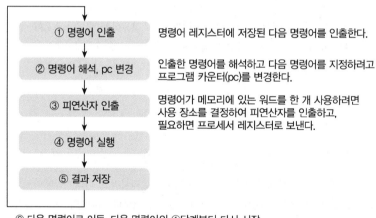

① 명령어 인출	명령어 레지스터에 저장된 다음 명령어를 인출한다.
② 명령어 해석, pc 변경	인출한 명령어를 해석하고 다음 명령어를 지정하려고 프로그램 카운터(pc)를 변경한다.
③ 피연산자 인출	명령어가 메모리에 있는 워드를 한 개 사용하려면 사용 장소를 결정하여 피연산자를 인출하고, 필요하면 프로세서 레지스터로 보낸다.
④ 명령어 실행	
⑤ 결과 저장	

⑥ 다음 명령어로 이동, 다음 명령어의 ①단계부터 다시 시작

[그림 2-2] 명령 실행 단계

[그림 2-3]과 같은 **파이프라인 방식**에서는 작업을 하는 각각의 유닛을 필요 이상으로 많이 갖지 않고 순차적으로 동시에 실행하여 고속화할 수 있다. 또한 MPU와 메모리 사이의 데이터 전송 속도를 향상하는데도 유효하여 MPU와 메모리 사이에 캐시 메모리를 배치하여 인출 동작을 고속화하는 방법도 일반화되고 있다. 그러나 고속화 방법도 분기를 많이 사용하는 프로그램에서는 적당하지 않으며, MPU의 실행 시간을 예측하기 어렵다는 단점이 있다.

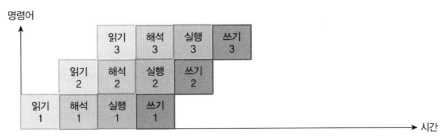

(a) 파이프라인이 동작하는 경우

(b) 파이프라인이 동작하지 않는 경우

[그림 2-3] 파이프라인 방식

(3) MPU 내부 구성 방식에 따른 CISC와 RISC 중요 ★★

① CISC(Complex Instruction Set Computer)

연산을 처리하는 복잡한 명령어들을 수백 개 이상 탑재하고 있는 프로세서이다. CISC의 명령어 개수가 증가함에 따라 프로세서 내부 구조가 매우 복잡해지고, 고속으로 작동되는 프로세서를 만들기 힘들어진다. 여기서 명령어가 복잡하다는 것의 의미는 하나의 명령어가 할 수 있는 일의 양이 RISC에 비해 많다는 것을 의미한다. 명령어마다 길이가 다르고, 실행에 필요한 사이클 수도 달라서 파이프라이닝 설계가 어려우며 1바이트 명령어부터 100바이트 이상 되는 명령어들도 있다. 이렇게 CISC는 RISC와 비교해 성능이 많이 떨어지지만, 다음과 같은 이유로 아직도 쓰이고 있다.

ⓐ CISC를 사용하는 이유
  ⓐ 아직도 많은 프로세서가 CISC 모델로 구축되어 있고, 이것을 전부 바꾸는 데는 너무 큰 비용이 든다.
  ⓑ CISC 성능의 취약점은 RISC와 같은 파이프라인을 일부 사용하고 집적도는 더 높임으로써 부분적으로 보완할 수 있다.
  ⓒ RISC에 비해 호환성이 좋다.

ⓑ CISC의 특징
  ⓐ 명령어의 개수가 많다.
  ⓑ 명령어 길이가 다양하며, 실행 사이클도 명령어마다 다르다.
  ⓒ 회로 구성이 복잡하다.
  ⓓ 프로그램을 만들 때 적은 명령어로 구현 가능하다.
  ⓔ 다양한 명령어를 사용하기 때문에 컴파일러가 복잡하다.

② **RISC(Reduced Instruction Set Computer)**

RISC는 Reduce Instruction Set Computer의 약자로, 말 그대로 **축소 명령어 세트 컴퓨터**를 의미한다. 여기서 명령어 세트가 축소되었다는 말은 말 그대로 명령어의 개수가 적은 것을 말한다. 핵심적인 명령어를 기반으로 최소한의 명령어 세트를 구성함으로써 파이프라이닝이라는 획기적인 기술을 도입할 수 있어 빠른 동작 속도와 하드웨어의 단순화 및 효율화가 가능했고, 가격 경쟁력에서도 우위를 점했다. 즉, RISC란 CISC의 길고 복잡한 명령어들을 짧고 처리가 가능한 여러 개의 명령어로 체계적으로 바꾼 것이다.

㉠ RISC의 특징

ⓐ 명령어 세트가 적다.
ⓑ 명령어가 간단하고 실행속도가 빠르다.
ⓒ 명령어 길이가 고정적이다.
ⓓ 워드, 데이터 버스 크기가 같고 실행 사이클도 모두 동일하다.
ⓔ 회로 구성이 단순하다.
ⓕ 프로그램을 구성할 때 상대적으로 많은 명령어가 필요하다.
ⓖ 파이프라이닝을 사용한다.
ⓗ 명령어 개수가 적어서 컴파일러가 단순하게 구현된다.

비교	CISC	RISC
하드웨어/소프트웨어 상호보완	하드웨어 및 펌웨어 중시	하드웨어 간소화, 소프트웨어 중시
명령 종류	다수	가능한 한 소수
어드레스 수식방식	다수	소수
명령 형식	가변, 복수	고정, 단일
명령 길이	가변, 복수	고정, 단일
명령 실행 사이클 수	2~15	1(목표)
주기억 액세스	다수의 명령 (메모리-메모리, 레지스터-메모리)	load, store, 레지스터-레지스터
제어논리의 구성방식	마이크로프로그램 제어	하드웨어 논리(결선 논리)제어
범용 레지스터의 수	적음(8~24)	많음(32~192)

이처럼 컴퓨터 하드웨어의 진보는 프로세서, 주기억장치의 부품 기술, 구성방식 기술의 진보에 의한 부분이 많다. 또한 파일기억장치 등의 주변장치 기술 혁신에 의존하는 부분도 많다.

컴퓨터의 아키텍처는 프로세서와 주기억장치를 중심으로 한 컴퓨터만의 기술 혁신이 아니라 시스템으로서도 변혁이다. 그 움직임 중 하나가 많은 프로세서에 의해 구성된 병렬 컴퓨터의 연구개발이다. 범용 컴퓨터는 단일 프로세서로 실현할 수 있는 성능 이상의 시스템을 실현하는 수단으로 멀티프로세서를 초기부터 사용하였다. 마이크로프로세서를 기본으로 한 병렬 컴퓨터는 1980년대부터 대학과 기업의 연구소 등에서 많은 연구개발이 이루어지고 있다. 벡터 연산 등을 대상으로 한 슈퍼 컴퓨터는 초기부터 실용 머신이 제공되었지만 1990년대에 그 외의 영역에도 적용할 수 있는 고성능 머신으로서 병렬 컴퓨터의 실용적인 컴퓨터 시스템이 출현하였다.

병렬 컴퓨터의 프로세서의 개수는 수십 개에서 수백 개, 더 나아가 수만 개에 이르고 있다. 이러한 컴퓨터는 범용 컴퓨터와의 소프트웨어 호환성을 실현하기는 어렵다. 하지만 병렬 컴퓨터가 가진 다음과 같은 특징을 부각함으로써 지금까지의 범용 컴퓨터 시스템과 슈퍼 컴퓨터 시스템에 있어서 대체되는 시스템을 실현할 수 있다.

ⓒ 병렬 컴퓨터의 특징

  ⓐ 대형 범용 컴퓨터를 능가하는 고속 처리를 실현할 수 있다.
  ⓑ 소규모 시스템에서 대규모 시스템으로의 확장이 쉽다.
  ⓒ 가격 대비 성능이 우수하다.
  ⓓ 고신뢰성 시스템을 실현할 수 있다.

향후 병렬 컴퓨터와 네트워크에 접속된 각각의 PC에 의해 정보 시스템이 구성되어 갈 것이다. 많은 경우에 프로그램 개발은 C 언어 등의 고급언어로 코딩하는 것이 대부분으로, 컴파일러들의 언어 처리계, 디버그를 지원하는 개발환경, 그리고 필요한 실시간 운영체제와 미들웨어의 소프트웨어 제품의 충실도가 시스템의 개발효율을 크게 좌우할 것이다. MPU를 선택할 때는 실적이 있는 언어 처리계, 개발환경이 갖추어져 있는지도 점검해야 한다. 또한 디지털 신호 처리 용도로 특화된 내부 구조와 전용 명령을 가지는 특수한 프로세서 DSP(Digital Signal Processor)가 있으며, 화상 데이터 처리와 디지털 신호 처리 등 특정 데이터 처리를 고속으로 실행하는 용도 등에 적합하다.

3 버스(bus)

버스는 사용되는 장소에 의해 내부 버스와 외부 버스로 나눌 수 있다. 내부 버스는 마이크로컴퓨터를 구성하고 있는 MPU, 메모리 기본, 기본 I/O 사이에서 정보를 교환하기 위한 공통된 신호성의 묶음이다. 외부 버스는 마이크로컴퓨터부와 주변기기 등과의 사이에서 정보교환을 위한 신호선 묶음으로 주변기기의 종류와 목적에 따라 구분하여 사용하게 된다. MPU의 고속화, 처리의 다양화, 메모리의 대용량화, 응용 프로그램 분야의 확대 등에 의해 버스 규격도 발전하고 있다.

내부 버스를 구성하는 신호선의 묶음은 기본적으로 **주소 버스, 데이터 버스, 제어 버스**가 있다. 주소 버스에 의해 정보를 교환하는 상대(디바이스와 기기 등)를 지정하고 데이터 버스를 사용하여 그 상대와 정보를 교환하며, 제어 신호는 제어 버스를 사용하여 실행한다.

주소 버스의 버스 폭에 의해 그 버스에서 지정할 수 있는 주소공간의 크기가 결정되며, ROM에 고정하는 처리 프로그램의 크기와 RAM을 사용하여 처리하는 스택과 변수영역, 데이터 버퍼들의 크기를 다루는 주소공간이 필요하게 된다.

데이터 버스는 버스 폭이 넓을수록 한 번에 전송할 수 있는 비트 수가 증가하기 때문에 전송횟수를 줄여 전송속도를 향상시킬 수 있다. 또한 IC 칩의 단자 수 제약에 MPU 내부 처리 단위로써의 비트 수와 데이터 버스의 비트 수가 다른 것도 있다.

주소 버스와 데이터 버스의 비트 수가 많아지면서 IC 칩의 물리적인 제약에서 주소 버스와 데이터 버스가 동일 단자에 시분할로 다중화하는 때도 있다. 이 경우에는 버스의 동작 사이클의 시작에서 주소 버스로서 기능하고, 그 후에는 데이터 버스로 가능하게 되는 것이 일반적이다. 이와 같은 경우 주변 IC로써는 패밀리 칩을 사용하는 것이 바람직하지만 범용 칩을 사용할 때는 주소정보를 유지하기 위해 래치 회로가 필요하다. 외부 버스에 접속하는 주변기기에는 특정적인 것과 범용적인 것이 있으며, 각 버스의 전기적 신호 레벨과 기계적 구조에 대해 표준화되어 있다. 각각의 버스에는 전용 제어 IC가 있으므로 MPU와의 접속 방법만 알면 사용할 수 있다. 그러나 내부 버스와 외부 버스도 표준 규격을 사용한 제품 개발을 하기 위해서는 제조 ID의 취득과 규격인증제도 등에 많은 비용이 발생한다는 것도 알아야 하며, 이 부분에 대해서는 각각의 규격을 추진하고 있는 단체의 홈페이지 등을 참조한다.

4 기억 소자

메모리는 마이크로컴퓨터 속에 있으면서 프로그램, 데이터 등과 같은 정보를 기억해 두는 공간으로, 임베디드 시스템이 하드웨어와 소프트웨어로 구성된 그 소프트웨어를 기억해두는 공간이다.

소프트웨어의 기억장소로는 하드디스크, 플로피디스크, 광자기디스크 등 자기 미디어를 사용한 다시쓰기가 가능한 기억장치, CD-ROM과 같이 다시쓰기가 불가능한 미디어를 사용한 기억장치, ROM과 RAM으로 대표되는 반도체 메모리 등이 있다.

자기 미디어를 사용한 기억장치는 외부기억장치나 보조기억장치라 부르고 소프트웨어를 보존하는 장소로 사용되는 것이 일반적이다. 반도체 메모리는 소프트웨어를 실행하는 장소로 사용되므로 외부기억장치에 보존된 소프트웨어를 실행시키기 위해서는 한번 반도체 메모리로 읽어낼 필요가 있다.

반도체 메모리는 미리 정보가 저장되어 있고 내용을 변경할 수 없는 ROM과, 내용을 자유롭게 변경할 수 있지만 전원을 끊으면 내용이 지워져 버리는 RAM으로 구분된다. 그리고 변경할 필요가 없는 프로그램 코드는 ROM에, 프로그램의 실행에 동반하여 다시 쓸 필요가 생기는 스택과 변수영역 등에 대해서는 RAM을 할당하게 된다. 즉, **임베디드 시스템의 메모리로써 ROM과 RAM은 필수적이다.**

메모리를 분류하는 관점은 여러 가지가 있으나 대표적으로 접근방법, 기록 기능, 기억 방식, 휘발성 등에 따라 분류한다. [그림 2-4]는 반도체 메모리에 대한 분류를 나타낸다.

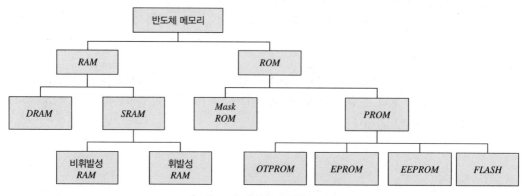

[그림 2-4] 반도체 메모리의 분류

(1) 접근방법에 따른 분류

메모리의 주소에 해당하는 위치에 데이터를 읽거나 쓰는 것을 액세스(access)라고 한다. 메모리 시스템에서 필요한 정보에 액세스하는 방법은 두 가지가 있다.

① RAM(Random Access Memory)

접근 시간은 어느 위치나 동일하게 걸리는 메모리 형태이다.

② SAM(Sequential Access Memory)

순차 액세스 메모리이며, 어떤 매개체에 저장되어 있는 정보로 직접 접근할 수 있는 것이 아니라 원하는 위치에 도달하는데 일정한 시간이 경과되는 형태이다. 그러므로 접근 시간은 위치에 따라 달라진다(예 자기테이프).

(2) 기록 기능에 의한 분류

대부분의 메모리는 정보를 기억하는 기능과 기억된 정보를 읽어내는 판독 기능이 있으나, 기록 기능에는 사용자가 기록하는 것이 가능한 경우와 그렇지 않은 경우가 있다.

① RWM(Read and Write Memory)

사용자가 기록과 판독 두 가지를 모두 수행할 수 있는 메모리로 일반적으로 RAM을 가리킨다.

② ROM(Read Only Memory)

판독만 가능한 메모리로, 기록된 정보는 전원이 꺼져도 지워지지 않으므로 프로그램이나 문자 패턴 등 고정된 정보의 기억에 사용된다. 마스크 ROM(Mask ROM), PROM (Programmable ROM), EPROM(Erasable PROM), EEPROM(Electrically EPROM) 등이 있다.

(3) 기억 방식에 의한 분류

RAM은 정적 RAM(SRAM : Static RAM), 동적 RAM(DRAM : Dynamic RAM)으로 구분한다.

① SRAM

일반적으로 2진 정보를 저장하는 내부 **플립플롭**으로 구성되며, 저장된 정보는 전원이 공급되는 동안 보전된다. DRAM과 비교해 사용하기 쉽고 읽기와 쓰기 사이클이 더 짧다.

② DRAM

2진 정보를 **커패시터**에 공급되는 전하 형태로 보관한다. 그러나 커패시터에 사용되는 전하는 시간이 지나면 방전되므로 일정한 시간 안에 **재충전**(refresh)해야 한다. 재충전은 수백 분의 1초마다 주기적으로 행한다. SRAM보다 전력 소비가 적고 단일 메모리 칩에 더 많은 정보를 저장할 수 있다.

(4) 휘발성/비휘발성 메모리

① **휘발성 메모리(volatile memory)**

일정한 시간이 지나거나 전원이 꺼지면 저장된 내용이 지워지는 메모리 형태이다. RAM은 모두 외부에서 공급되는 전원을 통해 정보를 저장하므로 휘발성 메모리이다.

② **비휘발성 메모리(nonvolatile memory)**

전원이 차단되어도 기록된 정보가 계속 유지되는 자기코어나 자기디스크는 자기 소자에 저장된 정보가 자화 방향으로 나타내는데, 이 자화 방향은 전원이 차단된 후에도 상태를 계속 유지한다. 이러한 특성 때문에 디지털 컴퓨터 동작에 필요한 프로그램을 저장하는 데 사용된다.

(5) 기억 소자에 의한 분류

기억 소자에 따라서 바이폴라(bipolar) 메모리, MOS(Metal Oxide Semiconductor) 메모리, CCD (Charge Coupled Device) 메모리 등으로 나눌 수 있다.

① **바이폴라 메모리**

메모리 셀 및 주변 회로에 BJT(Bipolar Junction Transistor)를 사용한 메모리로, TTL, ECL 등의 RAM, PROM, 시프트 레지스터 등이 있다. 액세스 시간이 빠르지만 전력 소비가 많으므로 집적도가 높은 경우에는 사용하지 않는다.

② **MOS 메모리**

PMOS, NMOS, CMOS를 사용한 메모리로 RAM, PROM, ROM, 시프트 레지스터 등이 있다. 바이폴라 메모리보다 속도가 느리지만 전력 소비가 적고 VLSI에 적합하다.

③ **CCD 메모리**

전하결합 소자는 빛을 전하로 변환시켜 이것을 화상으로 얻는 소자이며, 신호를 축적(기억)하고 전송하는 기능을 동시에 갖고 있다. 대규모 용량의 메모리와 카메라에 적합하다.

5 시스템 LSI(Large-Scale Integrated)

임베디드 시스템의 개발은 하드웨어와 소프트웨어가 밀접하게 연결되어 있다. 최근 반도체 집적화 발전에 따라 MPU를 중심으로 하는 마이크로컴퓨터부 및 그 주변 회로까지를 포함한 시스템 전체를 하나의 LSI속으로 내장시키는 것이 보편화되었고, 임베디드 시스템의 하드웨어 개발은 지금까지 사용해 온 PCB 설계 대신에 시스템 LSI의 칩 설계로 변화되었다.

(1) ASIC에서 SoC

임베디드 시스템의 개발이란 하드웨어(소자)를 조합하여 회로를 설계하고 그 기판에 있는 CPU의 소프트웨어를 프로그래밍하는 것이다. 그러나 양산된 제품, 특히 소형기기를 중심으로 임베디드에 요구되는 비용제약에 대응하기 위해서 반도체 소자로써 많은 시스템의 요소를 단일 칩으로 통합하여 SoC화하는 경향이 있다. 이런 전용 반도체를 ASIC(Application Specific IC : 특수 용도용 IC)라고 하고 최근 다음과 같은 환경으로 ASIC의 SoC화를 다음과 같이 추진하고 있다.

① 반도체의 소형화가 진행되어 칩에 많은 회로를 탑재할 수 있다.

② 설계 지원 툴의 발전으로 복잡한 대규모 회로도 실현할 수 있다.

③ 고속 클록 회로는 별개의 칩으로 분할하면 배선이 길어지고 동작하지 않는다.

④ 고속 회로의 전원/신호전압은 저전압화되어 있으므로 같은 칩에 설계한다.

⑤ 실제 기기의 시뮬레이션 개발/검증도 가능하다.

⑥ 설계 툴에 축적된 과거의 설계 자산을 적극적으로 재사용하도록 한다.

임베디드 업계의 하드웨어 엔지니어에게 필수인 '설계와 재사용'은 이처럼 SoC를 목표로 하는 최대의 원동력이며 IP, Core, SoC라는 세 가지가 가장 중요한 키워드가 된다.

(2) ASIC(gate array, cell base)

최초로 전자계산기와 시계에 내장되었던 LSI는 반도체 메이커에 전용설계를 위탁하여 최소의 사이즈 칩을 제조하는 Full custom LSI이고 개발기간과 개발비용 면에서 임베디드와 완전히 다르다. 임베디드 가 전용하는 ASIC은 개별로 범용 부품을 배열한 회로설계가 아니라 반도체 메이커가 제공하는 구조에 대응하는 세미커스텀을 설계하고 제조를 주문한다. ASIC에도 개발비용이 필요한데, 고기능 하드웨어 를 양산함으로써 싼 가격으로 구입할 수 있다는 장점이 양산 제품의 임베디드에 활용되었다.

① 게이트 어레이(gate array)

기본이 되는 논리 회로(게이트 회로)를 일면에 깔아서 기초를 미리 제조해 둔 뒤 개별 품종 전용 배선층만 주문에 따라 만들어 넣고 제품을 제조한다. 배선층 제조 공정만 끝나면 제품이 완성되고 제조 기간이 짧으며, 기초를 양산으로 생산하기 때문에 비용이 저렴하다. 그러나 표준 게이트의 편성으로 회로를 구성하기 때문에 집적도 및 성능이 떨어진다.

② 셀 기반(cell base)

설계가 끝난 기능 블록을 배치해서 이외 개별 논리 회로와 그 사이에 배선층을 만들어 넣고 제품을 만든다. 집적도, 성능 모두 게이트 어레이보다 높지만, 기반부터 만들어야 하므로 제조 기간 및 제조 가격 면에서 불리하다.

③ 임베디드 어레이(embedded array)

게이트 어레이 기반의 일부 대신 설계가 끝난 기능 블록을 배치하고 나머지의 논리는 게이트 어레이 부분을 이용해서 배선하는 것이다. 게이트 어레이와 셀 기반의 절충형이다.

④ 표준 셀(standard cell)

위의 3가지 종류를 총칭하는 표현으로, 셀 기반 IC를 가리키는 경우 집적회로 제조사에 따라서 사용 법이 다르다.

⑤ 스트럭쳐드 ASIC(structured ASIC)

개발기간을 단축하기 위해서 게이트 어레이 기반에 SRAM이나 클록용 PLL, 입출력 인터페이스 같은 범용 기능 블록을 미리 짜 넣어서 최소한의 개별 설계로 대응할 수 있도록 한 것이다. 클록 분배 회로들은 제조사 측에서 전용 배선층을 이용해 배선하여 사용자의 설계 부담을 줄이는 시도를 볼 수 있다. 각 제조사가 제공하는 기능은 상당히 다르다.

(3) ASIC 개발의 변화

소량 다품종의 임베디드 시스템을 시스템 LSI로 하는 것은 위험(risk)이 수반되기 때문에 주저하고 있지만, 대용량 FPGA(Field Programmable Gate Array)의 등장과 HDL(Hardware Description Language : 회로 기술 언어) 등을 사용한 시스템 기술의 보급이 진행됨에 따라 시스템 LSI에 필적하는 ASIC의 단품 생산이 가능해지고 있다. [그림 2-5]는 ASIC 개발의 변화 과정을 보여준 것으로 FPGA 중에는 MPU 코어를 소프트 IP(Intellectual Property)와 하드 IP로써 내장한 것이 등장하기 시작하여 메모리와 각종 주변 회로에 대해서도 IP로써의 제공체계가 갖추어지기 시작하고 있는 것이 일반적인 현상이다. 그리고 양산을 전제로 하면서도 미리 준비된 시스템 구성 일부를 변경 가능한 반완성품의 시스템 LSI 등도 탄생하고 있다.

시스템을 LSI화하여 기존 디바이스의 유무와 사양에 얽매이지 않고 자유롭게 하드웨어 설계를 할 수 있게 되었으며, 탑재되는 IC 소자의 수가 적어지기 때문에 프린트 배선 기판 설계가 쉽고 공간을 줄일 수 있다. 또한 재고를 관리하는 부품 개수의 감소, 기존 소자의 제조 중지와 사양 변경 등을 고려하지 않아도 되는 장점이 있다. 이처럼 임베디드 시스템을 LSI화하기 위한 요건이 점점 갖춰지고 있다고 할 수 있다.

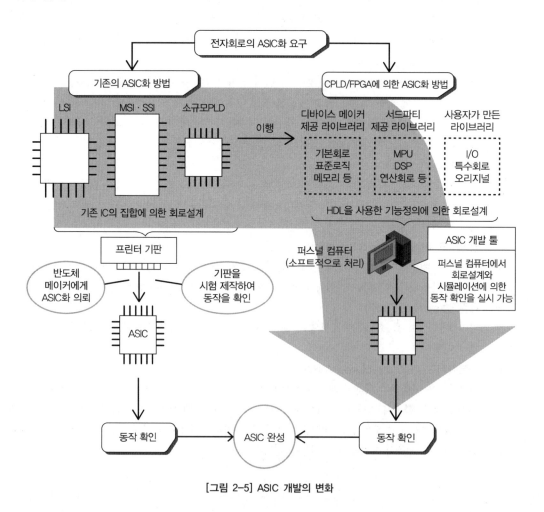

[그림 2-5] ASIC 개발의 변화

제 2 장 마이크로컴퓨터 주변기기

마이크로컴퓨터는 실시간 처리를 위한 인터럽트 기술, 고속 데이터 전송을 위한 DMA 기술, MPU로부터의 고속 메모리 액세스를 가능하게 하는 캐시 메모리 기술, 대규모 프로그램을 작은 메모리 용량에서 실행하기 위한 가상 기억 기술 등이 있다. 임베디드 시스템의 목적에 따라 선택하여 사용을 결정할 수 있다.

제 1 절 인터럽트 기술

임베디드 시스템의 대부분은 실시간 시스템이고, 외부로부터의 입력에 대해 미리 정해진 일정 시간 이내로 응답하여 처리를 완료하는 것을 목적으로 한다. 이처럼 정해진 시간 안에 완료하기 위한 장치로서 인터럽트가 있고, 인터럽트 구조를 사용하여 요구사양에 대한 답을 구하는 기술을 인터럽트 기술이라고 한다.

1 인터럽트의 개념

초기의 컴퓨터 시스템에는 주변장치가 많지 않았다. 당시에는 CPU가 직접 입출력장치에서 데이터를 가져오거나 내보냈는데, 이러한 방식을 폴링(polling) 방식이라고 한다. 폴링 방식은 CPU가 입출력장치의 상태를 주기적으로 검사하여 일정한 조건을 만족할 때 데이터를 처리했는데, CPU가 명령어 해석과 실행이라는 본래 역할 외에 모든 입출력까지 관여해야 했으므로 작업 효율이 떨어졌다.

오늘날의 컴퓨터에는 많은 주변장치가 있으므로 CPU가 모든 입출력에 관여하면 작업 효율이 현저하게 떨어진다. 이러한 문제를 해결하기 위해 등장한 것이 인터럽트(interrupt) 방식이다. 인터럽트 방식은 CPU의 작업과 저장장치의 데이터 이동을 독립적으로 운영함으로써 시스템의 효율을 높인다. 즉 데이터의 입출력이 이루어지는 동안 CPU가 다른 작업을 할 수 있다.

2 인터럽트의 종류

인터럽트는 시스템에 예기치 않은 상황이 발생하였을 때, 그것을 운영체제에 알리기 위한 메커니즘이다. IBM 계열의 기계에는 그 발생 원인에 따라 여섯 가지 종류의 인터럽트가 있다.

(1) 입출력(I/O) 인터럽트

해당 입출력 하드웨어가 주어진 입출력 동작을 완료하였거나 입출력의 오류 등이 발생하였을 때 CPU에 대하여 요청하는 인터럽트이다.

(2) 외부(external) 인터럽트

시스템 타이머에서 일정한 시간이 만료된 경우나 오퍼레이터가 콘솔 상의 인터럽트 키를 입력한 경우, 또는 다중 처리 시스템에서 다른 처리기로부터 신호가 온 경우 등에 발생한다.

(3) SVC(SuperVisor Call) 인터럽트

사용자 프로그램이 수행되는 과정에서 입출력 수행, 기억장치의 할당 또는 오퍼레이터의 개입 요구 등을 위하여 실행 중인 프로그램이 SVC 명령을 수행할 때 발생한다.

(4) 기계 검사(machine check) 인터럽트

컴퓨터 자체의 기계적인 장애나 오류로 인한 인터럽트이다.

(5) 프로그램 오류(program error) 인터럽트

주로 프로그램의 실행 오류로 인해 발생한다. 예를 들면 수행 중인 프로그램에서 0으로 나누는 연산이나, 보호(protection)되어 있는 기억장소에 대한 접근, 허용되지 않는 명령어의 수행, 또는 스택의 오버플로(overflow) 등과 같은 오류가 생길 때 발생한다.

(6) 재시작(restart) 인터럽트

오퍼레이터가 콘솔의 재시작 키를 누를 때 발생한다.

3 인터럽트의 동작 과정 중요 ★★★

인터럽트 방식의 동작 과정은 다음과 같다.

> ① CPU가 입출력 관리자에게 입출력 명령을 보낸다.
> ② 입출력 관리자는 명령받은 데이터를 메모리에 가져다 놓거나 메모리에 있는 데이터를 저장장치로 옮긴다.
> ③ 데이터 전송이 완료되면 입출력 관리자는 완료 신호를 CPU에 보낸다.

입출력 관리자가 CPU에 보내는 완료 신호를 인터럽트라고 한다. CPU는 입출력 관리자에게 작업지시를 내리고 다른 일을 하다가 완료 신호를 받으면 하던 일을 중단하고 옮겨진 데이터를 처리한다. 이처럼 하던 작업을 중단하고 처리해야 하는 신호라는 의미에서 인터럽트라고 불리게 되었다.

컴퓨터에는 하드디스크뿐 아니라 마우스, 키보드, 프린터 등 다양한 입출력장치가 있다. 하드디스크가 여러 개 장착된 경우도 있고 USB 드라이버와 같은 외부저장장치를 사용하는 경우도 있다. 인터럽트 방식에는 많은 주변장치 중 어떤 작업이 끝났는지를 CPU에 알려주기 위해 인터럽트 번호(interrupt number)를 사용한다. 인터럽트 번호는 완료 신호를 보낼 때 장치의 이름 대신 사용하는 장치의 고유 번호로, 운영체제마다 다르다. 윈도우 운영체제의 경우 **인터럽트 번호를 IRQ(Interrupt ReQuest)라고 부르며,** 키보드의 IRQ는 1번, 마우스의 IRQ는 12번, 첫 번째 하드디스크의 IRQ는 14번과 같이 구분해서 사용한다.

인터럽트 요청 신호가 발생하면 대부분 컴퓨터는 정보를 단일 명령어로 저장할 수 있으므로 실행 중인 프로그램을 메모리에 저장하고, 인터럽트 처리 프로그램으로 분기한다. 그리고 인터럽트 처리 프로그램을 완료하면 발생시킨 프로그램에 제어를 돌려준다. [그림 2-6]은 인터럽트 처리 과정을 보여준다.

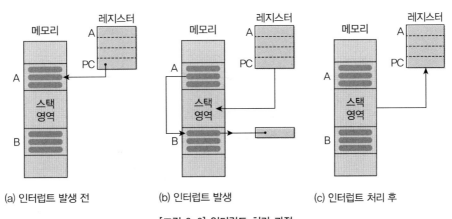

[그림 2-6] 인터럽트 처리 과정

(a)와 같이 인터럽트가 도달하기 전에 프로그램 A를 실행한다고 가정하자. 프로그램 카운터(pc)는 현재 명령어를 가리킨다.

(b)에서 프로세서에 인터럽트 신호가 도달하여 현재 명령어를 종료하고 레지스터의 모든 내용을 스택 영역(또는 프로세서 제어 블록)에 보낸다. 그리고 프로그램 카운터에는 인터럽트 처리 프로그램(프로그램 B)의 시작 위치를 저장하고 제어를 넘긴 프로그램 B를 실행한다.

(c)에서 인터럽트 처리 프로그램을 완료하면 스택 영역에 있던 내용을 레지스터에 다시 저장하며, 프로그램 A가 다시 시작하는 위치를 저장하고 중단했던 프로그램 A를 재실행한다.

제 2 절　현재의 메모리 계층 구조

메모리는 컴퓨터 성능과 밀접하다. 사용자는 당연히 크고 빠르며 비용이 저렴한 메모리를 요구하지만, 속도가 빠른 메모리는 가격이 비싸므로 일반적으로 메모리 계층 구조를 구성하여 비용, 속도, 용량, 접근 시간 등을 상호보완한다.

속도는 느리나 용량이 큰 보조기억장치부터 속도는 빠르나 용량이 적은 레지스터까지 메모리의 종류는 다양하다. 메모리 계층 구조는 메인 메모리를 중심으로 아래에는 대용량의 자기디스크, 이동이 편리한 광디스크, 파일을 저장하는 속도가 느린 자기테이프가 있다. 그리고 메인 메모리 위에는 프로세서의 속도 차이를 보완하는 캐시가 있고, 최상위에는 프로세서가 사용한 데이터를 보관하는 가장 빠른 레지스터가 있다.

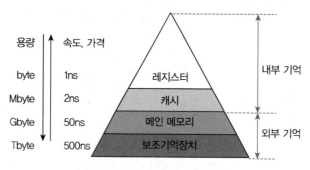

[그림 2-7] 메모리 계층 구성의 구조

메모리 계층 구조는 1950 ~ 60년대에 너무 비싼 메모리의 가격 문제 때문에 제안된 방법이다. 프로그램을 실행하거나 데이터를 참조하려면 모두 메인 메모리에 올려야 하는데, 고가인 메인 메모리를 무작정 크게 할 수는 없기 때문에 불필요한 프로그램과 데이터는 보조기억장치에 저장했다가 실행·참조할 때만 메인 메모리로 옮기는 방법을 사용한다. 따라서 메모리 계층 구조는 비용, 속도, 크기(용량)가 다른 메모리를 효과적으로 사용함으로써 시스템의 성능을 향상시킨다.

제 3 절　직접기억장치접근

1　직접기억장치접근 메커니즘

직접기억장치접근(DMA : Direct Memory Access)은 MPU에 의한 프로그램 처리에 개입하지 않고 **하드웨어만으로 입출력장치와 메모리, 또는 메모리와 메모리 사이의 데이터를 교환**하는 방식이다. 즉, DMA 컨트롤러가 직접기억장치와 주변장치로부터 정보를 읽어들여 저장한다. DMA 메커니즘은 [그림 2-8]과 같이 여러 가지 방법으로 구성될 수 있다.

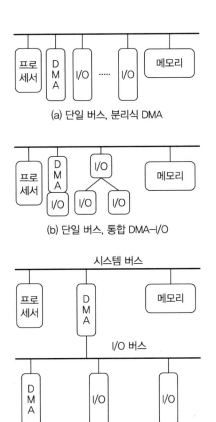

(a) 단일 버스, 분리식 DMA

(b) 단일 버스, 통합 DMA–I/O

(c) I/O 버스

[그림 2-8] 여러 가지 DMA 구성방법

[그림 2-8]의 (a)는 모든 모듈이 한 개의 시스템 버스를 공유하며, 프로세서의 기능을 대신하는 DMA 모듈은 기억장치와 I/O 모듈 사이의 데이터 교환을 위해 프로그램 I/O를 사용한다. 이 구성 방법은 한 단어를 전송하는데 두 개의 버스 사이클들이 소요되므로 비용이 적게 들지만 비효율적이다. (b)의 전송에 필요한 버스 사이클의 수는 DMA와 I/O 기능들을 통합함으로써 많이 감소시킬 수 있다. 이 방법에서는 DMA 모듈과 I/O 모듈들 사이에 별도의 경로가 존재하며, 시스템 버스는 사용하지 않는다. DMA 회로는 I/O 모듈의 한 부분으로 포함될 수도 있고, I/O 버스를 통해 한 개 이상의 I/O 모듈들을 DMA 모듈에 연결함으로써 한 단계 더 발전시킬 수 있다. (c)는 DMA 모듈이 가지고 있는 I/O 인터페이스의 수를 한 개로 줄여주며, 시스템 확장을 쉽게 해주는 구성 방법이다. 이 모든 경우에 있어서 [그림 2-8]의 (b), (c) 시스템 버스는 DMA 모듈이 기억장치와 데이터를 교환할 때만 사용된다. DMA와 I/O 모듈 사이의 데이터 교환은 시스템 버스가 아닌 다른 통로를 통해 이루어진다.

2 DMA 컨트롤러 중요 ★★

일반적으로 컴퓨터 분야에서 데이터가 통과하는 통로를 채널(channel, 경로)이라고 하며, MPU 대신 메모리와 직접적으로 데이터 교환을 하기 위한 하드웨어를 DMA 채널장치(DMA 컨트롤러 IC)라고 한다.

(1) 인터럽트 요구 처리의 흐름

MPU에서 DMA에 대해 데이터 전송을 지시하면 DMA는 MPU의 동작과 독립하여 지시된 데이터 전송을 시작한다. 한편 MPU도 DMA의 동작과는 관계없이 다음 처리를 할 수 있다. 이처럼 DMA를 사용하여 데이터의 전송속도를 향상시켜 MPU의 부담을 줄일 수 있다. DMA를 이용하려면 버스의 사용권에 대해 MPU와 조정할 필요가 있고, 전용 IC 칩으로써 DMA 컨트롤러를 사용할 수 있다. [그림 2-9]는 DMA 전송모드를 나타낸 것으로, DMA 컨트롤러를 사용하는 데이터 전송에는 여러 개의 대표적인 전송모드가 있다.

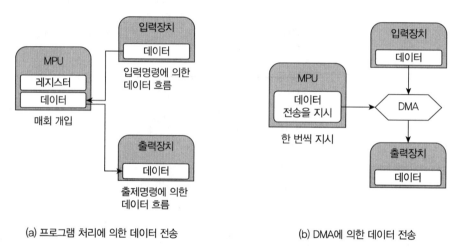

(a) 프로그램 처리에 의한 데이터 전송   (b) DMA에 의한 데이터 전송

[그림 2-9] 인터럽트 요구 처리의 흐름

(2) DMA 전송모드

단일 전송모드(또는 바이트 전송모드)는 1바이트 전송할 때마다 버스의 사용을 요구하고, 전송 후에 버스를 개방하여 전송하는 데이터를 한 번에 준비할 수 없는 경우에 채택하는 모드이다.

연속 전송모드(또는 블록 전송모드)에서는 설정된 데이터 수의 전송이 종료될 때까지 버스를 점유한다. 유사한 모드에 디맨드 전송모드(또는 버스트 전송모드)가 있고, 연속하여 데이터 전송을 하는데 전용 제어 신호선의 상태에 따라 버스를 점유하고 개방(데이터 전송의 중단, 재개)한다. 두 모드 모두 미리 데이터 버퍼 등에 전송하는 데이터를 모아 준비할 수 있는 경우에 채택한다.

DMA 전송이용에 캐시 메모리와 가상 메모리를 사용하고 있는 경우에는 주의할 필요가 있다. 전송지점의 메모리 내용이 캐시 메모리에도 기억된 경우에는 DMA 전송 후에 캐시 메모리에도 해당하는 메모리 내용을 바꾸어 쓸 필요가 있다. 또한 캐시 메모리가 라이트 백 방식일 때는 DMA 전송을 실행하기 전에 현재의 캐시 메모리 내용을 해당 메모리로 복구하여 DMA 전송 후에 캐시 메모리로 다시쓰기를 실행해야 한다. 가상 메모리를 사용하고 있는 시스템에서는 DMA의 어드레스가 물리 메모 상에 존재하는가에 대한 문제가 있는데, 예를 들어 가상 메모리의 페이지 크기가 DMA의 전송크기보다 작은 경우 등이 있다. 일반적으로 DMA를 사용하려면 MPU에서 버스의 사용권을 빼앗게 되기 때문에 DMA를 많이 사용하거나 대용량 블록을 전송하면 MPU에서의 처리 속도가 늦어지는 문제가 발생한다. 그리고 인터럽트 요구 등 고속 MPU의 응답을 필요로 하는 처리에도 지장이 생길 우려가 있다. 그러므로 이를 DMA에서 처리할 것인지, MPU 프로그램에서 처리할 것인지에 대한 구분은 신중하게 검토되어야 한다. 특히, RISC 방식을 사용하면 MPU를 이용하고 있는 경우 MPU가 버스를 자주 사용하기 때문에 DMA와의 매칭은 그다지 좋지 않다.

제 4 절　캐시 메모리

1 캐시의 개념

캐시(cache)는 메모리와 CPU 간의 속도 차이를 완화하기 위해 메모리의 데이터를 미리 가져와 저장해두는 임시 장소이다. 캐시는 필요한 데이터를 한꺼번에 모아 전달하는 버퍼의 일종으로, CPU가 앞으로 사용할 것으로 예상되는 데이터를 미리 가져다 놓는다. 이렇게 미리 가져오는 작업을 '미리 가져오기(prefetch)'라고 한다.

캐시는 CPU 안에 있으며 CPU 내부 버스의 속도로 작동하고, 메모리는 시스템 버스의 속도로 작동하기 때문에 캐시에 비해 느리다. 캐시는 빠른 속도로 작동하는 CPU와 느린 속도로 작동하는 메모리 사이에서 두 장치의 속도 차이를 완화해준다.

2 캐시의 구조

캐시는 메모리의 내용 중 일부를 미리 가져오고, CPU는 메모리에 접근하기 전 캐시를 먼저 방문하여 원하는 데이터가 있는지 찾아본다. 캐시에서 원하는 데이터를 찾은 것을 캐시 히트(cache hit)라고 하며, 그 데이터를 바로 사용한다. 그러나 원하는 데이터가 캐시에 없으면 메모리로 가서 데이터를 찾는데, 이를 캐시 미스(cache miss)라고 한다. 캐시 히트가 되는 비율을 캐시 적중률(cache hit ratio)이라고 하며, 일반적으로 컴퓨터의 캐시 적중률은 약 90%이다.

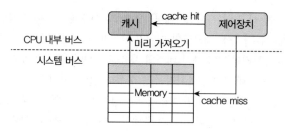

[그림 2-10] 캐시 메모리의 동작

3 캐시의 적중률

컴퓨터의 성능을 향상하려면 캐시 적중률을 높여야 한다. 캐시 적중률을 높이는 방법에는 다음 두 가지가 있다.

(1) 캐시의 용량 증가

캐시 적중률을 높이는 방법 중 하나는 캐시의 크기를 키우는 것이다. 캐시의 크기가 커지면 더 많은 데이터를 미리 가져올 수 있어 캐시 적중률이 올라간다. 클록이 같은 CPU라도 저가형과 고가형은 캐시의 크기가 다른데, 저가인 i7은 캐시 메모리가 4Mbyte지만 고가의 i7은 8Mbyte 이상이 된다. 캐시는 가격이 비싸므로 크기를 늘리는 데 한계가 있어 몇 Mbyte 정도만 사용한다.

(2) 앞으로 많이 사용될 데이터 가져오기

캐시 적중률을 높이는 또 다른 방법은 앞으로 많이 사용될 데이터를 미리 가져오는 것이다. 이와 관련된 이론으로는 현재 위치에 가까운 데이터가 멀리 있는 데이터보다 사용될 확률이 더 높다는 지역성 (locality) 이론이 있다. 예를 들어 현재 프로그램의 100번 행이 실행되고 있다면 다음에 101번 행이 실행될 확률이 200번 행이 실행될 확률보다 더 높다. 따라서 현재 100번 행을 실행하는 경우 지역성 이론에 따라 101 ~ 120번 행을 미리 가져오면 된다.

> **더 알아두기**
>
> 일반적으로 프로그램의 명령 및 데이터의 호출이나 참조에는 시간적 및 공간적 국부성이 존재한다.
>
> - 시간의 국부성은 한 장소가 접근되면 가까운 시간 내에 같은 장소가 다시 접근될 확률이 높다.
> - 공간적 국부성은 한 장소가 접근되면 가까운 시간 내에 주변 장소가 접근될 확률이 높다.
>
> 메모리에서는 이를 국부성의 원리라고 하며, 메모리 계층 구성은 이 원리와 "크기가 작은 하드웨어는 고속이고 크기가 큰 하드웨어는 저속으로 비트당 가격은 저렴하다"라고 하는 물리적인 원리에 매우 의존 한다. 국부성 참조성이 높은 명령어와 데이터를 캐시 메모리에 기억시켜두면 고속으로 처리할 수 있다. CPU가 액세스를 요구한 주기억 내의 데이터가 캐시 메모리 내에 존재할 확률을 히트율이라고 하고, 존재하지 않는 것을 미스 히트(또는 캐시 미스)라고 한다.

제 5 절   메모리의 기록 방식

메모리에 되는 기록은 읽기보다 상대적으로 적게 발생한다. 만약 메모리에 참조가 읽히게 하려면 캐시 메모리로부터 직접 읽히며, 메모리 참조가 기록하려면 다음의 방법 중에 한 가지 방법으로 처리된다.

1 직접 기록(write-through 또는 store-through)

한 워드가 메인 메모리와 캐시 메모리의 양쪽에 모두 기록되는 방법으로, 보통 양쪽의 내용이 일치한다. 이 방법은 I/O나 전원의 고장에 따른 캐시 메모리의 일관성 및 신뢰성 측면에서 기록 복귀 방법보다 우수한 성능을 가진다. 기록하는 속도는 느려지지만, 히트를 하지 않아 캐시 메모리 사용을 치환할 때 데이터 복구가 필요 없다는 것이 장점이다.

2 기록 복귀(write-back, copy-back, store-in, posted write)

캐시 메모리가 변하더라도 메모리는 갱신되지 않고 대시 블록이 캐시 메모리로부터 제거될 때 메모리를 갱신하는 방법이다. 이 방법은 메인 메모리의 트래픽 측면에서 직접 기록 방법보다 우수한 성능을 가지고, 캐시 메모리에만 동작을 하므로 고속으로 행할 수 있다. 하지만 논리적인 복잡성이 따르고, 캐시 메모리와 메인 메모리의 내용이 항상 일치하지 않기 때문에 주의가 필요하다. 히트하지 않게 되어 캐시 메모리 내용을 치환할 때 지금까지의 캐시 메모리의 내용을 먼저 메인 메모리로 복구할 필요가 있다.

3 기록 사이클의 캐시 무효화(no caching of write cycle)

워드는 직접 기록시키지만 캐시는 갱신시키지 않는 방법이다. 만일 이전의 워드가 캐시되었던 것이라면 그 항목은 무효(invalid)로 표시되고 더 이상 사용되지 않는다. 따라서 프로세서는 워드를 메인 메모리로부터 호출하는 것이 된다. 그 캐시 무효화를 플러싱(flushing) 또는 퍼지(purge)라 한다.

4 기록 버퍼(write buffer)

직접 기록 방법의 변형으로 메인 메모리가 기록 버퍼를 통해서 기록되는 방법이다. 이 방법의 장점으로는 기록 중의 메모리 지연이 제거될 수 있다는 것이다. 따라서 좁은 어드레스 공간 안을 빈번하게 액세스하는 많은 경우에는 라이트 백 방식을, 넓은 어드레스 공간 안을 여기저기 액세스할 가능성이 있는 경우에는 직접 기록 방식을 사용하는 것이 좋다.

제 6 절 메모리의 사상 방식

메인 메모리에서 데이터 참조는 주소로 이루어지고, 캐시 메모리를 사용하기 위해서는 메인 메모리의 주소를 캐시 메모리의 워드에 사상시켜야 한다. 이 방법으로는 하드웨어 구조에 따라 직접 사상 방식, 연상 사상 방식, 집합-연상 사상 방식, 섹터 사상 방식 등이 있다.

1 직접 사상 방식(direct mapping)

가장 간단한 방법으로 메인 메모리의 블록을 캐시 메모리의 블록 프레임에 직접 사상시키는 방법이다. 이 사상은 먼저 CPU가 메모리의 참조를 요청하면, 인덱스 필드가 캐시 메모리를 호출하기 위한 번지로 변환할 때 쓰인다. CPU 번지의 태그 필드와 캐시로부터 읽힌 워드의 태그 필드를 비교해서 원하는 데이터가 캐시에 있음을 나타내는 것이다. 즉 메인 메모리를 블록으로 분할하여 각각의 블록과 캐시 메모리와의 대응 관계가 고정되어 있다. 이 방식은 원하는 데이터와 태그에 대한 동시 호출이 허용되고 하드웨어가 간단하다는 장점이 있지만, 매핑의 자유도가 낮아 캐시 메모리 접근에 대한 실패율이 높다는 것이 단점이다.

2 연상 사상 방식(associative mapping, fully associative mapping)

직접 사상 방식과 마찬가지로 메인 메모리를 블록으로 분할할 때, 모든 캐시 메모리로부터 어느 블록이나 액세스할 수 있게 되어 있다. 덕분에 매핑의 자유도는 커지지만 시스템의 가격이 올라가는 문제점이 있다. 따라서 연상 사상은 가장 우수한 성능을 가지는 동시에 가장 비싼 캐시 구성 방법이다. 연산 메모리나 이와 동일한 기능을 가진 메모리를 캐시로 사용하며, 메모리 워드의 번지와 데이터를 캐시 메모리의 블록 프레임 내에도 동시에 저장하는 방법이다. 이 방법은 높은 블록 경쟁을 제거할 수 있으나 연상 메모리의 탐색에 따른 호출 시간이 길어진다는 단점을 가지고 있다.

3 집합-연상 사상 방식(set-associative mapping)

집합-연상 사상 방식은 연상 사상 방식과 직접 사상 방식을 결합한 방법으로, 캐시 메모리의 각 워드를 같은 인덱스 번지 아래서 두 개 이상의 메모리 워드를 저장할 수 있도록 함으로써 직접 사상의 단점을 보완한 방법이다. 우선 메인 메모리를 복수의 세트로 분할한 뒤, 캐시 메모리와 세트 사이에는 직접 사상 방식을 사용한다. 그리고 세트 내를 복수의 블록으로 분할하여 연상 사상 방식을 사용한다.

4 섹터 사상 방식(sector mapping)

연상 사상 방식의 변형으로 메인 메모리와 캐시 메모리를 각각 섹터로 나누어 메인 메모리 섹터를 임의의 캐시 메모리 섹터로 사상하는 방법이다. 캐시 메모리를 가진 컴퓨터의 성능을 측정하기 위한 척도로 적중률을 이용한다. 적중률은 프로그램 수행 중에 메모리에 접근하는 횟수로 적중하는 횟수와 실패하는 횟수의 합에 대한 적중한 횟수의 비율로 주어진다.

제 7 절 가상기억장치

1 가상 메모리의 개념

가상 메모리(virtual memory)는 주기억장치의 이용 가능한 기억 공간보다 훨씬 큰 주소를 지정할 수 있도록 한 개념으로, 일반적으로 유닉스를 포함한 현대의 범용 컴퓨터들은 가상 메모리를 사용하고 있다. 그러나 매우 빠르고 일정한 응답 시간을 요구하는 내장형 시스템이나 특정 목적을 지닌 컴퓨터 시스템에서는 일반적으로 가상 메모리를 사용하지 않는다. 가상 메모리는 하나의 프로세스 전체가 한 번에 주기억장치 내에 존재하지 않고 일부만 있어도 수행되는 방법을 제공한다. 따라서 가상 메모리를 사용하면 사용자는 실제 주소 공간의 크기에 구애받지 않고 보다 큰 가상 주소 공간에서 프로그래밍을 할 수 있을 뿐만 아니라, 주기억장치보다 크기가 큰 프로세스를 수행시킬 수 있다. 가상 주소 공간을 구성하는 것을 가상 메모리라 하고, 실제 주소 공간을 구성하는 것을 주기억장치(real memory, main memory)라 한다.

2 가상 메모리의 메모리 분할 방식

실제 메모리에 있는 물리 주소 0번지는 운영체제 영역으로 일반 프로세스가 사용할 수 없다. 따라서 가상 메모리 시스템에서는 운영체제를 제외한 나머지 메모리 영역을 일정한 크기로 나눠 일반 프로세스에 할당한다. 메모리 분할 방식은 크게 가변 분할 방식과 고정 분할 방식으로 나뉜다고 했는데, 가상 메모리 시스템도 마찬가지다. 가상 메모리 시스템에서 가변 분할 방식을 이용한 메모리 관리 기법은 세그먼테이션, 고정 분할 방식을 이용한 메모리 관리 기법은 페이징이라고 한다.

(1) 페이징 기법의 구현

페이징 기법은 고정 분할 방식을 이용한 가상 메모리 관리 기법으로, 물리 주소 공간을 같은 크기로 나눠 사용한다. [그림 2-11]에서 왼쪽의 가상 주소는 프로세스 입장에서 바라본 메모리 공간으로, 항상 0번지부터 시작한다. 가상 주소의 분할된 각 영역은 페이지라고 부르며 첫 번째 영역은 페이지 0, 두 번째 영역은 페이지 1과 같이 번호를 지정해 관리한다. 물리 메모리의 각 영역은 가상 주소의 페이지와 구분하기 위해 프레임(frame)이라고 부른다. 프레임도 페이지와 마찬가지로 번호를 지정해 관리한다. 페이지와 프레임의 크기는 같다.

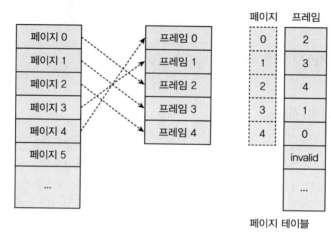

[그림 2-11] 페이징 기법의 구현

(2) 세그먼테이션 기법의 구현

[그림 2-12]는 세그먼테이션 기법에서 가상 주소가 물리 주소로 변환되는 과정이다. 페이징 기법과 마찬가지로 세그먼테이션 기법도 매핑 테이블을 사용하는데, 이를 세그먼테이션 테이블(segmentation table) 또는 세그먼테이션 매핑 테이블(segmentation mapping table)이라고 한다.

[그림 2-12]의 세그먼테이션 테이블에는 세그먼테이션 크기를 나타내는 limit와 물리 메모리의 시작 주소를 나타내는 address가 있다. 페이징 기법에서는 메모리를 같은 크기의 페이지 단위로 분할하기 때문에 테이블에 크기 정보를 유지할 필요가 없다. 그러나 세그먼테이션 기법에서는 **프로세스의 크기에 따라 메모리를 분할**하기 때문에 매핑 테이블에 크기 정보를 포함한다. 각 세그먼트는 자신에게 주어진 메모리 영역을 넘어가면 안 되기 때문에 세그먼트의 크기 정보에는 크기를 의미하는 size 대신 제한을 뜻하는 limit를 사용한다.

세그먼테이션 기법에서도 물리 메모리가 부족할 때 스왑 영역을 사용한다. [그림 2-12]에서는 크기가 100바이트인 프로세스 D(세그먼트 3)가 스왑 영역에 있고, 세그먼테이션 테이블 address에 I(invalid)라고 표시되어 있다.

세그먼테이션 기법은 가변 분할 방식의 장단점을 모두 가지고 있다. 장점은 메모리를 프로세스 단위로 관리하기 때문에 페이지 테이블이 작고 단순하다는 것이고, 단점은 물리 메모리의 외부 단편화로 인해 물리 메모리 관리가 복잡하다는 것이다.

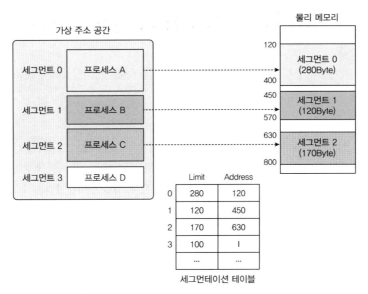

[그림 2-12] 세그먼테이션 기법

제 8 절 저소비전력 대응

임베디드 시스템용으로 개발된 단일 칩 마이크로컴퓨터의 대부분은 지금까지 설명한 기본 기능 외에도 특수한 기능을 가진 것이 많다. 대표적인 것이 저전압화, 저소비전력화에 대응할 수 있는 휴대용 타입의 임베디드 시스템이다. 이는 전원을 전지에 의존하며, 임베디드 시스템의 필수 기능이다. 전력 절약기구를 가진 컴퓨터 시스템인 그린 컴퓨터들의 영향에 의해 상용 전원을 사용하는 시스템에서도 저소비전력화로의 대응이 진행되고 있다.

일반적으로 LSI의 소비전력은 사용되는 클록 주파수에 의존한다. 저소비전력을 실현하려면 사용하는 클록 주파수를 낮추면 되는데, 클록 주파수를 낮추면 처리 성능이 저하된다. 따라서 보통은 최고 성능이 나오도록 고속 클록을 사용하여 시스템이 유효상태일 때(유효한 처리를 하지 않을 때)에 클록 주파수를 자동으로 저하시키거나, 클록에 의해 동작하는 회로를 최적으로 선택하여 클록 주변의 회로 설정을 유연하게 하여 소비전력의 감소를 도모한다. 또한 MPU 이외의 내장 모듈에 관해서도 기능을 선택적으로 정지하는 등 소비전력을 감소시키는 기구가 다양하게 연구되고 있다. 대표적인 예로는 시스템의 동작을 감시하다가 일정 시간 이상 액세스가 없으면 인터럽트 감시 회로를 제외한 다른 회로는 정지하는 슬립모드가 있다. 인터럽트 감시 회로는 시계용 타이머와 외부로부터의 기동 요구를 받아들이는데 필요하다.

이 슬립모드에서는 재가동용의 전력만 소비하고 있기 때문에 디바이스의 전력소비를 줄일 수 있고, 다시 액세스가 발생할 때 인터럽트 처리 등에 의해 슬립모드에서 탈피하여 재가동하게 된다. 텔레비전 리모컨장치와 같이 전원 스위치를 가지지 않는 임베디드 시스템이 실생활에 많이 등장하고 있는 것은 이 기능을 사용하고 있기 때문이다.

기본 입출력(Input/Output)

임베디드 컴퓨터 시스템은 외부에 입력한 정보를 MPU에서 연산 처리하고 그 결과를 다시 외부로 출력하여 각각의 목적을 달성하고 있다. 그때 MPU와 외부가 정보교환을 하려면 양자 사이에 존재하는 동시에 타이밍과 전압 레벨 등을 조정하는 I/O 인터페이스가 필요하게 된다. I/O 인터페이스는 소프트웨어와 하드웨어 조합에 의한 다양한 구성이 가능하므로 최적의 인터페이스를 개발하기 위해서는 광범위한 지식이 요구된다.

제 **1** 절   I/O 인터페이스의 개요

임베디드 시스템의 입출력 처리는 프로그램으로 제어되는데, 그 동작은 MPU와 외부가 어떤 하드웨어에 의해 접속되고 있는지와 밀접한 관계가 있다. 이때의 하드웨어로는 MPU의 클록에 타이밍을 맞추어 외부로부터 정보를 입력하는데 필수적인 기본 I/O와, 각각의 목적에 맞게 필요가 되는 각종 변환 회로 등이 있으며 이들을 합하여 I/O 인터페이스라고 한다. 여기서 외부에서 MPU로 정보를 취하는 동작을 입력(input), MPU에서 외부로 정보를 출력하는 동작을 출력(output)이라고 한다.

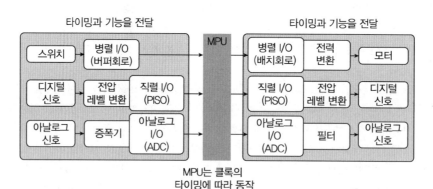

[그림 2-13] I/O 인터페이스

[그림 2-13]은 I/O 인터페이스를 나타낸 것으로 기본 I/O에서는 MPU와 같은 전압 특성의 디지털 신호를 취급한다. 병렬 I/O에서는 디지털 신호를 복수 비트 단위마다 묶어 입출력하고, 직렬 I/O에서는 하나의 신호선을 사용하여 복수 비트로 구성되고 있는 데이터를 1비트씩 분해하여(병렬-직렬 변환 : PISO, 직렬-병렬 변환 : SIPO) 교환한다.

그리고 외부에서 입력하는 디지털 신호의 변화 수를 계수하거나(카운터), 일정 시간 간격(타이머)으로 펄스를 출력하는 기본 I/O도 있다. 또한 아날로그 신호를 입출력하기 위한 ADC와 DAC도 기본 I/O로 다루게 한다. I/O 인터페이스에서는 기본 I/O의 전후에 전압과 전력의 변환하는 회로를 필요로 하는 것이 일반적이다. 예를 들면 센서 등으로부터 매우 약한 아날로그 신호 출력 전압을 ADC로 입력할 수 있는 크기의 전압 범위까지 증폭하는 회로나, 모터를 구동하기 위해 병렬 I/O의 출력을 전력 변환하는 회로 등이 있으나 I/O 인터페이스는 목적에 맞추어 개별적으로 설계할 필요가 있으므로 여기에서는 기본 I/O에 대해서만 설명한다.

제 2 절 병렬 I/O 와 직렬 I/O

1 병렬 I/O

병렬 I/O란 8개 또는 16개의 복수 신호선의 묶음을 사용하여 복수 비트의 데이터를 동시에 입출력하기 위한 인터페이스로 단독으로 1비트의 데이터를 취급하는 것도 가능하다. 병렬 I/O의 장점은 1회 데이터 전송으로 8~32비트의 데이터를 전송할 수 있으므로 비교적 낮은 전송클록이라 해도 고속인 데이터 전송이 가능하게 된다. 단점은 신호선의 개수가 증가하여 커넥터와 기판의 크기가 커진다는 것이다. 또한 고속의 전송클록을 실현하려면 신호선 간의 데이터 출력에 대한 불규칙한 분포(큐)의 정합이 어렵게 된다.

(1) 병렬 I/O 인터페이스

[그림 2-14]는 병렬 I/O 인터페이스 회로로, 병렬 I/O는 입력용의 인터페이스 회로이자 버퍼 IC, 출력용의 인터페이스 회로로서 래치 IC를 필요한 비트의 개수만큼 배치하여 비교적 쉽게 개발할 수 있다. MPU는 이 인터페이스 회로를 타이밍 신호로 제어하여 버퍼 IC에 계속 가해지는 입력 신호(스위치 입력 등)를 필요한 타이밍에서 필요한 시간 폭만큼 유지할 수 있다. 또한 한순간밖에 출력되지 않는 신호를 래치 IC에 유지시켜 외부로 안정하게 계속 출력(LED 표시기 출력 등)할 수 있게 된다.

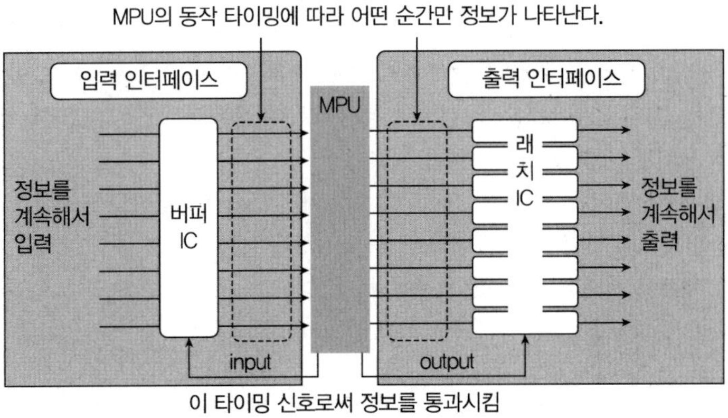

[그림 2-14] 병렬 I/O 인터페이스 회로

(2) 핸드셰이크 타이밍

핸드셰이크 방식은 병렬 I/O를 사용하여 MPU와 사이가 매우 짧고 비교적 빠르게 데이터를 전송하는 방법이다. 복수의 데이터용 통신선 외에 두 개의 컨트롤러용 신호선을 사용하여, 송신 측으로부터의 송신 타이밍을 나타내는 STROBE 신호와 수신 측의 동작상태를 나타내는 BUSY 신호(또는 READY 신호)가 있다.

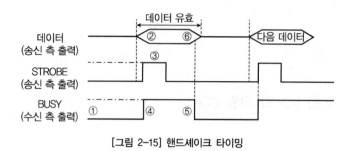

[그림 2-15] 핸드셰이크 타이밍

[그림 2-15]는 데이터를 정확하게 주고받기 위한 타이밍 관계이며, 그림의 번호에 따라 그 순서는 다음 과 같다.

① 송신 측은 BUSY 신호를 조사하여 수신 측이 수신 가능한지 아닌지를 확인한다. 그림에서 BUSY = Low일 때는 수신 가능, BUSY = High일 때는 작업 중 수신 불가를 의미한다.

② 수신 가능을 확인한 후 데이터를 출력한다.

③ 데이터가 안정되어 출력될 때, STROBE를 Low에서 High로 한다.

④ 수신 측에서는 STROBE가 올라가는 에지를 검출한 후 BUSY를 High로 하고, 데이터의 수신 작업을 개시한 것을 송신 측에 알린다. 송신 측에서는 STROBE를 Low로 하고, BUSY가 Low가 되는 것을 감시한다.

⑤ 수신 측에서의 수신 작업이 끝나면 BUSY를 Low로 하여 작업 종료를 알림과 동시에 다음 데이터 수신을 하기 위해 STROBE의 발생 에지를 감시한다.

⑥ 송신 측에서는 수신이 완료됐다는 것을 감지하여 출력하고 있던 데이터를 무효로 한다.

이처럼 상태의 상태를 일일이 확인하면서 작업을 진행하는 것이 핸드셰이크 방식의 특징이다. 핸드셰이크에 의해 병렬 전송을 하는 경우 그 전송속도는 어느 쪽이든 늦은 측에 의해 결정된다.

핸드셰이크 방식을 사용한 대표적인 병렬 I/O로는 프린터 접속용으로 상용되고 있는 센트로닉스 인터페이스가 있다. 그 외 외부 장착 하드디스크 등의 접속에 사용되고 있는 SCSI와 계측기기를 접속하기 위한 GP-IB 등에도 병렬 I/O가 사용되고 있다.

이 병렬 I/O의 각 신호선에 광결합기를 삽입하여 전기적으로 절연한 타입을 절연형 병렬 I/O라고 한다. MPU와 전원을 달리하는 외부기기를 접속할 때 채용하면 그랜드 루프 등의 예기치 못한 트러블 대책으로 유용하기 때문에 산업용 등에 많이 사용되고 있다.

> **⚠ 더 알아두기 🔍**
>
> **센트로닉스 인터페이스(centronics interface)**
> 병렬 입출력 인터페이스 방법 중 산업 표준 방식으로, 모든 개인용 컴퓨터에서 프린트 출력을 위한
> 인터페이스로 사용된다. 피크 전송속도는 167Kbyte/sec으로, 현재의 그래픽 출력용으로는 너무 느린
> 점이 병목현상이 발생한다.

2 직렬 I/O 중요 ★

직렬 I/O는 데이터용으로, 한 개의 신호선을 사용하여 데이터 입출력을 실행하는 인터페이스다. 신호선의
수가 적게 들기 때문에 통신용 등으로 이용되고 있다. 직렬 I/O를 사용하여 통신을 실행하는 접속구를 직렬
통신 포트라고 한다.

직렬 I/O의 장점은 신호선의 개수가 적게 들기 때문에 시스템 이용을 많이 절감할 수 있다는 것이다. 단점은
데이터 전송률을 올리려면 보다 빠른 전송 클록을 필요로 한다는 것이다. 최근 시스템에서는 수백 Mbps의
고주파 전송률을 사용하기 때문에 신호 파형이 일그러지지 않도록 보드를 설계하고 신호선을 배치해야 한다.
직렬 I/O의 출력 인터페이스 회로에서는 MPU 내부의 병렬 데이터를 LBS(또는 MSB)에서 순서대로 1비트
씩 분해하여 하나의 데이터선을 출력한다. 이 처리를 병렬-직렬 변환이라고 한다. 또한 입력 인터페이스
회로에서는 1비트씩 보내온 데이터를 입력하여 처음의 병렬 데이터로 다시 수정한다. 이 처리를 직렬-병렬
변환이라고 한다.

직렬 I/O를 사용한 직렬 통신은 기본적으로 송신과 수신 각각에 1회선씩 사용하여 데이터를 1비트씩 직렬로
전송하는 방식이다. 그라운드를 공통으로 하면 모두 3개의 선으로 쌍방향의 직렬 통신이 가능해진다. 또한
통신 상대의 상태와 회선의 체크를 위한 회선 설치나 송수신 데이터 형식들에 의해 동기식과 비동기식,
SDLC(Synchronous Data Link Control : 동기식 데이터 링크 제어), HDLC(High-level Data Link
Control : 고수준 데이터 링크 제어)라고 하는 방식으로 나눌 수 있다.

(1) 동기식 직렬 통신 방식

동기식 직렬 통신 방식에서는 1비트씩의 구간을 LSB나 MSB에서 보내는 순번, 동기를 취하는 방식 등
에 대해 송수신 사이에서 미리 결정해 둘 필요가 있다. 가장 간단한 동기 방식은 타이밍 클록용의 전용
선을 설치하고 이 클록에 의해 동기되는 것이다. 단, 이 방식에 의해 두 개의 독립된 신호선이 필요하
다. [그림 2-16]의 (a)는 동기식 직렬 통신의 타이밍을 나타낸다.

(2) 비동기식 직렬 통신 방식

비동기식 직렬 통신 방식이란 송신 측과 수신 측이 같은 타이밍으로 데이터 신호를 구분하여 한 개의 신호선만으로 동기 타이밍과 데이터의 두 가지를 보낼 수 있도록 한 것이다. 그러므로 데이터의 시작을 나타내는 start 비트와 데이터의 끝을 나타내는 stop 비트 등이 부가되어 있다. [그림 2-16]의 (b)는 비동기식 직렬 통신의 타이밍을 나타낸다.

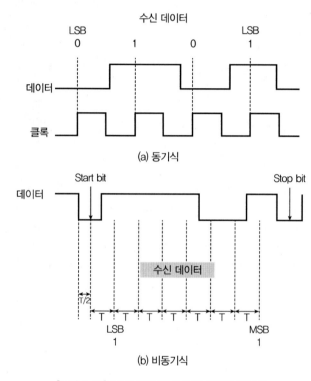

[그림 2-16] 동기식/비동기식 직렬 통신의 타이밍

제 **3** 절   **타이머/카운터**

타이머란 정확한 시간을 만들어내는 기능이며, 카운터는 입력 신호의 변환 횟수를 세는 기능이다. 카운터 회로에 정확한 클록 신호를 입력하여 카운트하면 정확한 시간을 만들어 낼 수 있으므로 타이머가 된다. 이는 [그림 2-17]과 같이 카운터 회로에 의해 구현된다.

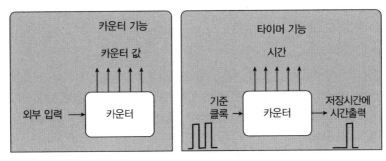

[그림 2-17] 타이머/카운터 기능

이 기능들은 병렬 I/O와 소프트웨어어로도 처리될 수 있다. 예를 들면 처리 시간이 명확하게 나뉘어 있는 프로그램 루틴을 반복 실행하면 그 반복 횟수와 처리 시간에는 비례관계가 성립한다. 따라서 필요한 시간에 해당하는 횟수만큼만 반복 실행하는 프로그램에 의해 타이머 기능을 만들어 낼 수 있다. 이와 같은 프로그램 연구에 의해 만들어 낸 타이머 기능을 소프트웨어 타이머라 한다. 그러나 소프트웨어 타이머를 사용하면 MPU는 그 처리에 독점되기 때문에 동시에 다른 처리를 할 수 없어질 뿐 아니라 인터럽트 처리에 대응하여 시간이 어긋나 버린다. 그러므로 타이머/카운터용의 전용 IC를 사용한다. 또한 임베디드 시스템에서 사용되는 단일 칩 마이크로컴퓨터에는 타이머/카운터 기능이 반드시 여러 개 내장되어 있다.

전용 타이머/카운터 IC는 MPU에 의한 지정으로 동작모드를 설정할 수 있는 동시에 시간과 계수치를 읽어낼 수 있다. 타이머/카운터 IC는 LSI 메이커에 의해 제공하는 기능과 조금 다를 수 있다. 각 메이커는 응용 용도에 적합한 기능을 제공하고 있으므로 메이커의 설명서를 조사하여 자신의 시스템에 가장 적합한 제품을 찾아내는 것이 중요하다.

임베디드 시스템은 **실시간의 사용, 지정 시간 또는 일정 시간 간격마다 처리의 실행, 외부 입력 신호의 계수와 신호 폭의 계측** 등 타이머/카운터 기능을 널리 사용한다. 예를 들면 시계 기능으로서 1초라는 정확한 시간이 필요한 경우를 생각해보자. 이 경우에는 타이머/카운터를 모두 0으로 사용하고 1초간에 카운트해야 하는 클록 수를 미리 카운터에 세팅하여 카운터 세트 신호를 가한 후에 출력 High가 되는 것을 프로그램에서 체크하거나 인터럽트가 발생하도록 설정만 해도 된다.

한편 클록 대신 임의의 디지털 신호를 입력하고 모드 0에서 동작시킨 뒤, 최대의 카운터값을 카운터 세트 신호에 의해 설정하여 입력 신호를 구할 수 있다. 카운터의 값을 읽어내어 1의 보수를 취하여 계수값을 얻은 뒤 다른 타이머/카운터를 사용하여 시계 기능에 의해 만들어진 1초마다 카운터값을 읽어내면 주파수를 계측할 수 있다.

제 **4** 절 아날로그 I/O

임베디드 시스템의 외부에 접속되는 정보는 아날로그값을 취하는 것이 대부분이다. 때문에 디지털 신호로 동작하고 있는 컴퓨터에서도 아날로그값을 취급하는 인터페이스 회로가 준비되어 있다. 아날로그값을 디지털 신호로 변환하여 입력하기 위한 인터페이스는 ADC이고, 디지털 신호를 아날로그값으로 변환하여 출력하기 위한 인터페이스는 DAC이다.

또한 임베디드 시스템에서의 ADC와 DAC를 이용할 때는 단순히 전압차를 읽어내는 것과 가변 전압원 외에 시계열의 데이터를 취급하는 경우가 많다. 일정 시간 간격으로 데이터를 읽어내거나 출력하는 것은 타이머와 인터럽트 등의 기능과 밀접한 관계가 있다.

1 ADC(Analog Digital Convert)

ADC를 선택할 때는 사용 목적과 비용에 의해 최적인 것을 선택할 필요가 있으며, 구체적으로는 다음과 같은 사항에 착안하여 선택한다.

> • 입력전압 범위 : 입력하는 아날로그 값의 변화 범위
> • 비트 수 : 디지털 신호로 변환되는 아날로그 양의 세분화 정도
> • 변환 시간 : 변환에 필요한 시간의 허용 범위
> • 출력 형태 : 변환 결과의 디지털 신호(직렬/병렬 출력)
> • 출력 코드 : 2진수 코드의 형식

(1) 계수 비교형 ADC

내부에서 D/A Converter로 발생시킨 전압이 아날로그 입력보다 커질 때까지 비교하는 방식이다. D/A Converter의 출력을 만들기 위한 계수기를 사용한다. 이 계수기는 변환을 시작할 때 reset되고 각 클록이 사이클마다 1씩 증가하는 구조를 갖는다. 비교기는 D/A Converter의 출력이 아날로그 입력 전압을 초과하는 순간 계수기의 동작을 정지시키며, 이 마지막의 계수값이 디지털로 변환된 출력값이 된다. 회로가 비교적 단순하지만, 변환 시간이 길고 입력 신호의 크기에 따라 달라지는 단점을 가진다. 입력 신호가 full scale이면 변환 시간이 가장 길어져서 클록 주기가 필요하게 된다.

(2) 축차 비교형 ADC(successive approximation ADC)

축차 비교형 ADC는 SAR(Successive Approximation Register)을 사용하여 최상위 비트로부터 순서대로 하위 비트 쪽으로 수정하여 가는 방법으로 DAC의 출력을 훨씬 빨리 아날로그 입력전압에 근사시킨다. 비교적 변환 시간이 빠르고 회로도 간단하여 현재 저가형이면서 분해능이 비교적 높은 범용 A/D Converter에 가장 널리 사용되고 있다. 변환 중에 아날로그 입력전압이 일정하게 유지되어야 하므로 표본 및 홀드가 반드시 필요하다.

(3) 이중 적분형(dual-slope integrating type)

이는 일정한 시간 동안 아날로그 입력 신호를 적분하고 나서 계수기를 reset한 후에 적분기의 출력이 0이 될 때까지 기준전압을 다시 적분하여 그 시간을 측정한다. 이것은 일정한 시간 동안 아날로그 입력 신호를 적분하므로 입력 신호의 잡음에 대하여도 안정된 변환특성을 가지지만 2번의 적분 시간 때문에 변환 시간이 늦은 것이 단점이다. 따라서 이 방식은 저속으로 동작하는 시스템에 많이 사용된다.

(4) 병렬 비교형 ADC(flash ADC)

아날로그 입력 신호를 여러 개의 저항으로 나눈 기준전압과 각각의 비교기로 비교하는 방식을 사용하므로 한 단계에 비교가 완료되어 매우 빠른 변환 시간을 갖는다. 그러나 높은 분해능을 갖게 하려면 정밀 저항 회로와 비교기의 수가 많아져 회로가 복잡해지고 가격이 비싸지는 것이 단점이다. 비교기로는 OP-amp가 사용된다. 이 방식은 매우 빠른 처리 속도가 요구되는 분야에 사용된다.

2 DAC(Digital Analog Convert)

(1) 무게 저항형

무게 저항을 사용한 DAC 변환기로, 기본적으로 op-amp를 사용한 가산회로이다. 웨이트 저항값을 2진수의 각 자리의 무게에 대응시킨 계수비가 되도록 설정하여 각 자리의 0, 1의 상태에 따라 각각의 무게에 따른 가산을 이용하는 방식이다. 무게 저항형 DAC는 구성이 간단하고, 비트 수만큼 다른 값의 저항이 필요하며, 사용하는 저항값의 최댓값과 최솟값의 비가 매우 크게 되어 각각의 저항값에는 분해 능력에 따른 정도가 요구된다. 예를 들면 이 방식에 의한 8비트의 DAC의 경우 $20k\Omega \sim 56M\Omega$의 범위에 걸쳐 고정도의 저항이 필요하기 때문에 현실적이지 못하다.

(2) 사다리형 저항형 DAC

무게 저항형을 개량한 것으로, 무게 저항형과 같은 여러 가지 값의 고정도 저항은 필요 없다. R과 2R의 2종류의 저항을 사용하여 사다리 모양으로 구성하기 때문에 R-2R 저항 사다리형이라고도 한다. DAC를 적은 비용으로 마련하는 경우에는 고정도 R-2R 사다리꼴 저항 모듈을 이용하면 된다.

(3) 펄스 폭 변조를 이용한 DAC

많은 단일 칩 마이크로컴퓨터에 DAC로 내장된 것이 펄스 폭 변조(PWM : Pulse Width Modulation)형이다. 적분 회로를 통하여 적분 처리에 따르기 때문에 PWM 신호 출력이 지연된다. 다른 형 변조 방법과 달리 PWM은 데이터 전송보다는 외부 아날로그 신호나 기계장치제어에 많이 사용된다.

제 5 절   I/O 포트와 메모리 매핑된 I/O

1 I/O 포트(Input/Output Port)의 개념

I/O 포트(Input/Output Port)는 CPU가 외부 칩이나 입출력 디바이스와의 데이터를 주고받기 위한 창구가 되는 회로이다. I/O 포트는 화물이 출입(input/output)하는 항구(port)처럼 작용하므로, 데이터라고도 한다. I/O 포트는 다른 칩의 레지스터나 ADC, DAC 등에 접속되어 있어 하드웨어 사이에서 정보를 주고받기 위해 사용된다.

칩 측에서는 I/O 포트에 액세스된 것을 검출할 수 있으므로, 그 타이밍에서 칩의 레지스터에 커맨드 값을 써넣고 칩 처리를 개시하는 등의 사용법도 있다. I/O 포트는 일반적으로 I/O 컨트롤러라고 불리는, 제어를 위한 칩을 경유하여 CPU에 접속되어 있다. 예전 컴퓨터나 임베디드 시스템에서는 I/O 컨트롤러와 독립된 칩이 있었지만, 최근의 시스템화한 칩에서는 I/O 컨트롤러가 내장되어 있는 경우도 적지 않다.

2 I/O 포트 액세스 방법

(1) I/O 포트 액세스 전용 CPU 명령을 사용하는 방법

x86 계열의 CPU에서는 64Kbyte의 I/O 어드레스 공간을 관리하고 있어, 어셈블러의 IN 명령이나 OUT 명령에서 I/O 포트와 바이트 단위로 데이터의 입출력을 할 수 있다. C 언어에서는 I/O 액세스용의 input 함수나 output 함수를 호출함으로써 I/O 포트에 직접 액세스할 수 있다.

(2) I/O 포트를 메모리 공간에 매핑(할당)하여, 보통의 메모리와 같이 액세스하는 방법

접속된 I/O 포트를 메모리 매핑된 I/O(memory mapped I/O)라고 한다. [그림 2-18]의 메모리 매핑된 I/O 포트에서 데이터를 입출력하려는 데는 CPU의 메모리 액세스 커맨드나 C 언어 등에서 포인터를 사용한다. ARM 아키텍처의 CPU에서는 메모리 매핑된 I/O로 특정한 어드레스에 값을 써넣음으로써 관련된 칩이나 디바이스를 제어하고 있다.

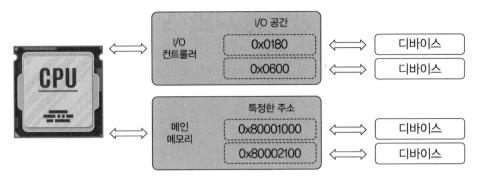

[그림 2-18] I/O 포트와 메모리 매핑된 I/O

3 I/O 포트의 데이터 입출력

시스템에 내장된 각종 하드웨어를 제어하기 위한 기본적인 수단이다. 복수의 태스크나 스레드에서 동시에 칩에 액세스하면 부정한 동작을 일으키므로 I/O 포트에 대한 액세스는 드라이버 층이나 O/S 층에서 적절하게 관리될 필요가 있다. 대부분의 임베디드 소프트웨어 개발 프로젝트에서, 드라이버 층보다도 하층을 개발하는 엔지니어를 제외하고 다음과 같은 코딩은 금지되어 있다.

```
// I/O 포트에 액세스하는 코드
void ioAccess(void){
    unsigned char data = 0 x 24;
    data |= inp(0 x 0610);      // I/O 포트 입력
    outp(0 x 0612, data);       // I/O 포트 출력
}
```

제4장 외부기억장치와 외부입출력장치

제1절 외부기억장치

마이크로컴퓨터의 외부에 접속하여 보조적으로 프로그램과 데이터 등을 기억하기 위한 기기를 외부기억장치 또는 보조기억장치라고 한다. 이들은 기억용량, 액세스 속도, 사용하는 기록 미디어, 사용 목적 등을 고려하고 구분하여 사용한다.

대표적인 기기를 기억용량 순으로 열거하면 FDD는 1Mbyte 정도까지, MO장치는 수 백Mbyte, HDD는 수백 Gbyte가 목표용량이다. 그리고 수백 Mbyte 정도의 CD-ROM과 CD-RW, 수 Gbyte 정도의 DVD 등을 기억 매체로 하는 기기도 있다. 외부기억장치는 모든 디스크형 기록 매체를 사용하고 있으며, 그에 대해 자기테이프를 기록 매체로 하는 외부기기장치로서 스트리머장치는 시스템의 백업장치로 사용됐다. 자기테이프 기억 매체로서는 100Gbyte 정도까지를 취급할 수 있는 것이 개발되었다.

위 설명된 기기는 모터를 장치의 구동부로 사용하고 있는 것이 공통적이며, 소비전력을 의식하지 않아도 되는 상용 전원을 사용하는 시스템에 대해서는 문제없이 채용할 수 있다. 하지만 전지구동 시스템 채용에서는 일정 시간 이상 사용하지 않은 경우에 회전을 멈추는 등 전력 절약의 연구가 필요하다.

한편 가동부를 가지지 않는 외부기억장치로서 플래시 메모리를 사용하고 있으며 디지털 카메라 등의 기록 매체로서 보급되고 있다. PCMCIA(개인용 컴퓨터 메모리 카드 국제협회) 규격을 적용한 메모리 카드와 USB 인터페이스를 사용한 메모리 스택이라 부르는 형태도 있다. 기억용량으로서는 수십 Mbyte에서 수백 Mbyte 까지 있다.

액세스 속도 면에서는 역시 가동부를 가지지 않은 플래시 메모리를 사용하는 것이 빠르고 수 msec 정도이며, HDD가 10msec 정도, MO장치는 30msec 정도, CD장치는 80msec 정도, FD장치는 100msec 정도이다. 일반적으로 모든 기기는 기록하는 시간이 읽는 시간보다 더 많이 필요하다. 또 가동부의 어떤 장치의 액세스 속도에 대해서는 가동부가 읽기 위치까지 이동하는 시간을 나타내는 탐색 시간(seek time)과 데이터 전송 방식, 기록 방식 등에 의해 일률적으로 평가하는 것이 어려우므로 수치는 일반적으로 목표를 나타낸 것에 불과하다.

외부기억의 선택에서는 소프트웨어 자원의 이식성이라는 관점에서의 검토도 필요하다. 운반하는 소프트웨어 자원의 용량, 소환의 필요성, 운반처가 특정한지 불특정한지 등에 의한 기억 매체의 선택도 중요하다. 1Mbyte 이하의 소용량 소프트웨어 자산을 취급하는 것이라면 소형이고 취급이 편리한 FDD로 충분하지만 최근 플래시 메모리와 스택 메모리의 사용이 증가하고 있다. 그런 점에서 대용량인 MO가 비용 면에서 유리할 수 있지만, 다시쓰기를 할 필요가 없거나 적은 경우에는 CD가 적합하다. 멀티미디어 기기와의 데이터 교환을 한다면 플래시 메모리를 취급하도록 할 필요가 있다. 디지털 비디오 카메라의 일부에서는 DVD를 매체로써 채용하는 기종도 있다. 하드디스크에 관해서도 분리 가능한 형이 있으며, 크기는 커지고 있다.

또한 시스템 재시동 시에 시스템의 자동 시작 가능 여부와 애플리케이션의 자동실행 여부에 따라 외부기억기기를 선택할 때 중요한 조건이 된다. 그리고 기기의 크기와 사용온도 범위들의 조건을 조사하여 목적에 맞는 것을 선택할 필요가 있다.

제 2 절   외부입출력장치

마이크로컴퓨터부의 입출력 포트를 사용하여 간단한 인터페이스 회로를 매개로 접속할 수 있는 기본적인 디지털 입출력기기가 있다. 임베디드 시스템으로써 LED는 동작상태와 간단한 수치, 패턴 등의 표시, 센서용의 광원 등 여러 곳에서 사용되고 있다. LED는 점멸 상태를 출력하는 버퍼 회로(버퍼 IC)를 통해 제어할 수 있다.

SSR(Solid-State-Relay)와 같이 일차의 LED를 제어하여 이차 교류전력 스위치 소자를 제어할 수 있는 디바이스도 있다. 이것을 사용하면 LED의 점들의 제어에 따라 교류전력제어(ACC 220V에서 on/off제어 등)를 비교적 쉽게 할 수 있고, 버퍼 회로 대신 트랜지스터 회로로 직류 모터를 on/off로 제어할 수 있다. 그리고 스위치들의 입력기기의 접속 방법을 고려했을 때 스위치에는 접점의 개폐 두 상태만 있으며, 이 상태를 전압의 높고 낮은 상태로 변환할 수 있다면 포트에서 입력할 수 있다. 때문에 간단한 인터페이스 회로로 풀업 저항 또는 풀다운 저항을 사용한다. 어느 쪽을 사용하는가는 전압의 높낮이 중 어떤 상태가 더 중요한 의미가 있는지 페일 세이프의 사고방식에 의해 선택하게 된다. 이는 로닉스 기기 등에 상용되고 있는 한계 스위치, 자동판매기의 누름 버튼 스위치 등의 접속에 이용할 수 있다. 단, 일반 스위치는 메카 접점을 가지고 있으므로 접점이 열려있는 상태에서 닫혀있는 상태, 역으로 닫혀있는 상태에서 열려있는 상태로 변환할 때는 채터링(chattering : 교란)이라고 하는 진동 상태를 거치게 된다. 때문에 입력신호를 읽어낼 때는 이 채터링을 고려한 처리가 필요하다.

또 하나의 입력기기로써 포토인터럽터는 LED와 포토트랜지스터를 대향시켜 그 광로를 장애물에 의해 방해 받는지의 여부를 판별하는 센서이다. 이 경우의 출력 신호도 on/off 두 가지밖에 없으므로 포토에 의해 입력하는 것이 가능하다. 주위에 작은 창이 열린 원판을 포토인터럽터의 장애물로 하면 원판의 회전각도를 검출하기 위한 로터리 인코더가 된다. 그 외에도 다양한 장애물과의 조합에 의한 각종 한계 스위치로써 사용되고 있다.

01 임베디드 시스템 하드웨어 아키텍처의 마이크로컴퓨터부에 포함되지 <u>않는</u> 것은?

① 인터페이스
② MPU
③ ROM
④ RAM

01 임베디드 시스템 하드웨어 아키텍처의 마이크로컴퓨터부는 MPU(Micro Processing Unit), ROM, RAM, 기본 I/O 등의 요소로 구성되며, 인터페이스는 입력부에 해당된다.

02 임베디드 시스템 하드웨어 아키텍처 전기량의 변화를 기계적인 동작으로 변환하는 부분은?

① 센서
② 액추에이터
③ 입력장치
④ 인터페이스

02 액추에이터(actuator)는 임베디드 시스템 하드웨어 아키텍처의 출력부의 요소로, 전기량의 변화를 기계적인 동작으로 변환하는 부분이다. MPU에서의 연산 결과를 실세계에 도움이 되게 하기 위해서는 필수적이며, 기본 출력 부분의 출력 신호에 의해 액추에이터를 원하는 대로 동작시키기 위해서도 인터페이스가 필요하다. 일반적으로 모터, 구동기에 해당한다.

정답 01 ① 02 ②

03 다음 중 프로세서가 명령어를 수행하는 순서를 바르게 나열한 것은?

> ㉠ 인터럽트 조사
> ㉡ 명령어 해석
> ㉢ 명령어 인출
> ㉣ 피연산자 인출
> ㉤ 명령어 실행

① ㉤ → ㉠ → ㉢ → ㉡ → ㉣
② ㉢ → ㉡ → ㉣ → ㉤ → ㉠
③ ㉣ → ㉤ → ㉠ → ㉢ → ㉡
④ ㉡ → ㉣ → ㉤ → ㉢ → ㉠

03 ㉢ 명령어 레지스터에 저장된 다음 명령어를 인출한다.
㉡ 인출한 명령어를 해석하고 다음 명령어를 지정하기 위해 프로그램 카운터를 변경한다.
㉣ 명령어가 메모리에 있는 워드 한 개를 사용하려면 사용 장소를 결정하여 피연산자를 인출하고, 필요하면 프로세서 레지스터로 보낸다.
㉤ 명령어를 실행한다.
㉠ 결과를 저장한 후 인터럽트의 여부를 조사한다.

04 다음 중 RISC와 CISC를 비교한 설명으로 옳지 <u>않은</u> 것은?

① 처리 속도 면에서 CISC는 느리고, RISC는 빠르다.
② 명령어 수 면에서 CISC는 많고, RISC는 적다.
③ 전력 소모 면에서 CISC는 적고, RISC는 많다.
④ 프로그래밍 용이성 면에서 CISC는 간단하고, RISC는 복잡하다.

04 • CISC는 많은 수의 명령어를 사용하고, 다양한 주소지정 방식과 가변 길이 명령어 방식으로 상대적으로 많은 전력 소모를 한다.
• RISC는 상대적으로 적은 수의 명령어(100개 이내)를 어드레싱하여, 인식 가능 명령어 수를 줄임으로써 속도를 향상시킨다. 고정 길이 명령어 방식으로 디코딩이 간단하고, 프로세서 내에 많은 수의 레지스터가 존재하여 상대적으로 전력을 적게 소모한다.

05 다음 중 프로세서의 구성요소에 해당되지 <u>않는</u> 것은?

① 연산장치
② 메인 메모리
③ 제어장치
④ 레지스터

05 프로세서, 또는 중앙처리장치(CPU)는 컴퓨터 하드웨어에 부착된 모든 장치의 동작 제어와 명령 실행을 담당하고, 연산장치, 제어장치, 레지스터를 내부 버스로 연결한다.
② 메인 메모리는 프로세서 외부에 위치하여 주변장치 사이에서 프로그램과 데이터를 저장하고, 입출력 병목 현상을 해결하는 역할을 한다.

정답 03 ② 04 ③ 05 ②

안심Touch

06 파이프라인(pipelining) 기법은 하나의 명령어를 여러 단계로 나누어서 실행하는 방식으로 하나의 파이프 안에 각기 다른 처리를 필요로 하는 2 이상의 명령어들이 동시다발적으로 실행한다.

06 RISC CPU 구조에서 한 사이클에 한 명령어를 실행시킬 수 있는 기법으로 옳은 것은?

① 매핑 기법
② 페이징 기법
③ 커널 기법
④ 파이프라인 기법

07 주소 버스에서는 메모리의 데이터를 읽거나 쓸 때 어떤 위치에서 작업할 것인지를 알려주는 위치 정보(주소)가 오간다. CPU에서 메모리나 주변장치로 나가는 주소 정보는 있지만 주소 버스를 통해 CPU로 전달되는 정보는 없으므로, 메모리 주소 레지스터(MAR)와 연결되어 있으며 단방향이다.

07 다음 중 내부 버스에 속하며, 단방향 전송 기능을 가져야 하는 버스는?

① 제어 버스
② 인터럽트 버스
③ 주소 버스
④ 데이터 버스

08 ① NVRAM(Non-Volatile Random Access Memory) : 외부공급 전원이 없어도 기억내용을 유지할 수 있는 RAM 메모리를 총칭한다.
② Synchronous Dynamic RAM (SDRAM) : 시스템 클록을 사용하여 CPU와 입출력을 동기화하는 DRAM으로, 메모리 컨트롤러가 아닌 시스템 클록에 직접 동기시키는 DRAM 방식이다.
④ Dynamic RAM(DRAM) : 일반적인 기억장치로, 전원이 끊어지면 저장된 자료가 바로 소멸되는 메모리이다.

08 휘발성 메모리지만 주기적으로 저장 데이터를 재생해야 하는 메모리 소자로, 전원이 공급되는 동안에는 저장된 데이터가 일정하게 유지되는 반도체 메모리는?

① NVRAM
② SDRAM
③ SRAM
④ DRAM

정답 06 ④ 07 ③ 08 ③

09 다음 중 ASIC의 SoC화에 대한 설명으로 적절하지 <u>않은</u> 것은?

① 반도체의 소형화가 진행되어 칩 상에 많은 회로를 탑재할 수 있다.

② 복잡한 반도체 설계는 설계 툴에 축적된 과거의 설계 자산을 재사용할 수 없다.

③ 실제 기기의 시뮬레이션 개발/검증도 가능하다.

④ 고속 회로의 전원/신호전압은 저전압화되어 있으므로 같은 칩 상에 설계한다.

10 ASIC 개발에서 여러 개의 기본 논리 게이트를 연결하여 특수기능을 수행하도록 만든 집적회로 기술은?

① ASIC-gate array

② ASIC-cell array

③ ASIC-embedded array

④ structured ASIC

11 소량 다품종의 임베디드 시스템을 시스템 LSI로 할 때, 개발위험도를 낮추기 위한 ASIC 개발의 변화 과정의 결과로 가장 적절한 것은?

① LSI

② SSI

③ MSI

④ FPGA

09 임베디드 시스템의 개발은 소형기기를 중심으로 임베디드에 요구되는 비용제약에 대응하기 위해 반도체 소자로서 많은 시스템의 요소를 단일 칩으로 통합하는, 즉 SoC화하는 경향이 있다. 설계 지원 툴의 발전으로 복잡한 대규모 회로도 실현할 수 있으며, 설계 툴에 축적된 과거의 설계 자산을 적극적으로 재사용할 수 있다.

10 ① ASIC-gate array는 기본이 되는 논리 회로(게이트 회로)를 일면에 깔아서 기초를 미리 제조하고 나서 개별 품종 전용 배선층만 주문에 따라 만들어 넣고 제품을 제조하는 것으로 제조비용이 저렴하나 집적도와 성능이 떨어진다.

② ASIC-cell array는 설계가 끝난 기능 블록을 배치해서 이외 개별 논리 회로와 이 사이에 배선층을 만들어 넣고 제품을 만든다.

③ ASIC-embedded array는 게이트 어레이와 셀 기반의 절충형이다.

④ structured ASIC는 개발기간을 단축하기 위해서 게이트 어레이 기반에 SRAM이나 클록용 PLL, 입출력 인터페이스 같은 범용 기능 블록을 미리 짜 넣어서 최소한의 개별 설계로 대응할 수 있도록 한 것이다.

11 FPGA는 일반적으로 주문형 반도체(ASIC) 대용품보다 느리고, 복잡한 설계에 적용할 수 없으며, 소비전력이 크다. 그러나 개발시간이 짧고, 오류를 현장에서 재수정할 수 있으며, 초기 개발비가 저렴하다는 장점이 있다.

④ FPGA(Field Programmable Gate Array)의 등장과 HDL(Hardware Description Language : 회로 기술 언어) 등을 사용한 시스템 기술의 보급됨에 따라 시스템 LSI에 필적하는 ASIC의 단품 생산이 가능해지고 있다.

정답 09 ②   10 ①   11 ④

안심Touch

12 인터럽트(interrupt) 방식은 CPU의 작업과 저장장치의 데이터 이동을 독립적으로 운영함으로써 시스템의 효율을 높인다. 즉 데이터의 입출력이 이루어지는 동안 CPU가 다른 작업을 할 수 있다.

12 최근 컴퓨터의 CPU가 많은 주변장치의 모든 입출력에 관여하면서 작업 효율이 현저하게 떨어지는 문제를 해결하기 위해 등장한 것은?

① 인터럽트
② 채널공유
③ 채널링크
④ 채널분리

13 직접기억장치접근(DMA : Direct Memory Access)은 PC 메인 버스를 통해 DMA에 의한 각 장치(컴퓨터 제어기)들을 CPU의 개입이나 도움 없이 직접 데이터를 메인 메모리에 전달할 수 있다. 그러나 컴퓨터 버스 상에 여러 장치(CPU, 주기억장치, 제어기 등)들이 서로 경쟁하게 만들기 때문에 이를 조정해야 하는 복잡함이 있다.

13 MPU에 의한 프로그램 처리를 개입하지 않고 하드웨어만으로 입출력장치와 메모리, 또는 메모리와 메모리 사이에 데이터를 교환하는 방식은?

① 인덱스기억장치접근
② 직접기억장치접근
③ 간접기억장치접근
④ 순차기억장치접근

14 연속 전송모드(또는 블록 전송모드, 디맨드 전송모드, 버스트 전송모드)는 설정된 데이터 수의 전송이 종료할 때까지 버스를 점유하여 연속으로 전송한다.
② 단일 전송모드(또는 바이트 전송모드)는 1바이트를 전송할 때마다 버스의 사용을 요구하고 전송 후에 버스를 개방하여 전송하는 데이터를 한 번에 준비할 수 없는 경우에 채택하는 모드이다.

14 DMA를 통한 데이터의 전송모드 중 연속적인 데이터를 전송하는 데 사용되는 것으로 옳지 않은 것은?

① 블록 전송모드
② 바이트 전송모드
③ 연속 전송모드
④ 버스트 전송모드

정답 12 ① 13 ② 14 ②

15 다음 중 메모리 계층 구조를 구성하는 요소로 옳지 <u>않은</u> 것은?

① 가격
② 크기
③ 속도
④ 위치

15 메모리는 컴퓨터 성능과 밀접한 관계가 있으며, 사용자의 요구에 따라 메모리의 용량은 크고, 저렴하고, 속도 면에서 빠른 것을 요구한다. 일반적으로 메모리 계층 구조를 구성하여 비용, 속도, 용량, 접근시간 등을 상호 보완한다.

16 인터럽트 우선순위를 결정하는 폴링(polling) 방법에 대한 설명으로 옳지 <u>않은</u> 것은?

① 많은 인터럽트가 발생할 때 처리 시간 및 반응 시간이 매우 느려진다.
② 소프트웨어적으로 CPU가 각 장치를 하나씩 차례로 조사하는 방법이다.
③ 인터럽트 조사순위에 상관없이 빠르게 처리한다.
④ 모든 인터럽트의 공통 서비스 루틴이 있다.

16 초기 컴퓨터 시스템에는 주변장치들이 많지 않아 CPU가 직접입출력장치에서 데이터를 가져오고 내보냈으며 이런 방식을 폴링이라고 한다. 폴링은 CPU가 입출력장치의 상태를 주기적으로 검사하여 조사순위에 따라 일정 조건을 만족할 때 데이터를 처리하므로 CPU의 본래 역할인 명령어 해석과 실행 외에 모든 입출력에 관여하므로 효율이 떨어진다.

17 캐시의 적중률을 높이기 위해 프로그램의 명령과 데이터를 호출하고 참조하는 방식의 원리는?

① 효율성
② 접근성
③ 밀집성
④ 국부성

17 컴퓨터의 성능을 향상하려면 캐시 용량을 증가시키고 캐시 적중(히트, hit)률을 높여야 한다. 캐시의 히트(hit)율은 찾는 자료가 cache에 존재하는 비율로, 히트율이 높을수록 cache의 기능은 향상된다.

정답 15 ④ 16 ③ 17 ④

checkpoint 해설 & 정답

18
- 연상 사상(associative mapping, fully associative mapping) : 메인 메모리를 블록으로 분할하는데 어느 블록도 모든 캐시 메모리로부터 액세스할 수 있게 되어 있다.
- 직접 사상(direct mapping) : 메인 메모리의 블록을 캐시 메모리의 블록 프레임에 직접 사상시키는 방법이다.
- 집합-연상 사상(set-associative mapping) : 직접 사상 방식과 연상 사상 방식의 장점을 이용한 방식이다.
- 섹터 사상(sector mapping) : 연상 사상의 변형으로 메인 메모리와 캐시 메모리를 각각 섹터로 나누어 메인 메모리 섹터를 임의의 캐시 메모리 섹터로 사상시키는 방법이다.

19 직접 기록(write-through 또는 store-through) 방식은 한 워드가 메인 메모리와 캐시 메모리의 양쪽에 모두 기록되는 방법으로 보통 양쪽의 내용이 일치하며, I/O나 전원의 고장에 따른 캐시 메모리의 일관성 및 신뢰성 측면에서 기록 복귀 방법보다 우수한 성능을 가진다.

20 핸드셰이크 타이밍은 상대의 상태를 일일이 확인하면서 작업을 진행하는 것으로, 핸드셰이크에 의해 병렬 전송을 하는 경우 그 전송속도는 어느 쪽이든 늦은 측에 의해 결정된다. 이 방식을 사용한 대표적인 병렬 I/O로는 프린터 접속용으로 상용되고 있는 센트로닉스 인터페이스가 있다.

18 메인 메모리의 데이터 참조는 주소로 이루어진다. 이때 캐시 메모리를 사용하기 위해서는 메인 메모리의 주소를 캐시 메모리의 워드에 사상시켜야 하는데, 이 방법에 포함되지 않는 것은?

① 연상 사상 방식
② 직접 사상 방식
③ 블록 사상 방식
④ 집합-연상 사상 방식

19 메모리의 기록 방식 중 한 워드가 메인 메모리와 캐시 메모리의 양쪽에 모두 기록되는 방법으로, 보통 양쪽의 내용이 일치하는 방식은?

① 직접 기록 방식
② 간접 기록 방식
③ 인덱스 기록 방식
④ 병렬 기록 방식

20 병렬 입출력 인터페이스 회로에서 병렬 입출력할 때 MPU와 입력 인터페이스, 그리고 출력 인터페이스 간격이 매우 짧고, 고속의 데이터를 전송할 때 사용하며, 센트로닉스 인터페이스에 적용되는 기법은?

① 핸드셰이크 타이밍
② 인터럽트 타이밍
③ 인출 타이밍
④ 출력 타이밍

정답 18 ③ 19 ① 20 ①

21 다음 중 비동기식 직렬 통신 방식에 대한 설명으로 옳지 <u>않은</u> 것은?

① 데이터 전송 시 start 비트가 부가된다.
② 데이터 전송 시 stop 비트가 부가된다.
③ 데이터 전송 시 단말기 간에 휴지시간이 없다.
④ 단말기 송신 측과 수신 측이 같은 타이밍으로 데이터 신호를 구분한다.

21 직렬 전송은 데이터의 최소 요소인 문자 하나를 구성하는 각 비트를 전송선로 1개를 이용하여 차례로 전송하는 방식으로 비동기식과 동기식으로 구분한다.
③ 비동기식 방식은 비트 단위로 동기 정보를 부여해서 보내는 방식으로 시작-정지(start-stop) 전송이라고도 하며, 불규칙적인 데이터의 전송 후 휴지시간(idle time)이 있다.

22 임베디드 시스템에서 아날로그 입출력 인터페이스에 대한 설명으로 옳지 <u>않은</u> 것은?

① ADC의 입력전압의 범위는 입력되는 디지털값의 변화 범위이다.
② ADC는 아날로그값을 디지털 신호로 변환하여 입력하기 위한 인터페이스이다.
③ DAC는 디지털 신호를 아날로그값으로 변환하여 출력하기 위한 인터페이스이다.
④ 일정 시간 간격으로 데이터를 읽어 내거나 출력하는 것은 타이머와 인터럽트 등의 기능과 밀접하다.

22 ADC(A/D 변환, Analog-to-Digital Conversion)는 연속성 아날로그 신호의 표본화(sampling), 양자화(quantizing), 부호화(encoding)를 거쳐 2진 디지털 신호(binary digital signal)로 변환하는 과정이 필요하다. ADC에서 입력전압의 범위는 입력하는 아날로그값의 변화 범위이다.
① ADC를 선택할 때 입력전압의 범위, 비트 수, 변환시간, 출력 형태를 고려한다.

23 I/O 포트를 메모리 공간에 매핑하여, 보통의 메모리와 같이 액세스하는 방법으로 옳은 것은?

① memory mapped I/O
② I/O 포트
③ 인터럽트
④ DMA

23 memory mapped I/O는 CPU가 입출력장치를 액세스할 때, 입출력과 메모리의 주소 공간을 분리하지 않고 하나의 메모리 공간에 취급하여 배치하는 방식이다.

정답 21 ③ 22 ① 23 ①

01

정답 CISC(Complex Instruction Set Computer)

해설 CPU 설계 구조상의 CISC는 많은 수의 다양하고 중복되는 명령어 집합들로 구성된 구조로 다양한 주소 지정 방식과 가변길이 명령어 방식이 있다.

02

정답 RISC(Reduced Instruction Set Computer)

해설 CPU 설계 구조상의 RISC는 최소한의 명령어 집합들로 구성된 구조로, CPU 명령어 수 및 형식을 단순화하여, 하드웨어만으로 실행시켜 속도를 높이는 구조이다.

03

정답 설계와 재사용

해설 설계 툴에 축적된 과거의 설계 자산을 적극적으로 재사용하여, '설계와 재사용'함으로써 SoC를 목표로 하는 최대의 원동력이다.

✔ 주관식 문제

01 명령어의 길이가 가변적으로 구성된 것으로, 한 명령어의 길이를 줄여 디코딩 속도를 높이고 최소 크기의 메모리를 가지는 하드웨어의 비중이 큰 x86 계열의 CPU 구조를 쓰시오.

02 이것은 CPU에서 수행하는 동작 대부분이 몇 개의 명령어만으로 가능하다는 사실에 기반해 구현되는 것으로, 고정된 길이와 적은 수의 명령어로 명령어 집합을 구성하며 기존의 복잡한 명령은 보유한 명령어를 조합해서 사용할 수 있는 프로세서. 소프트웨어의 비중이 큰 ARM 계열의 CPU 구조인 이것의 명칭을 쓰시오.

03 임베디드 시스템 개발의 ASIC의 SoC를 목표로 하는 최대의 원동력이 되는 사항은 무엇인지 쓰시오.

04 DMA를 구성하는 3가지 방식을 나열하시오.

04

정답 단일 버스 분리식 DMA, 단일 버스 통합 DMA I/O, I/O 버스 DMA

해설
- 단일 버스 분리식 DMA는 모든 모듈이 한 개의 시스템 버스를 공유하고, 한 단어를 전송하는데 두 개의 버스 사이클들이 소요되므로 비용이 적게 들지만 비효율적이다.
- 단일 버스 통합 DMA I/O는 DMA와 I/O 기능들을 통합함으로써 전송에 필요한 버스 사이클의 수를 많이 감소시킬 수 있다.
- I/O 버스 DMA는 DMA 모듈이 가지고 있는 I/O 인터페이스의 수를 한 개로 줄여주며, 시스템 확장을 쉽게 해주는 구성 방법이다.

05 메모리의 기록 방식 중 캐시 메모리가 변하더라도 메모리는 갱신되지 않고, 대시 블록이 캐시 메모리로부터 제거될 때 메모리를 갱신하는 방식을 쓰시오.

05

정답 기록 복귀(write-back, copy-back, store-in, posted write)

해설 기록 복귀(write-back, copy-back, store-in, posted write)는 캐시 메모리가 변하더라도 메모리는 갱신되지 않고 대시 블록이 캐시 메모리로부터 제거될 때 메모리를 갱신하는 방법으로 작업 기록 방법보다 메인 메모리의 트래픽 측면에서 성능은 우수하지만 논리적으로 복잡하다.

안심Touch

여기서 멈출 거예요? 고지가 바로 눈앞에 있어요.
마지막 한 걸음까지 SD에듀가 함께할게요!

제3편

임베디드 소프트웨어

단원 개요

임베디드 시스템에 내장되어 특정적으로 요구된 기능을 구현할 수 있는 임베디드 소프트웨어의 종류로는 RTOS, 미들웨어, 응용 소프트웨어 등이 있다. 임베디드 하드웨어를 수행하기 위해 적절한 운영체제를 적재하는 부트로더를 실행하고, 파일 시스템에 맞도록 커널을 컴파일한다. 외부장치, 주변장치 등을 구동하기 위한 디바이스 드라이버를 설정한다.

출제 경향 및 수험 대책

부트로더 과정과 커널을 컴파일하는 과정을 이해하고, 파일 시스템의 구조와 디렉터리 구조를 이해한다. 또한 디바이스 드라이버의 종류와 등록 및 해제 방법을 이해한다.

혼자 공부하기 힘드시다면 방법이 있습니다.
SD에듀의 동영상강의를 이용하시면 됩니다.
www.sdedu.co.kr ➜ 회원가입(로그인) ➜ 강의 살펴보기

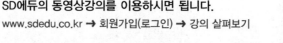

제 1 장

임베디드 소프트웨어의 특징과 동향

제 1 절 | 임베디드 소프트웨어의 특징

임베디드 소프트웨어(embedded software)란 PC 이외의 전자기기에 내장되어 제품에 요구되는 특정한 기능을 구현할 수 있도록 하는 소프트웨어를 말한다. 그 종류로는 RTOS(Real-Time Operating System), 미들웨어, 응용 S/W 등이 있는데, 최근 전자제품의 디지털화/지능화/네트워크화로 인해 그 사용 범위가 점차 확대되는 추세이다. 일례로 BMW7 시리즈 자동차에 설치되는 텔레매틱스 단말기에는 Windows CE for Automotive가 내장되어 내비게이션, 차량 내 온도 제어, 엔터테인먼트 등의 기능 구현을 쉽게 하고 있다. 그 외에도 게임기, DVD 레코더, 디지털 카메라 등 다양한 제품에 임베디드 소프트웨어가 장착되어 필요한 기능들을 수행하고 있다.

임베디드 소프트웨어는 비행 제어 시스템이나 항법 시스템과 같은 시스템에서 고도의 신뢰성과 실시간 처리를 지원해야 하며, 상대적으로 부족한 자원을 사용하는 하드웨어에서 동작하기 위해 최적화된 기술을 지원하여야 한다. 그리고 일반적으로 사용되는 범용 데스크톱이나 서버에서 실행되는 패키지와는 다른 특정 시스템 전용 목적을 가지고 개발되어야 하고, 단독형 시스템뿐만 아니라 유무선 네트워크를 통해 연결될 수 있어야 하며 멀티미디어 정보를 처리하는 기술이 필요한 디지털 TV, PDA 및 스마트폰 등과 같은 임베디드 시스템을 지원해야 한다. 임베디드 시스템으로 제공되는 플랫폼은 다양한 기종과 규격의 마이크로프로세서로 구성되어 있다. 따라서 각각의 프로세서에 최적화된 별도의 솔루션이 동시에 제공되어야 하며, 고난도의 임베디드 소프트웨어 애플리케이션을 빠르고 안정적으로 개발하기 위해 사용하기 쉬운 개발도구가 필요하다.

임베디드 소프트웨어의 특징		
개발자 측면	임베디드 S/W	사용자 측면
• H/W와 함께 개발 • Host와 Target으로 구성된 교차 개발환경 • 다양한 H/W 특성 고려	• 시스템에 부가기능으로 제공, 특정 제품 지원 S/W • 소형화, 저전력, 고신뢰성 • 실시간 처리 지원, 최적화 기술 지원, 경량 그래픽 윈도 시스템 지원, 경향 TCP/IP 스택 지원, 객체 지향 언어 지원, H/W 지원 효율적 관리	• 고장 발생 시 시제품 사용 못함 • H/W에서 자동으로 운영됨

[그림 3-1] 임베디드 소프트웨어의 특징

제 2 절 임베디드 소프트웨어의 동향

1 해외 동향

소프트웨어 산업의 특성상, 임베디드 소프트웨어의 표준화는 일반적으로 공식 표준화 기구보다는 포럼이나 컨소시엄 형태의 표준화 기구에서 더 활발하게 추진되고 있다. 대표적으로 리눅스에 대한 표준화는 ISO/LSB(Linux Standard Base)와 Austin 그룹을 중심으로 추진되고 있으나, 바이너리 및 소스 코드 차원에서의 이식성을 목표로 하고 있어 진행속도가 매우 더디고, 심지어 거의 휴면기에 들어가 있기도 하다. Eclipse 프로젝트는 1999년 IBM에서 시작된 Java 기반의 프로젝트로, 여러 도구들이 쉽게 통합될 수 있는 통합개발환경을 위한 산업 표준적인 플랫폼을 개발하는 것을 목표로 하고 있다. Borland, QNX, Rational Software, RedHat, SUSE, ETRI 등이 참가하고 있으며, 여러 다양한 툴을 조화롭게 통합하여 애플리케이션 개발 툴을 위한 개방형 플랫폼 제공을 추구하는 등 왕성한 활동을 하고 있다.

JCP(Java Community Process)는 임베디드 및 플랫폼 관련 자바 API에 대한 표준화를 추진하는 표준 기구이며, Sun, ETRI, 삼성전자, IBM, Nokia, Sony 등 650여 개의 기업과 단체가 참여하고 있다. 여기에서는 자바 API 등 자바와 관련된 모든 기술표준을 제정하며, 국내 기업들은 WIPI 관련 요소 기술을 JCP 표준에 반영하기 위해서 적극적으로 참여하고 있다.

최근 활발한 활동을 하는 CELF(Consumer Electronics Linux Forum)는 2003년 6월에 소니와 마쓰시타가 주축이 되어 설립한 정보가전 리눅스 포럼 단체이다. 현재 국내의 삼성, LG 및 ETRI를 포함하여 필립스, IBM, 인텔뿐만 아니라 몬타비스타, Timesys, WindRiver에 이르는 유관 소프트웨어 업체까지 약 50여 개 이상의 산업체 및 연구소들이 참여하고 있다.

공개소스 소프트웨어 활성화 포럼(OSS)은 동북아 3국 간 상호 협력을 통해 특정 기업의 소프트웨어 독점을 막고 공개소스 소프트웨어의 활성화를 위한 기술 개발, 국제표준 추진 및 시장 활성화를 목적으로 한다. 또한 공개소스 소프트웨어 활성화 포럼에서는 임베디드 S/W 분야 협력을 통해 국내 임베디드 S/W 기술의 국제표준화를 추진함으로써 국내 기업의 해외 진출을 도모하고 있다.

2 국내 동향

임베디드S/W산업협의회(KESIC)는 세계적인 통신 인프라와 제조업 기반을 보유하고 있는 한국의 강점을 임베디드 S/W 기술에 접목하여 새로운 수출 전략 상품으로 발전시키기 위한 산·학·연 간의 공고한 공조 체계 구축을 위한 구심점을 만들기 위해 2003년 2월에 출범하였다. 현재 130여 개 회원사가 활동하고 있고 산하에는 표준화, 서비스, 국제협력, 인력양성분과위원회가 있으며, best practice를 위해 IP 기반 DTV 셋톱박스 개발 특별위원회로 구성되어 활동하고 있다. 서비스분과위에서는 교통, 방법·방재, 정보가전, 의료·환경·통신 등의 제품개발회사들의 산업 활성화를 위한 공동의 노력을 하며, 임베디드 S/W 표준 플랫폼의 개발과 이를 이용한 서비스 개발, 국내외 표준화 추진, 해외진출 등 업체 간 공동의 이익을 추구하고 있다. 표준화분과위원회에서는 임베디드 S/W 플랫폼 규모별 운영체제, 미들웨어, 멀티미디어, 그래픽 및 개발도구 표준화를 추진하기 위한 표준 초안을 작성하고 있다.

KESIC의 표준화 활동과 별도로 한국정보통신기술협회(TTA)는 원활한 임베디드 S/W 표준화 진행을 위해 2004년 3월에 임베디드 S/W 프로젝트 그룹(PG 108)을 결성, 국내 실정에 맞는 임베디드 S/W 표준 제정과 더불어 국외 표준화 활동을 추진하고 있다. 임베디드 S/W 프로젝트 그룹은 임베디드 S/W가 포함하고 있는 임베디드 운영체제, 센서 네트워크 미들웨어, 임베디드 S/W 개발도구, 임베디드 멀티미디어, 임베디드 GUI 등 임베디드 S/W 기술 전반을 표준화 대상으로 인식하고 있다. TTA/PG 108 프로젝트 그룹의 실질적인 표준화 작업은 특정 주제별로 구성된 워킹그룹에서 이루어진다. 2004년에는 4개 영역으로 분류된 산하 워킹그룹에서 각각 임베디드 운영체제, 임베디드 S/W 개발환경, 센서 네트워크 미들웨어, 홈 서버를 위한 임베디드 멀티미디어 기술 등에 관하여 표준화 작업을 진행하였다. [표 3-1]은 4개 영역으로 분류된 산하 워킹그룹과 주요 결과를 나타내고 있다.

[표 3-1] TTA/PG108 프로젝트 산하 워킹그룹

그룹	영역	표준화 범위	주요 표준화 결과
WG1	운영체제	임베디드 운영체제 API	임베디드 리눅스 플랫폼 규격
WG2	개발도구	임베디드 S/W 개발환경	임베디드 S/W 개발환경
WG3	미들웨어	센서 네트워크 요소 기술에 대한 참조모델	센서 네트워크 참조모델
WG4	멀티미디어	IP STB 기반 스트리밍 서버를 위한 기술	IP STB 기반 스트리밍 서비스

TTA에서의 임베디드 S/W 표준화 활동은 2005년에 실시간 지원 마이크로 운영체제 표준안 및 Eclipse 기반의 임베디드 S/W 개발환경 표준안 제정을 추진하고 있다. 또한 유비쿼터스 서비스 요구에 대한 효율적인 대처를 위해 RFID/USN 표준화 연구가 활발히 추진 중이다. 그러나 RFID에 대한 국내외 표준과 연구는 많이 진행된 반면, 스마트센서 노드와 센서 네트워크에 대한 표준은 극히 부족한 실정이다.

임베디드 S/W 표준화에 대해 많은 기업들이 다양한 목표 시스템에 활용되는 표준 제정 및 플랫폼 참조모델 개발에 대한 공동작업의 필요성을 인식했다. 때문에 공동의 이익을 추구하기 위하여 단체 표준을 만들 수 있는 지역적인 표준 포럼을 만드는데, 그 중 대표적인 기구가 CELF(Consumer Electronics Linux Forum) 이다. 2003년 7월 한국과 일본의 대표적인 정보가전 기업들(삼성전자, Matsushita, Sony, Hitachi, NEC, Philips, Sharp, Toshiba)에 의해 결성되어 현재 ETRI, LG전자 등 50여 개 회사가 참여하는 명실상부한 최고의 표준 기구로 발전했다. 현재 CELF는 임베디드 리눅스가 제공해야 하는 기능 구현을 6개의 WG(Fast Boot, 저전력, AV와 그래픽, 실시간 지원, 커널 최적화, 보안 등), 목표 시스템(DTV STB, 이동 전화) 플랫폼 구성을 위한 2개의 프로파일 WG, 플래시 메모리 WG 등을 구성하여 표준화를 추진 중이다.

3 미래의 임베디드 시스템과 소프트웨어

미래의 임베디드 시스템은 앞으로 다가올 유비쿼터스 환경에 맞추어 보다 향상된 서비스를 사용자에게 제공할 수 있어야 한다. 이러한 서비스는 과거 사용자의 요구로 제공되는 서비스에서, 유비쿼터스 환경 내에 존재하는 임베디드 디바이스들이 스스로 제공하는 서비스로 바뀌어야 한다. 또한 각 임베디드 디바이스들은 사용자의 요구(user's intention)에 대해 스스로 판단하고 대응할 수 있어야 한다.

유비쿼터스 환경에서 사용자들은 언제 어디서나 서비스를 제공받을 수 있어야 한다. 따라서 사용자들을 위한 휴대용 임베디드 디바이스들이 등장할 것이며, 그 디바이스를 위한 임베디드 소프트웨어 또한 필요할 것이다. 관련된 기술로는 지능형 시스템 기술과 wearable computing 기술이 있으며, 지능형 시스템 기술로는 adaptive software, context-aware computing, semantic web 등이 있다.

(1) wearable computing

wearable 컴퓨터는 입는 형태로 설계된 컴퓨팅 도구이다. 시장조사업체인 IDC는 wearable 컴퓨터를 "입는 형태로 설계되고 신체에 부착된 상태로 작동하는 완전한 기능의 PC"라고 정의하였으며, 미국 MIT는 유사한 의미로서 smart clothing에 대해 "항상 몸에 지니고 있으면서 보관과 사용이 편하고 쉬운 컴퓨터", "일반 의류처럼 눈에 잘 띄지 않는 컴퓨터"로 wearable 컴퓨터를 정의하고 있다. 그러나, 산업 내에서는 wearable 컴퓨터를 "신체에 부착하여 컴퓨팅 행위를 할 수 있는 모든 것"으로 정의함으로써 컴퓨팅의 일부 기능을 수행할 수 있는 소프트웨어까지 wearable 컴퓨터로 본다. 이처럼 wearable 컴퓨터에 대한 정의는 다양한 형태로 나타나고 있으나, 대체로 "사용자가 신체의 일부에 불편 없이 부착 및 착용하여 시간과 장소에 제한 없이 사용할 수 있는 컴퓨터"로 정의할 수 있다.

최적의 wearable computing 환경의 구현을 위해 앞으로 wearable 인터페이스, 센싱 및 네트워킹 등이 고려되어야 한다. wearable 컴퓨터의 표준화는 주로 기술 개발 및 제조업체들의 제품 개발을 통해 '사실 표준(de-facto)'으로 추진되고 있다.

스마트섬유는 wearable 컴퓨터 구성을 위한 기본적인 기술 요소이다. 스마트섬유(SMIT : Smart or Interactive Textile)는 주변으로부터 전기, 온도, 화학, 자성 등과 같은 자극을 통해 센싱할 수 있고, 섬유 구조 내에 통합된 기능을 활용하여 그러한 자극을 받아들이거나 이에 대해 반응할 수 있는 새로운 형태의 섬유를 말한다.

wearable 컴퓨터는 IT 기술과 전통 산업(섬유, 패션)뿐 아니라 BT(Bio Technology), NT(Nano Technology), 그리고 소프트웨어 기술 등 타 기술이 융합되어야 하는 첨단 분야이다. wearable 컴퓨터는 향후 유비쿼터스 환경을 포함한 여러 차세대 컴퓨터 산업의 통합을 주도하는 기술로 자리매김할 것으로 기대된다.

(2) 지능형 시스템

① adaptive software

소프트웨어 실행 환경이 점차 복잡해지면서 실행 중에 예측하기 어려운 상황들이 빈번하게 발생하고 있다. 특히 임베디드 소프트웨어의 경우 하드웨어에 내장되어 있기 때문에 소프트웨어 실행을 잠시 멈추고 다시 업그레이드하는 것이 어렵다. 따라서 외부 환경의 예외적인 상황에서도 기능을 항상 유지해야 하는 어려움이 있다. 이러한 문제는 유비쿼터스 컴퓨팅(ubiquitous computing) 환경에서 보다 심각해지는데, 유비쿼터스 컴퓨팅의 실행 환경이 기존의 환경보다 동적이고 복잡해서 예측하기 어려운 상황들이 발생할 수 있기 때문이다. 따라서 임베디드 소프트웨어는 실행 유지를 위해 환경에 적응해야만 한다. 이를 해결하는 방법으로 소프트웨어가 실행 중에 외부의 실행 환경과 자신의 상태를 파악해서 '적응'을 할 수 있도록 하는 적응형(adaptive) 소프트웨어 기술이 있다. [그림 3-2]에서는 기존의 컴퓨팅 방식과 적응형 소프트웨어의 컴퓨팅 방식의 차이를 보여주고 있는데, 적응형 시스템의 경우 환경에 대한 모니터링과 결과 응답에 대한 모니터링을 통해 보다 좋은 품질의 결과를 산출할 수 있다.

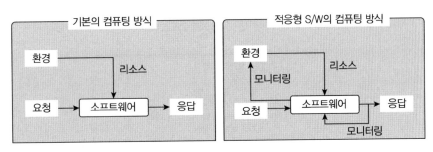

[그림 3-2] 기본 컴퓨팅 방식과 적응형 소프트웨어의 컴퓨팅 방식

적응형 소프트웨어는 실제 환경과 그 환경에서 동작하는 프로그램의 적절한 모델을 가지고 있고, 모델과 실제 환경의 차이를 발견하면 그 차이점의 본질을 진단해 실행 프로그램이나 모델을 재구성하여 프로그램이 강건하게 작동하도록 한다. 이를 위해 적응형 소프트웨어는 수행 환경의 변화에 따라서 자신의 행위를 변경한다. **수행 환경**이란 시스템이 인식할 수 있는 모든 요인을 말하는데, 사용자의 입력, 외부 하드웨어 장치나 센서 등을 포함한다. 기존 컴퓨팅의 관점에 따르면, 환경은 불변하고 잘 정의되었고, 소프트웨어는 그 안에서 작업을 실행했다. 따라서 소프트웨어를 완벽하게 개발한 후에 실행했고, 컴퓨터들은 외부 세상으로부터 최소한의 부분만 접촉된 상태로 고립되어 유지되었다. 그러나 적응형 소프트웨어의 관점에서 봤을 때, 환경은 제어할 수 있는 대상이 아니다. 따라서 소프트웨어는 실행 중에 동적으로 환경을 관찰하여 좋지 않은 상황을 발견해야 하고, 그러한 상황에 맞게 시스템이 적응할 수 있도록 해야 한다.

적응형 소프트웨어와 관련된 연구로는 DARPA에서 진행한 DASADA(Dynamic Assembly for System Adaptability, Dependability, and Assurance)가 있다. 이는 적응형 소프트웨어 기술과 관련된 연구로, 큰 규모로 수행되었다. 그리고 MIT에서 진행한 적응형 소프트웨어를 위한 동적 도메인 아키텍처(DDA : Dynamic Domain Architecture)라는 연구도 있다.

② context-aware computing

향후 유비쿼터스 시대의 응용 및 서비스는 컴퓨팅 및 커뮤니케이션 능력을 가진 스마트 객체들이 동적인 환경 변화를 인식하고 이에 적응할 수 있는 특성, 즉 상황인식(context-aware) 특성을 갖게 될 것이다. 상황정보는 사용자가 상호작용을 하는 시점에 가용한 거의 모든 정보다. 이는 일반적으로 사람, 그룹, 객체의 위치, 식별, 활동, 상태 등을 포함한다. 상황인식 서비스는 이러한 상황정보의 수집 및 교환을 통해 상황을 인식하고, 해석 및 추론과 같은 처리 과정을 거쳐 사용자에게 상황에 적절한 서비스를 제공한다. 또한, 상황인식 서비스는 의료, 교육, 재난·구호, 쇼핑 등 많은 분야에 응용할 수 있어 사회 전반에 걸쳐 많은 영향을 줄 것이다.

상황인식 컴퓨팅은 1994년 Schilit와 Theimer에 의하여 최초로 논의된 바 있다. 그 당시 상황인식 컴퓨팅을 '사용 장소, 주변 사람 및 물체의 집합에 따라 적응하며, 동시에 시간이 지나면서 이러한 대상의 변화까지 수용할 수 있는 소프트웨어'로 정의하였다. 이후 상황인식 컴퓨팅을 정의하고자 여러 차례 시도하였으나 대부분은 지나치게 특정적이었다. 최근에 개선된 상황인식 컴퓨팅의 정의는 "사용자의 작업과 관련 있는 적절한 정보 또는 서비스를 사용자에게 제공하는 과정에서 '상황'을 사용하는 경우 이를 상황인식 시스템으로 정의"할 수 있다.

이러한 상황의 종류는 다양할 수 있으나, 일반적인 상황정보는 [그림 3-3]과 같이 분류할 수 있다.

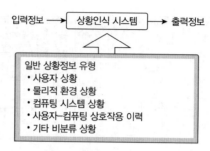

[그림 3-3] 상황인식 시스템의 인식 상황

미래 유비쿼터스 시대에는 일상생활의 주요 사물 및 장치가 컴퓨팅 및 커뮤니케이션 능력과 주변 상황을 인식하는 능력을 갖추게 될 것이다. 그리고 이러한 지능화된 사물 및 장치 간의 커뮤니케이션을 통해 사용자는 적절한 상황에 유용한 서비스를 편안하게 제공받을 수 있을 것이다. 상황인식 서비스 인프라 및 요소 기술은 차세대 이동통신 분야, 홈 오토메이션을 포함한 디지털 홈 분야, 지능형 로봇 분야 등과 같은 다양한 분야에 걸쳐 활용될 것이다. 따라서, 사용자 주변 상황을 인식하기 위한 센서 및 센서 네트워킹 표준화 기술과 상황정보의 표현 및 저장, 전송, 응용을 위한 표준 플랫폼 기술, 그리고 고객의 요구사항에 부합하는 다양한 상황인식 응용 서비스 기술에 관한 연구가 지속해서 진행되어야 할 것이다.

(3) semantic web 중요 ★★

semantic web의 정의는 여러 가지로 표현될 수 있으나 어원적으로 'semantic(의미)'의 web, 즉 의미가 있는 웹으로써 '컴퓨터가 사람을 대신하여 정보를 읽고 이해하고 가공하여 새로운 정보를 만들어 낼 수 있도록 이해하기 쉬운 의미를 가진 차세대 지능형 웹', 즉, '기존의 웹이 가지는 한계들을 극복하고, 컴퓨터가 정보의 의미를 이해하고 의미를 조작할 수 있는 웹'이라 할 수 있다. 이는 "웹 상의 정보에 잘 정의된 의미(semantic)를 부여함으로써 사람뿐만 아니라 컴퓨터도 쉽게 문서의 의미를 자동화하여 처리할 수 있도록 하자"는 것으로 설명될 수 있다.

semantic web은 현재의 컴퓨터처럼 사람이 마우스나 키보드를 이용해 원하는 정보를 찾아 눈으로 보고 이해하는 웹이 아니라, 컴퓨터가 이해할 수 있는 웹을 말한다. 즉 사람이 읽고 해석하기 편리하게 설계된 현재의 웹 대신에 컴퓨터가 이해할 수 있는 형태의 새로운 언어로 표현되어 기계들끼리 서로 의사소통을 할 수 있는 지능형 웹이다. 원래는 사람들이 이해할 수 있도록 자연어 위주로 되어 있는 현재의 웹 문서와 달리, 정보자원들 사이에 연결된 의미를 컴퓨터가 이해할 수 있는 형태의 언어로 바꾸는 것이다. 이렇게 되면 컴퓨터가 정보자원의 뜻을 해석하고, 기계들끼리 서로 정보를 주고받으면서 자체적으로 필요한 일을 처리하는 것이 가능해진다. 2004년 semantic web과 관련된 연구는 RDF(Resource Description Framework)를 기반으로 한 온톨로지 기술과 국제표준화기구(ISO) 중심의 토픽 맵(topic map) 기술이 주류를 이루고 있었다. 전자는 현재의 웹에 자원(주어)·속성(술어)·속성값(목적어) 등 자원을 기술하는 언어인 메타데이터를 부여해 정보의 의미를 이해하고 처리할 수 있게 하는 기술이다. 후자는 ISO의 XML 기반 표준 기술 언어인 XTM 언어를 이용해 정보와 지식의 분산 관리를 지원하는 기술로, 지식 층과 정보 층의 이중 구조를 갖는다. semantic web이 실현되면 컴퓨터가 자동으로 정보를 처리할 수 있어 정보 시스템의 생산성과 효율성이 극대화된다. 컴퓨터 혼자 전자상거래를 할 수 있을 뿐만 아니라 기업의 시스템 통합(SI), 지능형 로봇 시스템, 의료 정보화 등 다양한 분야에 응용할 수 있다.

제 2 장 부트로더

제 1 절 개념과 종류

1 부트로더의 개념

부트로더는 부트스트랩(bootstrap loader)의 줄임말로, 일반적으로 사용자가 컴퓨터를 사용할 수 있도록 운영체제를 읽어 주기억장치에 적재하는 프로그램을 말한다. 임베디드 리눅스의 부트로더는 리눅스의 GRUB와 유사한 역할을 한다. 하드디스크의 MBR에서 동작하는 프로그램인 GRUB는 윈도우 XP, 리눅스 등의 운영체제 중 하나를 선택해 부팅한 후 운영체제가 실행될 수 있도록 초기화한다. 그러나 임베디드 시스템은 하드디스크와 같은 메모리 장치가 없기 때문에 **플래시 메모리 같은 곳에 부트로더를 적재해 전원이 연결되면 타겟 시스템이 부팅하도록 한다.** 부팅이 시작되면 타겟 시스템을 초기화하고, 커널 또는 램디스크 등을 적재할 수 있다. 부트로더는 아키텍처마다 서로 다르다.

2 부트로더의 종류

운영체제마다 다양한 부트로더가 존재한다. 리눅스 계열의 경우 LILO와 GRUB를 주로 사용하며, 윈도우 계열은 NTLDR을 주로 사용한다. 임베디드 리눅스의 경우 ARM 계열의 BLOB가 있으며, MPC 계열은 일반적으로 PPCBOOT 부트로더를 사용한다.

(1) LILO(LInux LOader)

LILO는 작고 가볍기 때문에 x86 계열에서 많이 사용되며, 호환성을 위해 대부분의 리눅스 배포판에 내장되어 있다. 기본적으로 텍스트 메뉴 방식으로 부팅하지만 배포판에 따라 LILO를 개조해 그래픽 사용자 인터페이스 방식으로 동작하는 것도 있다. 멀티커널과 멀티운영체제 부팅을 지원한다.

(2) GRUB(GRand Unified Boot loader)

GRUB은 x86 환경에서 LILO를 대체하기 위한 강력한 부트로더이며, 최근 대부분의 리눅스 배포판에서 사용하고 있다. 다양한 파일 시스템을 인식하므로 부팅되지 않고도 파일 내용과 변경 시각을 확인할 수 있고 확장성과 풍부한 기능 면에서 LILO를 능가한다.

(3) NTLDR(NT LoaDeR)

윈도우 98 및 DOS와의 멀티부팅을 지원하기 위해 도입되었고, 현재 윈도우 NT, 2000, XP 및 최근 운영체제에서 사용되고 있다. 플로피와 CD-ROM 등의 이동형 매체와 하드디스크에서도 실행할 수 있다. 기본적으로 활성 파티션에 NTLDR과 boot.ini 파일이 있어야 한다.

(4) BOOTX

매킨토시 OS X를 읽기 위해 매킨토시에서 사용하며, 커널과 드라이버를 메모리로 읽고 커널을 기동한다. 이 로더를 이용하면 구형 애플 컴퓨터에서 리눅스를 부팅할 수 있다.

(5) ARMBOOT

ARM과 StrongARM을 위한 공개소스 부트로더이다. 다중형 플래시 메모리를 지원하고 BOOTP, DHCP, TFTP를 이용한 부팅도 지원한다. 기본적으로 지원하는 보드의 종류 수가 적으며, ARMBOOT를 사용하기 위해서는 타겟 시스템에 직접 이식해야 한다.

(6) BLOB(Boot Loader OBject)

LARTware의 일부이자 StrongARM용 부트로더이다. BLOB는 커널 이미지와 램디스크를 직렬 통신으로 전송할 수 있고 플래시 퓨징과 커널에 인자를 전달하는 등 기본 기능을 제공한다. 그러나 네트워크 부팅과 같은 고급 기능은 제공하지 않고 있다. 아사벳(Assabet)을 비롯해 iPAQ, Jornada와 같은 StrongARM을 탑재한 각종 PDA를 지원한다.

(7) BOOTLDR

(주)컴팩에서 만든 StrongARM을 사용하는 PDA인 iPAQ용 부트로더로, 아사벳에서도 사용할 수 있으며, 매우 다양한 기능을 제공하지만 네트워크 부팅과 같은 고급 기능은 제공하지 않는다.

(8) PPCBOOT

MPC 계열의 CPU와 타겟 시스템을 위한 부트로더로 강력한 기능과 편리한 환경설정 방식을 가지며, 특히 TCP/IP 네트워크를 사용한 부팅 기능을 제공한다.

(9) REDBOOT

RedHat에서 개발한 임베디드 운영체제인 eCOS 일부를 사용해 만든 부트로더로, 직렬 통신(Xmodem, Ymodem)뿐만 아니라 네트워크(BOOTP, DHCP, TFTP) 부팅 기능도 제공한다. ARM 계열과 PPC 계열뿐만 아니라 MIPS, x86 등 다양한 타겟 시스템을 지원하는 부트로더이다.

(10) U-BOOT(Universal BOOTloader)

U-BOOT는 PPCBOOT와 ARMBOOT를 통합한 부트로더로, PowerPC, ARM, MIPS, x86 등과 같은 대부분의 프로세서를 지원한다. 환경설정이 쉽고 깔끔한 코드로 구성되어 현재 많은 임베디드 개발자들이 사용하고 있다.

제 2 절 부트로더의 기능

1 하드웨어 디버깅과 시스템 초기화 기능

임베디드 시스템 개발과정 중 하드웨어 설계가 끝난 후 가장 처음 시작하는 것이 프로세서를 동작시키는 것이다. 프로세서를 동작시키면 그 나머지 디바이스들에 대한 검증을 하는데, 이러한 검증을 위해서는 프로그램을 이용하여 시스템 동작의 이상에 따른 하드웨어 검증 루틴을 만들어야 한다. 이러한 과정을 통해서 부트로더는 **하드웨어 디버깅과 시스템 초기화 기능**을 가지게 된다.

2 메시지 출력 및 명령어 처리 기능

부트로더가 하드웨어를 초기화하는 과정에서 진행된 위치나 상태를 알려주는 기능은 필수적이다. 초기에 시리얼 디바이스 초기화가 힘든 상태에서는 LED를 이용해 진행 표시를 한다. 이후 시리얼 디바이스가 초기화되면 시리얼을 통해서 프로그램 상태나 기타 메시지를 출력한다. 시리얼 통신으로 메시지를 출력할 때는 보통 C 함수의 printf 문을 구현하는 것이 일반적이다. 이를 통해서 필요한 **메시지를 출력**하여 하드웨어의 상태를 출력할 수 있다. 대부분의 부트로더는 자체적으로 보드를 시험할 수 있는 명령 셋을 제공하여 타겟 보드의 상태를 쉽게 알 수 있도록 한다.

3 실행 이미지 다운로드 기능

PC에서 동작하는 프로그램과 임베디드 시스템에서 동작하는 프로그램의 가장 큰 차이는 컴파일 위치와 수행 위치가 다르다는 점이다. PC에서는 컴파일과 수행을 모두 PC에서 하지만 임베디드 시스템은 그렇지 않다. PC에서 작업한 프로그램을 임베디드 시스템의 플래시 메모리에 굽는 과정을 거쳐서 프로그램을 실행해 보거나 프로세서 에뮬레이터를 통해서 프로그램을 실행해야 한다.

보드의 플래시 메모리의 부트 영역에 아무것도 저장되어 있지 않은 초기 상태에서는 디버깅용 ICE 장비나 JTAG 툴을 이용하여 플래시 메모리에 부트로더를 써 넣는다. 부트로더가 실행되고 나면 개발 호스트 PC와 시리얼이나 이더넷 통신 기능을 통해서 이미지를 DRAM에 다운로드한 이후에 플래시 메모리에 써 넣을 수 있다. 특히 임베디드 시스템에 리눅스를 올리고자 할 때에는 커널 자체 크기도 1Mbyte 이상이 되고 램디스크 이미지도 2Mbyte 이상을 넘어가기 때문에 시리얼로만 다운로드하기에는 시간이 너무 오래 걸린다. 따라서 최종 제품에는 이더넷을 빼더라도 개발 단계의 보드에서는 이더넷을 꼭 집어넣는다.

이처럼 부트로더는 시리얼과 이더넷을 통한 이미지 다운로드 기능이 있어야 하며, 다운로드된 **이미지를 플래시에 써 넣기 위한 기능**도 있어야 한다.

4 운영체제 구동 기능

임베디드 시스템에 리눅스 커널을 탑재하고 구동하기 위해서는 커널 시작점으로 점프하는 기능과 초기 설정을 커널에 전달하거나 커널의 진입 시에 필요한 형식을 구현해 주어야 한다.

일반적인 임베디드 리눅스 시스템이라면 압축된 커널 이미지가 플래시 메모리 장치에 있고, 리눅스 커널을 필요로 하는 루트 파일 시스템 이미지 역시 플래시 메모리 장치에 저장되게 한다. 이처럼 부트로더는 **커널 이미지 등을 플래시 메모리로부터 램 영역으로 복사하는 기능이 있어야 하며, 커널 수행 진입점으로 수행 위치를 옮기는 기능을 가지고 있어야 한다.**

제 3 절 부트로더 소스 파일 구성

타겟 시스템인 X-HYPER270-TKU에서 사용하는 부트로더는 임베디드 시스템의 부트로더로 가장 많이 사용되는 BLOB를 수정 및 보완한 BBOOT 버전 1.0.1이다. BBOOT는 BLOB에서 사용 빈도수가 낮은 기능을 제외하고, 자주 사용하는 강력한 네트워크 부팅과 같은 기능을 포함한 소규모의 부트로더이다. BBOOT는 전원을 연결하면 즉시 동작하는 일종의 펌웨어로, 타겟 시스템의 플래시 메모리에 상주한다. 운영체제를 부팅하고, 직렬 통신 혹은 이더넷을 통해 타겟 시스템에 접근한다. 부팅 과정을 관찰할 수 있는 모니터 기능도 제공하고, 타겟 시스템을 초기화한 후 타겟 시스템의 접근제어를 위해 사용자에게 미니컴과 같은 콘솔을 통한 CLI(Command Line Interface)를 제공한다. 이더넷을 통해 타겟 시스템에 접근 및 제어할 수 있다.

1 부트로더의 흐름도 중요 ★★★

BBOOT 부트로더는 [그림 3-4]와 같이 start.S 파일에서 시작해 main() 함수가 정의된 main.c 파일을 실행한다. start.S는 어셈블리로 작성되어 아키텍처에 의존적이고, 리셋 또는 전원 연결 시 최초로 구동되는 코드를 포함하며, 자신의 기능을 수행한 후 main() 함수에 제어권을 넘긴다. start.S 프로그램의 주요 기능으로 GPIO 설정, 클록 활성화, SRAM과 DRAM 설정, 부팅 루틴의 RAM 복사, 스택 포인터 설정 등이 있다.

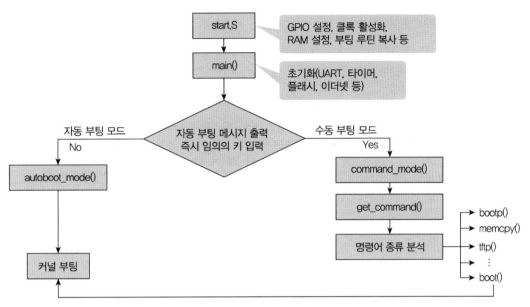

[그림 3-4] X-HYPER270-TKU의 부트로더의 흐름도

2 소스 파일

① 1개의 어셈블리 소스 파일과 여러 개의 C 소스 파일
② makefile : make에서 사용하는 컴파일 스크립트 파일
③ start.S : 부트로더 초기 코드로 어셈블리 코드. CPU, 메모리, gpio 초기화, 플래시 메모리를 DRAM 영역으로 복사
④ main.c : 부트로더 메인 소스 코드
⑤ commands.c : 명령어 처리 코드 포함
⑥ lib.c : 부트로더에서 사용하는 라이브러리 포함
⑦ 타겟 보드에 실장된 디바이스에 대한 처리 프로그램 : flash.c, serial.c, time.c, net.c, bootp.c, tftp.c

3 헤더 파일

① 각 소스 파일에서 사용하는 변수나 매크로를 정의한 파일
② ld-xsacle : 링커 스크립트 파일(컴파일된 프로그램의 링크 방법)
③ config.h : 부트로더 환경설정 파일

4 **부트로더 환경설정 파일**

① config.h 매크로 형태로 정의된 변수
② 시리얼 포트 전송속도
③ 자동 부팅 지연 시간
④ 메모리 맵 : 부트로더, 커널, 램디스크 등 소프트웨어 컴포넌트를 플래시 메모리나 DRAM 등 어디에 저장할지 설정하며, 매크로 선언값을 수정하여 메모리 저장위치를 변경할 수 있다.
⑤ 프로세서가 메모리 컨트롤러 내장한 경우에는 메모리 액세스 타이밍 정보, 파라미터들이 메모리 제어 레지스터에 정확하게 설정되어야 한다.

제 **4** 절 BBOOT 명령어

다양한 부트로더 명령어를 사용하려면 부트로더를 수동 부팅해야 한다. 수동 부팅한 상태에서는 help 명령을 입력해 사용할 수 있는 각종 부트로더 명령어를 볼 수 있다.

① load : 플래시의 커널 및 램디스크 이미지를 SDRAM으로 복사한다. 자동 부팅 시 커널 이미지를 SDRAM에 자동으로 복사한다.
   – load {kernel | ramdisk}
② bootp : 호스트 시스템에서 IP와 MAC 정보를 가져온다.
   – bootp
③ tftp : 이더넷을 통해 호스트의 file을 타겟의 SDRAM으로 전송한다.
   – tftp file {address | loader | kernel | root | ramdisk }
④ flash : SDRAM의 데이터를 플래시에 퓨징한다.
   – flash file {loader | kernel | root | ramdisk }
⑤ erase : 해당 플래시 영역을 삭제한다.
   – erase { loader | kernel | root | ramdisk }
⑥ boot : SDRAM 상에 있는 커널을 구동한다. 해당 주소의 커널을 구동할 수 있다.
   – boot [addr]
⑦ set : 플래시에 기본적으로 저장된 IP, MAC 주소, autoboot 등을 설정한다.
   – set { myipaddr | desipaddr | myhaddr | autoboot } value
⑧ ping : 호스트 PC와 통신을 점검한다.
   – ping ip_address
⑨ read : 옵션 c, s, l에 따라 8, 16, 32bit address 주소에 있는 내용을 읽는다.
   – read { c | s | l } address

⑩ write : 옵션 c, s, l에 따라 8, 16, 32bit value 데이터를 address라는 주소에 기록한다.

   – write { c | s | l } address value

⑪ reboot : system을 재부팅하기 위해 소프트 리셋한다.

   – reboot

제 **3** 장 커널

리눅스 커널은 시스템의 핵심을 이루는 요소로, 응용 프로그램이 동작하기 위한 주요 환경을 제공한다. 커널은 사용자가 작동시키는 응용 프로그램과 하드웨어 간의 조정자 역할을 맡으며 동시에 수행되는 여러 응용 프로그램들(즉, 프로세스들과 스레드)을 위해 메모리를 관리하고, 컴퓨터 자원을 배분하는 역할을 한다.

제 **1** 절 커널의 역사

초창기 유닉스 계열 운영체제는 오픈소스 모놀리딕 커널이었다. 리눅스 계열의 운영체제는 이 커널에 기반을 두며 개인용 컴퓨터와 서버와 같은 전통적인 컴퓨터 시스템들과 라우터, 무선 액세스 포인트, PBX, 셋톱박스, FTA 리시버, 스마트TV, PVR, NAS 어플라이언스 등의 다양한 임베디드 장치에 리눅스 배포판의 형태로 배치된다. 태블릿 컴퓨터, 스마트폰, 스마트워치를 위한 안드로이드 운영체제는 기능 구현을 위해 리눅스 커널이 제공하는 서비스들을 사용한다. 데스크톱 컴퓨터에 채용하는 경우는 없는 편이지만, 리눅스 기반 운영체제들은 모바일 장치에서부터 메인프레임에 이르기까지 기타 거의 모든 컴퓨팅 부문을 지배하고 있다. 2017년 11월 기준으로, 세계 500대의 가장 강력한 슈퍼 컴퓨터들은 모두 리눅스를 실행하고 있다. 리눅스 커널은 1991년 리누스 토르발스가 자신의 개인용 컴퓨터를 위해 고안 및 개발되었고 크로스 플랫폼의 의도는 없었으나 그 이후로 다른 운영체제나 커널 대비 더 다양한 컴퓨터 아키텍처를 지원하도록 확장되었다. 리눅스는 급속도로 기타 자유 소프트웨어 프로젝트, 특히 GNU 운영체제로 이 커널을 채택한 개발자들과 사용자들을 매혹했다. 리눅스 커널은 1,200개 이상의 회사와 12,000명에 가까운 프로그래머들의 기여를 받아왔으며, 여기에는 최대 소프트웨어 및 하드웨어 벤더들 일부가 포함된다.

리눅스 커널 API는 사용자 프로그램들이 커널과 통신하는 API로서 매우 안정적이고, 유저스페이스 프로그램(GUI를 갖추고 다른 API에 의존하는 일부 프로그램)을 망가트리지 않는다는 것을 뜻한다. 커널 기능의 일부로서 장치 드라이버들은 하드웨어를 제어하는데, 이는 주류 장치 드라이버들이 매우 안정적임을 뜻한다. 그러나 다른 수많은 커널 및 운영체제와 달리 커널과 적재 가능 커널 모듈(LKM) 간의 인터페이스가 매우 안정적으로 설계되었다는 것을 뜻하는 것은 아니다.

전 세계의 기여자들이 개발한 리눅스 커널은 자유-오픈소스 소프트웨어의 유명한 예이며, 버전에 따라 최대 6년까지 지원한다. 리눅스 커널 메일링 리스트(LKML)에서 일일 개발 토론이 진행된다. 리눅스 커널은 GNU 일반 공중 사용권 버전 2(GPLv2)로 출시되며, 일부는 자유가 아닌 여러 라이선스로 출시된 일부 펌웨어 이미지들을 포함하고 있다.

제 2 절 커널의 구조와 기능

커널은 시스템에 존재하는 자원을 효율적으로 관리하는 자원 관리자로, 프로세서, 프로세스, 메모리 등을 관리한다. 프로세서 관리는 시스템의 처리 속도를 최적화하기 위해 이식되어 있는 운영체제에 맞춰 각 프로세서를 효율적으로 할당하고 수행하도록 관리한다.

프로세스 관리는 스케줄러를 이용하여 다중 프로세스가 동작할 수 있도록 각각의 태스크를 생성하고 제거하며 외부환경과 프로세스를 연결하고 관리한다.

메모리 관리는 각각의 프로세스가 독립적인 공간에서 수행할 수 있도록 가상주소를 제공하고 물리적인 한계를 극복할 수 있는 기능을 제공한다. 커널의 주요 기능은 다음과 같다.

1 디바이스 관리

리눅스 커널은 디바이스 드라이버라는, 하드웨어 입출력을 제어하는 소프트웨어를 이용하여 장치를 관리한다.

2 프로세스 관리

리눅스에서는 프로그램을 실행할 때 파일 시스템 내 특정 디렉터리에 있는 프로그램의 파일을 읽어와 메모리에 적재한다. 이 프로그램이 메모리에서 실행되는 프로세스가 되고, 프로그램이 종료된다면 프로세스 역시 삭제된다.

사용자가 시스템에 로그인하게 되면 보통 약 100여 개의 프로세스가 동시에 실행되는데, 프로세스가 이용할 수 있는 CPU는 하나이므로 여러 프로세스를 동시에 이용할 수는 없다. 따라서 동시에 실행되는 프로세스 간 CPU를 이용할 수 있는 시간을 분배하게 된다. 각 프로세스에는 PID(Process ID)가 부여되며 커널은 이 PID를 통해 프로세스를 관리하게 된다.

3 메모리 관리

프로그램이 실행될 때 메모리에는 프로그램뿐만 아니라 프로그램이 이용하는 데이터 영역도 할당된다. 사용자 프로그램의 요구에 따라 메모리 영역을 분배하거나 이용이 끝난 메모리 영역 회수 등이 커널이 수행하는 메모리 관리다.

메모리 관리에서는 가상 메모리도 지원한다. 가상 메모리는 이름에서 알 수 있듯이 실제로는 없는 메모리지만 실제로 존재하는 것처럼 메모리를 사용할 수 있게 한다. 가상 메모리는 실제 메모리가 아닌 HDD와 같은 보조기억장치의 일부도 프로세스가 볼 때는 같은 메모리인 것처럼 보이게 하므로 실제 내장된 메모리보다 더 큰 용량의 메모리 사용이 가능하다. 이 HDD에 마련된 가상 메모리 영역을 '스왑(swap)'이라고 한다. 메모리에 있는 프로그램 전체 영역을 보조기억장치로 내보내는 것을 '스왑 아웃', 반대로 내보냈던 데이터를 메모리에 다시 가져오는 것을 '스왑 인'이라고 한다.

4 시스템 콜 제공

시스템 콜은 표준 출력이나 파일을 쓰는 write, 읽어 들이는 read, 프로세스를 포크(fork)하는 기능 등을 갖고 있어 사용자 프로그램에서 액세스할 수 있도록 도와준다. 리눅스 커널에서는 약 300개의 시스템 콜을 제공하고 있다.

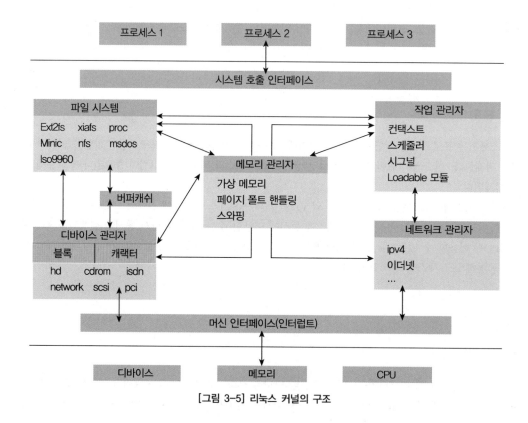

[그림 3-5] 리눅스 커널의 구조

제 3 절　커널 소스 레벨 구조

커널 소스 디렉터리를 알아보기 위해 제공되는 BSP 내의 커널 소스를 설치하고 해당 디렉터리 정보를 확인할 수 있다.

> **더 알아두기**
>
> BSP(Board Support Package)란 말은 본래 RTOS에서 나온 용어다. "보드를 떠받치는(지원하는)" 소프트웨어 패키지란 뜻으로, "보드(하드웨어)를 동작하는데 필요한 (임베디드) 소프트웨어 묶음"이다. 아래 그림은 Firmware와 RTOS로 구동되는 시스템과 Non-RTOS로 구동되는 시스템의 차이를 보여주고 있다.
>
>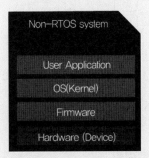
>
> WindRiver사의 VxWorks와 같은 일부 상용 RTOS를 제외한 대부분의 RTOS와 Firmware에는 Non-RTOS에서와 같은 파일 시스템(file system)이 없다. 즉 소스들이 아무리 많다 하더라도 결국 컴파일이 끝나면 최종적으로(CPU에 종속적인) 바이너리 실행 코드 하나만 생성된다.
>
> 따라서 Firmware와 RTOS의 BSP는 제품의 기능이라 할 수 있는 코드(이를 'User Application'이라고 표현했다)와 그러한 제품의 기능을 실제로 구현하기 위해 하드웨어를 직접적으로 제어하는 코드('Firmware'라고 표현)를 하나의 파일로 묶어 BSP를 구성하고 있다.

커널 소스 트리 정보는 다음 [그림 3-6]과 같다.

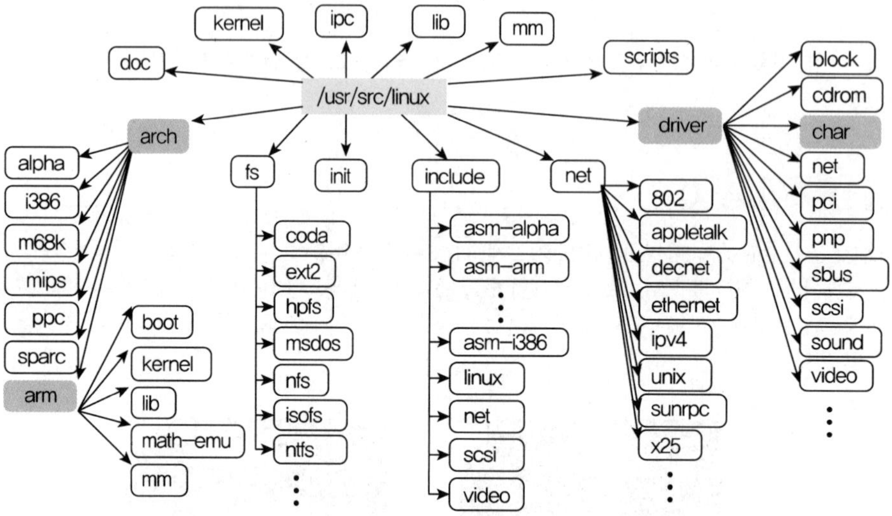

[그림 3-6] 커널 소스 트리 정보

1 kernel 디렉터리

태스크 관리자가 구현된 디렉터리이고, 타이머, fork 리소스 관리 관련 코드, 인터럽트 처리, 시스템 콜 관련 파일이 있다. 프로세스 실행되기 위해서는 CPU 자원을 분배받아야 한다. 동시에 여러 개의 프로세스가 동작 중일 때에는 정책에 의해 공평하게 자원을 분배받아야 한다. 또한 프로세스가 생성되고 전이되는 과정을 관리해 주어야 한다. 바로 이런 작업을 수행하는 서비스 시스템을 말한다. **태스크의 생성과 소멸, 프로그램의 실행, 스케줄링, 시그널 처리 등의 기능을 구현한다.**

2 /arch 디렉터리

하드웨어 종속적인 부분들이 구현된 디렉터리이고, 아키텍처 및 CPU에 종속적인 커널 코드를 포함하고 있다. 이 디렉터리는 CPU의 타입에 따라 하위 디렉터리로 다시 구분된다.

(1) arch/x86 디렉터리

인텔 처리기를 구현

① **arch/x86/boot**

시스템 부팅 시 사용하는 부트스트랩 코드 구현

② arch/x86/kernel

    태스크 관리자 중에서 문맥 교환이나 스레드 관리 기능 구현

③ arch/x86/mm

    메모리 관리자 중에서 페이지 부재 결함 처리 기능 구현

④ arch/x86/lib

    커널이 사용하는 라이브러리 함수 구현

⑤ arch/x86/math-emu

    FPU(Floating Point Unit)에 대한 에뮬레이터 구현

(2) arch/alpha 디렉터리

64bit 알파 AXP 아키텍처를 구현

(3) arch/ppc 디렉터리

저전력 고성능의 32bit ARM 처리기를 구현

3 /include 디렉터리

커널 코드를 빌드하는데 필요한 헤더 **파일들이 구현**된 디렉터리이다. 헤더 파일 중에서 하드웨어 독립적인 부분은 /include/linux 하위 디렉터리에 구현되어 있으며, 하드웨어 종속적인 부분은 처리기 이름으로 구성된 하위 디렉터리에 구성되어 있다.

4 /fs 디렉터리

다양한 파일 시스템과 시스템 호출이 구현된 디렉터리로, linux에서 지원하는 다양한 파일 시스템들과 open(), read(), write() 등의 시스템 호출이 구현된 디렉터리이다. 현재 linux에는 15 ~ 16개의 파일 시스템이 구현되어 있으며 계속 새로운 파일 시스템이 개발되는 중이다. 각 파일 시스템은 이 디렉터리의 하위 디렉터리에 구현되어 있으며, 대표적인 파일 시스템으로는 ext2, ext3, ext4, nfs, ufs, msdos, ntfs, proc, code 등이 있다. 한편 사용자가 일관된 인터페이스로 다양한 파일 시스템들에 접근할 수 있도록 하기 위하여 linux는 시스템 호출과 각 파일 시스템 사이에 추상화된 한 층을 넣었는데, 이것이 VFS이다.

5 /mm 디렉터리

메모리 관리자가 구현된 디렉터리다. CPU만큼 중요한 시스템 자원은 메모리로, 메모리 관리 서브 시스템은 메모리의 할당, 해제, 공유에 대한 관리를 담당한다. 가상 메모리, 태스크마다 할당되는 메모리 객체 관리, 커널 메모리 할당자 등의 기능이 구현되어 있다. 한편 페이지 부재 결함 처리나 주소 변환 같은 하드웨어 종속적인 메모리 관리 부분은 /arch/arm/mm 디렉터리에 구현되어 있다.

6 /drivers 디렉터리

모든 시스템의 디바이스 드라이버가 구현된 디렉터리이다. 디바이스 드라이버란 터미널, 네트워크 카드 등 주변장치를 추상화하고 관리하는 커널 구성요소이다. linux에서 디바이스 드라이버는 크게 블록 디바이스 드라이버, 문자 디바이스 드라이버, 네트워크 디바이스 드라이버로 구분된다. 버퍼 캐시를 통해 접근되며 임의 접근이 가능한 블록 디바이스 드라이버는 /drivers/block이라는 이름의 하위 디렉터리에 구현되어 있다. 임베디드 시스템에서는 많은 주변기기가 다양한 방식(I2C, SCSI, EIDE)으로 통신한다. 디바이스 드라이버는 이런 high-level의 디바이스들을 위한 코드를 말한다. 리눅스 커널의 절반 이상이 디바이스 드라이버 코드이며, 최신 디바이스는 보통 재부팅으로서 가장 먼저 포팅된다.

7 /net 디렉터리

커널의 네트워크 관련 코드가 구현된 곳으로 각 통신 규약은 이 디렉터리의 하위 디렉터리에 구현되어 있고, 다양한 통신 프로토콜의 추상화 층이며 사용자 인터페이스를 제공하는 소켓은 /net 디렉터리에 구현되어 있다.

8 /ipc 디렉터리

커널의 프로세스 간 통신 코드를 가지고 있는 부분으로, 유닉스에서 지원하는 메시지 큐, 파이프, 공유 메모리, 세마포어, 소켓 등과 관련된 코드가 존재한다. 파이프는 fs 디렉터리에, 시그널은 kernel 디렉터리에, 소켓은 net 디렉터리에서 구현한다.

9 /init 디렉터리

커널의 초기화 코드를 가지고 있으며, 커널의 메인 시작 함수가 구현된 디렉터리이다. 커널이 어떻게 동작하는지를 분석하는데 가장 중요한 부분이다. start_kernel() 함수는 커널 전역적인 초기화를 수행한다.

10 그 외 디렉터리

① /documentation 디렉터리 : 문서 파일 존재
② /scripts 디렉터리 : 커널 구성 및 컴파일 시 이용되는 스크립트가 존재

제 4 절 커널 설정 및 컴파일

1 컴파일의 전체적인 순서(Centos 기준)

다음 [그림 3-7]은 커널 컴파일 과정이다.

1. 커널 소스 코드 다운로드	• http://www.kernel.org/pub/linux
2. 커널 소스 파일 압축해제	
3. 커널 소스의 설정값 초기화	• make mrproper
4. 커널 컴파일 옵션 설정 작업	• make menuconfig
5. 커널 이미지 파일 생성 작업	• make bzImage
6. 커널 모듈 생성을 위한 컴파일 작업	• make modules
7. 커널 모듈 설치 작업	• make modules_install
8. 커널 모듈 파일 복사, grub.conf 파일 수정	• make install
9. 새로운 커널 사용을 위한 시스템 재부팅	• reboot

[그림 3-7] 커널 컴파일 과정

(1) 루트 권한 획득 후 현재 커널 버전 확인 및 필요 패키지 설치

① #su root : 패스워드 입력 이후 루트 권한 획득

② #uname : 현재 커널의 버전 확인

```
[root@localhost ~]# uname -r
4.18.0-193.el8.x86_64
```

③ #yum install -y gcc* ncurses-devel : 커널 컴파일을 위한 패키지 설치

```
[root@localhost ~]# dnf -y install -y gcc* ncurses-devel
마지막 메타 데이터 만료 확인 : 0:00:23 전에 2022년 05월 14일 (토) 오전 07시 32분 08초.
Package gcc-8.5.0-4.el8_5.x86_64 is already installed.
Package gcc-c++-8.5.0-4.el8_5.x86_64 is already installed.
Package gcc-gdb-plugin-8.5.0-4.el8_5.x86_64 is already installed.
Package gcc-gfortran-8.5.0-4.el8_5.x86_64 is already installed.
Package gcc-offload-nvptx-8.5.0-4.el8_5.x86_64 is already installed.
Package gcc-toolset-10-10.1-0.el8.x86_64 is already installed.
Package gcc-toolset-10-annobin-9.29-1.el8_5.2.x86_64 is already installed.
Package gcc-toolset-10-binutils-2.35-8.el8_5.6.x86_64 is already installed.
Package gcc-toolset-10-binutils-devel-2.35-8.el8_5.6.x86_64 is already installed.
Package gcc-toolset-10-build-10.1-0.el8.x86_64 is already installed.
Package gcc-toolset-10-dwz-0.12-1.1.el8.x86_64 is already installed.
Package gcc-toolset-10-dyninst-10.2.1-2.el8.x86_64 is already installed.
Package gcc-toolset-10-dyninst-devel-10.2.1-2.el8.x86_64 is already installed.
Package gcc-toolset-10-elfutils-0.182-6.el8_4.x86_64 is already installed.
Package gcc-toolset-10-elfutils-debuginfod-client-0.182-6.el8_4.x86_64 is already installed.
Package gcc-toolset-10-elfutils-debuginfod-client-devel-0.182-6.el8_4.x86_64 is already installed.
Package gcc-toolset-10-elfutils-devel-0.182-6.el8_4.x86_64 is already installed.
Package gcc-toolset-10-elfutils-libelf-0.182-6.el8_4.x86_64 is already installed.
Package gcc-toolset-10-elfutils-libelf-devel-0.182-6.el8_4.x86_64 is already installed.
Package gcc-toolset-10-elfutils-libs-0.182-6.el8_4.x86_64 is already installed.
Package gcc-toolset-10-gcc-10.3.1-1.2.el8_5.x86_64 is already installed.
Package gcc-toolset-10-gcc-c++-10.3.1-1.2.el8_5.x86_64 is already installed.
Package gcc-toolset-10-gcc-gdb-plugin-10.3.1-1.2.el8_5.x86_64 is already installed.
Package gcc-toolset-10-gcc-gfortran-10.3.1-1.2.el8_5.x86_64 is already installed.
Package gcc-toolset-10-gdb-9.2-4.el8.x86_64 is already installed.
Package gcc-toolset-10-gdb-doc-9.2-4.el8.noarch is already installed.
Package gcc-toolset-10-gdb-gdbserver-9.2-4.el8.x86_64 is already installed.
Package gcc-toolset-10-libasan-devel-10.3.1-1.2.el8_5.x86_64 is already installed.
Package gcc-toolset-10-libatomic-devel-10.3.1-1.2.el8_5.x86_64 is already installed.

Package gcc-toolset-9-strace-5.1-6.el8.x86_64 is already installed.
Package gcc-toolset-9-systemtap-4.1-4.el8.x86_64 is already installed.
Package gcc-toolset-9-systemtap-client-4.1-4.el8.x86_64 is already installed.
Package gcc-toolset-9-systemtap-devel-4.1-4.el8.x86_64 is already installed.
Package gcc-toolset-9-systemtap-initscript-4.1-4.el8.x86_64 is already installed.
Package gcc-toolset-9-systemtap-runtime-4.1-4.el8.x86_64 is already installed.
Package gcc-toolset-9-systemtap-sdt-devel-4.1-4.el8.x86_64 is already installed.
Package gcc-toolset-9-systemtap-server-4.1-4.el8.x86_64 is already installed.
Package gcc-toolset-9-toolchain-9.0-4.el8.x86_64 is already installed.
Package gcc-toolset-9-valgrind-1:3.15.0-9.el8.x86_64 is already installed.
Package gcc-toolset-9-valgrind-devel-1:3.15.0-9.el8.x86_64 is already installed.
Package ncurses-devel-6.1-9.20180224.el8.x86_64 is already installed.
Dependencies resolved.
할 것이 없음.
완료되었습니다!
```

(2) 커널 소스 코드 다운로드

① **다운로드 링크** : http://www.kernel.org/pub/linux

② **다운로드** : https://mirrors.edge.kernel.org/pub/linux/kernel/v3.x/linux-3.17.4.tar.gz

```
[root@localhost ~]# uname -r
4.18.0-193.el8.x86_64
[root@localhost ~]# wget https://mirrors.edge.kernel.org/pub/linux/kernel/v3.x/linux-3.17.4.tar.gz
--2022-05-14 07:30:47--  https://mirrors.edge.kernel.org/pub/linux/kernel/v3.x/linux-3.17.4.tar.gz
Resolving mirrors.edge.kernel.org (mirrors.edge.kernel.org)... 147.75.95.133, 2604:1380:3000:1500::1
Connecting to mirrors.edge.kernel.org (mirrors.edge.kernel.org)|147.75.95.133|:443... connected.
HTTP request sent, awaiting response... 200 OK
Length: 121414115 (116M) [application/x-gzip]
Saving to: 'linux-3.17.4.tar.gz'

linux-3.17.4.tar.gz      100%[===================================================>] 115.79M  3.35MB/s    in 46s

2022-05-14 07:31:34 (2.52 MB/s) - 'linux-3.17.4.tar.gz' saved [121414115/121414115]
```

③ #mv linux-3.17.4.tar.gz/usr/src : 다운로드한 커널을 /usr/src로 이동

④ #cd /usr/src

```
[root@localhost src]# ls -al
합계 244152
drwxr-xr-x.  5 root root        119  5월 14 07:35 .
drwxr-xr-x. 13 root root        162  3월 26 09:17 ..
-rw-r--r--.  1 root root     187648  5월  8  2020 .config
drwxr-xr-x.  2 root root          6  5월 10  2019 debug
drwxr-xr-x.  3 root root         41  3월 26 09:16 kernels
-rw-r--r--.  1 root root  121414115 11월 21  2014 linux-3.17.4.tar.gz
drwxrwxr-x. 24 root root       4096  3월 26 09:21 linux-5.17
-rw-r--r--.  1 root root  128399340  3월 26 07:29 linux-5.17.tar.xz
```

⑤ #tar-xvzf linux-3.17.4.tar.gz : 압축해제

```
[root@localhost src]# ls -al
합계 244156
drwxr-xr-x.  6 root root        139  5월 14 07:37 .
drwxr-xr-x. 13 root root        162  3월 26 09:17 ..
-rw-r--r--.  1 root root     187648  5월  8  2020 .config
drwxr-xr-x.  2 root root          6  5월 10  2019 debug
drwxr-xr-x.  3 root root         41  3월 26 09:16 kernels
drwxrwxr-x. 23 root root       4096 11월 21  2014 linux-3.17.4
-rw-r--r--.  1 root root  121414115 11월 21  2014 linux-3.17.4.tar.gz
drwxrwxr-x. 24 root root       4096  3월 26 09:21 linux-5.17
-rw-r--r--.  1 root root  128399340  3월 26 07:29 linux-5.17.tar.xz
```

⑥ #ln -s linux-linux-3.17.4 linux : 심볼릭 링크 설정으로 파일 이름 간단하게

```
[root@localhost src]# ln -s linux-3.17.4 linux
[root@localhost src]# ls -al
합계 244156
drwxr-xr-x.  6 root root       152  5월 14 07:38 .
drwxr-xr-x. 13 root root       162  3월 26 09:17 ..
-rw-r--r--.  1 root root    187648  5월  8 2020 .config
drwxr-xr-x.  2 root root         6  5월 10 2019 debug
drwxr-xr-x.  3 root root        41  3월 26 09:16 kernels
lrwxrwxrwx.  1 root root        12  5월 14 07:38 linux -> linux-3.17.4
drwxr-xr-x. 23 root root      4096 11월 21 2014 linux-3.17.4
-rw-r--r--.  1 root root 121414115 11월 21 2014 linux-3.17.4.tar.gz
drwxrwxr-x. 24 root root      4096  3월 26 09:21 linux-5.17
-rw-r--r--.  1 root root 128399340  3월 26 07:29 linux-5.17.tar.xz
```

⑦ #cd linux

```
[root@localhost src]# cd linux
[root@localhost linux]# ls
COPYING        Kbuild        Makefile        arch    drivers   include  kernel   net      security  usr
CREDITS        Kconfig       README          block   firmware  init     lib      samples  sound     virt
Documentation  MAINTAINERS   REPORTING-BUGS  crypto  fs        ipc      mm       scripts  tools
```

(3) 기존 커널 옵션 초기화

① #make mrproper : 이전 컴파일 시 남은 커널 옵션 초기화

```
[root@localhost linux]# make mrproper
FORCE              distclean           init             prepare
Makefile           drivers             init/            prepare0
TAGS               drivers/            install          prepare1
all                export_report       ipc              prepare2
arch/              fdimage             ipc/             prepare3
archclean          fdimage144          isoimage         rpm
archmrproper       fdimage288          kernel           scripts
archprepare        firmware            kernel/          scripts_basic
block              firmware/           kernelrelease    security
block/             firmware_install    kernelversion    security/
bzImage            fs                  lib              sound
bzdisk             fs/                 lib/             sound/
bzlilo             headerdep           mm               tags
checkstack         headers_check       mm/              usr
clean              headers_check_all   modules          usr/
coccicheck         headers_install     modules_install  vdso_install
crypto             headers_install_all mrproper         versioncheck
crypto/            help                namespacecheck   vmlinux
cscope             help-boards         net              vmlinux.o
dep                include/            net/
depend             includecheck        outputmakefile
[root@localhost linux]# make mrproper
  CLEAN   scripts/basic
  CLEAN   scripts/kconfig
  CLEAN   include/config include/generated
```

② #make clean : 여러 개 생성된 object 파일 삭제

③ #cp -p /boot/config-`uname-r`./.config : 현재 사용하는 설정으로 컴파일하기 위해서 설정 파일을 가져옴

(4) 커널 옵션 설정

① #make menuconfig : 메뉴 설정화면에서 설정을 추가함

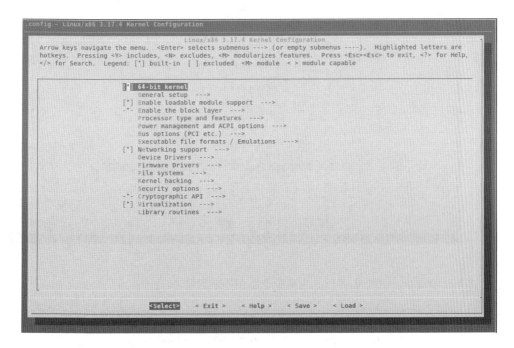

② load에 .config가 입력되어 있는지 확인 후 ok

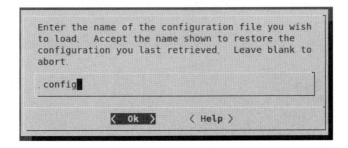

③ general startup의 enable deprecated sysfs features to support old userspace tools 선택
(space bar)

```
.config - Linux/x86 3.17.4 Kernel Configuration
→ General setup
                                    General setup
    Arrow keys navigate the menu.  <Enter> selects submenus ---> (or empty submenus ----).  Highlighted letters are
    hotkeys.  Pressing <Y> includes, <N> excludes, <M> modularizes features.  Press <Esc><Esc> to exit, <?> for Help,
    </> for Search.  Legend: [*] built-in  [ ] excluded  <M> module  < > module capable

            ((none)) Default hostname
            [*] Support for paging of anonymous memory (swap)
            [*] System V IPC
            [*] POSIX Message Queues
            [*] Enable process_vm_readv/writev syscalls
            [*] open by fhandle syscalls
            [ ] uselib syscall
            [*] Auditing support
            [*] Enable system-call auditing support
                IRQ subsystem  --->
                Timers subsystem  --->
                CPU/Task time and stats accounting  --->
                RCU Subsystem  --->
            < > Kernel .config support
            (20) Kernel log buffer size (16 => 64KB, 17 => 128KB)
            (12) CPU kernel log buffer size contribution (13 => 8 KB, 17 => 128KB)
            [*] Automatically enable NUMA aware memory/task placement
            [*] Memory placement aware NUMA scheduler
            -*- Control Group support  --->
            -*- Namespaces support  --->
            [*] Automatic process group scheduling
            [*] Enable deprecated sysfs features to support old userspace tools
            [ ]   Enable deprecated sysfs features by default (NEW)
            -*- Kernel->user space relay support (formerly relayfs)
            [*] Initial RAM filesystem and RAM disk (initramfs/initrd) support
            ()      Initramfs source file(s)

                 <Select>    < Exit >    < Help >    < Save >    < Load >
```

④ local version 선택 후 부트 이미지에 붙을 이름을 입력

```
                                    General setup
    Arrow keys navigate the menu.  <Enter> selects submenus ---> (or empty submenus ----).  Highlighted letters are
    hotkeys.  Pressing <Y> includes, <N> excludes, <M> modularizes features.  Press <Esc><Esc> to exit, <?> for Help,
    </> for Search.  Legend: [*] built-in  [ ] excluded  <M> module  < > module capable

            () Cross-compiler tool prefix (NEW)
            [ ] Compile also drivers which will not load
            (embed_test) Local version - append to kernel release
            [ ] Automatically append version information to the version string
                Kernel compression mode (Gzip)  --->
            ((none)) Default hostname
            [*] Support for paging of anonymous memory (swap)
            [*] System V IPC
            [*] POSIX Message Queues
            [*] Enable process_vm_readv/writev syscalls
```

⑤ 저장 후 빠져나옴

(5) 새 커널 컴파일 및 설치

① #make all : /usr/src/linux-버전/arc/i386/boot 디렉터리에 커널 파일 bzImage가 생성됨

```
[root@localhost linux]# make all
  HOSTLD   scripts/kconfig/conf
scripts/kconfig/conf --silentoldconfig Kconfig
  SYSTBL  arch/x86/syscalls/../include/generated/asm/syscalls_32.h
  SYSHDR  arch/x86/syscalls/../include/generated/asm/unistd_32_ia32.h
  SYSHDR  arch/x86/syscalls/../include/generated/asm/unistd_64_x32.h
  SYSTBL  arch/x86/syscalls/../include/generated/asm/syscalls_64.h
  SYSHDR  arch/x86/syscalls/../include/generated/uapi/asm/unistd_32.h
  SYSHDR  arch/x86/syscalls/../include/generated/uapi/asm/unistd_64.h
  SYSHDR  arch/x86/syscalls/../include/generated/uapi/asm/unistd_x32.h
  HOSTCC  scripts/basic/bin2c
  HOSTCC  arch/x86/tools/relocs_32.o
In file included from arch/x86/tools/relocs_32.c:17:
In function 'sort_relocs.isra.4',
    inlined from 'emit_relocs' at arch/x86/tools/relocs.c:989:2,
    inlined from 'process_32' at arch/x86/tools/relocs.c:1081:2:
arch/x86/tools/relocs.c:945:2: warning: argument 1 null where non-null expected [-Wnonnull]
    qsort(r->offset, r->count, sizeof(r->offset[0]), cmp_relocs);
    ^~~~~~~~~~~~~~~~~~~~~~~~~~~~~~~~~~~~~~~~~~~~~~~~~~
```

② #make modules : 모듈 컴파일

③ #make modules_install : 모듈을 /lib/modules로 설치함

④ #make install : /boot 디렉터리에 initrd-버전.img, vmlinuz-버전 파일들을 생성함

```
root@localhost:/usr/src/linux-3.17.4                           _  □  ✕
파일(F)  편집(E)  보기(V)  검색(S)  터미널(T)  도움말(H)
[root@localhost linux-3.17.4]# make ; make modules_install ; make install
```

(6) 재부팅 : #reboot

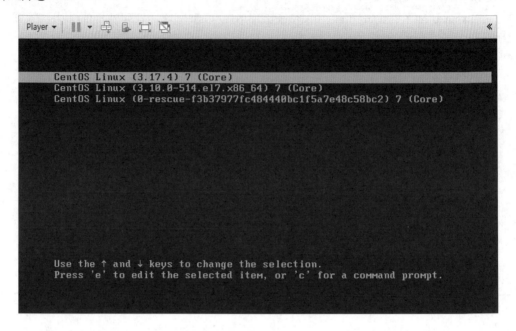

제 **4** 장   루트 파일 시스템

제 **1** 절   루트 파일 시스템의 개념

파일 시스템(file system)은 컴퓨터에서 파일이나 자료를 쉽게 발견 및 접근할 수 있도록 보관 또는 조직하는 체제를 가리키는 말이다. 파일 시스템은 통상 하드디스크나 CD-ROM 같은 실제 자료 보관 장치를 사용하여 파일의 물리적 소재를 관리하는 것을 가리키나, 네트워크 프로토콜(NFS, SMB, 9P 등)을 수행하는 클라이언트를 통하여 파일 서버상 자료 접근을 제공하는 방식과 가상의 형태로서 접근 수단만이 존재하는 방식(procfs 등)도 파일 시스템의 범위에 포함될 수 있다. 디렉터리 서비스나 레지스트리와는 의미가 조금 다르다.

임베디드 시스템은 제한된 자원을 사용하므로 데스크톱이나 서버와 달리 파일 시스템 운영에도 효율성을 추구해야 한다. 또한 열악한 환경에서도 잘 견디고 안정적으로 가동되어야 하고, 문제가 발생하면 자동으로 복구되고 전원을 차단해도 데이터 손실 없이 재가동되도록 해야 한다. 파일 시스템의 용량이 제한되어 있으므로 가능하면 불필요한 파일을 제거해야 한다. 디스크에 의한 부팅이 아니라 플래시 메모리와 같은 디바이스로 부팅하기 때문에 파일 시스템의 설치에도 주의해야 한다.

1 루트 파일 시스템

루트 파일 시스템은 '/' 디렉터리에 마운트하는 파일 시스템이다. 커널이 루트 파일 시스템을 찾지 못하면 시스템을 동작시킬 수 없기 때문에 루트 파일 시스템의 위치를 알아야 한다. 루트 파일 시스템은 풀 사이즈의 완전한 리눅스 시스템을 지원하기 위한 모든 것을 갖추어야 하며, 이를 위해서는 리눅스 시스템의 최소 요건만큼은 루트디스크에 반드시 구비되어야 한다.

루트 파일 시스템은 커널이 동작하기 위한 공간, 라이브러리, 유틸리티 등을 포함한다. 루트 파일 시스템으로 램디스크, JFFS2, NFS 등을 주로 사용한다. 루트 파일 시스템은 일반적으로 읽기전용으로 마운트되었다가 커널이 정상적으로 메모리에 탑재된 후 읽기/쓰기로 마운트 옵션을 변경한다. 리눅스 커널은 init 프로세스부터 시작한다.

(1) init 프로세스

유닉스가 처음 시동될 때 일련의 부팅 과정이 끝나고 커널이 메모리에 로드된 뒤 제어권이 커널에 주어
지면 커널이 여러 제반환경을 구축한 후에 오직 한 개의 프로세스만이 있게 되는데, 이것을 init라고
한다. init 프로세스의 특징은 다음과 같다.

① **init 프로그램 파일의 위치** : /sbin/init

② 커널이 시동된 후에 init의 모든 동작은 일반적으로 시스템 의존적인 초기화 파일들을 읽고(/etc/rc*),
다중 사용자모드와 같은 원하는 상태로 시스템을 가져온다. 이러한 동작들은 /etc/inittab 파일에 명
시된 대로 실행한다.

③ init는 커널에 의해 직접 실행되는 프로세스이다. 모든 프로세스는 init로부터 출발하게 되며, init
는 모든 프로세스의 부모 프로세스이고, 동시에 사용자 로그인 쉘의 부모 프로세스이다.

(2) 루트 파일 시스템 생성

커널이 램디스크를 지원하도록 설정해야 하고, 램디스크에 포함될 내용을 작성하며, 램디스크를 루트
파일 시스템으로 마운트한다. 램디스크를 통한 루트 파일 시스템 생성은 다음과 같이 한다.

① 최종 램디스크와 동일한 크기의 ramrootfs라는 한 개의 파일을 생성한다.

② ramrootfs을 0(zero)으로 모두 채운다.

③ ramrootfs 파일에 원하는 파일 시스템을 생성한다.

④ 루프 백 디바이스를 통하여 ramrootfs를 마운트한다.

⑤ 루트 파일 시스템에 포함될 내용을 마운트된 파일 시스템 ramrootfs로 복사한다.

⑥ 파일 시스템 ramrootfs를 마운트 해제한다.

2 커널 부팅 방식 중요 ★★★

일반적으로 임베디드 시스템은 디스크를 사용하지 않으므로 파일 시스템도 램디스크나 플래시 메모리에 구
축한다. 파일 시스템으로 사용하는 저장매체는 부팅 과정에 영향을 주기 때문에 램디스크나 플래시에 파일
시스템 구축방법을 사용한다.

(1) 일반적인 임베디드 리눅스의 부팅 과정

하드웨어 비용을 줄이기 위해 네트워크를 통해 호스트 컴퓨터에서 압축한 커널과 초기 램디스크를 다운
로드해 부팅하거나, 네트워크 부팅을 한 후 호스트의 파일 시스템을 마운트해서 사용할 수도 있다. 그
러나 일반적으로 임베디드 시스템의 부팅 과정은 [그림 3-8]의 부팅 과정과 같다.

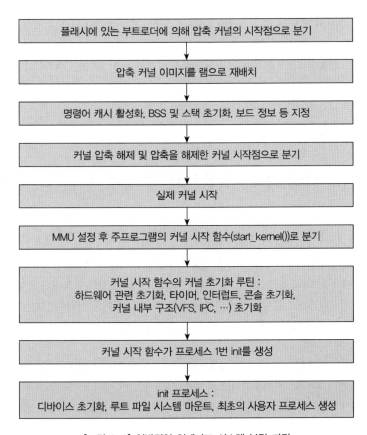

플래시에 있는 부트로더에 의해 압축 커널의 시작점으로 분기

압축 커널 이미지를 램으로 재배치

명령어 캐시 활성화, BSS 및 스택 초기화, 보드 정보 등 지정

커널 압축 해제 및 압축을 해제한 커널 시작점으로 분기

실제 커널 시작

MMU 설정 후 주프로그램의 커널 시작 함수(start_kernel())로 분기

커널 시작 함수의 커널 초기화 루틴 :
하드웨어 관련 초기화, 타이머, 인터럽트, 콘솔 초기화,
커널 내부 구조(VFS, IPC, …) 초기화

커널 시작 함수가 프로세스 1번 init를 생성

init 프로세스 :
디바이스 초기화, 루트 파일 시스템 마운트, 최초의 사용자 프로세스 생성

[그림 3-8] 일반적인 임베디드 시스템 부팅 과정

(2) 초기 램디스크 이미지를 이용한 부팅 과정

초기 램디스크(initrd, initial RAM disk)는 리눅스 부팅 과정에서 자동으로 읽을 수 있는 임시 루트 파일 시스템이다. 일반 램디스크는 부팅 종료 후에도 사용할 수 있지만, 초기 램디스크는 부팅할 때만 RAM을 하드디스크와 같은 블록 디바이스처럼 사용한다. 소규모의 루트 파일 시스템을 생성하기 위해 RAM을 임시로 사용하며, 일반적으로 새로운 루트 파일 시스템을 마운트해야 한다. 즉, 루트 디렉터리가 초기 램디스크로부터 다른 디렉터리로 이동해야 한다. 초기 램디스크 이미지를 사용하는 부팅 방법은 쉽고 간단하므로 임베디드 리눅스 개발 단계에서 널리 사용되고 있다. 초기 램디스크를 사용한 부팅 및 루트 파일 시스템 설치 과정은 다음과 같다.

① 부트로더가 커널과 초기 램디스크를 플래시에서 메모리로 적재한다.

② 커널은 압축된 초기 램디스크의 압축을 메모리의 다른 장소에서 풀고, 압축된 초기 램디스크에 의해 사용되었던 메모리를 반환한다.

③ 초기 램디스크가 임시 루트 파일 시스템에서 커널을 읽기/쓰기로 마운트한다.

④ 루트 파일 시스템에서 최초로 실행하도록 설정된 셸 스크립트 /linuxrc를 실행하고, 프로세스 1번 init에 의해 초기화 등의 서비스 진행한다.

⑤ /linuxrc가 종료될 때 실제 루트 파일 시스템을 커널에 마운트한다.

⑥ 커널에 마운트된 루트 파일 시스템에 /initrd 디렉터리가 존재하면 초기 램디스크는 그곳으로 이동 (없으면 초기 램디스크는 언마운트)한다.

⑦ 루트 파일 시스템에서 /sbin/init를 포함한 일반적인 부팅 과정을 수행한다.

제 2 절 램디스크 및 비휘발성 파일 시스템과 특수 파일 시스템

1 램디스크

램디스크 메모리의 일부분을 하드디스크처럼 사용하는 것을 의미한다. 임베디드 리눅스 시스템에서는 일반적으로 램디스크를 루트 파일 시스템으로 사용한다. 램디스크는 RAM에서 동작하기 때문에 읽고 쓰기가 매우 빠르고, gzip 알고리즘으로 압축하기 때문에 용량을 줄일 수 있다는 장점이 있다. 그러나 메모리 일부를 램디스크로 할당하기 때문에 메모리 가용량이 줄고, 휘발성이기 때문에 시스템을 다시 부팅하거나 전원이 꺼지면 내용을 읽어 버린다.

램디스크를 사용하는 이유는 파일을 계속 사용하려면 메모리에 적재한 후 사용하는 것이 빠르기 때문이다. 프로그램을 빨리 처리해야 할 때 사용되기도 하지만, 부팅에 관련된 파일 시스템을 저장하는 방법으로 사용되기도 하고, 최대 16개의 램디스크를 지원한다. 기본적으로 /dev/ram(disk)는 주 번호 1을 사용하고, ram2로 시작하면 주 번호가 2부터 시작한다.

램디스크를 이용한 루트 파일 시스템을 사용하려면 커널로 하여금 램디스크를 지원하도록 환경설정을 해야 한다. 먼저 램디스크를 지원하는 커널을 생성한 후 램디스크를 이용한 루트 파일 시스템을 빌드하고, 환경의 변화에 따라 기존 루트 파일 시스템의 내용을 수정할 경우를 위해, 램디스크로 이미 생성된 루트 파일 시스템을 수정할 수 있다. 생성된 램디스크 루트 파일 시스템을 이용하려면 커널 이미지도 타겟 시스템에 탑재해야 하는 것을 주의해야 한다.

2 비휘발성 파일 시스템과 특수 파일 시스템

대부분의 파일 시스템은 전원을 차단해도 데이터가 그대로 유지되는 비휘발성 파일 시스템이다. 리눅스 운영체제의 전신인 유닉스의 경우 전원 변동에 의해 치명적인 손상을 입을 수 있었다. 특히 파일 시스템이 깨져 파일을 못 쓰게 되는 등 다른 운영체제에 비해 취약하였다. 이를 극복하기 위한 것이 저널링 파일 시스템이며, 저널링 파일 시스템은 파일 시스템의 변화를 기록해 두었다가 시스템 결함으로 문제가 발생하면 이 기록을 사용해 복구한다.

(1) FAT, FAT32

파일 할당 테이블은 그 특유의 간단한 디자인 덕분에 개인용 컴퓨터로 동작하는 운영체제 중 FAT를 지원하지 않는 것이 없어서 파일 공유에 적합하다. 그에 따라 메모리 카드나 USB 메모리 같은 많은 이동식 저장 장치에서 사용한다. 간단한 디자인이 이동성 측면에서는 장점이지만, 안정성 면에서는 단점으로 작용한다. 디스크 오류에 대비한 저널링과 같은 각종 현대적 안전장치들이 FAT에는 미미하기 때문이다.

FAT라는 이름은 디스크를 포맷할 때 일괄적으로 색인표를 만들어 두는 데에서 기인한다. 간단하게 말해 '클러스터를 제어하는 것'이다. 리스트(자료 구조) 중에서 **단순 연결 리스트**(singly linked list)를 이용해서 FAT를 구현했다.

(2) NTFS

Microsoft Windows의 파일 시스템으로, MS-DOS부터 쓰인 FAT를 대체하기 위해 1993년 Windows NT 3.1과 함께 발표되었다. FAT과 비교해 여러 가지가 개선되었는데, 메타 데이터의 지원, 고급 데이터 구조의 사용으로 인한 성능 개선, 신뢰성, 추가 확장 기능을 더한 디스크 공간 활용을 들 수 있다. FAT 시스템에서 NTFS 시스템으로 변환하고 싶은 경우 명령 프롬프트를 관리자 권한으로 실행해서 convert(드라이브 할당문자): /fs:ntfs를 실행하면 된다. 파일이 사라지지 않지만, 몇 분에서 몇십 분가량 기다려야 한다.

처음 나올 당시엔 매우 획기적이었다. 그러나 21세기 들어 오픈소스 진영이 폭발적으로 발전하면서 NTFS와 비슷한 수준의 다양한 파일 시스템들이 선보여졌고, 썬 마이크로시스템즈의 ZFS까지 등장하면서 현재는 평범한 파일 시스템이 되었다. FAT과의 차이점은 대부분의 파일 시스템은 파일 이름 등을 따로 기록하고 있는데, FAT는 테이블 형태로 저장하고 NTFS는 B-트리로 저장해, NTFS의 탐색 속도가 훨씬 빠르다는 것이다. NTFS에는 저널링 파일 시스템이 있는데, 파일을 기록하기 전에 '어디에 데이터 기록 예정'이라는 데이터를, 파일 기록이 끝난 다음에는 '데이터 기록 완료'라는 데이터를 기록하는 곳이다. 이것은 파일 시스템의 오류를 줄이고 빠른 디스크 검사를 위한 것이다.

(3) ext2

리눅스의 ext 파일 시스템을 계승한 파일 시스템이다. 파일 이름을 256바이트까지 명명할 수 있고, 파일당 최대 용량 2GB, 전체 디스크 크기는 4TB까지 인식할 수 있다.

단점은 시스템이 갑자기 다운된 경우, 재부팅 시에 e2fsck라는 ext2 파일 시스템 검사 프로그램을 무조건 전체 파일 시스템을 대상으로 실행해야만 했다는 점이다. 이를 거부하거나 취소할 수 없고, 건너뛸 수도 없다. 검사 시간을 단축할 수도 없고 이 검사 과정 중에는 아무것도 할 수 없다.

이런 단점이 지나치게 커서, 대체할 수 있는 ext3가 커널 2.4에 나오자마자 급격히 사장되었지만 지금도 그 흔적이 GRUB에 남아있어서 ext3, ext4를 지원하는 GRUB 모듈의 이름은 ext2이다.

(4) ext3

ext2를 대신해 리눅스 커널 2.4부터 지원하기 시작한 파일 시스템으로(레드햇 리눅스에는 7.2부터 탑재), 저널링 기능이 탑재되어 빨라졌다. 16Tbyte까지 디스크를 사용할 수 있으나 작은 파일에 대해 성능이 저조한 단점이 있다.

(5) ext4

ext4(extended file system 4)는 주로 리눅스에서 쓰이는 파일 시스템 중 하나로, 저널링 파일 시스템 (journaling file system)이기도 하다. ext3에서 더 향상된 버전이며, 대부분 리눅스 배포판(우분투 등) 들은 이것을 기본 파일 시스템으로 채택하는 경향이 있다.

(6) JFFS와 JFFS2

저널링 플래시 파일 시스템 버전 2(Journalling Flash File System, version 2. 흔히들 JFFS2라고 한다)는 플래시 메모리 장치에 쓰이는 리눅스 로그 구조 파일 시스템이다. 이전 버전으로는 JFFS가 있 다. JFFS2는 리눅스 커널 2.4.10 릴리즈부터 리눅스 커널에 포함되었다. JFFS는 오픈 펌웨어, eCOS RTOS, 레드부터 부트로더 등에서도 사용할 수 있다.

후속 버전으로, 다수의 개발자가 JFFS2를 대체할 목적으로 LogFS라는 파일 시스템을 개발하고 있다. LogFS는 JFFS2보다 더 큰 용량의 장치들을 적용 대상으로 하고 있다.

JFFS2는 다음과 같은 점이 새로워졌다.

① NAND 플래시 메모리 장치에 대한 지원 추가

일반적인 NAND 장치는 순차적 입출력 인터페이스를 통해 동작한다. 또한 읽기 동작을 메모리-맵 트(memory-mapped) 방식으로 할 수 없다. 그러므로, NAND 플래시 메모리 장치를 위한 JFFS2를 개발하는 데에는 많은 노력이 필요하였다.

② 하드 링크(Hard links) : 온-디스크 포맷 때문에 JFFS에서는 불가능하였다.

③ 압축 : zlib, rubin, rtime의 세 종류의 압축 알고리즘을 사용할 수 있다.

④ 성능 향상

JFFS는 성능 향상 면에서 디스크를 순수한 원형 로그(circular log)로 간주하였다. 이 때문에 불필요 한 I/O가 꽤 많이 발생하였다. JFFS2의 쓰레기 수집 알고리즘은 이러한 I/O 빈도를 꽤 많이 줄여준다.

(7) 특수 파일 시스템

① NFS

네트워크 파일 시스템(NFS : Network File System)은 1984년에 썬 마이크로시스템즈가 개발한 프 로토콜이다. 클라이언트 컴퓨터의 사용자가 네트워크의 파일을 직접 연결된 스토리지에 접근하는 방식과 비슷하게 접근하도록 도와준다. 다른 수많은 프로토콜과 마찬가지로 ONC RPC 시스템을 기 반으로 한다. 네트워크 파일 시스템은 RFC에 정의된 오픈 표준이므로 누구나 구현할 수 있다.

② Coda

Coda는 NFS보다 진보된 네트워크 파일 시스템으로, 암호화 기능을 포함한 뛰어난 보안과 향상된 캐시 기능을 지원한다.

③ PROC

PROC(PROCess File System)은 운영체제의 각종 정보를 커널모드가 아닌 유저모드에서 쉽게 접근 할 수 있도록 만들어 주며, 일반 프로그래머도 시스템 정보에 쉽게 접근할 수 있도록 도와준다.

④ VFS

리눅스를 사용하면 다양한 형식으로 포맷된 디스크를 사용할 수 있다. 보통 리눅스에서는 ext2, ext3, ext4를 사용하지만 윈도우에서 사용하는 NTFS나 FAT 같은 디스크도 사용할 수 있다. 그런데 어떤 디스크를 사용하든 프로그램을 작성할 때는 open, read, write, close와 같은 시스템 호출을 사용해서 이 모든 것을 처리할 수 있다. 그러나 예전에는 그렇지 않았다. 실제 파일 시스템이 무엇인지와 관계없이 공통된 인터페이스(open, read, write, close 등)로 접근하는 것은 매우 어려운 일이었다. 이렇듯 리눅스에서 실제 **파일 시스템에 관계없이 공통된 인터페이스로 파일 시스템에 접근하도록 하는 계층**을 가상 파일 시스템(VFS : Virtual File System)이라고 한다.

㉠ VFS가 존재하지 않는 시스템

[그림 3-9]와 같이 VFS가 존재하지 않는 리눅스 시스템처럼 하드디스크를 3개의 파티션으로 나누고 각각 ext2, ext4, XFS 파일 시스템을 mount했을 때, 사용자 task는 ext2 파일 시스템에 저장된 파일에 접근할 때는 ext2 고유의 함수를 호출해야 하고, ext4 파일 시스템에 저장된 파일에 접근할 때는 ext4 고유의 함수를 호출해야 한다. 이처럼 VFS가 존재하지 않는 경우에는 사용자가 직접 파일 시스템의 종류를 판별하고 그에 해당하는 함수를 호출해야 하는 문제점이 발생한다.

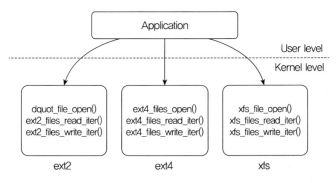

[그림 3-9] VFS가 존재하지 않는 리눅스 시스템

㉡ VFS가 존재하는 시스템

[그림 3-10]의 VFS가 존재하는 리눅스 시스템과 같이 애플리케이션은 open(), read(), write()와 같이 일관된 함수를 통해 파일 시스템에 접근할 수 있다. VFS는 인자에 담겨있는 파일을 확인하여 해당 파일을 관리하는 파일 시스템이 무엇인지를 판단하고, 사용자가 호출한 일관된 함수에 맞는 파일 시스템 고유의 함수를 호출한다. 또한 파일 시스템의 함수가 리턴한 결과를 애플리케이션에 전달한다. 그러므로 VFS는 애플리케이션이 접근하는 파일이 어느 파일 시스템에 저장되었는지 고려할 필요 없이 일관된 POSIX 표준 인터페이스를 이용해 파일에 접근하는 것을 가능하게 한다.

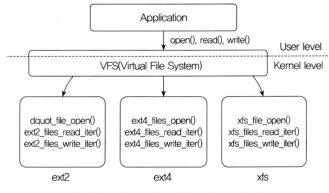

[그림 3-10] VFS가 존재하는 리눅스 시스템

제 **3** 절 **파일 시스템 구조**

리눅스 파일 시스템은 계층적 구조로 되어 있고, 한 개의 루트 디렉터리(/)에서 시작한다. 루트 디렉터리와 하부 디렉터리 또는 파일은 부모와 자식의 관계다.

1 마운트

리눅스는 파일 시스템을 계층적 디렉터리 구조로 구성하고 있다. [그림 3-11]에서 리눅스의 계층적 파일 시스템 구조의 4개의 파일 시스템이 루트 디렉터리(/), /usr, /myfs, /cdrom 디렉터리에 마운트되어 있다. 마운트는 파일 시스템을 트리 구조의 특정 노드에 사상하는 역할을 한다. 루트 파일 시스템은 부팅 시 루트 디렉터리로 마운트된다. 각각의 파일 시스템은 마운트될 위치를 지정해 mount 명령으로 마운트하거나 umount 명령으로 언마운트할 수 있다.

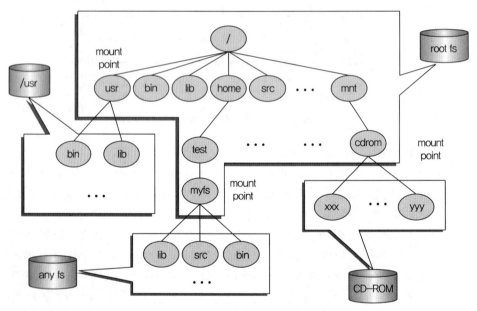

[그림 3-11] 리눅스의 계층적 파일 시스템 구조

[표 3-2] 리눅스 파일 시스템의 디렉터리 설명

디렉터리	설명
/	최상위 디렉터리
/bin	• Binaries and other executable programs • ls, cat과 같은 필수 기본 binary 명령 파일이 저장된 디렉터리
/opt	• Optional or third party software • 응용 프로그램 패키지 설치 디렉터리
/boot	• Files needed to boot the operating system • 부팅에 필요한 커널 파일 저장 디렉터리
/root	• The home directory for the root account • 루트 유저의 홈 디렉터리
/dev	• Device files • 장치 파일이 담긴 디렉터리
/sbin	• System administration binaries • init, fsck와 같은 필수 시스템 binary 명령 파일이 저장된 디렉터리
/etc	• Host-specific system-wide configuration files • 호스트별 시스템 설정 파일
/srv	• Contains data which is served by the system • 시스템에서 제공하는 서비스에 대한 데이터
/home	• User's home directories, containing saved files, personal settings, etc. • 유저의 홈 디렉터리
/tmp	• Temporary space, typically cleared on reboot • 일반적으로 재부팅 시 지워지는 임시 파일
/lib	• Libraries essential for the binaries in /bin and /sbin • 시스템 라이브러리
/usr	• User related programs, libraries, and docs • 사용자 관련 프로그램, 라이브러리 및 문서
/media	• Used to mount removable media like CD-ROMS • 이동식 미디어디스크를 마운트하는데 사용
/var	• Variable files • 로그, 임시 전자 메일 파일 등과 같은 가변 파일
/var/log	• Log files • 로그 파일
/mnt	• Used to mount external files systems • 외부 파일 시스템을 마운트하는데 사용

2 아이노드(i-node) 중요 ★★

리눅스 파일 시스템의 가장 기초가 되는 데이터 구조체는 아이노드(i-node)로, 이는 'index node'의 약어이다. 아이노드는 각 파일마다 하나씩 존재하며, 파일에 대한 필수정보와 제어정보, 그리고 데이터 블록 포인터를 포함하고 있다. 다음 [그림 3-12]는 리눅스 파일 시스템 구조이다.

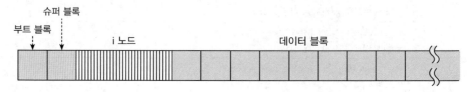

[그림 3-12] 리눅스 파일 시스템 구조

(1) 부트 블록(boot block)

부트 블록은 파일 시스템에서 유닉스 커널을 적재하는 프로그램을 포함하는데, 이런 프로그램을 **부트스트랩**(bootstrap) 또는 **부트로더**(bootloader)라고 한다.

(2) 슈퍼 블록(super block)

슈퍼 블록은 디스크에 대한 다양한 정보를 저장하고 있는 곳으로, 전체 블록의 수, 블록의 크기, 사용 중인 블록의 수, 사용할 수 있는 블록의 번호, i-노드 리스트의 크기, 사용할 수 있는 i-노드의 번호 등의 정보를 저장한다.

① 파일 시스템에 있는 블록의 총 수
② 파일 시스템에 있는 자유 i-노드의 리스트와 i-노드 수
③ 파일 시스템에서 이용 가능한 자유 블록 리스트(bit 맵)
④ 바이트 단위로 된 블록의 크기
⑤ 자유 블록 수
⑥ 사용 중인 블록 수
⑦ 자유 i-노드 리스트에서 다음 자유 i-노드를 가리키는 인덱스
⑧ 파일 수

(3) i-노드

i-노드는 여러 개의 정보로 구성되어 있다. **파일 관리에 필요한 정보를 저장**하고, 파일 하나에서 i-노드 한 개를 만들어 'i-노드 번호'라고 하는 번호로 구별한다. i-노드에는 [표 3-3]의 노드에 저장된 정보(크기 단위 : 바이트), [그림 3-13]의 i-노드의 구조와 같은 정보가 저장되어 있다.

[표 3-3] 노드에 저장된 정보(크기 단위 : 바이트)

필드	크기	설명
모드(형식)	2	파일 형태, 보호 비트
N링크	2	i-노드에 대한 디렉터리 엔트리 수
사용자 식별자	2	파일의 개별 소유자
그룹 식별자	2	파일의 그룹 소유자
크기	4	파일의 크기(바이트 수)
주소	39	주소 정보(직접 블록 10개, 간접 블록 3개)
생성자	1	생성 번호
액세스 시간	4	파일에 마지막으로 액세스한 시간
수정 시간	4	파일을 마지막으로 수정한 시간
변경 시간	4	i-노드를 마지막으로 수정한 시간

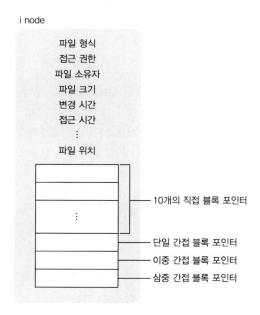

[그림 3-13] i-노드의 구조

i-노드 영역에는 디스크 주소가 13개 포함되며, 3바이트 주소(포인터) 13개로 구성된 39바이트 주소 정보가 들어 있다. 처음 주소 10개는 파일의 데이터 블록(10Kbyte) 10개를 나타내며, 파일이 블록보다 크다면 다음과 같이 사용한다.

① 11번째 주소는 단일 간접 블록이라고 하며, 다음 블록(256Kbyte) 256개를 나타낸다.

② 파일이 더 많은 크기의 블록을 포함한다면, 12번째 주소는 이중 블록을 가리킨다. 즉, 각 블록은 다시 블록 256개를 나타내므로 256 × 256 블록으로 65Mbyte 크기가 된다.

③ 파일이 더 크다면 13번째 주소는 삼중 간접 블록을 가리킨다. 따라서 256 × 256 × 256 블록으로 16Gbyte 크기가 된다.

(4) 데이터 블록

일반적인 파일이나 디렉터리 파일의 내용이 들어 있다.

제 **4** 절 **제작 원리 및 순서**

루트 파일 시스템을 만들 때는 시스템 구동에 필수적인 파일들을 고르는 작업이 필요하다. 이 절에서는 압축된 루트 파일 시스템의 제작법을 설명한다. 많이 쓰이지는 않지만 압축되지 않은 파일 시스템을 디스켓 상에 만들어 직접 루트로 마운트하는 방법도 가능하다.

1 루트 파일 시스템의 제작 방법

압축 파일 시스템은 파일 시스템이 디스크에 압축된 상태로 있다가 부트 시 압축이 풀리면서 램디스크로 복사되는 것을 말한다. 압축 파일 시스템을 쓰면 표준 1440Kbyte의 디스켓에 훨씬 많은 파일(약 6Mbyte 가량)들을 넣을 수 있다. 파일 시스템이 디스켓의 용량보다 훨씬 크기 때문에, 디스켓 위에 파일 시스템을 직접 작성하는 것은 불가능하다. 일단 다른 곳에서 파일 시스템을 완전히 만든 후, 이를 압축한 다음, 그 압축된 것을 디스켓에 복사해 넣어야 한다.

압축된 루트 파일 시스템을 만들기 위해서는 압축 전에 먼저 필요한 모든 파일들을 담을 수 있는 충분한 크기의 빈 공간이 필요한데, 약 4Mbyte 가량을 담을 수 있는 디바이스가 필요하다.

(1) 램디스크를 사용하는 방법

① DEVICE = /dev/ram0으로, 이 경우 메모리 일부가 가상의 디스크 드라이브로 설정된다.

② 램디스크는 필요한 크기의 파일 시스템을 담을 수 있을 정도의 크기는 되어야 한다. 만일 LILO를 쓰고 있다면 설정 파일(/etc/lilo.conf)에 RAMDISK = nnn 같은 라인이 있는지 확인해 봐야 한다. 이 라인은 하나의 램디스크가 가질 수 있는 최대 램 크기를 정하는 것이다.

③ 디폴트는 4096Kbyte인데, 이 정도면 용량은 충분하다. 만약 시스템의 램이 8Mbyte 미만이라면 램디스크를 사용하는 방법은 피하는 것이 좋다.

④ /dev/ram0이나 /dev/ram, 혹은 /dev/ramdisk 등의 디바이스를 가지고 있는지 확인하고, 만일 없다면 mknod 명령(major number 1, minor 0)으로 /dev/ram0을 만들어 주어야 한다.

(2) 하드디스크 파티션

사용하지 않는 수 Mbyte 정도의 하드디스크 파티션이 있다면 이를 이용한다.

(3) 루프백 디바이스

① 루프백 디바이스는 파일 하나를 마치 디바이스처럼 취급할 수 있게 해주며, 파일 한 개를 마치 하나의 하드디스크 파티션처럼 인식시키는 것이다.

② 루프백 디바이스를 이용해서 하드디스크 상에 3Mbyte 가량의 파일을 만든 후 이 위에 파일 시스템을 만들 수 있다.

③ man losetup 명령어를 실행하면, 루프백 디바이스의 사용법이 출력된다.

> 💡 **더 알아두기** 🔍
>
> losetup이 실행되지 않는다면, https://mirrors.edge.kernel.org/pub/linux/utils/util-linux/ 디렉토리에서 losetup과, 이에 맞는 버전의 mount, umount 바이너리가 들어있는 util-linux 패키지를 받아 설치하면 된다.

④ 시스템에 루프 디바이스(/dev/loop0, /dev/loop1 등등)가 없다면 "mknod /dev/loop0 b 7 0" 명령으로 만들어야만 하고, 적절한 mount 및 umount 바이너리들을 설치했다면 아래의 명령을 써서 하드디스크 상에 충분한 크기의 임시 파일을 만든다.

예 /tmp/fsfile

```
dd if=/dev/zero of=/tmp/fsfile bs=1k count=nnn
```

위의 명령으로 nnn-block의 파일을 만들 수 있다.

⑤ -o loop 옵션을 주어 mount 프로그램에게 루프백 디바이스를 마운트함을 지시해야 한다.

예 mount -o loop -t ext2 /tmp/fsfile/mnt

위의 명령은 루프백 디바이스를 통해 /tmp/fsfile를 마운트 포인트 /mnt에 마운트하고, df 명령으로 마운트되었는지 확인해 볼 수 있다.

2 루트 파일 시스템의 제작 순서

(1) 루트 파일 시스템을 만들 수 있는 방법 중 한 가지를 선택하여 DEVICE에 다음 명령어를 실행한다.

```
dd if=/dev/zero of=DEVICE bs=1k count=4096
```

이 명령은 디바이스의 내용을 모두 0으로 채운다.

디바이스를 0으로 채우는 작업이 중요한 이유
디바이스의 파일 시스템은 나중에 압축되므로 사용되지 않는 모든 영역은 0으로 채워야 최대한으로 압축할 수 있다. 때문에 파일 시스템에서 파일을 지우거나 이동시킬 때는 반드시 고려해야 한다. 파일 시스템은 해당 블록의 할당을 회수함으로서 파일을 삭제, 이동시키지만 이때 그 블록의 내용까지 다시 0으로 채워주는 것은 아니며, 파일의 삭제 및 복사가 빈번한 경우, 최종적인 압축 파일 시스템은 훨씬 커져버릴 수 있다.

(2) 파일 시스템을 만든다.

리눅스 커널을 자동으로 램디스크로 복사되도록 해주는 루트디스크용 파일 시스템은 minix와 ext2 파일 시스템 단 두 가지뿐이다.

① ext2 파일 시스템이 보다 선호되는 파일 시스템으로, ext2를 쓰면 -N 옵션을 주어 디폴트값보다 더 많은 i-node를 설정할 수 있어 편리하다. -N 2000 정도로 설정하면 inode가 부족해지는 일은 없다.

② /dev 디렉터리 밑의 불필요한 파일들을 제거해서 i-node를 절약하는 방법도 있다. mke2fs는 디폴트로 1.44Mbyte 디스켓에 360개의 i-node를 생성한다. 사용자에 따라 복구용 루트 디스켓에는 120개의 i-node가 있고 이 정도로 충분하다. 하지만 만약 /dev 디렉토리 내의 디바이스 파일들을 전부 포함시키려 한다면 필요한 i-node 수는 360개를 쉽게 초과해 버린다. 압축 루트 파일 시스템을 사용하면 보다 큰 파일 시스템을 담을 수 있고 따라서 디폴트로 보다 많은 i-node를 쓸 수 있다. 그래도 역시 파일의 수를 줄이거나 i-node 수를 늘일 필요가 있을 경우 다음과 비슷한 명령이 필요하다.

```
mke2fs -m 0 -N 2000 DEVICE
```

루프백 디바이스를 사용한다면 위의 DEVICE 대신 파일 이름을 써야 한다. mke2fs 명령은 자동으로 사용 가능한 용량을 인지하고 그에 맞춰 파일 시스템을 설정한다. '-m 0' 파라메터는 mke2fs로 하여금 root용 공간을 할당하지 못하게 함으로써 사용 가능한 디스크 용량을 더 많이 확보한다.

(3) 디바이스를 마운트한다.

```
mount -t ext2 DEVICE /mnt
```

만약 /mnt 디렉터리가 없다면 사전에 마운트 포인트가 될 /mnt 디렉터리를 만들어 주어야만 한다.

제 5 장 디바이스 드라이버

디바이스 드라이버

디바이스란 네트워크 어댑터, LCD 디스플레이, 오디오, 터미널, 키보드, 하드디스크, 플로피디스크, 프린터 등과 같은 주변장치들을 말하며, 디바이스를 구동하기 위해서는 디바이스 구동 프로그램인 디바이스 드라이버가 필요하다. 일반적인 디바이스 시스템은 디바이스 자체와 제어기(controller)로 구성된다. 디바이스 자체는 제어기를 통해 입력된 명령어를 수행하고 결과를 알려주는 역할을 담당하고, 디바이스와 디바이스 사이의 인터페이스 역할을 담당한다. 또한 내부적인 버퍼 및 제어/상태 레지스터 등으로 구성된다.

1 디바이스의 종류

리눅스 시스템에서의 디바이스 종류를 크게 3가지로 분류할 수 있는데, 문자 디바이스(character device), 블록 디바이스(block device), 네트워크 디바이스(network device)가 그 구성요소이다. 각 디바이스는 이름을 쉽게 구분하기 위해 식별자와 각각의 고유번호를 가진다.

(1) 문자 디바이스(character device)

문자 디바이스는 파일 시스템에서 하나의 노드 형태로 존재한다. 자료의 순차성을 지닌 장치로 버퍼캐시를 사용하지 않고 바로 데이터를 읽고 쓸 수 있는 장치를 말한다. 문자 디바이스는 데이터를 **문자 단위** 또는 **연속적인 바이트 흐름으로 전달**하고 읽는다. 예로 직렬 포트, 병렬 포트, 마우스, PC 스피커, 터미널 등이 있다.

```
crw--w--w-   0  root   root    5,    1   Oct    1   1998   console
crw-rw-rw-   1  root   root    1,    3   May    6   1998   null
crw-------   1  root   root    4,    0   May    6   1998   tty
crw-rw----   1  root   disk   96,    0   Dec   10   1998   pt0
crw-------   1  root   root    5,   64   May    6   1998   cua0
```

[그림 3-14] 문자 디바이스의 예

맨 앞의 c는 파일 관련 정보 중 첫 문자 c로, character device를 의미한다.

(2) 블록 디바이스(block device)

블록 디바이스는 파일 시스템에서 하나의 노드로 존재하며, 버퍼 캐시(cache)를 통해 **블록 단위로 입출력**되며, 랜덤 액세스가 가능하고, 파일 시스템을 구축할 수 있다.

데이터를 블록 단위로 입출력하며, 효율성을 향상하기 위해 버퍼를 이용하고, 드라이버는 블록의 크기를 관리하고 블록 데이터의 전달을 담당하는 기능을 한다. 예로 플로피디스크, 하드디스크, CD-ROM, 램디스크 등이 있다.

```
brw-------  1  root  floppy   2,  0   May  6  1998  fd0
brw-rw----  1  root  disk     3,  0   May  6  1998  hda
brw-rw----  1  root  disk     3,  1   May  6  1998  hda1
brw-rw----  1  root  disk     8,  0   May  6  1998  sda
brw-rw----  1  root  disk     8,  1   May  6  1998  sda1
```

[그림 3-15] 블록 디바이스의 예

맨 앞의 b는 파일 관련 정보 중 첫 문자 b로, block device를 의미한다.

(3) 네트워크 디바이스(network device)

네트워크 디바이스는 문자열 기반이 아닌 네트워크 통신을 통해 네트워크 패킷을 주고받을 수 있는 디바이스를 말한다. 네트워크 디바이스는 문자 디바이스나 블록 디바이스와는 달리 파일 시스템의 노드 형태가 아닌 특별한 인터페이스를 사용한다. 예로 Ethernet, PPP, ATM, ISDN, NIC(Network Interface Card) 등이 있다.

2 디바이스 파일(장치 파일)

디바이스 파일 또는 특수 파일(special file)은 유닉스 계열 운영체제에서 마치 흔한 파일처럼 보이는 파일 시스템 안의 장치 드라이버의 인터페이스이다. 소프트웨어가 표준 입출력 시스템 호출을 사용하여 장치 드라이버와 상호작용할 수 있게 해준다.

장치 파일들은 프린터와 같은 주변기기를 위한 단순한 인터페이스를 제공하기도 한다. 그러나 디스크 파티션과 같이 그러한 장치들의 리소스에 접근하는 데에만 사용될 수 있다. 장치 파일은 시스템 리소스에 접근할 때도 유용하다.

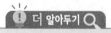

> **일반 파일과 디바이스 파일**
> 일반 파일이 데이터를 저장하는 데 목적이 있다면 디바이스 파일은 시스템 또는 하드웨어 정보(디바이스 형식, 주 번호, 부 번호)를 제공하는 데 목적이 있다. 일반 파일에 데이터를 쓰면 보존이 가능하고 크기도 증가하지만 디바이스 파일은 데이터를 써도 보존되지 않고 디바이스로 데이터를 전달한다. 문자 디바이스 파일과 블록 디바이스 파일은 있지만, 네트워크 디바이스 파일은 없다.

3 디바이스 파일의 생성

문자 디바이스 파일과 블록 디바이스 파일을 생성하기 위해 mknod 명령을 사용한다.

> mknod 〈디바이스 파일명〉 〈디바이스 파일형식〉 〈주 번호〉 〈부 번호〉

디바이스 파일은 /dev 디렉터리 아래에서 관리하고, 디바이스 파일형식은 문자형 또는 블록형에 따라 c 또는 b를 사용한다. [표 3-4]를 보면, 리눅스에서 사용되는 디바이스 파일의 주 번호를 문자 디바이스와 블록 디바이스가 독립적으로 사용한다. /proc/devices 파일에 자세한 내용이 있다.

[표 3-4] 리눅스의 디바이스와 주 번호

주 번호	문자 디바이스	블록 디바이스
0	NFS, 네트워크 사용을 위해 이름이 없다.	
1	메모리 장치(mem)	램디스크
2	pseudo TTY 마스터(pty*)	디스크(fd*)
3	pseudo TTY 슬레이브(ttyp*)	IED 하드디스크(hd*)
4	터미널	
5	터미널과 Aux	
6	병렬 인터페이스	
7	가상 콘솔(vcs*)	루프 백 디바이스
60 ~ 63		실험적 사용 목적
120 ~ 127		실험적 사용 목적
240 ~ 252		실험적 사용 목적

4 디바이스 드라이버 중요 ★★

디바이스 드라이버란 디바이스 하드웨어에 데이터를 읽거나 쓰거나 제어하는 루틴의 집합체이다. 이러한 루틴들은 운영체제에 잘 연동하며, 운영체제가 **하드웨어를 제어**할 수 있도록 하는 인터페이스를 제공한다. 즉, 커널이 직접적으로 하드웨어를 제어하지 않고, 잘 정의된 인터페이스인 디바이스 드라이버를 통하여 하드웨어를 제어한다. 디바이스 드라이버는 커널 공간에서 동작하며 커널과 동등한 권한을 갖는다. 따라서 드라이버를 구현할 때 세심한 주의가 필요하다. 디바이스 드라이버를 잘못 사용하면 시스템에 심각한 문제를 초래할 수 있다.

응용 프로그램에서 직접 디바이스에 접근할 수는 없다. 응용 프로그램이 디바이스 파일에 입출력을 요청하면 디바이스 드라이버로 전달되어 하드웨어를 제어한다. 응용 프로그램은 사용자 공간에서 프로세스 형식으로 저장한다. 응용 프로그램은 시스템에 의해 할당된 메모리와 파일만 제어할 수 있으므로 하드웨어에 직접 접근할 수 없다. 따라서 응용 프로그램은 [그림 3-16]과 같이 디바이스 파일을 경유한 후 디바이스 드라이버를 이용하여 하드웨어에 접근한다. 하드웨어에 접근할 수 있는 디바이스 드라이버는 **커널 공간**에 존재한다.

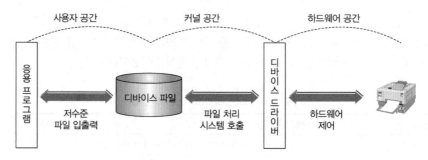

[그림 3-16] 디바이스 드라이버와 디바이스 파일

디바이스 드라이버는 컴퓨터에서 수행되는 저수준의 소프트웨어로, 디바이스 드라이버는 리눅스 운영체제가 자체적으로 지원하는 것도 있지만 일반적으로 디바이스에 적합한 드라이버 프로그램을 별도로 설치하는 것이 대부분이다. 디바이스 드라이버의 특징은 다음과 같다.

① 디바이스와 시스템 사이에 데이터를 주고받기 위한 인터페이스를 제공하는 **커널 내부 기능 중 하나**이다.
② 커널 일부분으로 내장되어 **커널모드에서 실행**되고, **메모리에 상주**하며 스왑되지 않는다.
③ 디바이스 드라이버는 디바이스를 하나의 파일로 **추상화시켜서**, 디바이스를 디바이스 파일(/dev/…)을 통해 파일처럼 액세스하는 것이 가능하고 사용자는 파일에 대해 연산해 준다.
④ 디바이스마다 고유의 번호(major number, 12비트), (minor number, 20비트)를 가지고 있고, 이 번호로 디바이스를 구분한다.

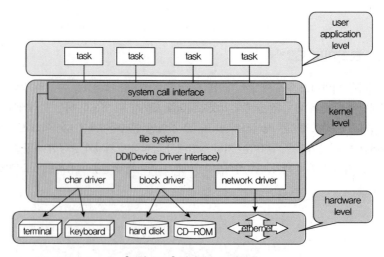

[그림 3-17] 디바이스 드라이버

제 2 절 디바이스 드라이버의 등록 및 해제

디바이스 드라이버를 동작시키려면 디바이스의 특성에 맞는 형식으로 커널에 등록해야 한다. 일반적으로 문자 디바이스 드라이버, 블록 드라이버, 네트워크 드라이버 중 하나의 형식으로 등록되는데, 블록 디바이스 드라이버와 네트워크 디바이스 드라이버의 경우 커널에 등록하는 과정이 매우 복잡하다.

일반적으로 응용 프로그램과 디바이스 드라이버는 디바이스 파일이라는 인터페이스를 통해 접근할 수 있으며, 문자 디바이스는 응용 프로그램에 의해 제어되지만 블록 디바이스와 네트워크 디바이스는 커널에 의해 제어되기 때문에 디바이스 드라이버의 등록과 해제 절차가 디바이스에 따라 다르다.

1 Linux에서 디바이스를 정의하는 데 필요한 정보

(1) 디바이스 그룹(device group) 정보

가장 먼저 제어하려는 디바이스가 block, character, network device 그룹 중 어디에 속하는지에 대한 정보가 필요하다. COM1 시리얼 포트 디바이스는 character device이다. 순서가 중요하기 때문이다. 시리얼 통신 포트를 통해 A → B → C의 순서로 데이터를 전송했다고 가정하면, 데이터를 수신하는 디바이스 드라이버가 데이터를 받는 순서를 마음대로 조작했을 때 통신이 되지 않는다.

(2) 디바이스 종류 정보(major number)

디바이스 드라이버에서 제어하려는 디바이스를 정의하기 위해서는 같은 그룹 내에 있는 많은 종류의 디바이스 중에서 자신이 제어해야 할 디바이스가 어떤 종류에 속하는지를 알기 위해 번호를 붙여 관리한다.

운영체제의 본래 목적은 수많은 프로세스를 관리하는 것으로, 운영체제가 프로세스들을 관리하기 위해 붙인 번호를 PID(Process ID)라고 한다. 마찬가지로 Linux에서 그룹 내 **디바이스 종류들을 구분**하기 위해 붙이는 번호를 major number라고 한다.

(3) 디바이스 구분 정도(minor number)

PC 케이스 뒷면에 25핀 Female로 되어 있는 커넥터('프린터 포트')와 함께 COM1, COM2 두 개의 9핀 Male 시리얼 커넥터가 있었다. 요즘엔 USB 포트를 시리얼 포트로 변환해주는 USB-to-Serial 변환 케이블을 통해 COM3, COM4, COM5 … 등 가상 시리얼 포트들도 계속 추가로 확장될 수 있다. 이 경우, 우리가 제어하려는 디바이스가 COM1 포트인지 아니면 COM3 포트인지 가려낼 수 있어야 한다. 따라서 디바이스를 제어하기 위해 마지막으로 필요한 정보는 **같은 종류의 디바이스 중에서 실제 제어해야 할 디바이스를 구분하기 위한 정보**로, 이 역시 major number와 같은 번호로 되어 있다. 이를 minor number라고 한다.

리눅스 커널 2.4에서는 major number + minor number에 각각 8비트씩 총 16비트를 할당하여 디바이스들을 관리하였으나, 갈수록 늘어나는 디바이스 종류를 위해 리눅스 커널 2.6에서는 major number 12비트, minor number에 20비트, 총 32비트를 할당하여 기능이 확장되었다.

세 가지 정보(디바이스 그룹 정보, 종류 정보, 구분 정보)는 '디바이스 파일'에 제작되어 user application과 device driver 간 연동을 담당하는 역할을 한다.

2 문자 디바이스의 등록과 해제

문자 디바이스 드라이버를 커널에 등록 혹은 해제할 때 register_chrdev()와 unregister_chrdev() 함수를 사용한다. 파일 연산 구조체를 등록 함수의 인자로 사용하며, 커널은 주 번호로 디바이스를 식별한다. 문자 디바이스 드라이버는 커널모드에서 동작하지만, 응용 프로그램을 사용하여 디바이스를 제어할 수 있다.

```
int register_chrdev(unsigned int major, const char *name, struct file_operations *fops)
int unregister_chrdev(unsigned int major, const char *name)
```

① major : 주 번호로, 0이면 사용하지 않는 주 번호 중에서 동적으로 할당된다.
② name : 디바이스의 이름으로 /proc/devices에 나타나 있다.
③ 반환값 : 오류 코드이며, 반환값이 0이거나 양수이면 성공적인 수행이고, 음수이면 오류가 발생했음을 나타낸다.

3 블록 디바이스의 등록과 해제

블록 디바이스는 커널모드에서 동작할 뿐만 아니라 커널이 디바이스를 제어한다.

```
int register_blkdev(unsigned int major, const char *name)
int unregister_blkdev(unsigned int major, const char *name)
```

① major : 주 번호로, 0이면 사용하지 않는 주 번호 중에서 동적으로 할당된다.
② name : 블록 디바이스 장치 이름
③ 반환값 : 오류 코드로, 0이나 양수면 성공적인 수행을, 음수면 오류가 발생했음을 나타낸다.

4 네트워크 디바이스의 등록과 해제

네트워크 디바이스도 블록 디바이스와 마찬가지로 커널모드에서 동작할 뿐만 아니라 커널이 디바이스를 제어한다. 네트워크 디바이스의 등록 및 해제 방법에서는 문자 디바이스나 블록 디바이스와 달리 주 번호를 사용하지 않는다.

```
int register_netdev(struct net_device *dev)
void unregister_netdev(struct net_device *dev)
```

① dev : net_device 구조체 이름
② 반환값 : 등록에 성공하면 0을, 실패하면 0이 아닌 값을 반환한다.

제 3 절 디바이스 드라이버 구동 과정 분석

1 디바이스 드라이버 등록

가장 먼저 수행해야 할 사항은 디바이스를 제어할 디바이스 드라이버를 리눅스 커널 내에 등록 (registration)하는 것이다. 실제 디바이스를 제어하는 것은 리눅스 커널이 아니라 커널 내에 등록된 디바이스 드라이버이기 때문이다. 등록하는 방법은 kernel module 형태로 컴파일한 뒤 'insmod' 명령어를 통해 해당 *.ko 파일을 커널 메모리 영역 내에 삽입(추가)하는 형태로 등록하거나, 커널 소스 내에 포함해 같이 컴파일하는 방법이 있다. 주로 개발 초기에 kernel module 형태로 개발을 하고, 개발이 모두 종료되면 커널 소스 내에 포함해 컴파일하거나, 혹은 시스템이 부팅할 때 kernel module 파일이 자동으로 삽입되도록 'insmod' 명령어 실행 부분을 미리 시스템 부팅 스크립트 파일들(ex/etc/inittab)에 써넣는 방식으로 개발이 된다.

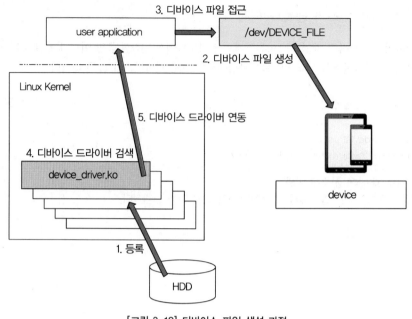

[그림 3-18] 디바이스 파일 생성 과정

2 디바이스 파일 생성

Linux는 자신이 관리해야 할 모든 자원을 '파일' 단위로 관리한다. 일반 파일들은 물론 실행되고 있는 프로세스들도 모두 파일 단위로 관리한다. 마찬가지로, 주변 디바이스들 역시 파일로 관리하고 있으며, 이때 사용되는 파일을 '**디바이스 파일**'이라고 한다.

디바이스 파일은 실제 디바이스를 가리키는 C 언어에서의 포인터와 같은 역할을 한다. user application이 직접 주변 디바이스를 제어하거나 접근할 수 없으므로, 간접적으로 디바이스 파일을 통해 해결할 수밖에 없다. 즉, user application이 디바이스에 무언가 데이터를 쓰고 싶다면, 디바이스와 연결된 디바이스 파일에 쓰면 된다. 이러한 디바이스 파일은 일명 '**디바이스 노드(device node)**'라고도 불리며, 'mknod' 명령어를 통해 생성할 수 있다.

3 디바이스 파일 접근

user application은 가상 메모리 기법에 따라 직접적으로 디바이스에 접근할 수 없다. 따라서 실제 디바이스에 접근하여 user application이 원하는 대로 제어하는 것을 device driver가 담당하게 된다. 이러한 device driver는 스스로(독립적으로) 실행될 수가 없다. 오직 접근하려고 할 때 리눅스 커널이 이를 알아채고 실행해줘야만 한다.

알아채는 방식은 주변 디바이스와 일대일로 연결(링크)되어 디바이스 파일을 user application이 open() 함수를 이용하여 열게(open) 되면, open() 함수를 서비스해주기 위해 리눅스 커널이 해당 파일로 접근하게 되고, 이 파일이 디바이스 파일임을 알게 되면 해당 디바이스를 제어하겠다고 자신(kernel)에게 등록한 device driver들을 검색하게 된다. 만약 해당 device driver를 찾지 못하게 되면, 서비스를 요청한 user application에 오류 메시지를 보내준 후 프로그램을 종료한 뒤 해당 device driver를 찾게 되면 실행해 연동되도록 서비스해준다.

4 디바이스 드라이버 검색

user application이 특정 디바이스 파일을 열게 되면, 해당 디바이스 파일과 연결(링크)되어 있는 디바이스를 제어하겠다고 자신(Linux Kernel)에게 미리 등록한 device driver가 있는지 각 디바이스(device character, block, network) 그룹별로 검색하게 된다.

5 디바이스 드라이버 연동

검색되었다면 이를 실행시켜 user application과 연동되게 해준다. 이후부터 user application이 해당 디바이스 파일에 파일 제어 함수들을 이용하여 제어 요청을 하게 되면, device driver가 해당 요청을 받아 직접 디바이스를 제어하게 된다.

제 4 절   디바이스 파일의 입출력 파일 연산

리눅스는 디바이스를 일종의 파일로 취급하기 때문에 디바이스를 제어하기 위해 파일 연산을 이해해야 한다. 디바이스 파일을 위한 입출력 함수, 디바이스 드라이버를 위한 file 구조체와 파일 연산 구조체를 이해하도록 한다.

1 파일 입출력 함수 중요★

파일 입출력을 위한 함수는 크게 [그림 3-19]와 같이 저수준 파일 입출력 함수와 스트림 파일 입출력 함수로 구분된다. 시스템에서 제공하는 파일 입출력 함수를 **저수준 파일 입출력 함수**라고 하며, 버퍼를 사용하여 스트림 처리가 가능하고 저수준 파일 입출력 함수를 프로그램에서 사용하기 쉽게 만든 함수를 **스트림 입출력 함수**라고 한다.

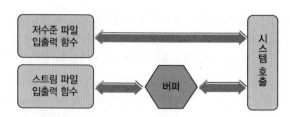

[그림 3-19] 저수준 파일 입출력 함수와 스트림 파일 입출력 함수

(1) 스트림 파일 입출력 함수

스트림 파일 입출력 함수는 fopen(), fread(), fwrite(), fclose() 등과 같이 대부분 'f'로 시작하는 함수이며, 단순하게 파일에 접근하는 것이 아니라 형식화된 형태로 접근할 수 있다. 특히 입출력을 효율적으로 수행하기 위해 내부적으로 버퍼를 사용하므로 스트림 파일 입출력 함수를 사용하여 디바이스 파일에 직접 접근할 수 없다. 스트림 파일 입출력 함수를 사용하면 먼저 버퍼에 보관된 후 조건이 만족되면 파일에 기록되기 때문이다. 즉, 스트림 파일 입출력 함수를 사용하면 디바이스 파일에 데이터를 쓰더라도 곧바로 디바이스에 영향을 미치지 않을 수 있다.

(2) 저수준 파일 입출력 함수

저수준 파일 입출력 함수는 리눅스 커널에서 제공하는 파일 관련 시스템 호출을 라이브러리 함수로 만든 것이다. 저수준 파일 입출력 함수는 디바이스 파일을 실질적으로 다루기 위해 사용하므로 디바이스 드라이버를 구현하려면 저수준 파일 입출력 함수를 사용해야 한다. 저수준 파일 입출력 함수는 스트림 파일 입출력 함수와는 달리 버퍼를 사용하지 않는다. 저수준 파일 입출력 함수는 다음과 같은 것이 있으며, 그 외 fsync(), select(), poll(), mmap() 등도 있다.

① **파일이나 장치를 열어 사용할 준비를 하기 위한 함수**
　　㉠ 형식 : int open(const *pathname, int flags)
　　㉡ 인자
　　　　ⓐ pathname(디바이스 파일 이름)
　　　　ⓑ flags(O_RDONLY, O_WRONLY, O_RDWR, O_NONBLOCK, O_NDELAY, O_SYNC 등)
　　㉢ 반환값
　　　　ⓐ 성공하면 3 이상 상수이고, 실패하면 음수
　　　　ⓑ 양수는 파일 기술자로 사용
　　　　ⓒ 파일 기술자 값이 0이면 표준입력(stdin), 1은 표준출력(stdout), 2는 표준오류(stderr)

② **열린 파일을 닫는 함수**
　　㉠ 형식 : int close(int fd)
　　㉡ 인자 : fd(파일 기술자)

③ **열린 파일을 읽어 오는 함수**
　　㉠ 형식 : size_t read(int fd, void *buf, size_t count)
　　㉡ 인자
　　　　ⓐ buf(읽기/쓰기를 위한 공간의 주소로, count보다 커야 함)
　　　　ⓑ count(읽기/쓰기 데이터의 크기며 0이면 실행이 즉시 종료됨)

ⓒ 반환값

  ⓐ 정상적으로 읽기/쓰기를 했다면 읽기/쓰기를 한 바이트 수를 반환하며 count보다 적을 수 있다.

  ⓑ 실패하면 반환 값은 −1

④ **열린 파일을 쓰는 함수**

  ㉠ 형식 : ssize_t write(int fd, const void *buf, size_t count)

  ㉡ 인자

  ⓐ buf(읽기/쓰기를 위한 공간의 주소로, count보다 커야 함)

  ⓑ count(읽기/쓰기 데이터의 크기며 0이면 실행이 즉시 종료됨)

⑤ **일반 파일에서 파일에 읽기/쓰기의 위치를 정하기 위한 함수**

  ㉠ 의미 : 일반 파일에서 파일에 읽기/쓰기의 위치를 정하기 위해 사용되며, 디바이스 파일에서는 디바이스 드라이버마다 다르므로 메모리 또는 하드디스크와 같은 기억장치와 관련된 경우에만 처리한다.

  ㉡ 형식 : off_t lseek(int fd, off_t offset, int whence)

  ㉢ 인자

  ⓐ offset(이동할 파일 포인터의 위치를 바이트 단위로 지정함)

  ⓑ whence(offset을 해석하기 위한 조건으로 SEEK_SET(실제 이동할 위치), SEEK_CUR(현재 위치에서 offset을 더한 값이 이동할 위치), SEEK_END(마지막 위치에서 offset을 뺀 값이 이동할 위치) 등을 사용

  ㉣ 반환값 : 정상적으로 이동되었다면 이동한 실제 위치를 반환한다.

⑥ **시리얼 디바이스의 전송속도를 변경할 때 사용하는 함수**

  ㉠ 의미

  시리얼 디바이스의 전송속도를 변경할 때 write() 연산은 시리얼 포트를 통해 모두 외부로 전송되기 때문에 디바이스를 제어할 수 없다. 이렇게 하드웨어를 제어하기 곤란한 경우 응용 프로그램에서 하드웨어 제어 등의 부가 연산을 위해 사용한다.

  ㉡ 형식 : int(*ioctl) (struct inode *inode, struct file *flilp, unsigned int cmd, unsigned long arg)

  ㉢ 인자

  ⓐ inode, filp(응용 프로그램에서 넘겨준 파일 기술자에 해당하는 값)

  ⓑ cmd(실행할 명령어)

  ⓒ arg(명령어 실행에 필요한 부가적인 인자로, arg 인자가 없는 때도 있음)

  ㉣ 반환값 : 오류가 발생할 때 더 이상 명령이 진행되지 않고 사용자 프로그램에게 EINVAL값을 반환한다.

2 file 구조체

file 구조체는 디바이스 드라이버를 구현할 때 사용한다. file 구조체는 C 라이브러리에 정의한 FILE과는 다르며, 응용 프로그램에서 사용할 수 없고, 단지 커널에서만 사용할 수 있다. file 구조체는 파일 연산을 위한 인자전달 방법으로 사용되고 디바이스에 필요한 데이터 구조를 정의할 수 있다.

디바이스 파일의 정보를 읽거나 쓰기 위한 파일 입출력 함수는 〈kernel〉/include/linux/fs.h에 정의되어 있다.

> **🔔 더 알아두기 🔍**
>
> **파일 포인터와 파일 기술자**
> 파일 포인터는 C 언어에서 제공하며 파일 기술자를 포함한 데이터 구조체이다. 또한 C 표준 입출력 스트림에 사용하고 플랫폼에 독립적이며 고수준 입출력 fopen()에 의해 생성된다.
> 파일 기술자는 운영체제에서 제공되며 I/O 시스템 호출에서 입출력 자원을 구별하는데 사용하고 플랫폼 종속적이며 저수준 입출력 open()에 의해 생성된다.

3 파일 연산 구조체

응용 프로그램은 저수준 파일 입출력 함수를 사용하여 디바이스 파일에 접근한다. 커널은 등록된 디바이스 드라이버의 파일 연산 구조체를 참고하여 응용 프로그램의 요청에 대응하는 함수를 호출한다. 따라서 파일 연산 구조체 변수를 커널에 등록하는 것은 디바이스 드라이버를 등록하는 것이다.

(1) 파일 연산 구조체 필드의 의미

파일 연산(file_operations) 구조체는 〈linux〉/include/linux/fs.h에 선언되어 있고 커널 2.6은 비동기 처리를 위한 함수도 있지만, 일반적으로 디바이스 드라이버를 작성할 때는 거의 사용하지 않는다.

(2) 문자 디바이스 드라이버의 파일 연산자 구조체 사용

사용하지 않는 파일 연산 구조체의 필드는 선언하지 않으면 NULL값으로 초기화된다. 따라서 문자 디바이스 드라이버를 구현할 때 파일 연산 구조체에서 필요한 필드만 선언하면 된다. 다음 내용은 문자 디바이스 드라이버에서 선언된 전형적인 파일 연산 구조체의 선언내용으로 'xxx'는 일반적으로 디바이스의 이름을 사용한다.

```
struct   file_operationsxxx_fops= {
         .owner   = THIS_MODULE,
         .open    = xxx_open,
         .release = xxx_release,
         .read    = xxx_read,
         .write   = xxx_write,
         .ioctl   = xxx_ioctl,
};
```

제 5 절 mmap 작성 및 활용

리눅스 커널은 표준 파일 입출력의 대안으로, 애플리케이션이 파일을 메모리에 매핑할 수 있는 인터페이스를 제공한다. 이는 메모리 주소와 파일 워드 사이의 일대일 대응을 의미하는 것이다. 이를 이용하면 개발자는 메모리에 상주하는 데이터처럼 메모리를 통해서 파일에 직접 접근할 수 있게 된다. 또한, 이렇게 매핑된 메모리 주소에 직접 쓰는 것만으로도 디스크에 있는 파일에 기록할 수 있다.

1 메모리 관리와 mmap() 중요 ★★★

(1) 메모리 관리

각각의 프로세스는 프로세스마다 다른 프로세스와 중복되지 않는 주소공간을 가지게 된다. 주소공간은 논리적인 3개의 세그먼트로 분할된다. 텍스트, 데이터와 스택이 그것이다. 텍스트 세그먼트는 읽기전용으로 프로그램의 명령을 포함하고 있다. 데이터와 스택은 읽기, 쓰기가 모두 가능한 영역이다. 대부분의 시스템에서는 프로세스의 실행과 함께 커널에 의해서 스택 세그먼트가 자동으로 확장된다. 데이터 세그먼트의 경우는 malloc() 계열의 시스템 콜을 이용해서 확장하는 것이 가능하다. 텍스트 세그먼트의 경우 디버깅과 같은 제한된 환경에서 크기의 변경이 가능하다.

기본적으로 프로세스 메모리는 다른 프로세스나 메모리와 공유되지 않는다. 이것은 프로세스의 데이터를 보호하기 위해서 반드시 필요한 기능이지만 다른 프로세스와 특정 데이터를 공유할 때는 귀찮은 기능이 될 수도 있다. 이 때문에 IPC를 사용하게 된다.

(2) mmap()

mmap()는 메모리의 내용을 파일이나 디바이스에 대응(mapping)하기 위해서 사용하는 시스템 호출로, **메모리의 특정 영역을 파일로 대응할 수 있도록 도와준다.** 시스템 전역적인 객체이므로 파일을 다른 프로세스에서 접근 가능하도록 할 수 있으며, 이러한 mmap의 특징 때문에 IPC 용도로 사용 가능하다. mmap은 IPC 용도로 사용 가능하지만 IPC 설비는 아니며, mmap은 프로세스의 주소공간을 파일에 대응시킨다. 파일은 운영체제 전역적인 자원이므로 당연히 어렵지 않게 다른 프로세스와 공유해서 사용할 수 있을 것이다.

2 mmap의 활용 용도

메모리의 내용을 파일에 대응시켜 얻을 수 있는 이익을 생각해보면 mmap의 활용 용도를 결정할 수 있을 것이다.

(1) 메모리의 내용을 파일에 대응시킬 수 있다면 프로세스 간 데이터의 교환을 위한 용도로 사용 가능할 것이다. 프로세스 간 공유하고자 하는 데이터를 파일에 대응시키고 이것을 읽고 쓰면 된다. 물론 접근 제어를 해줘야 한다.

(2) 메모리의 내용을 파일에 직접 대응시킨다면 성능 향상을 생각할 수 있을 것이다. 고전적인 방법은 파일 지정자를 얻어서 직접 입출력하는 방식으로, open, read, write, lseek와 같은 함수를 이용한다. 이러한 함수의 사용은 상당한 비용을 지불해야 하는데, mmap을 이용하면 비용을 줄일 수 있다.

3 mmap 선언

```
#include ⟨sys/mmap.h⟩

#ifdef _POSIX_MAPPED_FILES
void *mmap(void *start, size_t length, int prot, int flags, int fd, off_t offset);
int munmap(void *start, sizet_t length);
#endif
```

mmap() 함수는 fd로 지정된 디바이스 파일에서 offset에 해당하는 물리 주소부터 시작하여 length바이트 만큼을 start 주소로 대응시킨다.

(1) 매개변수

① start 주소

start 주소는 보통 0으로 지정하고, 강제적인 요구가 아니기 때문에 다른 값을 지정해도 꼭 그 값으로 매핑시켜 반환되지는 않는다.

② offset과 length

offset과 length는 PAGE_SIZE 단위여야 한다. mmap은 지정된 영역에 대응되는 응용 프로그램에서 사용 가능한 실제 시작 위치를 반환한다. 성공하면 mmap은 대응된 영역의 포인터를 반환한다. 에러가 발생하면 MAP_FAILED(-1)이 반환되며, errno는 적당한 값으로 설정된다.

③ prot

prot는 파일에 대응되는 메모리 영역의 보호특성을 결정하기 위해 사용된다. 메모리 영역과 파일이 서로 대응되기 때문에 파일에 대한 어떠한 작업이 메모리 영역에 직접적인 영향을 미칠 수 있기 때문이다. prot는 다음과 같은 플래그(flag)를 제공한다.

ㄱ PROT_EXEC : 페이지(page)는 실행될 수 있다.

ㄴ PROT_READ : 페이지는 읽혀질 수 있다.

ㄷ PROT_WRITE : 페이지는 쓸 수 있다.

ㄹ PROT_NONE : 페이지를 접근할 수 없다.

④ flags

flags는 대응되는 객체의 형식을 지정하기 위해 사용한다. 이 flag에 어떤 값을 사용하느냐에 따라서 대응된 페이지를 다른 프로세스와 공유하거나 단지 생성한 프로세스만 사용할 수 있도록 지정할 수 있다.

ㄱ MAP_FIXED

지정된 주소 이외에는 선택하지 않는다. 지정된 주소를 사용할 수 없으면 mmap은 실패한다. 그리고 MAP_FIXED가 지정되면 start는 페이지 크기의 배수여야 한다. 가급적 MAP_FIXED 옵션은 사용하지 않는 편이 좋다.

ㄴ MAP_SHARED

대응되는 객체를 다른 프로세스도 공유할 수 있게 만들어준다. 프로세스들은 객체에 대해서 동등한 권한을 가지게 된다. 그렇다면 객체 접근에 대한 동기화를 시켜줄 필요가 있는데, 이를 위해서 msync와 munmap이 사용된다.

ㄷ MAP_PRIVATE

mmap를 사용할 때 반드시 MAP_PRIVATE와 MAP_SHARED 둘 중 하나를 사용해야 한다. 다른 프로세스와 대응 영역을 공유하지 않는다.

(2) 반환값

① 성공하면 대응된 영역의 포인터를 반환하고, 실패하면 MAP_FAILED(-1)이 반환되며, errno는 다음 값으로 설정된다.

② **EBADF** : fd가 유효한 파일 디스크립터가 아니다.

③ **EACCES** : MAP_PRIVATE가 설정되었지만, fd가 읽을 수 있도록 열려있지 않다. 또한, MAP_SHARED와 PROT_WRITE가 설정되었지만, fd가 쓸 수 있도록 열려있지 않다.

④ **EINVAL** : start나 length나 offset이 적당하지 않다(즉, 너무 크거나 PAGESIZE 경계로 정렬되어 있지 않다).

⑤ **ETXTBUSY** : MAP_DENYWRITE가 설정되었으나 fd로 지정된 객체가 쓸수 있도록 열려있다.

⑥ **EAGAIN** : 파일이 잠겨있거나 너무 많은 메모리가 잠겨있다.

⑦ **ENOMEM** : 사용할 수 있는 메모리가 없다.

위의 flag는 POSIX.1b에 정의된 표준적인 것들인데, 리눅스는 몇 가지 표준적이지 않은 flag를 제공한다. 이들 플래그는 man페이지를 참고하기 바란다. mmap가 성공적으로 호출되면 메모리 대응된 장소에 대한 주소를 리턴받는다. 우리는 이 값을 이용해서 메모리 관련 작업을 하게 된다.

(3) mmap()의 장단점

read()와 write() 시스템 콜을 사용하는 것보다 mmap()을 이용해서 파일을 조작하는 것이 좀 더 유용한데, 정리하면 다음과 같다.

① **mmap()의 장점**

㉠ 메모리에 매핑된 파일을 읽거나 쓰면 read()나 write() 시스템 콜을 사용할 때 발생하는 불필요한 복사를 방지할 수 있다. 이런 추가적인 복사는 사용자 영역의 버퍼로 데이터를 읽고 써야 하기 때문에 발생한다.

㉡ 잠재적인 페이지 폴트 가능성을 제외하면 메모리에 매핑된 파일을 읽고 쓰는데 다른 시스템 콜 호출이나 컨텍스트 스위칭 오버헤드가 발생하지 않는다. 메모리에 접근하는 것만큼 단순하게 동작한다.

㉢ 여러 개의 프로세스가 같은 객체를 메모리에 매핑한다면 데이터는 모든 프로세스 사이에서 공유된다. 읽기전용이나 MAP_SHARED 모드로 쓰기가 가능하게 매핑된 객체는 전체가 다 공유된다. MAP_PRIVATE 모드로 쓰기가 가능하게 매핑된 객체는 copy-on-write가 일어나기 전까지 페이지를 공유한다.

㉣ lseek() 같은 시스템 콜을 사용하지 않고도 간단한 포인터 조작만으로 매핑영역을 탐색할 수 있다.

② **mmap()의 단점**

㉠ 메모리 매핑은 항상 페이지 크기의 정수배만 가능하다. 따라서 매핑하려는 파일 크기와 페이지 크기의 정수배 차이만큼의 공간이 낭비된다. 크기가 작은 파일이 많다면 매핑 때문에 낭비되는 공간의 비율이 높아지는 것이다. 예를 들어, 페이지 크기가 4Kbyte이고 7바이트를 매핑하면 4089바이트가 낭비된다.

㉡ 메모리 매핑은 반드시 프로세스의 주소공간 내에 있어야 한다. 32비트 주소공간에서 다양한 크기의 수많은 매핑을 사용하게 되면 주소공간의 단편화를 초래하여 크고 연속된 비어 있는 공간을 찾기 어려워진다.

㉢ 메모리 매핑과 관련 자료 구조를 커널 내부에서 생성 및 유지하는데 오버헤드가 발생한다. 이런 오버헤드는 특히 큰 파일에 자주 접근할 경우 일반적으로 이중 복사를 제거하는 방식으로 방지할 수 있다.

(4) 예제

```
#include ⟨stdio.h⟩
#include ⟨string.h⟩
#include ⟨errno.h⟩
#include ⟨sys/types.h⟩
#include ⟨sys/stat.h⟩
#include ⟨sys/mman.h⟩
#include ⟨unistd.h⟩
#include ⟨fcntl.h⟩

int main(int argc, char **argv) {
        int fd;
        char *file = NULL;
        struct stat sb;
        char buf[80] = { 0x00, };
        int flag = PROT_WRITE | PROT_READ;

        if (argc ⟨ 2) {
                fprintf(stderr, "Usage: inputWn");
                exit(1);
        }

        if ((fd = open(argv[1], O_RDWR | O_CREAT)) ⟨ 0)     {
                perror("File Open Error");
                exit(1);
        }

        if (fstat(fd, &sb) ⟨ 0)  {
                perror("fstat error");
                exit(1);
        }

        file = (char *)malloc(40);

        // mmap를 이용해서 열린 파일을 메모리에 대응시킨다.
        // file은 대응된 주소를 가리키고, file을 이용해서 필요한 작업을 하면 된다.
        if ((file =
                (char *)mmap(0, 40, flag, MAP_SHARED, fd, 0)) == -1)            {
                perror("mmap error");
                exit(1);
        }
        printf("%sWn", file);
        memset(file, 0x00, 40);
        close(fd);
}
```

mmap_test.mmap이란 파일을 만들고 내용은 "hello world₩n" 정도로 채운다. 그 다음 위 코드를 컴파일한 후 테스트를 해보도록 하자. 파일의 내용이 메모리에 대응되는 것을 확인할 수 있을 것이다. 코드의 마지막 부분에서 memset()을 호출했는데, 실제 파일에 대응되어서 파일 내용이 0x00으로 채워졌는지 확인해 보도록 하자.

(5) munmap() 함수

① munmap() 함수

mmap() 함수로 할당된 메모리 영역을 해제한다. start와 length는 mmap() 함수에 의해 반환된 주소와 매개변수로 지정한 length값이어야 한다.

② 매개변수

　㉠ start : mmap에 의해서 반환된 주소

　㉡ length : mmap에 의해서 지정된 크기

③ 반환값

　㉠ 성공하면 0을 반환하고, 실패하면 −1을 반환하며, errno가 설정된다(보통 EINVAL이 설정된다).

　㉡ EBADF : fd가 유효한 파일 디스크립터가 아니다.

　㉢ EINVAL : start나 length 혹은 offset이 적당하지 않다(즉, 너무 크거나 PAGESIZE 경계로 정렬되어 있지 않다).

(6) mremap() 함수

① 매핑 크기 변경

　㉠ 리눅스는 주어진 메모리 매핑 영역의 **크기를 확장하거나 축소**하기 위한 mremap() 시스템 콜을 제공하며, 리눅스 전용이다.

　㉡ glibc 같은 라이브러리는 malloc()으로 할당한 메모리의 크기를 변경하기 위한 realloc()을 효율적으로 구현하기 위해 mremap()을 자주 사용한다.

　㉢ 매핑하려는 파일이 크거나 매핑된 파일의 전체 크기가 페이지 크기로 딱 맞아 떨어질 때 map()의 장점을 극대화할 수 있다.

② 형식 및 매개변수

```
#define _GNU_SOURCE
#include <sys/mman.h>
void * mremap(void *addr, size_t old_size, size_t new_size, unsigned long flags);
```

mremap()은 [addr, addr + old_size]에 매핑된 영역을 new_size만큼의 크기로 변경한다. 동시에 커널은 프로세스의 주소공간에서 사용 가능한 공간과 flags값에 따라 매핑된 위치를 변경할 수 있다.

　㉠ flags 인자 : 0이거나 MRERMAP_MAYMOVE가 될 수 있다. 이것은 크기 변경 요청을 수행하는데, 필요하다면 매핑의 위치를 이동해도 괜찮다고 커널에 알려준다.

　㉡ mrepmap() : 시스템 콜이 성공하면 크기가 조정된 메모리 매핑의 시작주소를 반환한다.

(7) mprotect() 함수

① 매핑의 보호모드 변경

POSIX는 기존 메모리 영역에 대한 **접근 권한을 변경**할 수 있는 mprotect() 인터페이스를 정의하고 있다.

② 형식 및 매개변수

```
#include <sys/mman.h>
int mprotect(const void* addr,size_t len,int prot);
```

mprotect()는 [addr,addr + len]영역(addr은 페이지 크기로 정렬) 내에 포함된 메모리 페이지의 보호모드를 변경한다.

ⓐ prot 인자 : mmap()에서 사용한 prot와 같은 PROT_NONE,READ,WRITE,EXEC를 사용할 수 있다.

ⓑ 이런 값은 권한을 추가한다는 의미가 아니라 만약 메모리 영역이 읽기가 가능한 상태에서 prot값으로 PROT_WRITE만 설정한다면 이 영역은 쓰기만 가능해진다는 것이다.

(8) msync() 함수

① 파일과 매핑의 동기화

msync()는 mmap()으로 매핑된 파일에 대한 변경 내용을 디스크에 기록하여 파일과 매핑을 동기화한다.

② 형식과 매개변수

```
#include <sys/mman.h>
int msync(void * addr, size_t len, int flags);
```

ⓐ 구체적으로 메모리 주소 addr부터 len바이트만큼 매핑된 파일이나 파일의 일부를 디스크로 동기화한다.

ⓑ addr 인자 : 반드시 페이지 크기로 정렬되어야 하며, 보통 mmap()에서 반환값을 사용한다. msync()를 호출하지 않으면 매핑이 해제되기 전까지는 매핑된 메모리에 쓰인 내용이 디스크로 반영된다는 보장을 할 수 없다. 이는 쓰기 과정 중 갱신된 버퍼를 디스크에 기록하도록 큐에 밀어넣는 write() 동작 방식과는 다르다.

ⓒ flas 인자 : 동기화 방식을 제어한다.

(9) madvise() 함수

① 매핑의 사용처 알려주기

리눅스는 프로세스가 **매핑을 어떻게 사용할 것인지 커널에 알려주는** madvise() 시스템 콜을 제공한다. 주어진 힌트에 따라 커널은 의도한 용도에 맞게 매핑의 동작 방식을 최적화할 수 있다. 리눅스 커널은 이런 힌트를 통해 부하가 걸리는 상황에서 필요한 캐시와 미리읽기 방식을 보장한다.

② 형식과 매개변수

```
#include 〈sys/mman.h〉
int madvisze(void* addr, size_t len, int advice);
```

㉠ len = 0 : 커널은 addr에서 시작하는 전체 매핑에 힌트를 적용한다.
㉡ MADV_NORMAL : 이 메모리 영역에 대한 특별한 힌트를 제공하지 않는다.
㉢ MADV_RANDOM : 이 영역의 페이지는 랜덤하게 접근한다.
㉣ MADV_SEQUENTIAL : 이 영역의 페이지는 낮은 주소에서 높은 주소로 순차적으로 접근한다.
㉤ MADV_WILLNEED : 이 영역의 페이지는 곧 접근한다.
㉥ MADV_DONTNEED : 이 영역의 페이지는 당분간 접근하지 않는다.

(10) posix_fadvice() 함수와 readahead() 함수

① 일반 파일 입출력에 대한 힌트

커널에 일반적인 파일 입출력에 대한 힌트를 제공하는 방법으로, 리눅스는 이런 힌트를 제공하기
위해 posix_fadvise()와 readahead()라는 두 가지 인터페이스를 제공한다.

② posix_fadvise()의 형식과 매개변수

```
#include 〈fcntl.h〉
int posix_fadvise(int fd, off_t offset, off_t len, int advice);
```

㉠ posix_fadvice()를 호출하면 파일 디스크립터 fd의 offset, offset + len 범위에 대한 힌트를 커
널에 제공한다.
㉡ len=0 : 이 힌트는 파일 전체인 offset, 파일길이에 적용된다.
일반적인 사용법은 len과 offset값을 0으로 넘겨서 전체 파일에 대한 힌트를 제공하는 것이다.

③ readahead()의 형식과 매개변수

```
#define_GNU_SOURCE
#include 〈fcntl.h〉
ssize_t readahead(int fd, off64_t offset, size_t count);
```

readahead()를 호출하면 파일 디스크립터 fd가 가리키는 파일의 offset, offset + count 영역의 페
이지 캐시를 생성한다.

실제예상문제

01 미리 정해진 특정한 기능을 수행하며, 특정 하드웨어만을 지원하기 위해 만들어지고 탑재되는 소프트웨어에 포함되지 <u>않는</u> 것은?

① RTOS
② 임베디드 프로세서
③ 미들웨어
④ 임베디드 운영체제

01 임베디드 소프트웨어(embedded software)는 PC 이외의 전자기기에 내장되어 제품에 요구되는 특정한 기능을 구현할 수 있도록 하는 소프트웨어이고, 그 종류로는 RTOS(Real-Time Operating System), 미들웨어, 응용 S/W 등이 있다.

02 다음 중 임베디드 소프트웨어의 특징으로 옳지 <u>않은</u> 것은?

① 범용 서버에서 실행되는 프로그램은 물론 특정 시스템 전용 목적으로 개발되어야 한다.
② 시스템에 부가 기능으로 제공하고, 특정 제품을 지원하는 소프트웨어이다.
③ 소형화 및 저전력, 고신뢰성이 필요하다.
④ 경량 그래픽 윈도우 시스템을 지원할 수 있어야 한다.

02 임베디드 소프트웨어는 특정 시스템 전용 목적으로 개발되었으므로, 범용 서버에서 실행되는 프로그램들이 실행되지 않을 수 있다. 그러므로 임베디드 소프트웨어는 실시간 처리 지원, 최적화 기술 지원, 경량 그래픽 윈도우 시스템을 지원하여 하드웨어를 효율적으로 관리할 수 있다.

정답 01 ② 02 ①

안심Touch

03 [문제 하단 표 참조]

03 다음 설명에 해당되는 한국정보통신기술협회(TTA)의 PG 108 프로젝트 산하 워킹그룹은?

> 미들웨어의 영역으로 센서 네트워크 요소 기술에 대한 참조 모델을 표준화 범위로 정의하고 있으며, 주요 표준화 결과로 는 센서 네트워크 참조모델이다.

① WG1
② WG2
③ WG3
④ WG4

≫Q

다음 표는 TTA/PG108 프로젝트 산하 워킹그룹의 내용이다.

그룹	영역	표준화 범위	주요 표준화 결과
WG1	운영체제	임베디드 운영체제 API	임베디드 리눅스 플랫폼 규격
WG2	개발도구	임베디드 S/W 개발환경	임베디드 S/W 개발환경
WG3	미들웨어	센서 네트워크 요소 기술에 대한 참조모델	센서 네트워크 참조모델
WG4	멀티미디어	IP STB 기반 스트리밍 서버를 위한 기술	IP STB 기반 스트리밍 서비스

04 미래의 임베디드 시스템은 앞으로 다가올 유비쿼터스 환경에 맞추어 보다 향상된 서비스를 사용자에게 제공하기 위한 관련 기술로 지능형 시스템 기술과 wearable computing 기술이 있으며 지능형 시스템은 관련 기술로 adaptive software, context-aware computing, semantic web과 같은 기술들이 있다.

04 미래의 임베디드 소프트웨어 지능형 시스템의 관련 기술에 해당하지 않는 것은?

① adaptive software
② wearable computing
③ semantic web
④ context-aware computing

정답 03 ③ 04 ②

05 다음 설명에 해당하는 기술은 어떤 것인가?

> 사람들이 이해할 수 있도록 자연어 위주로 되어 있는 현재의 웹 문서와 달리, 정보자원들 사이에 연결된 의미를 컴퓨터가 이해할 수 있는 형태의 언어로 바꾸는 것이다. 이를 통해 컴퓨터가 정보자원의 뜻을 해석하고, 기계들끼리 서로 정보를 주고받으면서 자체적으로 필요한 일을 처리하는 것이 가능하다. 이 기술은 컴퓨터가 자동으로 정보를 처리할 수 있어 정보 시스템의 생산성과 효율성을 극대화할 수 있는 미래의 임베디드 소프트웨어이다.

① semantic web
② context-aware computing
③ wearable computing
④ adaptive software

05 semantic web은 컴퓨터가 사람을 대신하여 정보를 읽고 이해하고 가공하여 새로운 정보를 만들어 낼 수 있도록 이해하기 쉬운 의미를 가진 차세대 지능형 웹으로 기존의 웹이 가지는 한계들을 극복하고, 컴퓨터가 정보의 의미를 이해하고 의미를 조작할 수 있는 웹이라 할 수 있다

06 다음 중 부트로더에 대한 설명으로 옳지 <u>않은</u> 것은?

① 일반적인 부트로더는 사용자가 컴퓨터를 사용할 수 있도록 운영체제를 읽어 주기억장치에 적재해주는 프로그램이다.
② 임베디드 시스템의 부트로더는 하드디스크와 같은 메모리 장치에 적재하여 부팅한다.
③ 임베디드 시스템의 부트로더는 부팅이 시작되면 타겟 시스템을 초기화한다.
④ 부트로더를 부트스트랩, 부트 프로그램, 또는 부트 이미지 파일이라고 한다.

06 임베디드 시스템의 부트로더는 하드디스크와 같은 메모리 장치가 없기 때문에 플래시 메모리 같은 곳에 부트로더를 적재해 전원이 연결되면 타겟 시스템이 부팅되도록 한다.

정답 05 ① 06 ②

07 U-BOOT(Univeral BOOTloader)는 PPCBOOT와 ARMBOOT를 통합한 부트로더로 PowerPC, ARM, MIPS, x86 등과 같은 대부분의 프로세서를 지원하여, 범용적으로 적용하기 위해 개발한 대부분의 ARM 프로세서에 적용되고 있다. 환경설정이 쉽고 깔끔한 코드로 구성되어 현재 많은 임베디드 개발자들이 사용하고 있다.

07 다음 중 운영체제 시스템에 따른 부트로더에 대한 설명으로 옳지 않은 것은?

① LILO는 작고 가볍기 때문에 x86 계열에서 많이 사용되며, 호환성을 위해 대부분의 리눅스 배포판에 내장되어 있다.

② GRUB는 x86 환경의 리눅스와 윈도우즈 모두 가능하고 LILO 기능보다 우수하며, 멀티부팅이 가능하다.

③ NTLDR은 윈도우 98 및 DOS와의 멀티부팅을 지원하기 위해 도입되었고, 현재 윈도우 NT, 2000, XP 및 최근 운영체제에서 사용되고 있다.

④ U-BOOT는 PowerPC, ARM, MIPS, x86 등과 같은 대부분의 프로세서에 적용하기 어렵고, 환경설정이 쉽지 않다.

08 부트로더의 기능 중 운영체제의 구동 기능은 임베디드 시스템에 리눅스 커널을 탑재하고 구동시키기 위해서는 커널 시작점으로 점프하는 기능과 초기 설정을 커널에 전달하거나 커널 진입 시에 필요한 형식을 구현해 주어야 한다.

08 다음 중 부트로더의 기능으로 옳지 않은 것은?

① 하드웨어 디버깅과 시스템 초기화 기능

② 운영체제 기능

③ 메시지 출력 및 명령어 처리 기능

④ 실행 이미지 다운로드 기능

09 커널은 운영체제의 가장 핵심적인 역할을 하는 부분으로 CPU, 메모리, 프로세스, 파일 시스템, 입출력 등 주요 자원을 관리하며, 최초 기동 시(부팅) 메모리에 로드된다. 그리고 항상 메모리 안에 상주하여 하드웨어 및 실행중인 프로그램을 관리하는 소프트웨어이다.

09 운영체제 또는 시스템의 핵심적인 역할을 하는 부분으로, 응용 프로그램이 동작하기 위한 주요 환경을 제공하는 것은?

① 메모리

② 파일 시스템

③ 커널

④ CPU

정답 07 ④ 08 ② 09 ③

10 다음에서 설명하고 있는 커널의 주요 기능은?

> 표준 출력이나 파일을 쓰는 write, 읽어들이는 read, 프로세스를 포크하는 기능 등을 갖고 있어 사용자 프로그램에서 액세스할 수 있도록 도와준다.

① 시스템 콜 제공
② 메모리 관리
③ 디바이스 관리
④ 프로세스 관리

11 리눅스 커널 소스 레벨 트리에 대한 설명으로 옳지 않은 것은?

① kernel 디렉터리는 태스크 관리자가 구현된 디렉터리이다.
② arch 디렉터리는 하드웨어 종속적인 부분들이 구현된 디렉터리이다.
③ fs 디렉터리는 다양한 파일 시스템과 시스템 호출이 구현된 디렉터리이다.
④ init 디렉터리는 커널 코드를 빌드하는데 필요한 헤더 파일들이 구현된 디렉터리이다.

12 리눅스의 커널에서 메모리 관리자가 구현된 디렉터리는?

① /net
② /mm
③ /ipc
④ /arch

10 커널은 시스템에 존재하는 자원을 효율적으로 관리하는 자원관리자로 프로세서 관리, 프로세스 관리, 메모리 관리, 시스템 콜 관리 기능을 한다.
① 시스템 콜은 프로세스가 운영체제 커널에게 어떤 동작의 수행을 요청하는 것으로 시스템 호출 API를 통해 광범위한 서비스를 제공하게 된다.

11 init 디렉터리는 커널의 초기화 코드를 가지고 있으며, 커널의 메인 시작 함수가 구현된 디렉터리이다.
④ 커널 코드를 빌드하는데 필요한 헤더 파일들이 구현된 디렉터리는 include 디렉터리이다.

12 ② mm 디렉터리는 메모리 관리자가 구현된 디렉터리다. CPU만큼 중요한 시스템 자원은 메모리로 메모리 관리 서브 시스템은 메모리의 할당, 해제, 공유에 대한 관리를 담당한다.
① net 디렉터리는 통신 프로토콜이 구현된 디렉터리이다.
③ ipc 디렉터리는 프로세스 간 통신 기능이 구현된 디렉터리이다.

정답 10 ① 11 ④ 12 ②

13 임베디드 시스템은 제한된 자원을 사용하므로 데스크톱이나 서버와 달리 파일 시스템 운영에도 효율성을 추구해야 하고, 문제가 발생하면 자동으로 복구되고 전원을 차단해도 데이터 손실 없이 재가동하도록 해야 한다.

13 임베디드 시스템의 파일 시스템에 대한 설명으로 적절하지 <u>않은</u> 것은?

① 열악한 환경에서도 안정적으로 가동되어야 한다.
② 파일 시스템에 문제가 발생하면 관리자의 개입으로 시스템을 재가동해야 한다.
③ 파일 시스템의 용량이 제한되므로 불필요한 파일을 제거한다.
④ 부팅은 플래시 메모리와 같은 디바이스로 부팅한다.

14 Root File system은 '/' 디렉토리에 마운트되는 파일 시스템을 의미하며 커널은 루트 파일 시스템을 어디서 찾아야 하는지를 알고 있어야 한다. 루트 파일 시스템을 찾지 못하면 시스템을 동작할 수 없기 때문이다. 루트 파일 시스템은 커널이 동작하기 위한 공간, 라이브러리, 유틸리티를 포함하고 있다.

14 다음 중 리눅스 시스템에서 '/' 디렉터리에 마운트되는 파일 시스템은?

① mke2fs 파일 시스템
② ext2 파일 시스템
③ root 파일 시스템
④ network 파일 시스템

15 초기 램디스크(initrd, initial RAM disk)는 리눅스 부팅 과정에서 자동으로 읽을 수 있는 임시 루트 파일 시스템이다. 일반 램디스크는 부팅 종료 후에도 사용할 수 있지만, 초기 램디스크는 부팅할 때만 RAM을 하드디스크와 같은 블록 디바이스처럼 사용한다. 소규모의 루트 파일 시스템을 생성하기 위해 RAM을 임시로 사용한다.

15 다음에서 설명하고 있는 개념으로 옳은 것은?

> 일반적으로 임베디드 리눅스 시스템의 부팅에서 자동으로 읽을 수 있는 임시 루트 파일 시스템으로 소규모 시스템이며 빠른 접근이 필요할 때 사용된다.

① 초기 램디스크
② NFS
③ JFF2
④ RAM

정답 13 ② 14 ③ 15 ①

16 다음 중 램디스크에 대한 설명으로 적절하지 않은 것은?

① 램디스크 메모리의 일부분을 하드디스크처럼 사용하는 것을 의미한다.
② 임베디드 리눅스 시스템에서는 일반적으로 램디스크를 루트 파일 시스템으로 사용한다.
③ 메모리 일부를 할당하므로 메모리 가용량이 증가하고, 비휘발성이기 때문에 시스템을 다시 부팅해도 내용은 보존된다.
④ 램디스크는 RAM에서 동작하기 때문에 읽고 쓰기가 매우 빠르다.

16 램디스크는 RAM에서 동작하기 때문에 읽고 쓰기가 매우 빠르고, gzip 알고리즘으로 압축하기 때문에 용량을 줄일 수 있다는 장점이 있다. 그러나 메모리 일부를 램디스크로 할당하기 때문에 메모리 가용량이 줄고, 휘발성이기 때문에 시스템을 다시 부팅하거나 전원이 꺼지면 내용을 읽어 버린다는 단점이 있다.

17 다음 중 비휘발성 파일 시스템에 포함되지 않는 것은?

① FAT32
② RAM DISK
③ NTFS
④ JFFS

17 일반적인 파일 시스템은 전원을 차단해도 데이터가 존재하는 비휘발성 파일 시스템이다. 반면 유닉스 운영체제의 경우 전원 변동에 치명적인 손상을 입을 수 있어, 파일 시스템이 깨져 파일을 못 쓰게 되는 등 다른 운영체제에 비해 취약하다는 단점이 있다. 이런 단점을 비휘발성 저널링 파일 시스템으로 극복했다. 비휘발성 파일 시스템으로 사용되는 것으로는 FAT, FAT32, NTFS, ext2, ext3, JFFS, JFFS2 등이 있다.

18 리눅스의 가상 파일 시스템에 대한 설명으로 옳은 것은?

① 사용자가 파일에 접근할 때 애플리케이션에서 커널 레벨을 통해 각각의 파일 시스템 고유의 함수를 호출하여 접근한다.
② 사용자가 직접 파일 시스템의 종류를 판별하고 그에 해당하는 함수를 호출한다.
③ 해당 파일을 관리하는 파일 시스템이 VFS이므로 사용자는 파일을 확인만 하면 각각의 파일 시스템을 판단할 필요가 없다.
④ 실제 파일 시스템에 관계없이 공통된 인터페이스로 파일 시스템에 접근하도록 하는 계층이다.

18 VFS는 인자에 담겨있는 파일을 확인하여 해당 파일을 관리하는 파일 시스템이 무엇인지를 판단하고, 사용자가 호출한 일관된 함수에 맞는 파일 시스템 고유의 함수를 호출한다. 또한 파일 시스템의 함수가 리턴한 결과를 애플리케이션에 전달한다.

정답　16③　17②　18④

checkpoint 해설 & 정답

19 [문제 하단 참조]

20 i-node는 파일에서 파일의 이름을 제외한 모든 정보를 가진다. 파일 이름은 i-node 번호와 함께 디렉터리 안에 저장되고, 각 파일 이름에 부여되는 고유 번호와 대부분의 정보가 있으며 i-node로 이루어진 테이블에서 i-node 번호를 찾으면 모든 정보를 알 수 있다.

정답 19 ② 20 ②

---

19 리눅스의 계층적 파일 시스템 구조의 디렉터리와 파일 시스템을 연결하는 명령어는?

① chmod
② mount
③ rm
④ mv

≫≫🔍

마운트는 한 파일 시스템을 다른 파일 시스템의 디렉터리 계층 구조 상의 특정 디렉터리에 연결하는 것으로 명령어 형식은 다음과 같다.

mount [옵션] [장치 파일] [마운트 포인트]
예 mount -t ext3 /dev/sdb1/mnt/usb
• -t ext3 : 파일 시스템 유형을 ext3로 지정
• /dev/sdb1 : 장치 파일(마운트할 장치 유형 및 장치명)
• /mnt/usb : 마운트 포인트(마운트될 디렉터리)

20 리눅스 파일 시스템의 데이터 구조체인 아이노드(i-node)에 대한 설명으로 옳지 않은 것은?

① 슈퍼 블록은 전체 파일 시스템에 대한 정보를 저장한다.
② i-node는 하나의 데이터 블록만을 포함할 수 있다.
③ 디렉터리 블록은 파일 이름과 i-node의 번호를 저장하기 위해 사용된다.
④ 간접 블록은 추가적인 데이터 블록을 위한 포인터들이 사용하는 목적으로 할당되는 공간이다.

21 다음 중 임베디드 리눅스 시스템에서의 디바이스에 대한 설명으로 옳지 <u>않은</u> 것은?

① 리눅스 시스템에서 디바이스는 문자 디바이스, 블록 디바이스, 네트워크 디바이스로 구성된다.

② 문자 디바이스는 버퍼 캐시를 사용하지 않고 데이터를 읽고 쓸 수 있는 장치이다.

③ 블록 디바이스는 버퍼 캐시를 사용하지 않고, 랜덤 액세스가 가능한 파일 시스템을 구축할 수 있다.

④ 네트워크 디바이스는 문자열 기반이 아닌 특별한 인터페이스를 사용한 네트워크 통신을 통해 네트워크 패킷을 주고받을 수 있는 디바이스다.

22 다음 설명에서 괄호 안에 들어갈 내용을 순서대로 고른 것은?

(㉠) 파일이 데이터를 저장하는 데 목적이 있다면 (㉡) 파일은 시스템 또는 하드웨어 정보를 제공하는 데 목적이 있다. (㉢) 파일에 데이터를 쓰면 보존되고 크기도 증가하지만 (㉣) 파일은 데이터를 써도 보존되지 않고 데이터를 전달한다.

	㉠	㉡	㉢	㉣
①	디바이스	일반	일반	디바이스
②	순차	직접	순차	디바이스
③	일반	디바이스	일반	디바이스
④	일반	디바이스	순차	직접

21 데이터를 블록 단위로 입출력하고 효율성을 향상하기 위해 버퍼를 이용한다. 드라이버는 블록의 크기를 관리하고 블록 데이터의 전달을 담당하는 기능이 있다.

③ 블록 디바이스는 파일 시스템에서 하나의 노드로 존재하며, 버퍼 캐시(cache)를 통해 블록 단위로 입출력되며, 랜덤 액세스가 가능하고, 파일 시스템을 구축할 수 있다.

22 • 디바이스 파일 또는 특수 파일은 유닉스 계열 운영체제에서 마치 흔한 파일처럼 보이는 파일 시스템 안에 보이는 장치 드라이버의 인터페이스이다. 소프트웨어가 표준 입출력 시스템 호출을 사용하여 장치 드라이버와 상호 작용할 수 있게 해 준다.
• 일반 파일은 데이터를 저장하는 데 목적이 있으며, 운영체제에 의해 물리적 장치들과 사상되어 보조저장장치에서 논리적으로 가장 작은 할당 단위이다. 파일 구조에 따라 순차 파일, 색인 파일, 해시 파일로 구분할 수 있다.

정답   21 ③   22 ③

안심Touch

23 디바이스 드라이버는 커널 일부분으로 내장되어 커널모드에서 실행되며, 메모리에 상주한다. 그러므로 시스템 메모리가 부족할 때도 스왑되지 않는다.

23 다음 중 디바이스 드라이버의 특징에 대한 설명으로 옳지 <u>않은</u> 것은?

① 디바이스와 시스템 사이에 데이터를 주고받기 위한 인터페이스를 제공하는 커널 내부 기능 중 하나이다.
② 디바이스를 하나의 파일로 추상화하여 사용자는 파일에 대해 연산을 한다.
③ 고유번호를 가지고 있어 이 번호로 디바이스를 구분한다.
④ 커널 일부분으로 내장되어 커널모드에서 실행되고, 시스템 메모리가 부족할 시 스왑한다.

24 저수준 파일 입출력 함수는 리눅스 커널에서 제공하는 파일 관련 시스템 호출을 라이브러리 함수로 만든 것으로, 디바이스 파일을 실질적으로 다루기 위해 사용하므로 디바이스 드라이버를 구현하려면 저수준 파일 입출력 함수를 사용해야 한다. 파일 기술자에 의해 처리되는 버퍼링 없는 파일 입출력이라고도 한다.

24 임베디드 리눅스 시스템에서 디바이스 파일을 실질적으로 다루기 위해 사용되는 파일 입출력 함수는?

① 고수준 파일 입출력 함수
② 저수준 파일 입출력 함수
③ 파일 포인터
④ 스트림 파일 입출력 함수

25
• munmap() 함수 : 할당된 메모리 영역을 해제한다.
• mremap() 함수 : 매핑된 영역의 크기를 변경한다.
• mprotect() 함수 : 메모리 페이지의 보호모드를 변경한다.
• mmap() 함수 : 파일 디스크립터 fd가 가리키는 파일의 offset 위치에서 len바이트만큼을 메모리 매핑하도록 커널에 요청한다.

25 파일이나 디바이스를 응용 프로그램의 주소공간 메모리에 대응시켜주는 함수는?

① mprotect() 함수
② mmap() 함수
③ munmap() 함수
④ mremap() 함수

정답 23 ④ 24 ② 25 ②

✔ 주관식 문제

01 다음에서 설명하고 있는 이 파일의 이름을 쓰시오.

> 이 파일은 실제 디바이스를 가리키는 C 언어에서의 포인터와 같은 역할을 한다고 했다. user application이 직접 주변 디바이스를 제어하거나 접근할 수 없으므로, 간접적으로 이 파일을 통해 해결할 수밖에 없다. 즉, user application이 디바이스에 무언가 데이터를 쓰고 싶다면, 디바이스와 연결된 이 파일에 쓰면 되는 인터페이스를 제공하는 특수한 파일이다.

01

정답 디바이스 파일 또는 디바이스 노드 (device node, 장치 노드)

해설 디바이스 노드는 애플리케이션(사용자 응용 프로그램)과 디바이스 드라이버를 연결하는 인터페이스를 제공하는 특수한 파일로, 디바이스 추상화를 제공하여 애플리케이션이 디바이스의 세부 사항이나 심지어는 특수한 인터페이스를 공부해야 할 필요가 없도록 해준다. 디바이스 노드는 유닉스 시스템에서 하드웨어에 접근하는 표준 메커니즘이다.

02 파일 입출력 함수의 한 종류로 fopen(), fread(), fwrite(), fclose() 등과 같이 대부분 'f'로 시작하는 함수이며, 단순하게 파일에 접근하는 것이 아니라 형식화된 형태로 접근할 수 있는 입출력 함수는 무엇인지 쓰시오.

02

정답 스트림 파일 입출력 함수

해설 파일 입출력 함수는 스트림 파일 입출력 함수와 저수준 파일 입출력 함수로 구분되며, 스트림 파일 입출력 함수는 입출력을 효율적으로 수행하기 위해 내부적으로 버퍼를 사용하므로 디바이스 파일에 직접 접근할 수 없다. 스트림 파일 입출력 함수를 사용하면 먼저 버퍼에 보관된 후 조건을 만족해야 파일에 기록되기 때문이다. 즉, 스트림 파일 입출력 함수를 사용하면 디바이스 파일에 데이터를 쓰더라도 디바이스에 곧바로 영향을 미치지 않을 수도 있다.

03

정답 디바이스 그룹(device group) 정보, 디바이스 종류 정보(major number), 디바이스 구분(minor number) 정보

해설 디바이스를 정의하는데 필요한 정보 3가지
① 디바이스 그룹(device group) 정보는 제어하려는 디바이스가 block, character, network device 그룹 중 어디에 속하는지에 대한 정보가 필요하다.
② 디바이스 종류(major number) 정보는 디바이스 드라이버에서 제어하려는 디바이스를 정의하려 한다. 그래서 같은 그룹 내에 있는 많은 종류의 디바이스 중 자신이 제어해야 할 디바이스가 어떤 종류에 속하는지를 알기 위해 번호를 붙여 관리한다.
③ 디바이스 구분(minor number) 정보는 디바이스를 제어하기 위해 같은 종류의 디바이스 중에서 실제 제어해야 할 디바이스를 구분하기 위한 정보가 필요하다.

03 임베디드 리눅스 시스템에서 디바이스 드라이버의 등록과 해제 시 디바이스를 정의하는 데 필요한 정보 3가지를 쓰시오.

04

정답 init 프로세스

해설 UNIX에서 init 프로그램 파일의 위치는 /sbin/init에 있으며, 커널이 시동된 후에 init의 모든 동작은 일반적으로 시스템 의존적인 초기화 파일들을 읽고, 다중 사용자 모드와 같은 원하는 상태로 시스템을 가져온다. 이러한 동작들은 /etc/inittab 파일에 명시된 대로 실행한다.

04 UNIX가 처음 시동될 때 일련의 부팅 과정이 끝나고 커널이 메모리에 로드된 후 제어권이 커널에 주어지면 커널이 여러 제반 환경을 구축한 후에 오직 한 개의 프로세스만이 있게 되는데, 이것을 무엇이라고 하는지 쓰시오.

05 비휘발성 파일 시스템이자 리눅스에서 쓰이는 파일 시스템 중 하나로, 리눅스 배포판인 우분트 등에 기본 파일 시스템으로 채택된 파일 시스템과 이 파일 시스템에서 적용된 플래시 메모리 장치에 쓰이는 리눅스 로그 구조 파일 시스템을 쓰시오.

05

정답 ext4(extended file system 4), 저널링 파일 시스템(journaling file system)

해설
- ext4(extended file system 4)는 주로 리눅스에서 쓰이는 파일 시스템 중 하나로 저널링 파일 시스템(journaling file system)이다. ext3의 문제점이 개선되고 파일 시스템 체크 속도가 현저하게 빨라졌으며 파일 복구가 용이하다. 리눅스 배포판(우분투 등)들은 이것을 기본 파일 시스템으로 채택하는 경향이 있다.

- 저널링 파일 시스템(journaling file system)은 특별한 데이터 구조체 혹은 데이터 영역에 시스템의 변경 사항들을 기록해 놓고, 이를 참조하여 파일 시스템에 변경 사항을 적용하기 전 변경점들을 추적한다. 이를 통해 저널링 파일 시스템은 정상 상태로 빠르게 복구할 수 있으며 내부 데이터의 손상 가능성을 줄인다.

여기서 멈출 거예요? 그치가 바로 눈앞에 있어요.
마지막 한 걸음까지 SD에듀가 함께할게요!

제4편

임베디드 시스템 운영체제(OS)

단원 개요

임베디드 시스템은 사용 목적에 따라 제작된 시스템으로, 최소한의 비용으로 최상의 환경을 구축하기 위해 RTOS를 이용한다. 임베디드 시스템 운영체제의 설계 및 구현 기법의 기본 개념을 운영체제의 관점에서 이해하고, 설계 시의 주요 기능들을 시스템 공학 프로세스 차원에서 알아본다.

출제 경향 및 수험 대책

실시간 운영체제의 개념과 종류를 이해하고, 임베디드 시스템 운영체제 설계 시 운영체제 관점과 시스템 공학 프로세스 관점에서의 주요 구성요소들을 이해한다.

 혼자 공부하기 힘드시다면 방법이 있습니다.
SD에듀의 동영상강의를 이용하시면 됩니다.
www.sdedu.co.kr ➜ 회원가입(로그인) ➜ 강의 살펴보기

제1장 임베디드 시스템 운영체제의 개요

제 1 장

제 1 절 임베디드 시스템의 운영체제

임베디드 시스템에 탑재할 수 있는 운영체제의 종류는 실시간 운영체제(RTOS : Real Time OS)와 범용 운영체제로 총 두 가지다. 어떤 운영체제를 임베디드 시스템에 탑재하는지는 임베디드 시스템의 사용 목적 및 효율성을 고려해서 선택해야 한다. 예를 들어, 병원에서 사용하는 의료기구나 핵발전소와 같은 위험 시설에서 사용하는 임베디드 시스템은 정해진 시간 안에 정확하게 일을 처리하기 위해 RTOS를 사용하는 것이 유리하고, PDA나 스마트폰과 같은 임베디드 시스템은 정해진 시간에서 약간의 시간 오차가 있더라도 많은 기능을 구현할 수 있어야 하므로 범용 운영체제를 탑재하는 것이 더 유리하다. 운영체제의 선택 기준은 절대적이지 않으며, 임베디드 시스템을 어디에, 어떻게 사용할지에 따라서 유연하게 운영체제를 선택할 수 있다.

1 순차적으로 작성된 프로그램

소형 임베디드 시스템에 적용되는 것으로, 운영체제가 탑재되지 않은 상태로 응용 프로그램만 실행되는 경우를 말한다. 예전에는 컨트롤러 전용의 어셈블러로 작성하는 경우가 많았지만, 최근에는 각종 CPU나 컨트롤러를 위한 C 컴파일러와 라이브러리가 있기 때문에 C 언어로 프로그램을 만드는 것이 일반적인 추세이다.

2 실시간 운영체제

실시간 운영체제(RTOS)는 운영체제를 탑재한 것으로, 운영체제가 관리하는 응용 프로그램이 실행된다. 정확한 시간 안에 응용 프로그램 내부의 연산의 결괏값을 출력한다는 특징이 있다. RTOS를 이용하여 시스템을 개발할 때 먼저 시스템에 맞도록 RTOS를 수정[이 작업을 포팅(porting)이라고 함]해야 한다는 부담이 있지만, 성능과 안정성 면에서 방대한 임베디드 시스템에 가장 적합한 운영체제라고 할 수 있다.

3 범용 운영체제

범용 운영체제의 종류에는 윈도우나 리눅스 등이 있다. 범용 운영체제는 PC와 유사한 환경을 가진 임베디드 시스템을 사용해야 한다는 제약이 있는데, PC에서 이용하는 마더보드가 축소된 형태의 보드에서 사용할 수 있다고 생각하면 된다.

개인용 컴퓨터에 사용하는 운영체제를 임베디드 시스템에 사용할 때 가장 문제가 되는 것이 비용과 안정성이다. PC를 사용할 때 프로그램이 멈추거나 저절로 리셋되는 경우를 경험해 봤을 것이다. 이때는 그냥 재부팅하면 되지만 만약 병원이나 항공기에서 이와 같은 운영체제를 사용하는 도중에 의료장비나 항공기 엔진이 멈추거나 자동으로 꺼지는 일이 발생한다면 끔찍한 결과를 초래할 수 있다. 또 메모리 용량이 큰 시스템에서 사용하는 운영체제이므로 운영체제가 원활하게 동작할 수 있도록 많은 용량의 메모리와 하드디스크를 장착해야 하므로 비싼 비용을 지불해야 한다는 단점이 있다.

하지만 범용 운영체제를 임베디드 시스템에 적용해서 사용하면 운영체제를 수정하지 않고 시스템에 바로 적용하여 사용할 수 있을 뿐만 아니라, 개발이나 디버거 도구와 같은 개발 환경을 그대로 사용할 수 있다는 장점이 있다. 그리고 임베디드 시스템의 사용 목적에 따라서 멀티미디어나 네트워크와 같은 서비스도 무리 없이 사용할 수 있다.

제 2 절 범용 운영체제와 임베디드 실시간 운영체제

1 범용 운영체제

임베디드 시스템에 범용 운영체제와 RTOS를 탑재할 수 있다고 했지만, 실제 범용 운영체제는 일반 PC만 대용량 서버와 같은 범용 시스템에 사용되며, 임베디드 시스템에는 주로 RTOS를 사용한다.

PC는 하드웨어적으로 어떤 공통적인 표준을 제시한다. PC의 내부구조(메인보드)의 외관 면에서는 차이가 있을 수 있지만, 내부적인 기능은 표준의 형식을 따르고 있다. 즉, 범용 운영체제가 컴퓨터의 하드웨어를 관리하는데 표준을 따르도록 구성되었기 때문에 따로 수정하지 않고도 모든 PC에 탑재하여 사용할 수 있는 것이다. 대부분의 PC는 x86 계열의 CPU를 사용하고, 하드디스크와 플로피디스크는 PCI 슬롯을 사용하며 E-IDE나 SCSI 인터페이스 규격을 따른다. 물론 운영체제 소스 코드를 시스템에 맞게 수정하면 x86 계열의 CPU 외에 다른 범용 운영체제를 탑재할 수도 있지만, 운영체제를 수정하는 것은 응용 프로그램을 만드는 것에 비교도 안될 만큼 많은 시간과 인력을 요구한다. 더욱이 윈도우 운영체제는 소스 코드 자체를 공개하지 않으므로 실제 운영체제를 시스템에 맞게 수정하는 것은 어렵다. 그러나 리눅스는 소스 코드를 공개함으로써 여러 시스템에서 실행할 수 있도록 많은 CPU를 지원하고 있다. x86 계열에서만 동작하는 윈도우와는 다르다.

2 임베디드 실시간 운영체제

임베디드 시스템이란 사용 목적에 따라 제작되기 때문에 하드웨어 상의 표준을 제시하기가 어렵다. 게다가 같은 기능을 갖는 장비라고 해도 제조업체에 따라 다른 CPU를 사용하기 때문에 어렵기도 하다. 예를 들어 x86 계열의 CPU를 장착한 임베디드 시스템에서 동작하도록 작성된 RTOS는 ARM 계열의 CPU와 그 외의 부가적인 하드웨어 장치에 대한 서비스를 할 수 있도록 실시간 운영체제를 수정해 주어야 한다. 이와 같은 작업은 많은 개발 시간과 인력을 필요로 하지만, 현재는 RTOS를 제공하는 상업업체가 많이 있어 이러한 상업업체들의 RTOS를 사용하면 개발하는 시스템에 맞도록 RTOS의 이식 작업을 할 수 있을 뿐만 아니라 편리한 개발 환경을 제공받을 수 있어 개발 시간과 인력의 낭비를 막을 수 있다.

제 3 절 하드웨어 자원 관리와 활용

1 하드웨어 자원 관리

운영체제의 가장 큰 목적은 **시스템의 자원을 효율적으로 관리**하여 응용 프로그램들이 자원을 원활하게 사용할 수 있도록 서비스를 제공하는 것이다. 이와 같이 하드웨어 자원의 관리라는 목적은 범용 운영체제와 RTOS가 공통으로 추구하는 것이지만, 범용 시스템(PC 또는 서버)과 임베디드 시스템의 하드웨어 자원에 차이가 있으므로 적용하는 운영체제에서 자원을 관리할 때도 큰 차이가 나타난다.

임베디드 시스템은 사용하려는 목적에 맞춰 설계된 시스템이기 때문에 범용 시스템만큼 하드웨어 자원이 풍부하지는 않다. 메모리만 보더라도 범용 시스템에는 운영체제와 응용 프로그램을 함께 실행해도 크게 문제 되지 않을 정도로 대용량의 메모리가 장착되지만, 임베디드 시스템은 사용 목적에 맞도록 최소한의 비용을 들여 최상의 환경을 구축한다는 특성을 갖고 있기 때문에 범용 시스템만큼의 메모리를 갖추고 있지는 못하다. 하지만 임베디드 시스템에서는 크기나 기능이 광범위한 범용 운영체제보다는 **RTOS를 이용**하는 것이 **훨씬 더 효율적**이다.

2 임베디드 운영체제의 활용

임베디드 시스템은 특수 목적에 맞도록 설계되어 있지만, 현재는 좀 더 효율적이고 능률적으로 목적을 수행하기 위해 많은 기능을 추가하면서 Post PC라고 불릴 만큼 많은 기능을 갖추고 있다. 예를 들어, 에어컨은 실내의 온도를 일정하게 유지해 실내 환경을 시원하게 할뿐만 아니라 실내의 온도를 감지하여 최적의 온도를 조절하기도 하고, 공기 오염도를 측정하여 공기를 정화하는 역할도 하고 있다. 여기에 에어컨 전면부에 있는 터치 패널을 이용하여 여러 기능을 선택하기도 하고 리모컨으로 조작할 수도 있다. 이와 같은 에어컨 시스템은 운영체제가 여러 하드웨어 장치들을 효율적으로 관리함으로써 기능들이 원활하게 동작하도록 한다.

(1) 통신기기 분야

통화 기능만 있는 핸드폰은 운영체제가 필요하지 않겠지만 MP3 음악을 듣고 게임도 하면서 심지어 동영상까지도 볼 수 있는 요즘 핸드폰에는 운영체제가 탑재되어 있다. PDA에도 운영체제가 탑재되어 있으며, 컴팩의 iPAQ에는 윈도우 CE가 탑재되어 있다.

(2) 국방 산업

비행기의 자동 항법 시스템, 레이더 장치, 열 추적 미사일 등과 같은 장치에는 정해진 시간 안에 정확한 결과를 출력하고 외부의 변화에 즉각적으로 응답할 수 있는 RTOS를 사용한다.

(3) 우주 산업

인공위성이나 유인 왕복선, 화성 탐사건 등과 같은 곳에도 RTOS를 사용한다. 1997년에 화성에 착륙하여 화성의 정보를 실시간으로 지구에 전송했던 '패스파인더'에는 강력한 기능의 RTOS인 VxWorks가 사용되었다.

제 2 장 실시간 운영체제

제 1 절 **실시간 운영체제의 종류**

실시간 시스템(real time system)은 실시간 운영체제(RTOS)가 있는 임베디드 시스템을 의미하는 것이다. 실시간이라는 단어 때문에 실시간 운영체제를 다른 운영체제보다 처리가 빠른 운영체제라고 생각할 수 있는데, 실제 RTOS는 처리 속도와는 크게 상관없다. RTOS에서 제일 중요한 것은 **정해진 시간 안에 태스크(task)를 얼마나 정확하게 처리하느냐** 하는 것이다. 즉, RTOS는 정확한 계산 결과뿐만 아니라 정확한 시간 엄수를 필요로 하는 임베디드 시스템의 운영체제로 적합하다. '정해진 시간'이 아무리 길다고 해도 주어진 시간 안에 작업을 처리하면 이것이 바로 실시간 운영체제이다. 실시간 운영체제는 hard real-time OS와 soft real-time OS로 나눌 수 있다. hard real-time OS는 반드시 정해진 시간 안에 처리를 완료하여 그에 따른 결괏값을 출력해야 하며, 정해진 시간이 지나서 나온 결과는 아무리 정확해도 소용이 없는 시스템에 사용된다. 이와는 반대로 soft real-time OS는 정해진 시간을 조금 초과해서 나온 결과라도 시스템 동작에 무리가 없다면 사용할 수 있는 RTOS이다. 다음 [표 4-1]은 상용 RTOS를 비교한 것이다.

[표 4-1] 상용 RTOS 비교

운영체제	제조회사	국내 대리점	로얄티 정책	구조
VxWorks	WindRiver	WindRiver KOREA	○	Multi Tread
OSE	Enea OSE Systems	트라이콤텍	?	Multi Tread
WRTX	Mentor Graphic	다산인터네트	○	Multi Tread
PSoS	WindRiver	WindRiver KOREA	○	Multi Tread
Nucleus Plus	Accelerated Technology	ATI KOREA	×	Multi Tread
Super Task	US Software	아라전자	×	Multi Tread
μC/OS II	Micrium	디오이즈	×	Multi Tread
QNX	QNX Software Systems	다산인터네트	○	Multi Process
OS-9	Microware	Microware KOREA	○	Multi Process
LynxOS	LinuxWorks		?	Multi Process
RTLink	Finite State Machine Labs		?	Multi Process
Windows CE	MicroSoft	MicroSoft	○	Multi Process

1 VxWorks

(1) 특징

미국의 윈드리버 시스템사가 만들어 판매하는 실시간 운영체제(RTOS)이다. 이와 비슷한 실시간 운영체제로는 QNX, LynxOS, pSOS, Nucleus, RTX, OSE, NEOS, VRTX 등이 있다.

VxWorks는 선점형 스케줄러 기반의 빠른 멀티태스킹 커널로, 빠른 인터럽트 반응과 확장된 태스크 간 통신/동기화 기능을 지원하고, 유닉스 모델과 호환되는 효율적인 메모리 관리 방식을 따르며, 멀티프로세서를 지원한다. 또한 VxWorks는 사용자 인터페이스를 위한 WindSh라고 부르는 셸을 지원한다. 셸은 심볼릭 또는 소스 수준의 디버깅 기능과 성능 모니터와 파일 시스템 입출력을 지원한다.

VxWorks는 많은 플랫폼으로 포팅되었다. 사실상 최근의 모든 임베디드 CPU에 포팅되었다고 볼 수 있다. 여기에는 x86 시리즈, MIPS, PowerPC, SH-4 등이 있고, ARM 아키텍처, StrongARM, xScale CPU 등과도 밀접한 관련이 있다.

화성 탐사선 스피릿 로버, 오퍼튜니티 로버, 큐리오시티 로버는 PowerPC 플랫폼에 VxWorks 운영체제를 탑재하였다. 이 밖에도 몇 기의 우주선의 운영체제로 사용되었고, 보잉사도 새로운 상업 항공기 기종인 7E7의 운영체제로 사용하려고 한다.

(2) 개발 환경

① 지원 호스트 환경

- 윈도우 8 / 7 / Vista(비즈니스, 엔터프라이즈), SP 2 / XP 프로페셔널, SP 2 또는 3
- 레드햇 엔터프라이즈 리눅스 워크스테이션 5, 업데이트 2 또는 3, x86(32bit/64bit) / 4, 업데이트 6 또는 8, x86 (bit), 레드햇 페도라 11, x86(32bit/64bit) / 9, x86-64
- 노벨 SUSE 리눅스 오픈 수세 11.1, x86(32bit/64bit) / 11.0, x86(32bit/64bit)
- 노벨 SUSE 리눅스 엔터프라이즈 데스크톱 11.0, x86 (64bit) / 10.2, x86(32bit/64bit)
- 우분투 데스크톱 9.04, 업데이트 4, x86(32bit/64bit) / 8.04, 업데이트 4, x8(64bit)
- 솔라리스 10(with GTK), 업데이트 11 / 06, SPARC 32bit

② 지원 대상 아키텍처 및 프로세서 계열

새로 출시된 VxWorks 7은 다음의 대상 아키텍처를 지원한다.

- ARM : 11 /11 MP 코어 / 9 / Cortex A9 MP 코어 / Cortex A8
- 인텔 : 펜티엄 계열 / Quark / 제온 / 제온 LV / 코어 / 코어 2 Duo / 아톰
- PowerPC 86xx, 8641d / 85xx, 8572 / 83xx / 74xx / 7xx / 60x / 44x / 40x / QorIQ P4080 / QorIQ P20xx

2 pSOSystem(portable Software On Silicon)

(1) 특징

1980년대 ISI가 개발한 pSOSystem은 우리나라의 여러 업체가 채택해서 사용하고 있는 RTOS로, 삼성전자가 pSOS+ 개발에 참여해 라이선스를 갖고 있어 잘 알려져 있다. 삼성전자가 휴대전화에 사용했으며, 각종 통신 장비와 네트워크 장비에도 사용되고 있다. pSOSystem은 커널을 중심으로 한 여러 개의 소프트웨어 컴포넌트들로 구성되어 있고, 이들 소프트웨어 컴포넌트들은 각각 독립된 모듈로 구성되어 있으며 통합 개발 환경들로 pRISM+를 제공하고 있다.

pSOSystem은 멀티태스킹 RTOS로, 각 태스크는 우선순위를 가지고 있어 우선순위가 높은 태스크들의 작업수행이 먼저 이루어진다. 따라서 선점형 스케줄링 방식을 따른다고 볼 수 있다. 만일 각 태스크들이 같은 우선순위를 가진다면 스케줄링 방식은 라운드 로빈 방식으로 바뀌게 된다. 태스크 수는 총 256개이고, 태스크 관리, 세마포어, 메시지 큐, 시간 관리 및 타이머, 이벤트 비동기 시그널, 오류처리, 동적인 메모리 저장 관리, 다른 태스크들로부터의 코드나 데이터 보호 등의 서비스를 지원한다. 여러 개의 다른 실행모드를 가지고 있는 CPU를 위해서 사용자모드와 슈퍼바이저모드를 제공하고 있다.

(2) 개발 환경

pSOSytem은 실시간 멀티태스킹 커널을 중심으로 여러 개의 소프트웨어 컴포넌트와 라이브러리를 두고 있다. 이런 컴포넌트와 라이브러리는 선택적으로 사용될 수 있다. 하부구조에는 디바이스 드라이버와 칩과 각종 디바이스의 정보를 담고 있는 BSP(Board Support Package)가 있다. BSP를 따로 구별하는 이유는 하드웨어가 변경될 때 시스템 프로그램에 큰 변경 없이 BSP만 수정하여 쉽게 처리할 수 있기 때문이다. 따라서 전체적으로 정리해보면 BSP와 디바이스 드라이버의 바탕을 위해 커널과 기타 필요한 컴포넌트들을 링크하고, 다시 그 위에 사용할 각종 태스크와 응용 프로그램을 제작하여 사용하는 것이다. pSIM+는 pSOSytem 개발자가 좀 더 쉬운 개발을 할 수 있도록 소스 코드 분석을 위한 툴과 컴파일러, 링커, 디버깅할 수 있는 툴을 제공하는 통합 개발 환경이다.

3 Nucleus RTOS

(1) 특징

Nucleus RTOS(뉴클리어스 RTOS)는 실시간 운영체제의 한 종류이다. 멘토 그래픽스라는 회사의 임베디드 시스템 사업부가 만들었고, 현재 다양한 CPU 플랫폼에서 동작할 수 있다. 또한 Nucleus RTOS는 여러 가지 구성요소로 이루어져 있는 전체 임베디드 솔루션의 한 부분이다.

일반적으로 개발은 '호스트'라고 부르는 마이크로소프트 윈도우나 리눅스 기계에서 하고, '타겟'의 CPU에 맞게끔 크로스 컴파일을 한다. 실행이나 검사는 실제 '타겟'보드나 시뮬레이터, EDGE SimTest 위에서 돌아간다.

Nucleus RTOS는 가정용 전자제품에 주로 사용되도록 설계되었다. 예를 들면 셋톱박스, 휴대전화나 PMP 같은 휴대용 기계 등이 있다. 그리고 Nucleus RTOS는 제한된 메모리를 가진 시스템에서 사용할 수 있도록 코드와 데이터를 합쳐서 13Kbyte 정도로 메모리를 줄일 수 있다. 이러한 메모리에 대한 장점 때문에 Nucleus를 많이 사용한다.

Nucleus RTOS는 인공위성이나 엘리베이터, 휴대전화, 기지국, 네트워크 분야에서 강세이고, 국내의 휴대전화 개발업체들이 기술료 부담을 줄이기 위해서 많이 채택하고 있다. 이 운영체제의 커널은 삼성의 운영체제인 바다에도 쓰였다.

(2) 개발 환경

Nucleus는 ARM, MIPS, PPC, M68K, SH 등 마이크로프로세서를 비롯하여 Analog와 TI, 그리고 Hitachi사의 DSP들을 지원하고 있다.

ATI에서 제공하는 Nucleus Web Brower는 HTTP 1.0을 준수하며, HTML 3.2와 프레임을 지원하고, Nucleus GRAFIX와 결합하면 아주 작은 스크린에 Nucleus Web Browser를 최적화할 수 있다.

4 윈도우 임베디드 콤팩트

(1) 특징

윈도우 임베디드 콤팩트[windows embedded compact, 과거 명칭은 윈도우 CE(Windows CE)]는 소형 컴퓨터나 PDA 등에 사용되는 마이크로소프트 윈도우 전용 커널로, 도스 계열인 윈도우 3.11을 기반으로 완전히 새롭게 만들어진 제품이다. 인텔 x86 및 호환 제품, MIPS, ARM, 히타치 SuperH 프로세서를 지원한다. 윈도우 10 IoT Core 제품이 라즈베리파이와 같은 마이크로프로세서 제품에 설치할 수 있도록 배포되었지만 윈도우 CE가 윈도우 10 IoT Core로 전환되는 것인지는 알려지지 않았다.

(2) 기능

윈도우 CE는 저장 공간이 충분하지 않은, 이를테면 개인용 정보 단말기나 모바일 장치 등에 최적화되어 있다. 윈도우 CE 커널 자체는 1Mbyte 이하의 메모리에서도 동작할 수 있도록 설계되어 있다. 장치들은 디스크 저장 장치를 사용하지 않고 설정할 수 있으며, 사용자가 추가하지 못하도록 만들 수도 있다. 윈도우 CE는 실시간 운영체제를 표방하고 있으며 256단계의 우선순위 정도를 가지고 있다. 유닉스 계열 운영체제와는 달리 실행 파일의 기초 단위는 스레드이다.

마이크로소프트는 'CE'에 어떠한 뜻도 없다고 밝혔다. 하지만 대부분의 사람들은 'Consumer Electronics' 혹은 'Compact Edition'의 약자라고 생각한다. 마이크로소프트는 윈도우 CE 디자인 목표 중 'Compact, Connectable, Compatible, Companion'을 암시한다고 하지만 절대로 특정 단어의 약자는 아니라고 밝혔다. 코드명 페가수스로 알려진 첫 번째 버전은 윈도우와 비슷한 인터페이스를 채용했고, 마이크로소프트의 인기 있는 프로그램(MS Word, Excel 등)들이 이식되었다.

초기 윈도우 CE는 주로 PDA의 운영체제로 사용되었지만, AutoPC, 스마트폰 등의 기기에도 사용되었다. 어떤 윈도우 CE 버전은 세 개의 드림캐스트와 엑스박스 360 게임기에서 동작하기도 한다.

많은 마이크로소프트 제품들과 달리 윈도우 CE는 원시 코드 형태로 제공된다. 따라서 윈도우 CE는 제조사의 설정에 맞게 디자인하거나 커스터마이징을 할 수 있다. 우선 여러 하드웨어 업체들에 소스 코드를 제공하여 그들의 장치에 이식할 수 있도록 한다. 이를 기반으로, 윈도우 CE 운영체제 이미지 작성 및 사용자 정의 도구인 플랫폼 빌더(Platform Builder) 같은 제품이 소스 코드를 포함한 형태로 공개된다. 하지만 이 과정은 상당히 복잡하고, 문서화되지 않았다는 점에서 비판을 받고 있다.

윈도우 CE는 4.2 버전까지는 출시 이름 뒤에 .NET이 붙었으나, 5.0 이후로는 윈도우 임베디드(CE/Compact)로 명칭이 변경되었다.

현재 윈도우 CE는 8.0까지 출시된 상황이다. 윈도우 폰 7의 커널에도 사용될 7 버전에서는 CE라는 이름은 더 이상 사용되지 않고, 윈도우 CE의 주요 시장인 embedded에 맞춰 윈도우 임베디드 콤팩트(windows embedded compact)로 변경되었다.

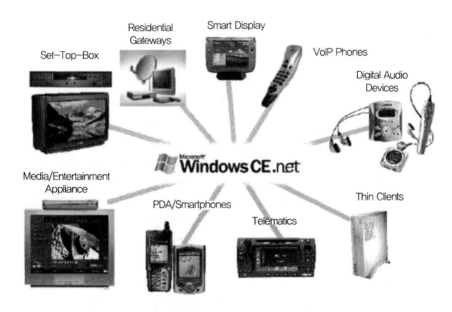

[그림 4-1] 윈도우 임베디드 콤팩트

제 2 절　설계 및 구현 기법

1　임베디드 시스템 운영체제의 프로세스 중요 ★★

(1) 태스크

운영체제에서 프로세스라는 용어를 자주 접하게 되는데, '처리'라는 의미를 가진 프로세스는 운영체제가 관리하는 사용자 프로그램의 작업 단위이다. 즉, CPU가 프로그램 A를 실행시킨다고 할 때 실행 중인 프로그램 A를 프로세스라고 할 수 있으며, 메모리에서 동작하지 않고 하드디스크와 같은 저장 장치에서 실행하지 않은 상태는 프로그램이라고 한다.

운영체제에서 프로세스와 태스크를 혼용해서 사용하는 경우가 많다. 프로세스와 태스크는 모두 운영체제가 관리하는 작업 단위를 말하지만, 범용 운영체제에서 주로 프로세스라는 용어를 사용하고, **임베디드 시스템에서는 태스크라는 용어를 더 많이 사용**한다.

(2) 멀티태스킹

임베디드 시스템은 하나의 특수한 목적에 맞게 설계된 시스템이다. 즉, 응용 프로그램에 맞추어 설계된 시스템이기 때문에 수많은 연산 과정과 입출력 과정을 수행함으로써 필요한 결과를 출력하게 된다. 여기에서 목적을 논리적이고 인과적인 기능별로 나눠 실행시키기 위해 나눈 단위를 태스크라고 한다. 이 태스크는 순차적으로 실행되는 것보다 동시에 실행되는 것이 더 효율적인데, 이것을 멀티태스킹(multitasking)이라고 한다.

RTOS는 **멀티태스킹을 기본**으로 하므로 여러 개의 태스크를 동시에 실행시킨다고 생각할 수 있는데, 실제 임의의 한 시점을 기준으로 보면 CPU는 하나의 태스크 내부의 코드를 실행시키고 있으며, 동시에 두 개 이상의 태스크 코드를 실행시킬 수는 없다. 그러나 5ms라는 시간 단위로 생각해보면 5ms이라는 시간 안에서는 CPU가 태스크를 순차적으로 실행시키는 동시에 실행되고 있는 것으로 간주할 수 있다. 만약 임베디드에 여러 개의 CPU를 장착하면 CPU의 수만큼 실제로 멀티태스킹을 할 수 있다.

(3) 태스크의 정보

운영체제는 태스크를 관리할 수 있도록 하기 위해 각각의 태스크에 자신만의 기본 정보를 갖고 있고, 운영체제가 프로세스를 실행하고 관리하는데 필요한 중요한 정보를 보관하는 자료 구조로는 프로세스 제어 블록(PCB) 또는 TCB(Task Control Block)가 있다. 모든 프로세스는 고유의 프로세스 제어 블록을 가지며, 프로세스 제어 블록은 프로세스 생성 시 만들어졌다가 프로세스가 실행을 완료하면 폐기된다. 프로세스 제어 블록에 저장되는 정보와 각 정보는 어떤 역할을 하는지 알아보자. [표 4-2]는 프로세스 제어 블록의 구성을 나타낸다.

[표 4-2] PCB(또는 TCB) 구성

포인터	프로세스 상태
프로세스 구분자	
프로그램 카운터	
프로세스 우선순위	
각종 레지스터 정보	
메모리 관리 정보	
할당된 자원 정보	
계정 정보	
PPID와 CPID	
....	

① **우선순위**

태스크들 사이의 우선순위를 나타낸 것이다. 우선순위가 높다, 또는 낮다는 것은 상대적 개념이다. 우선순위 할당은 실행순서를 나타낸다는 의미와 비슷하다. 당연히 우선순위가 높은 태스크가 항상 먼저 실행된다. 이러한 우선순위를 태스크에서 할당하는 것은 개발자 몫이다. 만약 우선순위를 잘못 할당한다면 당연히 시스템 성능이 저하될 수도 있다.

② **상태 정보**

태스크가 실행 중이라는 말은 CPU가 메모리에 있는 태스크의 코드를 가져와서 처리하고 있다는 것과 같은 의미이다. 따라서 CPU가 하나의 태스크를 실행시키고 있으면 나머지 다른 태스크는 메모리에서 대기하면서 언제든지 실행될 준비를 하고 있어야 한다. 또 태스크가 외부의 신호를 받아서 처리해야 할 때는 그 신호를 받았다는 표시가 있을 때까지 기다려야 한다. 이처럼 태스크는 **잠복**(dormant), 대기(준비, ready), 실행(running), 기다림(waiting) 등의 중요 요소로 구성된다.

㉠ 잠복

태스크가 생성되면 가정 먼저 잠복 상태가 되며, 태스크가 실행을 마친 후 종료될 때도 잠복 상태가 유지된다. 잠복 상태의 태스크는 바로 실행할 수 없으며, 다시 대기 상태가 되어야 실행할 수 있는 자격을 갖추게 된다.

㉡ 대기(준비)

실행하기 전의 준비 상태이다. 하나의 태스크가 실행 상태일 때, 상대적으로 우선순위가 낮은 태스크가 대기 상태가 된다. 현재 실행 중인 태스크가 실행이 중지되면 대기 중인 태스크 가운데 우선순위가 가장 높은 태스크가 먼저 실행된다. 이처럼 태스크는 항상 실행되기 전에 대기 상태를 거쳐야 한다.

㉢ 실행

CPU가 태스크를 실행하고 있는 상태로, 메모리에 있는 태스크 코드를 CPU가 가져와서 처리하고 있는 것과 같다. 실행 상태는 보통 태스크가 CPU를 점유(primitive)하고 있다고도 표현한다.

ⓔ 기다림

태스크가 외부에서 입력된 값(다른 태스크가 처리한 값일 수도 있고, 시스템 외부에서 통신 포트 등을 통해 들어온 값일 수도 있다)을 받아서 처리하는 경우가 있다. 이런 경우 태스크는 값을 받을 때까지 기다려야 하는데, 이때 태스크는 기다림 상태가 된다.

잠복, 대기, 실행, 기다림의 네 가지 상태 정보의 변환과정을 나타내면 다음 [그림 4-2]와 같다.

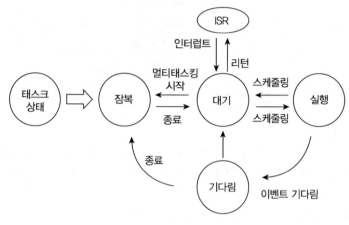

[그림 4-2] 상태 정보

네 개의 상태 정보는 RTOS의 종류마다 조금씩 다르지만 네 개의 상태는 기본적으로 대부분의 RTOS에서 사용되며, 여기에 몇 가지만을 더 추가하면 RTOS의 특성을 나타낼 수 있다. 인터럽트 서비스 루틴(ISR : Interrupt Service Routine)은 태스크와 성격이 다른 것으로 분류하며 태스크의 상태에 포함하지 않는다.

③ **스택(stack)**

일반적으로 RTOS는 C 언어로 작성되어 있으며, 태스크는 C 언어에서 함수의 모습으로 구현된다. RTOS마다 태스크의 형태가 조금씩 다를 수 있지만, 기본적으로는 C 언어에서 함수의 형태를 이루는 경우가 대부분이다. 따라서 태스크는 함수와 마찬가지로 함수 내부에서 사용되는 지역변수(local variable), 함수를 호출할 때 함수로 전달되는 매개인자(argument), 함수가 수행을 마친 후 반환되는 어드레스 등의 정보를 담아 둘 장소가 필요하다. 태스크는 C 언어에서 스택의 크기가 태스크에 어떠한 일을 하느냐에 따라 다르며, 개발자는 태스크의 역할을 유념하여 할당하는 스택의 크기를 결정해야 한다.

많은 연산과 일을 처리하는 태스크의 스택을 너무 작게 설정하면 프로그램의 오동작을 초래할 수 있으며, 별로 하는 일도 없는 태스크의 스택을 지나치게 많이 설정하면 메모리의 낭비를 초래할 수 있다. 스택은 태스크의 고유 영역이며 다른 태스크는 스택의 영역에 접근할 수 없다.

(4) 태스크과 TCB

태스크는 자신만의 고유한 우선순위, 상태 정보, 스택 등을 가지고 있어야 한다. 태스크의 고유 정보는 태스크 자체를 나타내는 함수 외에 별도의 영역에 저장해 두어야 한다. 태스크의 정보가 저장되는 곳은 TCB(Task Control Block)라고 한다. 물론 TCB라는 용어도 사용되는 RTOS마다 다르지만, 기본적인 의미는 같다. C 언어로 작성된 RTOS에서 TCB를 표현하는 가장 좋은 방법은 구조체로, 리눅스에서 TCB 역할을 하는 task_struct를 확인할 수 있다. task_struct 역시 구조체로 표현되어 있다. 즉, 하나의 태스크는 최소 태스크가 하는 일을 나타내는 함수, 함수 내부에서 사용하는 각종 정보(지역변수, 매개인자, 반환 어드레스 등)를 저장하는 스택 영역, 태스크의 기본(우선순위, 스택 영역 주소, 상태 정보 등)이 저장되는 TCB로 이루어져 있다.

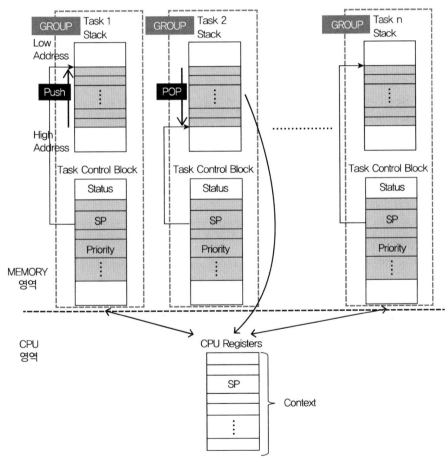

[그림 4-3] 태스크와 TCB, 스택

2 임베디드 시스템 운영체제의 스케줄러와 문맥 교환

스케줄러와 문맥 교환은 **멀티태스킹**의 핵심이다. 스케줄러는 여러 개의 태스크가 실행 상태와 대기 상태를 번갈아 가면서 다음에 실행될 태스크를 결정하고, 전 태스크 교환은 실제 태스크의 상태를 변화시키는 역할을 한다.

(1) 스케줄러

① 스케줄링의 개념

단일 처리 시스템에서는 실행 중인 프로세스가 입출력을 요청하면 이 프로세스가 실행을 마칠 때까지 사용하던 자원을 대기해야 하므로 시간이 낭비된다. 반면에 다중프로그래밍에서는 여러 프로세스를 동시에 메모리에 올려놓고 실행 중인 프로세스가 입출력을 요청하면 운영체제가 이 프로세스에 할당된 프로세서를 회수하여 다른 프로세스에 할당한다. 그러므로 다중프로그래밍에서는 다음과 같은 장점이 있다.

> - 프로세서 이용률을 높일 수 있다.
> - 주어진 시간 동안 처리하는 작업량인 프로세서 처리율이 증가한다.

다중프로그래밍에서 프로세서를 할당할 프로세스를 선택할 때는 어떠한 **정책(전략)**이 필요한데, 여기서 필요한 개념이 스케줄링(scheduling)이다. 스케줄링은 여러 프로세스가 번갈아 사용하는 자원을 어떤 시점에 어떤 프로세스에 할당할지 결정하는 것이다. 이 자원이 프로세서인 경우를 특별히 프로세서 스케줄링이라고 한다. 일반적으로 스케줄링은 프로세서 스케줄링을 의미하고, 스케줄링이라는 용어를 그대로 사용한다.

② 스케줄링의 목적

- ㉠ 자원 할당의 공정성 보장 : 모든 프로세스를 공평하게 취급해야 하며, 어떤 프로세스도 실행을 무한 연기해서는 안 된다.
- ㉡ 단위 시간당 처리량 최대화 : 단위 시간당 유휴 시간을 줄이고 프로세서의 처리량을 최대화하여 가능한 많은 프로세스에 서비스를 제공해야 한다.
- ㉢ 적절한 반환 시간 보장 : 프로세스가 적절한 시간 안에 응답하여 완료해야 한다. 대화식 시스템에서는 사용자에게 늦어도 2 ~ 3초 이내에 응답해 주어야 한다.
- ㉣ 예측 가능성 보장 : 시스템 부하와 상관없이 거의 같은 시간에 거의 같은 비용으로 작업(프로세스)을 실행할 수 있어야 한다.
- ㉤ 오버헤드 최소화 : 일반적으로 오버헤드가 발생하면 자원이 낭비되므로 오버헤드를 줄여야 한다. 하지만 오버헤드가 시스템의 전반적인 성능을 크게 높일 수도 있다.
- ㉥ 자원 사용의 균형 유지 : 시스템의 자원을 가능한 쉬지 않고 사용할 수 있도록 스케줄링을 해야 한다. 따라서 유휴 상태의 자원을 사용하려는 프로세스에 특별한 혜택을 줄 수도 있다.
- ㉦ 반환 시간과 자원의 활용 간에 균형 유지 : 반환 시간(turn around time)을 빠르게 하는 방법은 충분한 자원을 확보하는 것이지만, 한 프로세스가 너무 많은 자원을 차지하면 시스템의 자원 활용도가 떨어진다. 실시간 시스템은 빠른 응답이 필요하므로 자원 활용이 상대적으로 덜 중요하지만 다른 형태의 시스템에서는 효과적인 자원 활용이 훨씬 더 중요하다.

◎ 실행 대기 방지 : 실행을 무한 연기하지 않도록 해야 한다. 실행의 무한 연기는 교착 상태만큼 나쁜 영향을 줄 때가 많다. 이런 무한 연기 문제는 자원을 오래 기다릴수록 높은 우선순위를 부여하여 언젠가는 자원을 확보할 수 있도록 하는 에이징(aging) 방법으로 해결할 수 있다.

㉦ 우선순위 : 우선순위를 부여한 후 스케줄링 방법을 이용하여 우선순위가 높은 프로세스를 먼저 실행하도록 한다. 비선점 자원이라면, 스케줄링 방법은 프로세스에 주요 자원을 넘겨주기보다는 우선순위에 따라 처리해야 한다.

㉧ 서비스 사용 기회 확대 : 프로세스에 서비스 사용 기회를 자주 주어야 한다. 특히 페이지 부재율이 적은 프로세스에는 더 자주 서비스 사용 기회를 제공해야 한다.

㉠ 서비스 수 감소 방지 : 서비스 수가 갑자기 감소해서는 안 된다. 시스템에 부하가 많이 걸릴 때 갑자기 서비스 수가 감소하면 안 된다. 과부하를 방지하든지 프로세스들의 서비스를 줄여 과부하에 대처해야 한다.

이러한 목적들은 서로 모순되는 면이 많은데, 이는 스케줄링 문제를 어렵게 만드는 원인이 된다.

(2) 문맥 교환

스케줄러를 이야기할 때 빠지지 않는 것이 문맥 교환(context switching)이다. 문맥은 '환경'이라는 뜻으로, 문맥 교환은 "환경을 바꾼다."라는 의미로 해석할 수 있다. 즉, "**실행 환경을 바꾼다.**"라는 의미로 사용되는데, 문맥 교환은 태스크의 실행 시 태스크의 기본 정보뿐만 아니라 태스크를 구성하는 명령어 코드, 여러 변수의 값을 CPU가 가져와서 처리하는 것으로 이루어진다. 하나의 태스크가 실행 상태에 있다가 외부에서 처리된 값을 기다려야 하는 상황이 발생하여 기다림 상태가 되었을 때, 스케줄러에 의해 대시 상태에 있는 태스크 가운데 다음에 실행되는 태스크를 선택하게 된다. 이때 실행 상태에 있는 태스크는 기다림 상태가 되기 전까지의 레지스터의 내용을 특정 영역(TCB 또는 스택)에 저장하고, 기다림 상태의 태스크가 실제 실행되기 위해서는 특정 조건을 만족해야 한다. 이때 조건에 필요한 것을 만들기 위해서 태스크 영역인 TCB나 스택을 이용하게 되는 것이다. 따라서 실행해야 하는 태스크의 특정 영역(TCB 또는 스택)의 내용을 CPU의 레지스터로 복사해서 태스크를 실행시키면 기다림 상태의 태스크는 실행 상태의 태스크 상태로 전환된다. 이처럼 새롭게 실행되는 태스크의 문맥이 CPU의 레지스터로 복사되는 것을 문맥 교환이라고 한다.

RTOS의 모든 코드는 대부분 C 언어로 작성되어 있지만, CPU와 관련된 부분은 해당 CPU의 전용 어셈블러로 작성되어 있다. CPU의 레지스터의 값을 가져오고 레지스터에 값을 복사하는 문맥 교환은 CPU 레지스터로 직접 접근에 의한 연산을 하므로 해당 CPU의 어셈블러로 작성된 경우가 많다. 물론 어셈블러로 작성된 코드가 C로 작성된 코드보다 실행 속도가 더 빠르다. 태스크가 실행 상태로 전환될 때 문맥 교환에 걸리는 시간은 RTOS의 성능에 영향을 미치므로 고속으로 처리되어야 하고, 때문에 C보다 어셈블러로 작성하는 것이 훨씬 더 효율적이다.

3 임베디드 시스템 운영체제의 선점형 커널과 비선점형 커널 중요 ★★★

스케줄러나 문맥 교환을 논할 때 나오는 것이 선점형 커널(preemptive kernel)과 비선점형 커널(non
-preemptive kernel)이다. 여기서 커널은 운영체제의 핵심을 말하는 것으로 운영체제와 같은 의미이고,
실제 운영체제는 커널에 응용 프로그램을 위한 각종 서비스를 추가한 것이다. 하지만 여기서는 기본적인
구성을 갖춘 RTOS를 설명하는 것이므로 커널을 운영체제로 보면 된다.

(1) 비선점형 커널

비선점형 커널은 무조건 현재 실행 중인 태스크의 실행이 끝난 후에 다음에 수행될 태스크가 실행되는
커널 구조이다. 비선점형 구조에서는 우선순위가 상대적으로 낮은 태스크가 실행되고 있는 동안 스케줄
러에 의해 우선순위가 높은 태스크가 실행되려 할 때, 우선순위가 높은 태스크는 현재 실행 중인 우선순
위가 낮은 태스크가 실행을 모두 마친 후에야 실행된다. 이때 급하게 처리해야 할 태스크(우선순위가
높음)가 있다면 비선점형 구조에서는 많은 시간이 지난 후에야 실행되므로 시스템의 성능에 불리하다.
즉, 비선점형 커널은 태스크의 실행 시간으로 볼 때 RTOS에 적합하지 않은 구조이다.

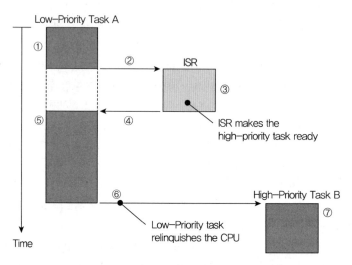

[그림 4-4] 비선점형 커널에서의 태스크 실행

(2) 선점형 커널

선점형 커널은 우선순위가 낮은 태스크가 실행되고 있는 도중에 스케줄러에 의해 상대적으로 우선순위
가 높은 태스크가 실행돼야 하는 경우가 발생할 경우, 현재 태스크의 실행을 잠시 중지시키고 우선순위
가 높은 태스크를 먼저 실행시킨다. 우선순위가 높은 태스크의 실행이 끝나면 우선순위가 낮은 태스크
에서 스케줄러가 발생한 지점으로 돌아가서 다시 실행하게 된다. 따라서 선점형 커널은 RTOS에 적합한
구조라고 할 수 있다.

태스크의 실행순서는 커널 내부에 있는 스케줄러가 담당하며 스케줄러가 즉시 문맥 교환을 하는 구조(선점형 구조)와 현재 실행 중인 태스크의 실행을 모두 마친 후에 문맥 교환을 하는 구조(비선점형 구조)가 있다.

스케줄러의 실행은 일반적으로 어떤 사건에 의해 발생한다. 물론 이와 같은 사건으로는 인터럽트 신호, 다른 태스크에서 처리하는 값을 받아서 처리해야 하는 경우, 다른 태스크로부터 데이터나 신호를 받는 경우, 시스템 내부의 하드웨어 자원을 사용해야 하는 경우 등이 있다. 또한 태스크가 실행되는 동안 다른 태스크의 방해를 받아서는 안 되는 영역이 있을 수 있는데, 이와 같은 영역을 **임계 영역**이라고 한다. 태스크를 작성하는 개발자는 임계 영역을 처리할 때 스케줄링이 발생하지 않도록 주의해서 코드를 작성해야 한다. 즉, 선점형 커널에서 코드를 처리하기 전에 사건의 발생을 억제하고, 코드를 마친 후에 억제를 해제하는 것이다. RTOS의 특성에 의한 임계 영역은 우선순위가 높은 태스크에 할당하는 것이 효율적이다.

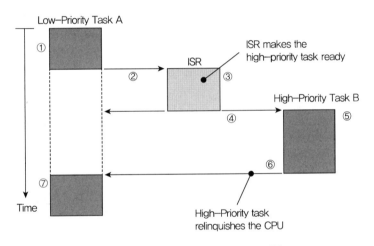

[그림 4-5] 선점형 커널에서의 태스크 실행

4 임베디드 시스템 운영체제의 상호배제

상호배제(mutual exclusion)에는 '상호배타적'이라는 의미가 있다. 두 개 이상의 태스크가 사용하는 자원을 공유 자원이라고 하고, 태스크는 상호배타적인 원칙에 입각하여 공유 자원을 사용해야 한다.

(1) 스케줄링 금지

상호배제는 어떻게 구현될까? 하나의 태스크가 공유 자원을 사용하고 있는 동안 다른 태스크는 공유 자원을 사용할 수 없다는 것은 공유 자원을 사용하는 부분에서 스케줄링이 발생해서는 안 된다는 말과 같다. 즉, 태스크에서 공유 자원을 사용하는 코드가 시작하기 전에 스케줄링을 금지하고, 공유 자원을 사용한 이후에 금지한 스케줄링을 다시 허용하는 과정이다.

(2) 세마포어 사용

세마포어(semaphore)는 플래그(flag)의 역할과 같다. 세마포어의 메커니즘은 단순한 플래그보다 훨씬 더 복잡하지만 간단하게 **플래그 변수**라고 생각하면 된다.

태스크 A가 공유 자원을 사용하기 위해서는 플래그를 1로 설정하고 공유 자원을 사용해야 한다. 이때 스케줄링이 발생하여 공유 자원을 사용해야 하는데, 태스크 B가 실행되어 공유 자원을 사용하려고 하는 경우, 이미 태스크 A가 사용하고 있다고 표시(flag = 1)되어 있으므로 태스크 B는 공유 자원을 사용하지 못하고 기다림 상태가 된다. 스케줄링이 발생하여 공유 자원을 사용하는 태스크 A가 다시 실행 상태가 되어 공유 자원의 사용을 마친 후 플래그 변수를 0으로 만든다. 이때 다시 스케줄링되어 태스크 B가 실행될 때 플래그 0인 것을 확인한 후 공유 자원을 사용한다. 이때는 태스크 B도 공유 자원을 사용하고 있다는 표시로 플래그 변수 1로 설정한다.

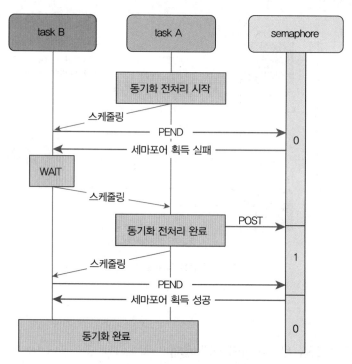

[그림 4-6] 세마포어가 사용될 때의 태스크 실행

제 3 절   임베디드 시스템 적용 시 고려사항

임베디드 시스템은 하드웨어와 소프트웨어의 결합으로 이루어지며, 일반적으로 임베디드 시스템을 구성하는 시스템의 추가 기능을 제공하기 위해 개발됐다. 임베디드 소프트웨어가 먼저 개발되더라도 하드웨어 개발 이후 변경 상황이 발생할 때 하드웨어의 수정 비용이 소프트웨어의 수정 비용에 비해 매우 높아서 개선 및 변경 대상은 소프트웨어일 수밖에 없었던 것도 현실이다. 또한 임베디드 시스템은 의료, 전자제품, 통신, 항공, 군사 등의 다양한 분야에서 다양한 제품으로 빠르게 개발되고 있으며, 시스템의 개발 주기는 전통적인 시스템에 비해 더 짧다. 이러한 임베디드 시스템의 사용주기는 점차 짧아지고 있어 개발 담당자들은 지속적으로 효과적인 시스템 개발 방법을 요청하고 있다.

일반인이 하루에 사용하고 있는 임베디드 시스템은 평균 30여 개 이상으로, 이는 휴대용 전자제품들을 보더라도 알 수 있다. 대부분의 휴대용 전자제품은 지속적인 전원 공급 장치가 있지 않으며 건전지나 충전기 형태의 배터리를 사용하고 지능적인 기능을 제공하는 제품이더라도 스스로 전원 생성할 수 있는 기능이 없으므로 제품 크기는 작아지고 있다. 리소스를 절약하기 위한 전원 절약 기능이나 내부 동작 속도를 조정하는 설정 기능을 갖추고 있다. 이는 임베디드 시스템이 보편적으로 갖는 요구사항에서 비롯된다.

[표 4-3]은 임베디드 시스템을 개발할 때 고려해야 하는 일반적인 개발 요건을 10개의 항목으로 분류한 것이다. 이는 임베디드 시스템의 기능 설계 및 개발과, 개발하려고 하는 제품에 대한 요구사항이 충돌하지 않고 지원될 수 있도록 개발 초기 단계에서부터 고려되어야 한다.

[표 4-3] 임베디드 시스템 개발 요구사항

항목	요구사항 기술
1	제한된 하드웨어 자원 이용
2	저전력 사용
3	대부분의 실시간적 기능 지원
4	하드웨어를 통한 소프트웨어의 연계
5	초기 아키텍처의 중요
6	하드웨어 중심적 설계 선호
7	결함 허용
8	사용자의 요구에 맞춘 서비스 제공
9	고가의 설치 비용
10	고가의 업그레이드 비용

1 임베디드 시스템 개발 시 고려사항과 지원 방향

임베디드 시스템의 사용주기는 상당히 짧아 시장성에 부합하는 임베디드 시스템을 개발하기 위한 체계적인 개발 지원 방법이 지속해서 요청되고 있다. 일반적으로 하드웨어가 안정된 상태에서 이루어지던 소프트웨어의 개발은 큰 비용을 지불하게 하는 주요 원인이 되고 있다. 그래서 시스템 개발에 필요한 의사소통 과정에 소프트웨어의 설계와 관리를 담당하는 개발자를 적극적으로 참여시켜 향후 발생할 수 있는 하드웨어와 소프트웨어 간의 기능적 요구사항의 불일치나 성능적 요구사항의 불일치, 요구사항 등의 불일치가 고려되지 않도록 한다.

1960년대 전투기를 구성하는 데 필요한 소프트웨어의 비중이 8%인 것에 반해 2000년에 전투기의 기능 수행을 위해 필요한 소프트웨어의 비중이 80%에 이른다는 자료에 따르면 소프트웨어가 임베디드 시스템에서 차지하는 비중이 상당히 높아졌음을 알 수 있다.

임베디드 시스템을 개발하는데 있어 필수적인 원칙과 해당 항목들을 정리하면 다음과 같다.

[표 4-4] 임베디드 시스템 개발 원칙

항목	개발 원칙	지원 방안
1	효율적 개발	체계적인 프로세스 정의
		소프트웨어와 하드웨어 상호설계
		소프트웨어와 하드웨어 상호검증
2	시장 적시성 준수	제품 계열 구축
		제품 계열 관리 및 재사용 자산 유지/확보
3	품질 강화	성능 측정 및 분석
		최악 응답 시간 발생 상황 예측 및 수정
		제품 계열 자산의 조직 내 반복적인 사용

(1) 프로세스 측면

임베디드 시스템 개발 프로세스는 **시스템 공학 프로세스(SEP : System Engineering Process)**의 축소된 개념으로 볼 수 있다. 시스템 공학 프로세스는 요구사항 분석, 요구사항 검토, 기능 분석, 기능 검토, 종합, 설계 검토, 시스템 분석, 제어 등 구성하는 서브 프로세스로 전체 프로세스를 구성한다. 각 서브 프로세스는 각 서브 프로세스별로 다음과 같은 기능을 제공한다.

① **요구사항 분석**

사용자로부터 도출된 시장 요구, 시스템의 요구사항, 제약사항으로부터 사용자가 기대하는 내용, 프로젝트 수행 상 제약사항, 기능/성능 요구사항. 기능 및 디자인 특성을 식별하고 정의한다.

② **요구사항 검토**

요구사항 분석 프로세스에서 정의된 사용자의 기대를 도출된 요구사항이 만족시킬 수 있는지를 제약사항에 기반하여 검토하고, 충돌되는 내용이 있는지 확인한다.

③ **기능 분석**

요구사항에 정의된 문제를 기술하고 시스템 디자인 구성요소도 만족할 수 있는지를 하위 수준의 함수로 기능을 분석한다.

④ **기능 검토**

분석된 기능이 검토된 요구사항을 완전히 지원하는지 검토한다.

⑤ **종합**

시스템의 기능을 지원하는데 필요한 시스템 구성단위를 할당하고, 내/외부 인터페이스와 기능을 지원하기 위한 시스템 구조를 선택한다. 기능 및 성능과 관련된 설계 특성을 정의하고 요구사항에 대한 추적성과 측정치를 포함한 구조를 설계 아키텍처로 표현한다.

⑥ **설계 검토**

하위 수준의 설계 아키텍처가 검토된 기능을 지원하는지와 개발 생성 주기와 충돌되지 않는지 여부를 결정한다.

⑦ **시스템 분석**

충돌되는 요구사항을 평가하여 위험요소를 식별하고 분석 범위의 영역에서 타협을 위한 정보를 교환(trade off)한다. 지원할 방법론을 선택하고 개발 주기에 대한 소요 비용을 분석한다. 식별되는 요구사항은 기능적/비기능적 요구사항을 모두 포함하는데, 위험을 관리하기 위한 선택사항에 대한 준비작업이 함께 포함된다.

⑧ **제어**

다른 서브 프로세스의 결과에 기반해 데이터, 환경, 인터페이스, 위험요소, 성능 향상의 추적과 갱신 활동을 관리할 수 있는 기반 구조(예 저장 시스템)를 준비하고 활용한다.

(2) 제품 계열적 측면

개발 주기가 대체로 짧은 임베디드 시스템은 기능의 종류와 개발 버전을 달리하면서 하나의 제품군으로 개발되는 속성을 갖는다. 제품을 생산할 때마다 사전에 준비된 자산을 이용한다는 것은 자산의 재사용을 통해 시장 적시성에 대한 사전 준비 체계를 마련한다는 것을 의미하기 때문이다. [표 4-5]는 임베디드 시스템의 응용 분야와 제품들의 예로, 대부분 제품은 일상생활에서 널리 사용되고 있으며 각 제품은 제품군을 이루고 있음을 쉽게 알 수 있다.

[표 4-5] 임베디드 시스템 응용 분야 분류

임베디드 시스템의 응용 분야	제품 예
전통적인 실시간 응용	자동제어 시스템, 의료 시스템
플랫폼 응용	PDA, 스마트폰
통신 인프라	라우터, 게이트웨이, 스위치, 액세스 포인트
가전제품	셋톱박스, DTV, 디지털 카메라
유비쿼터스 컴퓨팅	센서, 단말기, RF 통신 모듈

제품군을 이뤄 출시되고 있는 제품 속성은 개발 주기가 짧은 시스템을 생성하는 데 필요한 원칙과 체계를 제공하는데 핵심적인 특징이 된다. 제품 계열(product line)은 하나의 군(family)에 포함되는 다양한 종류의 제품을 생성하기 위한 플랫폼으로써, 재사용이 가능한 자산의 생성과 생성된 자산을 재사용해서 제품군에 포함되는 제품을 개발할 수 있도록 지원하는 기술이다. 제품 계열은 **도메인 공학**(domain engineering) 프로세스와 **제품 계열 공학**(product line engineering) 프로세스로 나뉘며 각 프로세스별로 세부 작업과 활동을 갖는다.

❗ 더 알아두기 🔍

도메인 공학

도메인 내의 관련된 시스템들의 공통성과 가변성을 분석하기 위하여 도메인 분석 기법이 사용될 수 있다. 1990년대 초 SEI(the Software Engineering Insitute)의 Feature Oriented Domain Analysis(FODA) 방법론의 시작으로, 시스템의 집합 중에서 주도적인, 또는 독특한 피쳐(feature)를 인식하는 것에 기초하여 도메인을 분석하는 방법들이 나왔다. 피쳐(feature)라는 것은 구현·테스트·배포·유지되어야 하는 기능적 추상화를 뜻한다. 피쳐 모델을 만드는 활동과 병행하여 유스케이스 모델을 만든다.

도메인 요구사항

- 요구사항 추출 : 도메인 분석 기법을 이용하여 예상되는 가변성을 명확히 추출하고 그 범위를 확정하는 것에 초점을 둔다.
- 요구사항 분석 : 공통성과 가변성(Commonality and Variability : C&V)을 식별한다. 가변성이 일어날 수 있는 부분을 지적한다.
- 요구사항 명세 개발 : 가변될 수 있는 부분은 특정 프로덕트에 따라 확장되고, 인스턴스되며, 채워질 수 있도록 상징적인 대체자(symbolic placeholder)를 명세서에 포함한다.
- 요구사항 검증 : 프로덕트 라인 개발 시의 요구사항뿐만 아니라 특정 시스템 개발 시의 요구사항에 대해서도 검증이 실행되어야 한다.

❗ 더 알아두기 🔍

제품 계열 공학(PLE : Product Line Engineering)

제품 계열은 유사한 기능을 가진 서로 관계 깊은 제품군이며, 제품 계열 공학은 컴포넌트가 조립될 수 있는 프레임처를 제공하는 아키텍처를 기반으로 한다. 이를 바탕으로 필요한 컴포넌트를 선택적으로 조립하여 시장의 요구사항에 맞는 시스템을 생산하는 방식을 의미한다.

일반적으로 재사용 가능한 자산을 생성하기 위해서는 무엇보다도 초기 비용을 고려하는 것이 중요하다. 재사용 자산을 얻기 위한 시간과 비용이 초기 단계에서는 높을 수 있으나 재사용을 진행하면서 제품 계열 기반의 제품을 생성하는데 드는 시행착오에 드는 노력과 시간을 줄여나갈 수 있기 때문이다.

제품 계열 기술은 제품 개발 시 재사용의 사용을 지원하고 새롭게 생성되거나 변경되는 재사용 자산을 저장하고 관리하기 위해 자산 등록 시스템의 필수적인 사용이 필요하다. 또한 등록된 자산의 배포와 갱신을 위한 체계도 필요한데, 이러한 요건은 재사용 자산과 개발된 제품에 대한 형상 관리(configuration management)로 지원된다. 형상에 대한 체계적인 관리를 위해 개발 프로세스의 각 작업 단계별로 합의된 기준선을 마련하여 생성되는 산출물에 대한 관리 시점을 명확히 정의하고, 이에 따라 개발 산출물(work product)이 관리되도록 한다.

(3) 품질 지원 측면

시장성에 부합하는 임베디드 시스템이 개발될 수 있도록 사전에 분석된 안에서 시스템 요건을 고려해 개발을 지원하더라도 최종적으로 생산되는 제품의 기능과 품질은 사용자의 기대와 다를 수 있다. 이는 임베디드 시스템을 개발하는 하드웨어 담당자와 소프트웨어 담당자 간의 의사소통과 정확한 작업 할당이 중요한 것과 같이, 제품 개발 프로세스의 각 세부 프로세스에서 생산되는 개발 산출물과 그 산출물의 개발 기반이 되는 요구사항 간에 충돌이 생기지 말아야 함을 의미한다. 이처럼 제품의 품질을 지원하기 위해서는 임베디드 시스템의 경우 분석과 설계 정보에 대한 검토, 그리고 시스템을 구성하는 단위별로 구현되는 재사용 가능한 컴포넌트의 검사가 중요하다.

사용자로부터 입력된 요구사항에 대해 검토하는 작업은 개발의 초기 단계에서 이루어지므로 상위 수준에서 모델링이 된 설계 모델에 기반한다. 안정성을 중요하게 고려하는 응용 분야의 임베디드 시스템은 Z와 같은 정형적인 방법(formal method)으로 분석과 설계 단계의 시스템 정보를 검토하고 충돌이 발생하는 부분을 식별한다.

그러나 임베디드 시스템을 개발하는 산업계에서는 정형 명세를 사용하고 있지 않은 상태이다. 하지만 정형 명세와 별도로 시뮬레이션을 통해 시스템의 분석 정보가 설계에 반영되는지 확인하는 방법이 있고, 이는 임베디드 시스템의 개발 속성 상 품질을 향상하고 개발 주기에서 제품 오류나 결함을 수정하기 위해 반복되어 걸리는 시간을 단축할 수 있는 핵심적인 기술 지원이 된다. 따라서 시뮬레이션을 통해 상위 수준의 시스템에 대한 설계 명세를 확인하는 방법과 절차가 제공되어야 한다.

시뮬레이션은 임베디드 소프트웨어 관점에서 소프트웨어 컴포넌트만을 대상으로 이뤄지는 경우와 시스템을 구성하는 하드웨어 컴포넌트만을 대상으로 하는 경우가 있다. 임베디드 시스템의 기능은 소프트웨어나 하드웨어 단독으로만 이뤄지는 경우 없이 이들 구성요소 간의 상호작용을 통해 이뤄지므로 하드웨어와 소프트웨어가 함께 결합한 대상에 관한 연구도 이뤄지고 있다. 그러나 상호 시뮬레이션 방법은 하드웨어와 소프트웨어의 제한 요건을 고려해야 하므로 상당히 까다로운 연구 분야이다.

임베디드 시스템의 설계 단계 후에 이뤄지는 구현 단계의 구현 산출물인 코드의 설계 요구사항과 일치하는지를 평가하는 작업은 시험을 통해 이뤄진다. 제품의 설계를 거쳐 개발된 제품 구성요소에 대한 시험은 컴포넌트와 시스템 설계 간의 추적성(traceability)을 마련한다.

임베디드 시스템의 테스트는 제품을 평가하는 제품 테스트, 하드웨어와 소프트웨어가 통합된 대상에 대해 이뤄지는 통합 테스트, 단위 하드웨어와 단위 소프트웨어에 대해 수행되는 단위 테스트로 분류할 수 있다. 시스템에 대한 구현이 기능적 요구사항에 맞는지 확인하는 중에 요구사항에 어긋나는 내용이 발생하면 구현 단계 이전에서 수행된 작업에 대한 검토, 분석, 수정의 작업이 요구된다. 따라서 시장 적시성이 중요시되는 임베디드 시스템에서 시험 단계에서 식별되는 요구사항에 대한 충돌은 개발 시간과 비용 측면에서 큰 타격을 준다. 그러므로 개발 초기 단계에서 이뤄지는 요구사항 분석과 요구사항 검토에 대한 중요성은 높아지고, **시뮬레이션은 테스트와 함께 임베디드 시스템 개발의 핵심적인 지원방안**이 된다.

(4) 분석 설계 측면

임베디드 시스템의 개발 산출물이 생성되는 시점에 수행되는 검토는 그 대상을 요구사항에 대한 분석을 기반으로 하여 생성된 모델로 갖기 때문에, 요구사항 분석과 설계 단계를 연결하고 검토를 하기 위한 추적성을 제공한다.

분석과 설계 간의 추적은 비단 시스템의 기능에 대한 설계에 그치지 않고, 하드웨어와 소프트웨어의 할당(partitioning)과 시스템 구성요소, 그리고 제한사항이 개념적, 구조적, 기능적으로 어떠한 구조를 갖는지 명시하는 시스템 아키텍처와도 관련된다. 할당은 시스템 설계에서부터 하드웨어 컴포넌트와 소프트웨어 컴포넌트 중 어떤 컴포넌트가 시스템의 구성을 담당할지 구분하고, 두 컴포넌트 간의 연결이 전체적으로 어떻게 이루어지는지 아키텍처로 명시하는 작업을 담당한다.

임베디드 시스템에서 아키텍처는 시스템을 구성하는 단위 컴포넌트와 같이 시스템을 개발하는데 재사용할 수 있는 자산이 되기 때문에 기존에 개발된 아키텍처 모델이 있는 경우 어떠한 아키텍처를 선택하여 사용할지 결정한다. 제품 개발을 지원할 수 있는 아키텍처는 보완하여 제품 개발에 민첩하게 사용될 수 있으므로 설계 및 재사용을 위한 관리가 중요하다.

2 임베디드 시스템 개발 방법론 지원

임베디드 시스템은 하드웨어 구성요소와 소프트웨어 구성요소의 결합으로 이루어지며 이 두 구성요소의 연관성으로 시스템의 구성이 복잡해진다. 따라서 시스템 전반에 대한 기능 및 성능 분석과 시스템 구성요소의 설계, 설계요소의 검증, 설계요소를 연결하는 구조인 아키텍처의 지원, 시스템 구성요소의 구현과 검증, 재사용 기반의 제품 개발 등 이 모든 과정이 중요하다.

또한 전통적인 데스크톱 시스템과 달리 임베디드 시스템은 고유한 속성을 가지고 있으므로 이러한 요건을 충분히 반영한 체계적인 개발 방법이 필요하다. 임베디드 시스템 개발 원칙에 따라 개발 지원 방법론은 임베디드 시스템의 개발을 지원할 수 있도록 분석 설계 측면, 개발 생명주기 지원 측면, 기술 지원 측면, 품질 보증 측면에서 필요한 기술적 요건이 마련된 개발 방법론으로 제공되어야 한다. 개발 방법론은 생명주기를 통해 이뤄지는 개발 활동들에 관한 명세와 개발 프로세스의 집합으로 정의되며, 대상(例 시스템, 소프트웨어)에 대한 속성과 개발 요건에 맞춰 개별적으로 특성화될 수 있도록 지원되어야 한다.

임베디드 시스템을 개발하고 있는 개발자들은 지속적으로 개발 방법론을 요구하고 있으며, 사용이 쉽고 기존의 개발 체계에 타격을 주지 않는 체계적인 개발 방법으로 점진적으로 변화해 나가는 데 초점을 두고 현재 연구하고 있다.

01 임베디드 시스템의 하드웨어 자원관리에 대한 설명으로 적절하지 <u>않은</u> 것은?

① 임베디드 운영체제의 목적은 시스템 자원의 효율적인 관리 및 서비스 제공이다.

② 임베디드 운영체제의 범용 운영체제는 하드웨어와 소프트웨어 자원에 차이가 없다.

③ 임베디드 운영체제는 사용 목적에 맞게 최소한의 비용으로 구현되어야 한다.

④ 임베디드 운영체제와 범용 운영체제의 일반적인 하드웨어 자원의 차이는 메모리 크기이다.

01 범용 시스템(PC 또는 서버)과 임베디드 시스템의 하드웨어 자원에는 차이가 있으므로 적용하는 운영체제에서 자원을 관리하는 데에도 큰 차이가 있다.

02 다음 중 실시간 운영체제에 대한 설명으로 옳지 <u>않은</u> 것은?

① 실시간 운영체제의 최대 목적은 처리 속도와 밀접한 관계가 있다.

② 실시간 운영체제는 적확한 결과를 필요로 한다.

③ 실시간 운영체제는 정확한 기간 안에 결과를 출력하는 시스템에 적합하다.

④ 실시간 운영체제는 Hard Real-Time OS와 Soft Real-Time OS로 나눌 수 있다

02 실시간 운영체제(RTOS)는 처리 속도와는 크게 상관없고, 제일 중요한 것은 정해진 시간 안에 태스크(task)를 얼마나 정확하게 처리하느냐 하는 것이다.

정답   01 ②   02 ①

안심Touch

03 1980년대 ISI에서 개발한 pSOSystem은 우리나라의 여러 업체가 채택해서 사용하고 있는 RTOS로, 삼성전자가 pSOS+ 개발에 참여해 라이선스를 갖고 있어 잘 알려져 있다. 삼성전자가 휴대전화에 사용했으며, 각종 통신 장비와 네트워크 장비에도 사용되고 있다.

03 삼성전자의 휴대전화 및 각종 통신 장비와 네트워크 장비에도 사용된 실시간 운영체제는?

① VxWorks
② Nucleus RTOS
③ Windows CE
④ pSOSystem

04 운영체제에서 프로세스는 실행을 위해 메모리에 올라온 동적인 상태를 말한다. 프로세스 제어 블록은 프로세스 생성 시에 만들어지고 프로세스가 실행을 완료하면 폐기된다. 그리고 주로 범용 운영체제에서 프로세스라는 용어를 사용하고, 임베디드 시스템에서는 태스크라는 용어를 더 많이 사용한다.

04 임베디드 시스템에서 프로세스 제어 블록을 가지고, 현재 실행 중이거나 곧 실행이 가능하며, 프로세서를 할당받을 수 있는 프로그램으로 정의할 수 있는 것은?

① 태스크
② 프로세스
③ 모니터
④ 세그먼테이션

05 멀티태스킹(multitasking)은 설계된 결과의 목적을 논리적이고 인과적인 기능별로 실행하기 위해 나눈 단위를 태스크들이 순차적으로 실행되는 것보다 동시에 실행되는 것이다.

05 운영체제 시스템에서 수많은 연산 과정과 입출력 과정의 태스크를 동시에 실행하는 것은?

① 일괄 처리 태스크
② 시분할 처리 태스크
③ 대화식 처리 태스크
④ 멀티 태스크

정답 03 ④ 04 ① 05 ④

06 운영체제가 태스크의 관리를 위해 태스크의 기본 정보를 보관하는 자료 구조는?

① PCB
② PID
③ PPID
④ CPID

06 프로세스 제어 블록(PCB) 또는 TCB(Task Control Block)은 프로세스를 실행하는데 필요한 중요한 정보를 보관하는 자료 구조로, 모든 프로세스는 고유의 프로세스 제어 블록을 가지며 프로세스 제어 블록은 프로세스 생성 시 만들어졌다가 프로세스가 실행을 완료하면 폐기된다.

07 다음 중 TCB(Task Control Block)의 구성요소에 해당되지 <u>않는</u> 것은?

① 입출력 정보
② 프로세스 구분자
③ 프로그램 카운터
④ 프로세스 우선순위

07 TCB 또는 PCB의 구성요소에는 포인터, 프로세스 상태 정보, 프로세스 구분자, 프로세스 카운터, 프로세스 우선순위, 각종 레지스터 정보, 메모리 관리 정보, 할당된 관리 정보, 계정 정보, PPID, CPID 등이 있다.

08 다음 중 프로세스 상태 변화에 관련된 설명으로 옳지 <u>않은</u> 것은?

① 준비 리스트에 있는 프로세스는 일정 시간이 지나면 실행 상태로 변한다.
② 준비 리스트의 맨 앞에 있던 프로세스가 프로세서를 취하는 것을 디스패칭이라고 한다.
③ 대기(보류) 리스트에 있는 리스트는 프로세스 스스로가 아닌 외적 조건 때문에 프로세스 상태에 변화가 일어난다.
④ 준비 리스트에 있는 프로세스와 대기 상태에 있는 프로세스는 각각 우선순위가 주어진다.

08 준비(대기) 리스트에 있는 프로세스들 중 우선순위에 따라 먼저 실행될 수 있지만, 기다림 상태에 있는 프로세스는 외부로부터 입력된 값을 전달받을 때까지 기다린다.

09 wake up의 상태 변화는 외부 입출력 요청으로 대기 상태에 있던 프로세스가 입출력이 완료된 후 다시 프로그램을 실행하기 위해 준비 단계로 상태가 변화하는 것이다.

09 하나의 프로세스가 시스템에 존재하는 동안 그 프로세스는 여러 상태를 거친다. 프로세스 상태 변화에 관련된 설명으로 옳지 <u>않은</u> 것은?

① 디스패칭 : 준비 상태 → 실행 상태
② 대기(보류) 상태 : 실행 상태 → 대기(보류) 상태
③ wake up : 대기 상태 → 실행 상태
④ 할당 시간 종료 : 실행 상태 → 준비 상태

10 잠복은 태스크가 생성되면 가장 먼저 잠복 상태가 되며 태스크가 실행을 마친 후 종료될 때도 잠복 상태가 유지된다. 잠복 상태의 태스크는 바로 실행할 수 없으며, 다시 대기 상태가 되어야 실행할 수 있는 자격을 갖추게 된다.

10 다음 중 프로세스의 상태 정보에 대한 설명으로 옳지 <u>않은</u> 것은?

① 잠복은 태스크의 처음 생성된 상태로 잠복 상태의 태스크는 바로 실행할 수 있다.
② 대기는 실행하기 전의 준비 상태로 하나의 태스크가 실행 상태일 때 상대적으로 우선순위가 낮은 태스크가 대기 상태가 된다.
③ 실행은 메모리에 있는 태스크 코드를 CPU가 가져와서 처리하고 있는 것과 같은 의미이다.
④ 기다림은 태스크가 외부의 입출력에 의해 기다리는 상태이다.

11 태스크는 함수와 마찬가지로 함수 내부에서 사용되는 지역변수(local variable), 함수를 호출할 때 함수로 전달되는 매개인자(argument), 함수가 수행을 마친 수 반환되는 어드레스 등의 정보를 담아 둘 장소가 필요하고 이 영역인 스택은 태스크의 고유 영역이며 다른 태스크가 스택의 영역에는 접근할 수 없다.

11 다음에서 설명하고 있는 운영체제의 메모리 영역으로 옳은 것은?

> 태스크가 함수와 마찬가지로 함수 내부에서 사용되는 지역변수(local variable), 함수를 호출할 때 함수로 전달되는 매개인자(argument), 함수가 수행을 마친 후 반환되는 어드레스 등의 정보를 담아두는 장소다.

① 스택
② 힙
③ 데이터
④ 정적 메모리

정답 09 ③ 10 ① 11 ①

12 다음 중 태스크와 TCB에 대한 설명으로 옳지 <u>않은</u> 것은?

① 태스크는 자신만의 고유한 우선순위, 상태 정보, 스택 등을 가지고 있어야 한다.

② 태스크의 정보가 저장되는 곳은 TCB(Task Control Block)이라고 한다.

③ 하나의 태스크는 최소 태스크가 하는 일을 나타내는 함수와 함수 내부에서 사용하는 각종 정보로 이루어진다.

④ C 언어로 작성된 RTOS에서 TCB를 표현하는 가장 좋은 방법은 공용체이다.

12 C 언어로 작성된 RTOS에서 TCB를 표현하는 가장 좋은 방법은 구조체로, 리눅스에서 TCB 역할을 하는 task_struct을 확인할 수 있다. task_struct 역시 구조체로 표현되어 있다.

13 다음 중 괄호에 들어갈 용어로 옳게 짝지어진 것은?

(㉠)과/와 (㉡)은/는 멀티태스킹의 핵심이다.
(㉠)은/는 여러 개의 태스크가 실행 상태와 대기 상태를 번갈아 가면서 다음에 실행될 태스크를 결정하고, 전 태스크 교환은 실제 태스크의 상태를 변화시키는 역할을 한다.
(㉡)은/는 태스크의 실행 시 태스크의 기본 정보뿐만 아니라 태스크를 구성하는 명령어 코드, 여러 변수의 값을 CPU가 가져와서 처리하는 것으로 이루어진다.

	㉠	㉡
①	TCB	스택
②	문맥 교환	스케줄러
③	스케줄러	문맥 교환
④	대치	스케줄러

13 • 스케줄링(scheduling)은 여러 프로세스가 번갈아 사용하는 자원을 어떤 시점에 어떤 프로세스에 할당할지 결정하는 것이다.
• 문맥 교환(context switching)은 새롭게 실행되는 태스크의 문맥이 CPU의 레지스터로 복사되는 것이다.

정답 12 ④ 13 ③

안심Touch

14 ① 단위 시간당 처리량 최대화 : 단위 시간당 유휴시간을 줄여 프로세서의 처리량을 최대화해야 한다.
② 자원 할당의 공정성 보장
③ 적절한 반환시간 보장
④ 예측 가능성 보장

14 다음 중 스케줄링의 목적으로 적절하지 <u>않은</u> 것은?

① 단위 시간당 유휴시간을 늘려 프로세서의 처리량을 최대화해야 한다.
② 모든 프로세스를 공평하게 실행되며, 실행을 무한 연기해서는 안 된다.
③ 프로세스가 적절한 시간 안에 응답하여 완료해야 한다.
④ 작업(프로세스)을 시스템 부하와 상관없이 거의 같은 시간에 거의 같은 비용으로 실행할 수 있어야 한다.

15 문맥 교환은 CPU 레지스터로 직접 접근에 의한 연산을 하기 때문에 해당 CPU의 어셈블러로 작성하여 태스크가 실행 상태로 전환될 때 문맥 교환에 걸리는 시간은 RTOS의 성능에 영향을 미친다. 따라서 고속으로 처리되어야 하고, 이런 이유로 C보다 어셈블러로 작성하는 것이 훨씬 더 효율적이다.

15 다음 중 RTOS의 문맥 교환 과정에 대한 설명으로 옳지 <u>않은</u> 것은?

① CPU의 레지스터의 값을 가져오고 레지스터에 값을 복사한다.
② CPU 레지스터로 직접 접근에 의한 연산을 한다.
③ RTOS에서의 연산은 C보다 어셈블러로 작성하는 것이 훨씬 더 효율적이다.
④ 문맥 교환 시간은 RTOS의 성능과는 무관하다.

16 비선점형 커널은 우선순위가 높은 태스크라 하더라도 현재 실행 중인 우선순위가 낮은 태스크가 실행을 모두 마친 후에야 다음에 실행될 태스크를 실행한다. 따라서 비선점형 커널은 태스크의 실행 시간으로 볼 때 RTOS에 적합하지 않은 구조이다.

16 임베디드 시스템 운영체제에서 RTOS에 적합하지 않은 커널로, 다음에 수행될 태스크가 반드시 현재 실행 중인 태스크의 실행이 끝난 후에 실행되는 커널 구조는?

① 비선점형 커널
② 선점형 커널
③ 스케줄링 커널
④ 시스템 콜 커널

정답 14 ① 15 ④ 16 ①

17 임베디드 시스템 운영체제에서 RTOS에 적합한 커널 구조에 대한 설명으로 옳지 <u>않은</u> 것은?

① 우선순위가 낮은 태스크의 실행 중 스케줄러에 의해 현재 실행 중인 태스크보다 우선순위가 높은 태스크가 실행되려면 현재 실행 중인 태스크의 실행을 잠시 중지시키고 우선순위가 높은 태스크를 먼저 실행시킨다.

② 태스크의 실행순서는 커널 내부에 있는 스케줄러가 담당하며 스케줄러가 즉시 문맥 교환을 하는 구조이다.

③ 코드를 처리하기 전에 사건의 발생을 억제하고 코드를 마친 후에 억제한 것을 해제하여 우선순위가 높은 태스크를 할당한다.

④ 태스크가 실행되는 동안 다른 태스크의 방해를 받아서는 안 되는 상호배제 영역이 있다.

17 태스크가 실행되는 동안 다른 태스크의 방해를 받아서는 안 되는 영역이 있을 수 있는데, 이와 같은 영역을 임계 영역이라고 한다. 태스크를 작성하는 개발자는 임계 영역을 처리할 때 스케줄링이 발생하지 않도록 주의해서 코드를 작성해야 한다.

18 다음 중 임베디드 시스템 개발 요구사항으로 적절하지 <u>않은</u> 것은?

① 저가의 업그레이드 비용
② 제한된 하드웨어 자원 이용
③ 고가의 설치 비용
④ 하드웨어 중심적 설계 선호

18 임베디드 시스템의 사용주기는 상당히 짧아 시장성에 부합하는 임베디드 시스템을 개발하기 위한 체계적인 개발 지원 방법이 지속해서 요청되고 있으며, 소프트웨어가 임베디드 시스템에서 차지하는 비중이 상당히 높아짐으로써 추후 업그레이드 시 큰 비용이 지불되는 원인이 된다.

19 임베디드 시스템 개발 시 프로세스 측면에서의 프로세스별 기능에 해당되지 <u>않는</u> 것은?

① 요구사항 삭제
② 요구사항 검토
③ 설계 검토
④ 시스템 분석

19 임베디드 시스템 개발 프로세스는 시스템 공학 프로세스의 축소된 개념으로 볼 수 있다. 시스템 공학 프로세스는 요구사항 분석, 요구사항 검토, 기능 분석, 기능 검토, 종합, 설계 검토, 시스템 분석, 제어 등의 기능을 제공한다.
요구사항은 사용자로부터 도출된 시장 요구, 시스템의 요구사항, 제약 사항으로부터 사용자가 기대하는 내용, 프로젝트 수행 상 제약사항, 기능/성능 요구사항, 기능 및 디자인 특성을 식별하고 정의하여, 검토한다.

정답 17 ④ 18 ① 19 ①

안심Touch

20 임베디드 시스템은 고유한 속성을 가지고 있으므로 이러한 요건을 충분히 반영한 체계적인 개발 방법이 필요하다. 임베디드 시스템 개발 원칙에 따라 개발 지원 방법론은 임베디드 시스템의 개발을 지원할 수 있도록 분석 설계 측면, 개발 생명주기 지원 측면, 기술 지원 측면, 품질 보증 측면에서 필요한 기술적 요건이 마련된 개발 방법론으로 제공되어야 한다.

20 임베디드 시스템의 개발을 지원할 수 있는 기술적 요건으로 적절하지 **않은** 것은?

① 분석 설계
② 개발 생명주기 지원
③ 품질 지원
④ 품질 보증

주관식 문제

01
정답 포인터, 프로세스 상태, 프로세스 관리자, 프로그램 카운터, 프로세스 우선순위, 각종 레지스터 정보, 메모리 관리 정보, 할당된 자원 정보, 계정 정보, PPID, CPID 등

해설 운영체제는 태스크를 관리할 수 있도록 하기 위한 것으로, 각각의 태스크에는 자신만의 기본 정보가 있으며 프로세스 제어 블록(PCB) 또는 TCB(Task Control Block)라는 프로세스를 실행하는데 필요한 중요한 정보를 보관하는 자료 구조이다. 구성요소로는 다음 그림과 같은 종류가 있다.
[문제 하단 표 참조]

01 프로세스 제어 블록 또는 작업 제어 블록의 구성요소를 5개 이상 나열하시오.

포인터	프로세스 상태
프로세스 구분자	
프로그램 카운터	
프로세스 우선순위	
각종 레지스터 정보	
메모리 관리 정보	
할당된 자원 정보	
계정 정보	
PPID와 CPID	
....	

정답 20 ③

02 선점형 커널과 비선점형 커널 중 임베디드 실시간 운영체제 (RTOS)에 적합한 것을 하나 선택하고, 그 이유를 한 단어로 쓰시오.

02

정답 선점형 커널, 실행 시간

해설 비선점형 커널은 프로세스가 우선순위가 높아도 이미 실행되고 있는 프로세스 작업이 마친 후 실행되어야 하므로 태스크의 실행 시간으로 볼 때 RTOS에 적합하지 않은 구조이다.

03 임베디드 시스템 운영체제와 같은 다중프로그래밍 시스템에서 두 개 이상의 태스크가 사용하는 공유 자원을 사용할 때 고려해야 할 기본 원칙을 쓰시오.

03

정답 상호배제(mutual exclusion)

해설 멀티(다중)프로그래밍 시스템에서 공유 불가능한 자원의 동시 사용을 피하기 위해 사용되는 알고리즘으로, 임계 영역으로 불리는 코드영역에 의해 구현되며, 하나의 프로세스가 공유 자원을 사용할 때 다른 프로세스의 접근을 막는 것이다.

04

정답 VxWorks

해설 VxWorks는 미국의 윈드리버 시스템사가 만들어 판매하는 실시간 운영체제(RTOS)로, 선점형 스케줄러 기반의 빠른 멀티태스킹 커널로 빠른 인터럽트 반응과 확장된 태스크 간 통신/동기화 기능을 지원하고, 유닉스 모델과 호환되는 효율적인 메모리 관리 방식을 따르며, 멀티프로세서를 지원한다.

04 실시간 운영체제 중 윈드리버 시스템에서 개발한 선점형 스케줄러 기반 운영체제를 쓰시오.

05

정답 잠복, 대기, 실행, 기다림

해설 • 잠복 : 태스크가 생성되면 가정 먼저 잠복 상태가 된다.
• 대기 : 실행하기 전의 준비 상태이다.
• 실행 : CPU가 태스크를 실행시키고 있는 상태이다.
• 기다림 : 외부의 입출력값을 반환받을 때까지 기다림 상태이다.

05 태스크의 실행은 CPU가 메모리의 코드를 번역하고 처리하는 것으로, 태스크는 여러 상태로 구분될 수 있다. 이때의 기본 상태를 나열하시오.

제5편

컴퓨터 기반 임베디드 시스템 구축

단원 개요

컴퓨터 기반의 임베디드 시스템에서는 시스템의 특성에 적합한 운영체제를 선택하는 것이 매우 중요하며, 저성능의 프로세서와 저용량 메모리를 가진 임베디드 리눅스 운영체제가 주목받고 있다.

실시간 운영체제는 신뢰성(dependability), 예측성(predictability), 동시성(simultaneity), 적시성(timeliness) 등을 제공하고, 유무선 통신망을 구축하여 정보와 자원을 공유할 수 있다. 임베디드 시스템 설계 시 검증은 매우 중요한 공정이며, 성능을 극대화할 수 있는 소프트웨어의 구성을 위해 최적화가 필요하다.

출제 경향 및 수험 대책

임베디드 리눅스 운영체제의 개념과 실시간 운영체제의 요구조건 및 유무선 통신 시스템 개념을 이해한다. 임베디드 시스템 설계 시 필요한 하드웨어 검증과 소프트웨어 최적화 방법을 이해한다.

혼자 공부하기 힘드시다면 방법이 있습니다.
SD에듀의 동영상강의를 이용하시면 됩니다.
www.sdedu.co.kr ➔ 회원가입(로그인) ➔ 강의 살펴보기

제 1 장 임베디드 시스템 일반

제 1 절 임베디드 리눅스

1 리눅스의 탄생과 성장 과정

1991년 당시 핀란드 헬싱키 공대 재학생이었던 리누스 토르발스가 미닉스 OS를 사용하는 컴퓨터에서 작업해서 리눅스를 만들었다. 그는 미닉스를 쓰면서 마음에 안 드는 점이 있을 때마다 커널에 여러 가지 기능을 추가했고 그 결과 운영체제에 가까울 정도로 기능이 늘어났다.

리눅스는 공개 직후부터 폭발적인 성장세를 보였다. 유닉스의 일종인 BSD가 소송에 휘말리면서 대체품에 대한 관심이 커진 것도 큰 역할을 했다. 또한, 리눅스 OS 커널 소스 코드에 GPL 라이선스를 선택하고, 현재 오픈소스 개발 모델의 모체가 된 소스 코드 공개와 공개적 개발 모델을 선택한 것도 매우 큰 영향을 미쳤다. 초기 리눅스는 기능이 불완전했으나, 자체 커널 개발에 난항을 겪고 있던 GNU 프로젝트가 리눅스 커널에 관심을 가지고 리눅스 커널과 GNU 유틸리티가 결합하면서 비교적 완전한 운영체제로 거듭났다. 이후 약 18개월 후 1994년에 리눅스 커널 1.0 버전이 나왔고, 이후 썬 마이크로시스템즈나 IBM 등의 대기업들이 리눅스 개발을 지원하기 시작하는 등 리눅스가 IT업계에서 가지는 입지는 빠르게 탄탄해졌다.

리눅스는 웹 서버, 클라우드, 안드로이드 및 휴대용 게이밍 콘솔 등의 모바일 기기, 각종 임베디드 기기(가전용, 상업용, 산업용, 차량용 기기)들을 구동하는 데도 사용된다. 2010년 중후반부터 데스크톱/랩톱 시장에서도 리눅스 붐이 다시 일어났다. 레드햇, SUSE와 같이 리눅스 OS 배포자는 물론이고 인텔, AMD, Linaro, Renesas, Broadcom, NXP, 삼성, Texas Instruments, ARM 등 반도체 회사에서도 자체 SoC를 비롯하여 디바이스 드라이버를 위해 리눅스 커널에 참여하고 있다. Windows 10부터는 Windows Subsystem for Linux(WSL)라는 이름으로 윈도우에 리눅스 커널을 설치할 수 있게 되었다. MS 스토어에서는 우분투, 데비안, openSUSE, SUSE Enterprise, 칼리 리눅스가 WSL을 위해 제공되고 있다. GUI 데스크톱 환경을 사용하려면 X11 서버 등을 설치해야 하며, 차후 WSL 내부에 Wayland라는 서버를 추가하여 원격 데스크톱 통신으로 리눅스 GUI를 지원할 예정이라고 한다. 2021년 2월, 리눅스 커널 버전 5.11이 출시되었다.

제 2 절 리눅스 커널 vs 리눅스 운영체제

1 커널(kernel)

커널은 운영체제를 작동시키는 핵심 프로그램으로, 응용 프로그램과 컴퓨터 자원 사이의 인터페이스 역할을 한다. 그리고 프로세서, 메모리, 디스크 등과 같은 자원을 관리하며, 자원을 프로세스에게 적절하게 배분하고, 잘못 사용하는 것을 방지하는 **자원 관리자 역할**을 한다. 커널이 관리하는 컴퓨팅 자원은 다음과 같다.

- 물리적 자원 : 프로세서, 메모리, 디스크. 터미널, 네트워크 등과 같은 시스템 구성요소들과 주변장치
- 추상적 자원 : 물리적 자원을 관리하기 위해 운영체제가 추상화한 객체와 물리적 자원에 대응되지 않는 추상적 객체

물리적 자원은 프로세서를 추상화한 태스크와 스레드, 메모리를 추상화한 페이지(page)와 세그먼트(segment), 디스크를 추상화한 파일 및 아이노드(i-node), 네트워크를 추상화한 통신 프로토콜 및 패킷 등이 있다. 추상적 자원은 보안 혹은 사용자 계정에 따른 접근 제어 등이 있다.

운영체제가 점점 더 다양한 하드웨어와 소프트웨어를 지원하면서 구조 또한 복잡해졌고, 복잡한 시스템은 설계, 구현, 테스트, 유지보수 등 모든 면에서 쉽지 않다. 이를 해결하기 위해 커널의 기능을 어떻게 구현하는가에 따라 단일형 구조 커널, 계층형 구조 커널, 마이크로 구조 커널로 구분된다.

2 커널 접근 방식 중요 ★★

(1) 단일형 구조 커널(단일 구조 운영체제)

단일형 구조(monolithic architecture) 커널은 초창기 운영체제의 구조로, 커널의 핵심 기능을 구현하는 **모듈들이 구분 없이 하나로 구성**되어 있다. 단일형 구조에 속하는 대표적인 운영체제는 MS-DOS, VMS, 초기의 유닉스 운영체제이다. 초기에 운영체제를 만들 때는 기능을 구현하기에 바빴기 때문에 모듈을 분리하여 구현할 만한 여력이 없었다. 단일형 구조를 프로그램에 비유하면, 함수를 거의 사용하지 않고 main()에 모든 기능을 구현한 형태와 같다.

① 장점

모듈이 거의 분리되지 않았기 때문에 모듈 간의 통신비용이 줄어들어 효율적인 운영이 가능하다. 프로그램에서 main()에 모든 기능을 넣으면 함수를 호출하는 오버헤드가 없어서 프로그램이 빨라지는 것과 같은 이치이다.

② 단점

㉠ 모든 모듈이 하나로 묶여 있어서 버그나 오류를 처리하기가 어렵다.

㉡ 운영체제의 여러 기능이 서로 연결되어 있어 상호의존성이 높기 때문에 기능의 작은 결함이 시스템 전체로 확산할 수 있다.

ⓒ 다양한 환경의 시스템에 적용하기 어렵고, 여러 종류의 컴퓨터에 이식하려면 수정이 필요한데 단일형 구조에서는 수정이 어려우므로 이식성이 낮다.

ⓔ 현대의 운영체제는 매우 크고 복잡하므로 완전 단일형 구조의 운영체제를 구현하기가 어렵다.

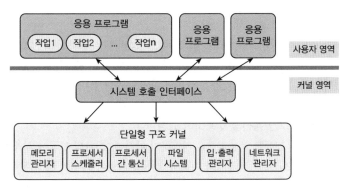

[그림 5-1] 단일형 구조 커널

(2) 계층형 구조 커널

계층형 구조(layered architecture) 커널은 단일형 구조 커널이 발전된 형태로, 비슷한 기능을 가진 모듈을 묶어서 하나의 계층으로 만들고 계층 간의 통신을 통해 운영체제를 구현하는 방식이다.

비슷한 기능을 모아 **모듈화**했기 때문에 단일형 구조보다 버그나 오류를 쉽게 처리할 수 있다. 오류가 발생했을 때 전체 커널을 고치는 것이 아니라 해당 계층만 따라 수정하면 되기 때문에 디버깅(debugging) 하기도 쉽다. 마이크로소프트의 윈도우를 비롯해 오늘날의 운영체제는 대부분 이 구조로 이루어져 있다.

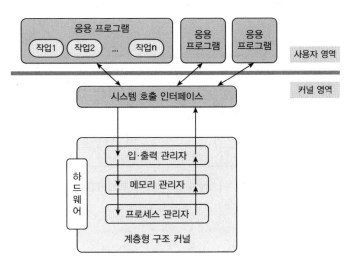

[그림 5-2] 계층형 구조 커널

(3) 마이크로 구조 커널

계층형 구조 커널의 운영체제는 다양한 하드웨어와 사용자의 요구를 수용하기 위해 계속 계층과 기능을 추가했다. 그래서 커널의 크기가 계속 커지고 필요한 하드웨어의 용량이 늘어났으며, 커널 소스가 방대해지면서 오류를 잡기도 어려워졌다. 이러한 계층형 구조의 접근 방식과 반대로 개발된 커널이 마이크로 구조(micro architecture) 커널이다.

마이크로 구조 커널의 운영체제는 프로세스 관리, 메모리 관리, 프로세스 간 통신 관리 등 가장 기본적인 기능만 제공한다. 커널의 구조를 살펴보면 다른 커널에 비해 운영체제의 많은 부분이 사용자 영역에 구현되어 있다. 커널은 메모리 관리와 프로세스 간의 동기화 서비스를 제공하며, 메모리 관리자와 동기화 모듈은 프로세스 간 통신 모듈로 연결되어 있다. 그러므로 각 모듈은 세분화되어 존재하고, 모듈 간의 정보는 프로세스 간 통신을 이용하여 교환된다.

마이크로 구조에서 각 모듈은 독립적으로 작동하기 때문에, 하나의 모듈이 실패하더라도 전체 운영체제가 멈추지 않는다. 또한 많은 컴퓨터에 이식하기 쉽고 커널이 가벼워 CPU 용량이 작은 시스템에도 적용할 수 있다. 이 구조를 사용하는 대표적 운영체제인 마하(Mach)는 애플의 PC 운영체제인 OS X와 모바일 운영체제인 iOS의 커널로 사용되어 유명해졌다.

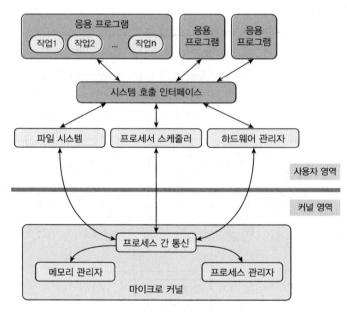

[그림 5-3] 마이크로 구조 커널

3 임베디드 리눅스의 개념과 특징

임베디드 시스템은 특정 작업만 수행하도록 설계된다. 초기 임베디드 시스템은 대부분 간단하고 순차적인 작업을 수행하기 때문에 운영체제가 필요하지 않았고, 시스템 자원이 제한되어 사용할 수도 없었다. 그래서 간단한 모니터 프로그램으로 하드웨어를 제어했다. 그러나 인터넷 기반의 정보화 사회에서 요구사항이 증가함에 따라 기존의 모니터 프로그램으로는 감당할 수 없었고, 기능이 추가될 때마다 모니터 프로그램을 수정하기도 어렵게 되었다. 결국 임베디드 시스템에도 운영체제가 도입되고, 다행히 최근 반도체 기술이 발달하면서 운영체제를 사용할 수 있을 정도로 임베디드 시스템의 자원이 풍부해졌다.

임베디드 시스템에서는 시스템의 특성에 적합한 운영체제를 선택하는 것이 매우 중요하다. 초기 임베디드 시스템에서는 실시간성을 요구하는 경우가 많았기 때문에 다양한 실시간 운영체제(RTOS)가 개발되어 최근 범용 운영체제(GPOS : General Purpose OS)에서도 실시간성을 지원할 수 있는 다각도의 기술이 개발되었다. 또한 실시간을 요구하지 않는 응용 분야도 많으므로 임베디드 리눅스 및 윈도우 CE 등과 같은 범용 운영체제가 실시간 운영체제보다 시장 점유율이 높아지는 추세다.

초기 리눅스는 386 기반의 개인용 컴퓨터에서 동작하는 운영체제로 시작했다. 공개 소프트웨어 정책을 표방한 리눅스는 시간이 지남에 따라 점차 다양한 플랫폼으로 확장되었다. 1996년 6월, 커널 버전 2.0.0이 발표된 이후에는 서버급 컴퓨터를 비롯하여 저렴한 중소형 컴퓨터에도 널리 사용되고 있다. 리눅스는 고성능 프로세서와 대용량의 메모리와 같은 충분한 컴퓨팅 환경을 가진 범용 컴퓨팅 시스템을 위해 개발된 운영체제로, 서버에서도 사용되고 있다. 특히, 최근 크기를 현격히 줄여 임베디드 시스템에 리눅스가 포팅되어 임베디드 운영체제로 주목받고 있다.

임베디드 리눅스 운영체제는 저성능의 프로세서와 소용량 메모리를 가진 제한된 컴퓨팅 자원 하에서 특정 응용 프로그램의 수행에 필요한 요구사항을 충족시켜 최적화된 리눅스 커널을 의미한다. 다음과 같은 이유로 임베디드 시스템 분야에서 **리눅스가 많이 선택**되고 있다.

① 안정된 운영체제이며 멀티태스킹을 제공한다.
② 강력한 네트워크 기능이 있다.
③ 확장성의 다양함과 용이함을 제공한다.
④ 다양한 형태의 파일 시스템과 실행 파일 포맷을 지원한다.
⑤ 공개소스 운영체제와 저렴한 비용으로 사용할 수 있다.
⑥ 단일 플랫폼으로 다양한 하드웨어 및 주변장치를 지원한다.
⑦ 기존의 RTOS가 제공하지 못한 기능을 제공한다.
⑧ 소프트웨어 표준과 다양한 개발 도구가 있다.

4 리눅스의 실시간 지원 중요 ★★

리눅스 커널 2.4까지는 근본적으로 고정-우선순위 선점 방식 등과 같은 실시간 운영체제의 요구사항을 만족하지 못했다. 리눅스 커널 2.6부터 선점형 멀티태스킹을 지원하기 시작한다. 리눅스 운영체제에 실시간성을 제공하기 위한 기술로 커널 패치 방식과 서브 커널 방식이 있다.

[표 5-1] 실시간 지원을 위한 두 가지 기술

분류 방식	커널 패치 방식	서브 커널 방식
대표적 개발 기관	Monta Vista	RTLinux
실시간 지원 방법	커널에 실시간 패치 추가	소규모 실시간 커널을 별도로 작성
실시간 지원 수준	경성 실시간 지원이 미흡	경성 실시간에 적합
고유 API 지원	완벽 지원	별도의 API 필요
응용 프로그램 실행	일반 리눅스에서와 동일한 환경에서 실행	우선순위가 낮은 리눅스 위에서 실행되므로 리눅스 스레드에 저장
보호 모드 지원	완벽 지원	미흡
실시간 응용 프로그램 모델	일반 프로그램	디바이스 드라이버

(1) 커널 패치 방식

리눅스 설계 전략을 최대한 그대로 유지한 채 **실시간 특성을 패치로 추가**하는 방법이다. 리눅스의 골격에 큰 변화가 없이 기본적인 속성을 그대로 준수하기 때문에 개발자는 실시간 응용 소프트웨어를 일반 리눅스와 마찬가지로 프로그래밍할 수 있다. 그러나 실시간 응용 소프트웨어로 인한 리눅스 커널의 부하가 커질 때 실시간성 지원이 저하될 가능성이 있다.

(2) 서브 커널 방식

실시간 지원을 위한 소규모 커널을 **별도로 제작**한 것으로, 리눅스 커널에 대한 골격을 완전히 변경한 방식이다. 서브 커널 방식의 커널은 다른 운영체제의 도움이 필요하므로 일반 리눅스 RTLinux 실시간 커널 위에 탑재하여 하나의 프로그램으로 수행시킨다. 비실시간 응용 프로그램이 실시간 응용 프로그램을 지연시키지 않아 **경성 실시간성을 잘 지원**한다. 그러나 실시간 커널에 대한 별도의 개발 기술에 따른 개발자의 부담이 높다.

마이크로컨트롤러 기반의 기본 센서들

1 스위치를 이용한 입력

GPIO를 사용하면 데이터의 출력뿐만 아니라 스위치나 센서 같은 데이터의 입력도 가능하다. 빛 감지(조도) 센서를 이용하면 빛을 감지할 수 있는데, 이를 이용하여 빛의 밝기에 따라 전등을 켜고 끄거나 커튼을 여닫는 기능을 만들 수 있다. 또한 온도센서를 이용하여 에어컨을 켜고 끄는 등 실생활에 이로운 다양한 기능들을 사용할 수 있다. 스위치나 센서의 입력을 사용하여 LED 점멸방법을 제어할 수 있다.

[그림 5-4] 택 스위치 모양 및 핀 배치

(1) 플로팅(floating) 현상

플로팅(floating)은 '떠 있는', '부유하는'이라는 사전적 의미를 가지며, 신호가 0(LOW)과 1(HIGH) 사이 애매한 위치에 떠 있으면서 입력이 발생하는 경우를 의미한다.

테스트용 임베디드 시스템에 택(tack) 스위치를 GPIO에 저항 없이 연결하게 되면 스위치를 눌렀을 때와 안 눌렀을 때 차이가 별로 없는데, 이것은 플로팅 현상 때문이다. 이 현상을 해결하기 위해서는 불규칙적으로 발생하는 전류를 다른 곳으로 흐르게 해줘야 하는데, 이때 풀업/풀다운 저항이 필요하다.

(2) 풀업(pull-up) 저항

풀업(pull-up) 저항이란 저항을 전원 쪽(+)에 붙여서 플로팅 현상을 해결하는 방법으로, 저항의 위치는 버튼(스위치)과 VCC 사이에 있다(풀다운 저항은 버튼과 GND 사이).

스위치가 열려 있을 때, 전류는 전원에서 output(스위치, system 면에서는 input) 방향으로 흐르므로 IO 핀의 값은 HIGH(1)가 된다. 스위치가 닫혀 있을 때, 모든 전류의 방향은 접지(ground)로 흐르므로 IO 핀의 값은 LOW(0)가 된다.

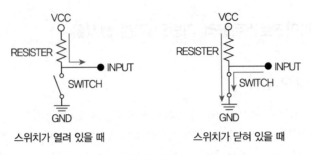

[그림 5-5] 풀업 저항 연결

(3) 풀다운(pull-down) 저항

풀다운(pull-down) 저항이란 저항을 전원 쪽(+)에 붙여서 플로팅 현상을 해결하는 방법으로, 저항의 위치가 버튼(스위치)과 GND 전원 사이에 있다(풀업 저항은 버튼과 VCC 사이).

스위치가 열려(off) 있을 때, 전류의 방향은 IO 핀에서 접지로 흐르므로, input의 값은 LOW(0)가 된다. 스위치가 닫혀(on) 있을 때, 전류의 방향은 전원에서 IO 핀으로 흐르므로, input의 값은 HIGH(1)가 된다.

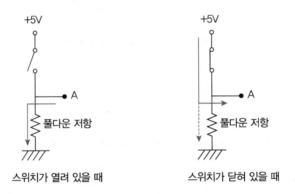

[그림 5-6] 풀다운 저항 연결

2 센서를 이용한 입력

마이크로컨트롤러를 사용한 제어장치 구성의 입력장치로 센서가 흔히 사용된다. 센서는 특정 사건(event) 이나 양을 감지하고, 이를 전기적 또는 광학적인 신호로 출력하는 장치를 말한다. 센서는 빛, 소리, 온도 등 인간의 감각기관으로 알아낼 수 있는 신호는 물론, 인간이 인지할 수 없는 화학물질, 전자기파 등도 찾아 내고 측정할 수 있다.

센서가 사용된 예는 일상생활 속에서도 쉽게 찾아볼 수 있다. 자동문 앞에 서면 인체감지센서가 사람을 인 지하고 문을 열도록 신호를 보내고, 화재가 발생할 경우엔 온도센서나 연기센서가 화재를 감지하여 소화기 가 동작하도록 신호를 보내며, 병원에서는 맥박이 느려지면 심박센서가 이를 감지하여 위급 신호를 보내는 등이 그러한 예에 해당한다.

센서가 출력하는 신호는 크게 아날로그 신호와 디지털 신호로 나눌 수 있다. 아날로그 신호를 출력하는 센서는 측정하고자 하는 양에 따라 변하는 전압을 출력할 수 있다. 예를 들어 온도센서는 현재 온도에 비례하는 전압을 측정하지만, 아날로그값은 디지털 컴퓨터인 마이크로컨트롤러에서 처리할 수 없으므로, 먼저 ADC를 통해 디지털값으로 변환한 후 마이크로컨트롤러에서 처리해야 한다.

일부 센서의 경우에는 아날로그값을 디지털로 변환하는 기능까지 포함하고 있어, ADC에 대한 마이크로컨트롤러의 부담을 줄여주기도 한다. 출력되는 디지털 데이터가 시리얼 통신을 통해 마이크로컨트롤러로 전달하는 예도 흔히 볼 수 있다.

(1) 온도센서

온도센서는 온도에 따라 출력되는 전압이 변하는 특성을 가진 센서로 일반적으로 TR 모양의 LM35를 사용한다.

LM35 온도센서는 섭씨온도에 비례하는 전압을 출력한다. 한 개의 전원을 사용하는 경우 LM35 온도센서는 $2 \sim 150℃$ 사이를 측정할 수 있으며, 두 개의 전원을 사용할 때는 $-55 \sim 150℃$ 사이의 온도를 측정할 수 있다.

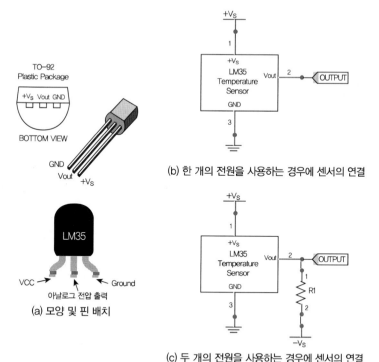

[그림 5-7] LM35 온도센서

① **한 개의 전원을 사용하는 경우의 센서 연결 방법**

한 개의 전원을 사용하는 경우, 출력은 1℃에 10mV씩 증가하므로 출력 전압에 100을 곱해서 섭씨온도를 얻을 수 있다.

② **두 개의 전원을 사용하는 경우의 센서 연결 방법**

두 개의 전원을 사용하는 경우, 150℃에서 1500mV가 출력되고, 25℃에서 250mV, -55℃에서 -550mV가 출력된다. 즉, 1℃의 변화에 출력 전압이 100mV씩 변하는 방식은 한 개 전원을 사용하는 경우와 같지만, 두 개의 전원을 사용함으로써 0℃ 이하의 온도를 측정할 수 있다. (c)에서 저항 R1은 일반적으로 -Vs/50μA 크기를 사용하므로, -Vs = -5V라면 100kΩ를 사용하면 된다.

(2) 조도센서

빛의 양에 따라 물리적인 특성이 변하는 소자에는 포토레지스터, 포토다이오드, 포토트랜지스터 등이 있다. 일반적으로 사용되는 소자는 빛의 양에 따라 저항값이 변하는 포토레지스터로, 광센서, 광전도셀, 포토셀이라고 한다. 조도센서는 Cds 조도센서가 주로 사용되며, 이는 카드뮴(Cd)과 황(S)으로 이루어진 황화카드뮴 결정에 금속다리를 결합하여 만든다.

조도센서는 광량에 반비례하는 저항값을 가진다. 즉, 가시광선이 없는 어두운 곳에서는 큰 저항값을 가지며, 가시광선이 닿으면 저항값이 작아진다. 조도센서는 가격이 저렴하고 사용법이 간단하지 않지만, 반응 속도가 느리고 광량에 따른 출력 특성이 정밀하지 않으므로 광량을 정확하게 측정하고자 할 때는 포토다이오드나 포토트랜지스터를 사용해야 한다. 조도센서는 광량에 따라 저항값이 변하므로, 전압분배회로를 구성하여 전압을 측정하면 광량을 알아낼 수 있다.

조도센서의 특성곡선과 전압분배에 사용된 저항값을 사용하면 조도센서로부터 광량을 얻을 수 있지만 Cds 조도센서는 광량을 정밀하게 측정할 수 없고, 조도와 저항값 관계는 선형관계가 아니므로 계산이 복잡하다.

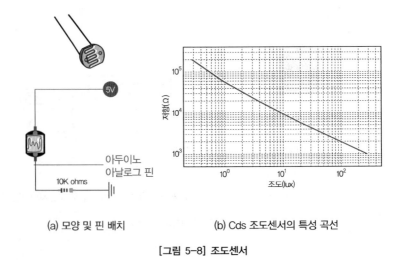

(a) 모양 및 핀 배치   (b) Cds 조도센서의 특성 곡선

[그림 5-8] 조도센서

(3) 적외선 거리측정센서

일반적으로 적외선 거리측정센서(sharp 2Y0121)는 적외선을 쏘아서 반사된 값을 이용해 거리의 값을 알 수 있는 적외선 거리측정센서로, 초음파센서와 다르게 적외선을 이용한 센서라서 값이 잘 튀지 않는다는 장점이 있다. 측정 거리는 약 10 ~ 60cm(10cm 이하는 측정이 안 됨)이다.

입력 전압에 따른 반사 물체와의 거리는 [그림 5-9]의 (c)에서처럼 출력 전압이 0.5V이면 물체와의 거리가 60cm가 되며, 거리가 10cm 이하이거나 80cm 이상이 되면 정확한 거리 계산이 어렵다.

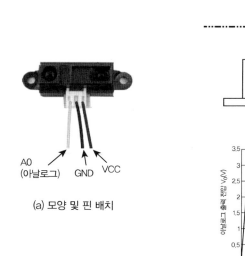

(b) 센서 구조

(a) 모양 및 핀 배치

(c) 출력전압과 반사 물체와의 거리 관계

[그림 5-9] 적외선 거리센서

(4) 초음파 거리센서

초음파센서는 우리 일상에서 많이 볼 수 있다. 병원에서 초음파 진단기로 질병을 진단하고 초음파를 이용해 세척을 하기도 하며, 바다에서 고기잡이용 수중 초음파 장비를 사용하기도 한다. 초음파는 인간이 들을 수 있는 주파수 범위인 16 ~ 20kHz를 벗어나 20kHz 이상인 음파를 사용한다.

HR-SR04

SEB136B5B

(a) 모양 및 핀 배치

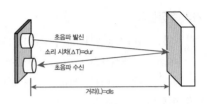

(b) 초음파 거리센서 거리 계산 방식

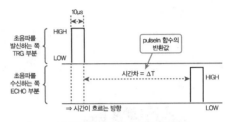

(c) 센서의 송수신 측 사이의 관계

[그림 5-10] 초음파 거리센서

초음파 거리센서는 사람의 귀로는 들을 수 없는 고주파 소리를 출력한 후, 반사물에 반사되어 돌아오는 시간을 측정해 거리를 측정한다. 사람, 동물, 물건 등이 다가오고 멀어지는 것을 감지하거나, 물이 불어나는 정도를 측정하거나, 천장까지의 높이를 측정하는 등 다양하게 활용할 수 있다.

장애물까지의 거리(L), 장애물에 반사된 초음파가 돌아오는 데 걸리는 시간(ΔT), 음속(C) 사이의 관계를 다음과 같은 식으로 정리할 수 있다.

$$L = C \times \Delta T / 2 = 340 \times \Delta T / 2 = 170 \times \Delta T$$

- L : 장애물까지의 거리
- C : 음속
- ΔT : 초음파를 발신한 직후부터 수신하기까지 걸리는 시간

초음파 거리센서는 [그림 5-10]의 (c)와 같이 디지털 신호 HIGH와 LOW의 전환을 통해 송수신기(발신 쪽과 수신 쪽)에서 시간차를 읽을 수 있고, 음속 계산식의 온도(t)를 15℃로 가정하고, 음속(C) 340m/s를 거리 계산에 사용한다. [표 5-2]는 제품 HC-SR04와 SEN136B5B의 핀 배치와 특성을 나타낸다.

[표 5-2] HC-SR04와 SEN136B5B의 핀 배치와 특성

제품 이름	HC-SR04	SEN136B5B
핀 수	4	3
핀의 의미(정면 왼쪽부터)	• Vcc : 5V • Trig : 송신 쪽 핀 • Echo : 수신 쪽 핀 • Gnd : 접지	• SIG : 송수신 핀 • VCC : 5V • Gnd : 접지
측정거리 범위	2cm ～ 4m	3cm ～ 4m

제 2 장 실시간 임베디드 시스템

제 1 절 RTOS

1 RTOS의 개념

RTOS란 Real Time Operating System의 약어로, real-time system에서의 OS이다. real-time 시스템은 정해진 시간 제약 문제를 해결할 수 있는 시스템으로, 주어진 시간 내에 어떠한 일을 반드시 처리해야 한다. 즉, 단순히 빨리 처리해야 하는 것이 아니고 정해진 시간을 넘겨서는 안 된다는 것이다. real-time의 가장 대표적인 분야로는 군사용을 들 수 있다. 예를 들어 미사일이 어떤 목표를 추적하면서 어떤 계산이 주어진 시간 내에 이루어지지 않는다면 그 미사일은 그 목표물을 격추할 수 없다.

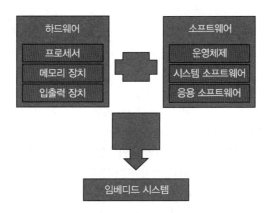

[그림 5-11] RTOS의 구성

우리가 쓰는 컴퓨터에서는 editor가 좀 빠르거나 늦게 실행된다고 해서 크게 문제가 될 건 없다. 그러나 임베디드 시스템에서 주어진 입력을 시간 내에 처리하지 못하면 문제가 될 수 있으므로 real-time 요소를 (보통 soft real-time) 만족해야 한다.

RTOS라고 하면 일반적으로 말하는 OS와는 막연히 무언가가 다르다고 생각할 수 있다. 그러나 RTOS라고 해서 특별히 다른 것로 없다. 일반적인 OS와 마찬가지로 여러 가지 task를 동시에(가상적인 의미에서) 수행하고, 대부분의 RTOS 매뉴얼을 살펴보면 다음과 같은 task scheduling, task communication, task synchronization, memory management, interrupt service, I/O driver, timer 등의 기능을 하기 때문이다. 이러한 것은 일반적인 OS에서도 필요한 기능이다. 말 그대로 real-time이기 때문에 real-time을 처리하는 OS일 뿐이다. 그럼에도 일반적인 OS와는 여러 가지 차이점이 있는데, 대체로 **효율성, 속도**(엄밀히 말해 시간 제약), **공평성**(fairness) 등을 들 수 있다.

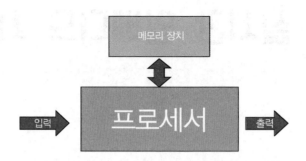

[그림 5-12] 임베디드 시스템의 하드웨어 구조

일반적인 OS에서는 자원(메모리, 하드디스크 등)을 얼마나 효율적으로, 낭비 없이 쓸 것인가에 초점이 맞춰져 있으나, RTOS에서는 효율보다 속도에 좀 더 신경을 쓴다. 이에 따라 임베디드 시스템은 주로 특정 기능만을 수행하도록 설계되며, 몇몇 기능은 매우 빠른 처리를 필요로 하고, 다른 대부분 기능은 속도를 중요하게 여기지 않는 경우가 많다. 그래서 임베디드 시스템의 많은 부품은 대부분 저성능이다. 대개 임베디드 시스템의 전체 구조는 단가를 낮추기 위해 범용 컴퓨터 시스템의 하드웨어에 비해 의도적으로 단순화되어 있다. 예를 들어, 임베디드 시스템은 PC에서 사용하는 일반적인 주변장치 인터페이스에 비해 천 배 정도는 느린 시리얼 버스 방식으로 제어되는 주변장치를 사용하는 경우가 많다.

하드웨어 장치의 ROM이나 플래시 메모리에 내장하는 소프트웨어를 가리켜 펌웨어라 한다. 임베디드 시스템 상의 프로그램은 대개 제한된 하드웨어 자원 위에서 실시간 제약조건을 가지고 동작한다. 시스템 상에 디스크 드라이브나 운영체제, 키보드나 화면이 없는 경우도 많다. 파일 시스템을 가지고 있지 않을 수도 있으며, 플래시 드라이브를 저장매체로 사용할 수도 있다. 사용자 인터페이스가 있다 하더라도 조그만 키패드거나 LCD 정도일 수 있다. 임베디드 시스템은 오랜 기간 동안 오류 없이 안정적으로 돌아가도록 설계되며, 펌웨어는 개인용 컴퓨터에서 쓰이는 소프트웨어보다 신중한 개발과 테스트 과정을 거친다.

대부분의 임베디드 시스템은 디스크 드라이브나 스위치, 버튼 등 기계적인 동작으로 손상을 입을 수 있는 부품의 사용을 피하고, 플래시 메모리 같은 물리적 손상에서 비교적 자유로운 칩 자재를 사용한다. 또한 임베디드 시스템이 적용되는 분야는 인간이 직접 즉각적인 제어를 하기 어려운 장소일 수 있다. 따라서 임베디드 시스템은 최악의 상황에서도 스스로 재가동할 수 있어야 한다. 이러한 응급복구는 소프트웨어가 주기적으로 타이머를 건드리지 않으면 컴퓨터를 리셋하는 **워치독 타이머**라고 불리는 전자부품을 통해 이루어진다.

최근 운영체제는 컴퓨터의 성능을 향상하는 데 많은 도움을 주고 있다. 그러나 실시간 시스템에서의 성능은 단지 성능 평균 시간에 의해서만 측정되지는 않는다. 실시간 시스템의 제약조건에는 시간 제약조건 외에도 자원, 우선순위 또는 선행 관계, 태스크 간의 통신 및 동기화 제약조건이 있을 수 있다.

2 RTOS의 특징 중요 ★★★

실시간 운영체제의 가치는 처리의 결과와 이 결과가 전달되는 시간에 의해서 좌우되므로, 빠르고 예측 가능한 결과를 위해 실시간 운영체제는 신뢰성(dependability), 예측성(predictability), 동시성(simultaneity), 적시성(timeliness)을 제공함으로써 멀티태스킹과 작업 스케줄링에 집중해야 한다. 구체적으로는 다음과 같은 기능을 제공해야 한다.

① 다중 프로세스, 다중 스레드, 선점 가능(preemptible)
② 스레드 우선순위 수준(많은 실시간 운영체제가 256단계를 지원)
③ 예측 가능한 스레드 동기화
④ 우선순위에 근거한 선점형(preemptive) 작업 스케줄링
⑤ 외부 이벤트에 예측 가능한 반응(hard real-time systems에서는 1μs, soft real-time system에서는 10ms 정도의 반응 시간이 요구됨)
⑥ 빠른 입출력
⑦ 최소한의 인터럽트 중지(disabled interrupts) 기간
⑧ 최소 메모리 요구사항의 소형 커널(통신 장비 시장과 같은 일부 시장에서는 불필요함)
⑨ 개발자가 독자적인 운영체제 기능을 제작할 수 있는 개발 환경

3 RTOS의 적용분야

최근 출시되는 전자제품 중에는 마이크로프로세서를 넣지 않았거나 프로그램을 심지 않은 제품이 거의 없다. 물론 간단한 장치들은 그런 것 없이 집적회로 설계로써 해결할 수 있지만, 비교적 크기가 큰 장비들은 거의 모두 임베디드 시스템을 도입하는 추세이다.

(1) 핸드폰 및 PDA 단말기

PDA 단말기는 개인 정보관리 기능을 중심으로 각종 응용 프로그램을 탑재함으로써 개인 또는 단체가 정보를 이용할 수 있는 장치를 말한다.

(2) 공장 자동화 및 자동제어

공장 자동화(FA)는 일반적이면서도 가장 쉽게 생각해 볼 수 있는 분야이다. 이미 제품을 생산해 내는 공장에서는 최신 설비를 이용하여 생산효율을 증대하고 있다.

(3) 첨단 특수 분야

임베디드 시스템의 기능에 실시간 처리 능력이 포함된 시스템이라면 적용되는 분야는 넓어질 것이다. 항공, 우주, 국방, 의료, 멀티미디어 통신, 에너지 개발 등 첨단 분야에는 예전부터 임베디드 시스템의 도입이 추진되고 있다. 이러한 첨단 분야의 장비들은 아주 정확한 반응 및 처리능력이 요구되는 시스템이 대부분이기 때문에 자체 운영 능력을 갖춘 RTOS를 탑재하여 활용되고 있다.

실시간 통신 네트워크의 성능 향상을 위한 인터넷 프로토콜이 적용된 멀티미디어 통신 서버, 항공사의 가상 항공 비행 시뮬레이터 장비, 시스템의 지속적이고 안정적인 기능을 포함한 hot-swap의 능력을 수행하는 서버 또는 개발 장비 등에 적용된다.

제 3 장 네트워크 기반 임베디드 시스템

1 임베디드 시스템 디자인을 위한 통신 프로토콜 기초

일반적으로 임베디드 시스템은 하드웨어와 소프트웨어 모듈들로 구성되어 있으며, 개발자가 의도한 대로 다양한 기능을 수행할 수 있도록 만들어진 시스템이다. 일반적으로 네트워크 기반의 임베디드 시스템은 네트워크 기능을 내장하여, 특정한 용도로만 사용되는 것을 목적으로 설계된 특수한 소형 컴퓨터를 말한다. 이를 위해서는 장치를 소형화, 경량화하고 저전력을 사용하도록 설계해야 한다. 또한 신뢰성, 실시간성 및 안정성과 같은 산업용 장치의 특성도 동시에 만족해야 한다.

(1) 통신 프로토콜

1965년 심리학자 톰 마릴이 컴퓨터와 컴퓨터 사이에 메시지를 전달하는 과정을 프로토콜이라고 불렀다. 프로토콜의 본래 의미는 외교에서의 의례 또는 의정이다. 마릴은 컴퓨터가 메시지를 전달하고, 메시지가 제대로 도착했는지 확인하며, 메시지가 제대로 도착하지 않으면 메시지를 재전송하는 일련의 방법을 기술적이라는 뜻을 가진 프로토콜이라 불렀다.

① 프로토콜의 3가지 요소

사람의 언어는 주어, 목적어, 서술어와 같은 문장 요소부터 문장의 구조, 억양, 속도까지 많은 것으로 이루어진 고도화된 프로토콜이라고 생각할 수 있다. 또한 사람들이 대화를 나눌 때도 언어, 화제, 대화 수단 등에 대한 양식을 사전에, 또는 대화 중에 정해두어야 의사소통이나 정보교환이 가능하다. 이를 위해 **프로토콜에는 다음 3가지 요소가 포함되어야** 한다.

ⓐ 구문(syntax)

데이터의 구조나 포맷을 의미한다. 전송되는 데이터의 어느 부분이 어떤 정보를 포함하는지와 관련된 것으로, 데이터의 형식이나 신호로 부호화 방법 등을 정의한다.

ⓑ 의미(semantics)

전송되는 데이터의 각 부분이 무엇을 뜻하는지를 알 수 있게 미리 정해둔 규칙을 의미한다. 이 규칙은 데이터 자체뿐만 아니라 오류제어, 동기제어, 흐름제어 같은 각종 제어 절차에 관한 제어 정보를 정의한다.

ⓒ 순서(timing)

순서는 네트워크 통신에서 두 가지 역할을 한다. 하나는 "어떤 데이터를 보낼 것인가?"이고, 나머지는 "얼마나 빠르게 데이터를 보낼 것인가?"이며, 이는 송/수신자 간 또는 양단(end to end)의 통신 시스템과 망 사이의 통신 속도나 순서 등을 정의한다.

② **프로토콜의 기능** 중요 ★

프로토콜은 종류별로 제공하는 기능이 있지만, 프로토콜의 기능과 함께 발생할 수 있는 보안적인 취약점도 가지고 있다. 그 취약점들은 다음과 같다.

㉠ 주소설정(addressing)

주소설정은 서로 다른 시스템의 두 개체가 점대점 통신이 아닌 통신을 할 때 필요하다. 일반적으로 한 개체가 상태 개체에 데이터를 전송하려면 상대의 이름을 알아야 하는데, 프로토콜에는 각 전송 계층에 맞는 주소를 지정하는 기능이 있다. 그런데 정상이 아닌 변조된 주소값을 지닌 패킷을 보내면 네트워크나 시스템에 혼란을 줄 수 있다.

㉡ 순서제어(sequence control)

데이터가 전송될 때의 일정 크기의 데이터 블록을 프로토콜 데이터 단위(PDU : Protocol Data Unit)라 한다. 순서제어는 프로토콜 데이터 단위가 전송될 때 보내지는 순서를 명시하는 기능으로, 연결 지향형(connection-oriented)에만 사용한다. 순서를 지정하는 이유는 전달, 흐름제어, 오류제어 등을 위해서다. 순서가 정해진 각 PDU를 상대 개체에 보내면 수신 측에서 순서에 맞게 데이터를 재구성한다. 이때 잘못된 PDU는 재전송을 요구한다. 해커는 순서가 뒤죽박죽된 패킷을 생성하여 보내 시스템에 과부하가 걸리게 하기도 한다.

㉢ 데이터 대열의 단편화 및 재조합(fragmentation & reassembly)

인터넷 등을 통해 전달되는 데이터는 아주 작은 4KB 텍스트 문서부터 영화처럼 1GB가 넘는 대용량 파일에 이르기까지 크기가 아주 다양하다. 이러한 데이터는 크기에 상관없이 같은 프로토콜로 전달되므로, 아주 작은 파일은 상관없는 이야기일지 모르지만 1GB가 넘는 대용량 파일은 한 번에 전달하는 것이 불가능하다. 따라서 전송 효율이 높은 작은 단위로 나누고, 이를 전송받는 시스템에서는 응용 프로그램에서 사용하기 위해 재조합해야 한다. 해커들은 이런 과정에서 데이터 분할 기능을 이용해 대량의 패킷을 공격 대상으로 보내기도 하고, 일부러 재조합할 수 없는 데이터를 보내 공격 대상을 혼란에 빠뜨리기도 한다.

㉣ 캡슐화(encapsulation)

프로토콜 데이터 단위인 PDU는 SDU(Service Data Unit)와 PCI(Protocol Control Information)로 구성되어 있다. SDU는 전송하려는 데이터고, PCI는 제어정보다. PCI에는 송신자와 수신자 주소, 오류검출 코드, 프로토콜 제어 정보 등이 있다. 이때 데이터에 제어정보를 덧붙이는 것을 캡슐화한다. 캡슐화란 어떤 네트워크를 통과하기 위해 데이터를 전송할 때는 다른 무언가로 감싸서 보내고, 다른 네트워크를 통과하면 감싼 부분을 다시 벗겨내어 전송하는 기능을 말한다.

㉤ 연결제어

두 시스템이 서로 데이터를 교환할 때 연결을 설정하는 것을 연결 지향형 데이터 전송(connection oriented data transfer), 연결을 설정하지 않는 것을 비연결 지향형 데이터 전송(connectionless data transfer)이라 한다. 연결 지향형 전송은 연결설정, 데이터 전송, 연결해제의 3단계로 구성되며, 데이터 전송 중 연결을 지속해서 관리한다. 연결 지향형 데이터 전송의 대표적인 예는 TCP를 이용한 연결이다. 연결제어(connection control)를 하는 패킷을 이용해 네트워크 연결을 임의로 끊을 수도 있고, 해당 세션을 뺏을 수도 있다. 비연결 지향형 데이터의 전송의 대표적인 예는 UDP를 이용한 연결로, 흔히 이렇게 전송되는 데이터를 데이터그램(datagram)이라 부른다.

ⓗ 흐름제어(flow control)

흐름제어는 송신 측 개체로부터 오는 데이터의 양이나 속도를 조정하는 기능으로, 송신 측과 수신 측의 속도 차이 등으로 인한 정보 유실을 방지하며, 다음의 두 가지 방법이 흔히 쓰인다. 정지-대기(stop and wait) 흐름 제어 기법은 패킷 하나를 보낸 후 해당 패킷에 대한 응답이 와야 다음 패킷을 보내는 방식이다. 슬라이딩 윈도우(sliding windows) 기법은 가용 데이터 분량의 패킷을 한꺼번에 보낸 후 응답 패킷을 받으면 다시 그만큼의 데이터를 한꺼번에 보내는 방식이다. 정지-대기 흐름 제어보다 훨씬 효율적인 데이터 전송 방식이다.

ⓢ 오류제어(error control)

두 개체에서 데이터를 교환할 때 SDU나 PCI가 잘못되었을 경우, 이를 발견하는 기법을 오류제어라 한다. 오류는 패리티 비트(parity 비트)나 순환잉여도 검사(CRC : Check Redundancy Check)를 통해 발견할 수 있다. 오류제어는 순서를 검사하거나 특정 시간 안에 받지 못하면 재전송을 요구하는 방식으로 이루어진다.

ⓞ 동기화(synchronization)

두 개체 간에 데이터를 전송할 때 각 개체는 특정 타이머값이나 윈도우 크기 등을 기억해야 한다. 이렇게 두 개체가 동시에 정의된 인자값을 공유하는 것을 동기화라 한다. 이는 두 개체가 정보를 송수신할 때 서로 호흡을 맞추는 것이라 할 수 있다.

ⓩ 다중화(multiplexing)

통신선로 하나에서 여러 시스템이 동시에 통신할 수 있는 기법을 다중화라고 한다.

ⓩ 전송 서비스

전송 서비스는 우선순위 결정, 서비스 등급과 보안 요구 등을 제어하는 서비스다.

ⓐ 서비스 등급 : 어떤 종류의 데이터는 최소의 처리율이나 최대 지연 시간의 제약을 요구할 수 있다.

ⓑ 우선순위 : 특정한 메시지가 빨리 목적지 엔티티에 도착해야 하는 경우가 있다. 예를 들면 연결해제 요청을 들 수 있으며, 우선순위는 메시지마다 할당될 수 있다.

ⓒ 보안 : 액세스를 제한하는 보안 서비스도 필요할 수 있다.

(2) OSI 참조모델

여러 회사 제품들 사이의 호환성과 시장성을 위해서 표준이 필요하다. 통신의 복잡성으로 인해, 하나의 표준으로는 모든 요구조건을 만족시키기 어렵다. 따라서 기능들을 잘 다룰 수 있는 부분들로 나눠, 통신 구조를 구성해야 한다. 이것이 표준화의 기본 골격이다. 이러한 이유로 1977년 ISO는 이와 같은 구조를 개발하기 위해서 소위원회를 만들었으며, OSI(Open Systems Interconnection) 참조모델을 만들었다.

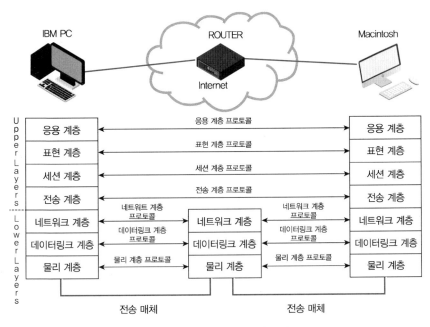

[그림 5-13] OSI 계층구조와 통신

OSI 개념에 따라 설계되어 제안된 OSI 참조모델은 층 구조를 사용하여 통신 기능들을 계층으로 나누고, 각 층은 다른 시스템과 통신하는 데 필요한 기능 일부분을 수행한다. 이러한 기능들은 그 상위 층에 대해서 서비스를 제공하는데, 그 구체적인 구현은 상위 층에 대하여 숨겨진다. OSI 모델은 일곱 개의 층으로 구성되어 있다.

OSI 모델을 만든 주요 동기는 표준화 작업에 대한 특성을 제공하기 위한 것이다. 따라서 모델 내에서 각 층에 대한 여러 개의 프로토콜 표준이 만들어질 수 있는 것이다. 모델은 각 층에서 수행되어야 하는 기능을 정의하고 있으며, 표준화 과정을 도와주고 있다. 각 층의 기능이 잘 정의되어 독립적으로 동시에 표준화 작업이 이루어진다. 한 층의 변화가 다른 층에 영향을 미치지 않아 쉽게 표준이 만들어질 수 있는 계기를 제공한다.

① **물리 계층(physical layer)** : 1 계층

OSI 7 계층 모델 상의 최하위 계층으로 **단말기기와 전송 매체 사이의 인터페이스를 정의**하고, 데이터링크 계층 엔티티 간의 비트 전송을 위해 물리적인(기계적, 전기적, 기능적, 절차적인) 수단을 제공하는 계층이다.

물리 계층의 주요기능은 전송 속도, 신호의 레벨 등으로, 전기적 신호 규격을 정의한다. 프리엠블 처리로 비트 동기화하며, 매체 종류, 케이블링, 커넥터와 토폴로지 규격도 포함하는 전송 매체 규격을 정의한다. DTE와 DCE 간에 성립되는 물리적 회선에 대한 작동, 유지, 작동의 중지 등을 규정하는 물리적 회선 관리를 한다. 물리 계층 상에서는 잡음, 간섭, 왜곡, 지연 등의 영향을 받게 된다.

물리 계층에서만 정의되는 대표적인 표준은 EIA RS232C, V.24, X.21, V.35 등이고, 만일, OSI 계층 모델에서 물리 계층 인터페이스를 규정하려면 상호연결되는 장치의 논리적, 물리적, 전기적 특성이 정의되어야 하며, 물리 계층 표준 규약의 논리적, 물리적 규약 V.24 등, 전기적 규약 V.28 등이 된다.

② **데이터링크 계층(data link layer)** : 2 계층

데이터링크 계층은 점대점 사이의 신뢰성 있는 전송을 보장하기 위한 계층으로, CRC 기반의 오류 제어와 흐름제어가 필요하다. 네트워크를 구성하는 개체들 사이에 데이터를 전달하고, 물리 계층에서 발생할 수 있는 오류를 찾고 수정하는데 필요한 기능적, 절차적 수단을 제공한다. 주소값은 물리적으로 할당받는데, 이는 네트워크 카드가 만들어질 때부터 맥 주소(MAC address)가 정해져 있다는 뜻이다.

데이터링크 계층에서 수행하는 기능 중 가장 중요한 것 가운데 하나는 전송 시 오류를 검출하고, 분실되거나 중복된 데이터 또는 오류가 있는 데이터를 복구하는 것이다. 이 계층에 관련된 표준으로는 CCITT의 권고안인 X.25에 포함된 연결 접근 절차 평형(LAPB : Link Access Procedure Balanced)과 고수준 데이터링크 제어 절차(HDLC : High-level Data-Link Control), ISO 8802-3, ISO 8802-4, ISO 8802-5 등의 데이터링크 계층 규약이 있다.

③ **망 계층(network layer)** : 3 계층

네트워크 계층은 여러 노드를 거칠 때마다 경로를 찾아주는 역할을 한다. 즉, 다양한 길이의 데이터를 네트워크로 전달하고, 그 과정에서 전송 계층이 요구하는 서비스 품질(QoS)을 제공하기 위한 기능적, 절차적 수단을 제공한다.

네트워크 계층은 **종단 노드들 간의 라우팅을 담당**하며, 최종 목적지를 식별하기 위해 IP **주소를 사용**한다. 네트워크 계층에서 동작하는 것으로 라우터가 있고, 이 계층에서 동작하는 스위치를 흔히 L3 스위치라고 하며, 관련된 표준으로는 CCITT 권고안인 X.25 등이 있다.

④ **전송 계층(transport layer)** : 4 계층

전송 계층은 양 끝단의 사용자들이 신뢰성 있는 데이터를 주고받을 수 있게 하여 상위 계층이 데이터 전달의 유효성이나 효율성을 고려하지 않아도 되게 해준다. 시퀀스 넘버 기반의 오류 제어 방식을 사용하며 전송 계층은 특정 연결의 유효성을 제어한다. 전송 계층에서 동작하는 프로토콜 중 TCP는 연결 지향 프로토콜이다. 이는 전송 계층에서 패킷 전송이 유효한지 확인하고 전송에 실패한 패킷은 재전송한다는 것을 뜻한다.

전송 계층의 목적을 수행하기 위해 전송 접속이라는 **논리적인 통신로**의 설정 및 종단 시스템 간의 데이터 전송에서의 오류 검출, 오류 회복, 흐름제어 및 접속 다중화 등의 기능을 제공한다. 이에는 0 ~ 4의 등급이 있어 필요에 따라 통신망의 질적 수준을 사용자가 선택할 수 있도록 한다. 이 계층에 관련된 표준으로는 ISO 8073과 ISO 8602 등이 있다.

⑤ **세션 계층(session layer)** : 5 계층

세션 계층은 표현 실체가 특성에 맞게 데이터를 교환할 수 있는 통신방법을 제공하는 것을 목적으로 한다. 이 계층은 **사용자 간의 데이터 교환을 조직화시키는 수단**을 제공하며, 사용자들은 이 계층에서 요구되는 반양방향(half-duplex) 대화 또는 양방 대화, 파일 전송에 대한 중간 점검 및 복구를 위한 동기점, 강제 종료 및 재개, 일반 데이터 및 빠른 데이터 전송과 같은 동기 및 제어의 형식을 선택할 수 있다. 이 계층에 관련된 표준으로는 ISO 8327, CCITT 권고안인 X.225 등이 있다.

⑥ **표현 계층(presentation layer)** : 6 계층

표현 계층은 다른 기종의 여러 시스템이 서로 다른 데이터 표현 방식을 사용할 때, 이를 하나의 통일된 구문 형식으로 변환하는 기능을 수행하는 계층이다. 즉, 시스템에서 사용되는 **코드 간의 번역**을 담당하는 것이다. 응용 계층으로부터 데이터를 받아서 자신과 대등한 위치에 있는 계층과 표현 형식

등에 관해서 협상한다. 표현 계층의 주요한 서비스는 응용 계층의 시스템 규약에 대하여 단말 조작, 파일 조작, 작업 전송 조작 등에 관한 데이터 형식 처리를 하는 것이다. 이에 관한 표준으로는 ISO 8823 등이 있다.

⑦ **응용 계층(application layer)** : 7 계층

응용 계층은 OSI 모델 중 최상위 계층으로 **사용자 응용 프로세스를 지원**하며, **응용 프로세스 간의 정보교환**을 담당한다. 응용 규약으로는 실체의 활성화 및 비활성화, 감시 등의 시스템을 제어하고 관리하는 시스템 관리 규약, 응용 프로세스를 제어하고 관리하는 응용 관리 규약, 정보처리에 요구되는 파일 전송 접근 관리, 가상 터미널, 가상 파일 시스템, 작업 전송 조작 등과 같은 전송에 대응한 시스템 규약이 존재한다. 이에 관련된 표준으로는 X.400, 파일 전송/접근 및 관리(FTAM : File Transfer Access and Management), ISO 9506 등이 있다.

(3) 네트워크 임베디드 시스템 설계를 위한 통신망 기초

통신망을 도입하여 임베디드 시스템을 구축하거나 정보와 자원을 공유하려 할 때, 평소 친숙하게 사용하던 통신망 혹은 성능이 좋다고 알려진 통신망을 도입하는 경우가 있는데 이는 종종 시스템 전체의 성능 저하를 가져오는 요인이 된다. 이는 통신망의 체계적인 설계과정을 거치지 않기 때문에 발생한 결과로, 통신망을 도입하는 목적을 명확히 하고 선택의 대상이 되는 통신망들을 서로 비교 분석하는 과정을 거치게 되면 충분히 시행착오를 줄일 수 있을 것이다. 이러한 과정들은 다양한 검증 과정을 통해 단계적으로 수행된다.

[그림 5-14]는 임베디드 시스템 시간의 통신망 설계단계의 예이다. 먼저 통신망을 도입하는 목적, 즉 통신망에 대한 요구사항들을 분석해야 한다. 그 후 여러 대상을 비교 분석하는 과정을 거치는데, 이 과정이 끝난 뒤에 선정된 통신망을 구축한다. 물론 통신망을 선정할 때는 통신망을 구축해서 사용할 때의 운영 및 유지보수를 반드시 고려해야 한다.

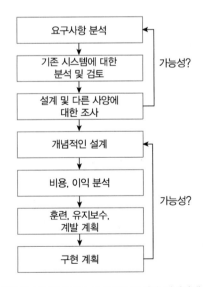

[그림 5-14] 임베디드 시스템의 통신망 설계단계 예

① **임베디드 시스템의 통신망 설계 시 고려할 사항**

통신망을 도입할 때 무엇보다도 먼저 명확히 해야 하는 것은 바로 "왜 통신망을 도입하려고 하는 가?"라는 질문에 대한 답을 하는 것이다. 통신망 **도입의 목적이 분명하고 통신망에 대한 요구사항이 상세히 분석된** 경우에만 도입하고자 하는 통신망에 어떤 기능이 포함되어야 하는가를 결정할 수 있기 때문이다. 공장 또는 작업장에 통신망을 도입하여 자동화 시스템을 구축하려 하거나 혹은 자원과 정보를 공유하려 할 때, 그리고 설계할 때부터 여러 가지를 신중하게 고려해야 한다. 제일 먼저 확인해야 하는 것은 통신망을 도입함으로써 얻으려는 것이 무엇인지를 분명히 하는 과정이다. 이를 바탕으로 도입하려는 통신망이 갖추어야 할 요구사항들을 확실히 한다. 그리고 여러 가지 통신망들의 구성요소들의 장단점, 용도와 성능을 비교 분석한다. 이러한 과정에서는 기술적인 측면과 아울러 관리적인 요소도 포함되어야 한다.

일반적으로 통신망을 구축함으로써 생산성을 비롯한 각종 성능의 향상, 시스템의 응답 시간의 단축, 데이터의 효율적 접속, 다양한 장치들의 설치 또는 제거의 편의성, 값비싼 기기 공유의 성과를 기대할 수 있다. 반면에 통신망을 구축할 때 우려되는 사항들은 시스템 응답 시간의 증가, 데이터 보안의 문제점, 데이터 정확성의 저하, 통신망 고장 시 전체 시스템 완전 동작 중지, 작업들의 불필요한 독립성 및 복잡성, 운영비용의 증가 등이 있다. 따라서 명확한 목적 및 상세한 분석 없이 단순한 기대 심리로 통신망을 도입하는 것은 바람직하지 못하다는 것을 알 수 있다.

② **통신망에 대한 일반적인 요구사항**

통신망 설계는 통신망을 설치하려는 대상 시스템의 작업 내용과 요구사항을 분석하여 수행하여야 한다. 대상 시스템을 최적으로 운영할 수 있게 하려면 통신망 설계자는 어떤 기기를 사용할 것인가와 그 기기를 어디에 놓을 것인가를 결정해야 하며 각 작업 그룹을 어떻게 통신망의 노드와 연계시킬 것인가를 결정한다. 그리고 통신망에 대한 요구사항을 분석해야 한다. 이것이 바로 통신망을 이용한 자동화 시스템에 있어서 통신망 설계과정의 핵심이다. 다음은 대부분의 **통신망에 기본적으로 적용되는 요구사항**들이다.

㉠ 신뢰성

신뢰성은 말 그대로 통신망의 동작이 얼마나 사용자에게 신뢰를 주는가를 나타낸다. 따라서 신뢰성은 시스템이 목표로 했던 작업을 성공적으로 수행하는 정도를 나타내게 되며 높은 신뢰성은 특별히 생산성 및 사용자의 만족도와 같은 관계가 있다. 이와 같은 신뢰성은 다음 두 가지 지수의 복합적인 결과로 봐야 하는데, 첫째는 데이터 전송에서의 오류 발생률이고, 둘째는 하드웨어와 소프트웨어의 고장률이다. 위의 두 가지 중 하나라도 높아지면 통신망의 신뢰성은 낮아진다.

㉡ 고성능

통신망의 성능과 관련된 중요한 요소로 통신망의 속도와 통신망에 걸리는 부하를 들 수 있다. 통신망의 속도는 성능에 영향을 주는 아주 기본적인 요소이나, 보다 중요한 것은 통신망에 걸리는 부하이다. 통신망의 부하는 통신망이 일정 시간 내에 전송해야 할 데이터의 양이 얼마나 되는가와 밀접한 관련이 있다. 따라서 이는 통신망에 연결된 각종 기기에서 동작하는 응용 프로그램이 어떤 것인가와 직결되기 때문에 통신망 설계자는 통신망 설계 전에 다음과 같은 질문의 답을 생각해야 한다.

> • 동작하는 응용 프로그램은 어떤 것인가?
> • 생성되는 데이터의 종류와 크기는?
> • 어떤 종류의 자원을 사용할 것인가?

"동작하는 응용 프로그램은 어떤 것인가?"에서는 동작하는 응용 프로그램의 수행 시간 및 수행 빈도 등을 조사해야 한다. 두 번째 물음에서는 응용 프로그램이 동작하면서 생성되어 통신망을 통하여 전송되는 데이터의 종류와 그들의 크기를 결정해야 한다. 데이터의 종류로는 일정한 주기로 계속 전송되는 주기 데이터, 비주기적이면서 실시간으로 전송되어야 하는 비주기적 실시간 데이터, 그리고 비주기적이고 실시간성이 필요 없는 비주기적 비실시간 데이터가 있다. 세 번째 물음에서는 통신망에서 전송되는 대부분의 데이터가 한 노드로 집중된다면 그 노드는 데이터 처리능력이 매우 우수해야 한다. 만일 처리능력이 떨어지면 데이터가 빨리 도착하더라도 그 노드의 데이터 처리능력이 떨어지므로 응답시간이 길어지게 된다. 이렇게 되면 통신망의 속도가 빨라도 전체 시스템의 성능이 높아지지 않는다. 따라서 이러한 사항을 잘 조사해야 한다. 통신망 설계자는 설계 전에 위와 같은 질문에 대한 답을 충분히 작성해야 한다.

ⓒ 빠른 응답 시간

응답 시간은 사용자가 요구한 때부터 응답을 받을 때까지 걸린 시간을 말한다. 통신망을 사용할 때 응답시간의 10 ~ 30%만이 통신망에서 걸리는 시간이며 나머지 70 ~ 90%는 통신망에서 걸린 시간이 아니라 응답을 위해 동작하는 응용 프로그램의 수행 시간이다. 이때 통신망 사용 시간은 실제 통신매체에서의 전송 시간과 통신망의 각 계층에서 소비된 시간을 합한 시간이다. 이러한 응답 시간 중 통신망에서 소요되는 부분을 줄이기 위해서는 데이터 전송률이 높은 통신망을 사용하거나 통신망을 나누어 사용할 수 있다. 예를 들어 어떤 두 개의 기기 그룹이 있고 이 두 개의 그룹에서 나오는 데이터들이 같다고 가정하면, 이 두 개의 그룹을 하나의 통신망으로 연결하는 것보다 그룹별로 통신망을 분할하는 것이 훨씬 효율적이며 응답 시간도 줄일 수 있게 된다.

ⓔ 데이터의 일치성(consistency)

데이터의 일치성에는 시간 일치성과 공간 일치성이 있다. 일반적으로 어떤 생산공정에서는 센서들의 하위기기에서 어떤 한 시각에 표준 추출된 표본값이 상위의 제어기기 등에서 사용된다. 시간 일치성은 이러한 상위 제어기기들에서 사용된 데이터가 같은 표본 추출 시각에서의 하위기기들의 표본값들과 일치한다는 것을 의미한다. 공간 일치성은 한 시간에 서로 다른 상위기기에 전송된 표본값들이 같은 표본 추출 시각에 추출된 값이라는 것을 의미한다.

ⓜ 유효 시간(valid time)

주어진 시간 내에 목적지에 도착하지 못한 데이터는 주어진 시간 이후에 사용될 수도 있지만 응용 프로그램이 어떤 것이냐에 따라서 그렇지 못한 때도 있다. 이렇게 데이터의 사용 여부를 결정하는 기준이 되는 시간을 유효 시간이라 한다. 유효 시간은 어떤 데이터가 만들어진 시점부터 그 데이터의 사용자에게 의미가 있을 때까지의 시간으로 정의된다. 유효시간은 데이터가 어떤 것이냐에 따라 다르지만 같은 데이터라도 그 데이터의 사용자 또는 응용 프로그램이 어떤 것이냐에 따라서도 달라진다. 이러한 측면에서 보면 데이터의 사용자는 자신이 받은 데이터의 시간적 정보를 알 필요가 있다. 즉, 통신망이 사용자에게 데이터의 시간적 정보를 제공해야 한다는 것을 뜻한다.

ⓑ 실시간성

통신망을 통해 전달되는 데이터를 실시간성 측면과 주기성 측면에서 살펴보면, 주기적 데이터와 실시간 비주기적 데이터, 그리고 비실시간 비주기적 데이터로 나눌 수 있다. 일반적으로 센서 등에서는 주기적으로 데이터가 계속 나오게 된다. 이렇게 연속제어 등에 사용되는 센서 데이터와 제어 데이터 등이 주기적 데이터로 분류될 수 있다. 실시간 비주기적 데이터는 이상 신호와 경보 신호 등과 같이 언제 발생할지 모르지만 일단 발생하면 최대한 빨리 전송되어야 하는 데이터이며, 비실시간 비주기적 데이터는 위의 두 가지에 속하지 않는 것으로써 프로그램과 시스템 구성 데이터 등이 있을 수 있다. 주기 데이터는 정해진 주기 내에 전송되지 않으면 의미가 없으므로 당연히 실시간 데이터이다. 통신망은 실시간성이 있어야 하는 데이터를 알맞게 전송할 책임을 지게 된다.

ⓢ 유연성

다른 모든 시스템과 마찬가지로 통신망도 시간이 흐르고 여러 가지 변화가 생기면 그 시스템을 새롭게 확장하고 변화시킬 필요가 발생하게 된다. 특히, 통신망에 있어서 이와 같은 변화에 유연하게 대처할 수 있는 정도를 나타내는 유연성은 매우 중요하다. 통신망에 연결되는 각종 기기의 특성은 끊임없이 변화될 수 있고, 통신망은 이와 같은 변화에 영향을 받지 않고 데이터를 전송할 수 있어야 한다. 덧붙여서 통신 관련 소프트웨어는 시스템의 종류나 운영체제 등에 영향을 받지 않아야 한다.

ⓞ 비용(cost)

통신망과 관련된 비용은 초기비용과 운영비용으로 나눌 수 있다. 초기비용은 통신망을 처음에 구축하면서 드는 비용으로, 통신망 하드웨어 및 소프트웨어 구입비, 설계비용, 구축비용 등을 말하며 운영비용은 설치된 통신망을 유지 및 보수하고 확장하는 등의 작업에 필요한 비용이다. 유의해야 할 것은 보통 통신망 사용자들은 초기비용에 집착하게 되므로 초기비용을 줄이는 노력을 많이 하게 되는데, 이러한 경우 오히려 운영비용이 많이 들어서 결과적으로 초기비용을 많이 투자한 경우보다 더 큰 비용을 지불하는 경우도 생길 수 있다.

ⓩ 가용성

통신망의 가용성은 전체 생산 시스템의 동작 및 발생 이익과 관련되어 있다. 만약 공장의 기간망(backbone network)에 고장이 발생했을 경우 통신망의 고장 때문에 공장의 모든 공정 작업들이 중지된다면 막대한 손해가 발생할 수 있다. 그래서 기간망이 고장 나더라도 부분 통신망의 중요 공정은 계속 동작해야 한다는 것이다. 예를 들면 통신망이 고장이 나더라도 공장에 전원이 공급되는 한 각 기기는 계속해서 동작한다. 이러한 경우 중요 데이터가 전달되지 않으면 심각한 문제가 생길 수 있으므로 중요 공정과 관련된 부분 통신망은 기간망과 관계없이 동작하도록 해야 한다. 이것이 바로 통신망의 가용성이다.

ⓩ 전자파 장애 대처 능력

공장에는 여러 종류의 기기가 있고 특히 큰 전류가 흐르는 전력선, 전기 모터, 대용량 릴레이 등은 상당한 양의 전자파 장애(EMI : Electro Magnetic Interference)를 일으킨다. 통신망이 전자파의 장애를 이겨내지 못하면 전송 중인 데이터에 오류가 발생하게 되고 그렇게 되면 데이터의 재전송이 일어나게 되어 통신망에 대한 부하가 커져 통신망의 효율성이 떨어지게 된다. 따라서 통신망을 설치하는 경우 특히 어떤 통신매체를 사용할 것인가를 잘 결정해야 한다. 일반적으로 사용되는 매체로는 동축 케이블, 꼬임 쌍 선(twisted pair wire), 광섬유 등이 있으며 통신망이 설치되는 매체가 같이 사용되는 경우도 있다.

ㄱ 유지 및 보수의 용이성

모든 통신망은 설치한 후 사용하면서 유지 및 보수를 해야 한다. 통신망에 문제가 발생하였을 때 신속하게 진단하여 문제점을 해결하는 것은 통신망을 효율적으로 운영하기 위한 아주 중요한 요소이다. 통신망 동작을 막지 않은 상태에서 가능한 한 적은 노력으로 통신망을 유지하고 보수할 수 있는 것이 좋은 통신망이다. 매우 중요한 공정에서는 통신상의 오류가 생기더라도 그 오류가 생긴 지점을 분리하여, 복구하는 동안 통신망 동작에 이상이 없도록 통신망이 설계되어야 한다.

ㄴ 보안

통신망을 사용할 때는 보안이 매우 중요하다. 허가되지 않은 사용자가 시스템에 침입하여 생산 과정을 오동작하게 하는 것을 막기 위하여 통신망 관리자는 다음과 같은 일을 해야 한다.

> • 통신망 사용자를 제한하고 각 사용자의 접속 권리를 명확히 한다.
> • 사용하지 않는 경우 자동으로 접속 종료(log-off)한다.

ㅁ 통신망 관리

통신망 관리는 통신망이 커질수록 중요해진다. 규모가 작은 통신망에서는 관리자가 눈과 손을 사용하여 검사하고 각 노드의 특성을 정할 수 있지만, 통신망이 커지면 이러한 방식으로 관리하는 것이 불가능해진다. 따라서 특수한 도구(예를 들어 소프트웨어)를 사용하여 통신망 상태를 표시하고 통신매체를 검사하며 데이터 부하를 분석하는 등의 관리 작업을 해야 한다.

ㅂ 통신망의 서비스

통신망에 대해 요구되는 전형적인 기능은 파일 전송, 터미널 연결, 개인용 컴퓨터 통합, 자동화 기기 통합, 분산 응용 지원, 통신망 관리이다. 어떤 시스템에서 데이터의 분석과 저장을 위해 보다 큰 시스템으로 보내는 경우도 파일 전송의 예이며, 통신망을 통한 디스크 예비 저장과 프로그램의 업로드 및 다운로드도 파일 전송의 다른 예이다.

위에 언급한 요구사항들은 대부분의 통신망에 적용되는 대표적인 예들이다. 이런 요구사항들을 기준으로 하여 적용하려는 시스템에 대한 통신망을 선택하는 것이 바람직하다고 할 수 있다.

2 네트워크 임베디드 시스템 설계를 위한 하드웨어와 소프트웨어의 기초

(1) 임베디드 시스템의 하드웨어 기초

① ARM Processor

ARM은 임베디드 시스템에서 고성능화, 저전력화, 소형화로 설계된 마이크로프로세서이다. 예를 들어 ARM7TDMI 프로세서의 경우 60MHz, 1.5mW/MHz 전력을 소비했다. 그리고 매우 작은 사이즈에 integral debug 기능이 있었다. 이 프로세서는 많은 휴대용 임베디드 시스템에 성공적으로 이용되었다. 예를 들면, Panasonic G650의 GSM 모바일에 ARM7100의 경우 PSIO의 PDA에도 이용이 되었다. 이러한 ARM-Family는 저전력, 저비용, 고성능을 가지고 있다.

그러나 시대가 갈수록 시스템은 더 복잡해지고 고성능화의 프로세서를 더욱 요구하였다. 휴대폰과 PDA를 하나로 통합한 스마트폰은 초창기에 다중 프로세서를 사용하였다. PDA 운용부분과 휴대폰의 부분에 각각의 프로세서를 이용한 것이다.

② **ARM7TDMI와 ARM9TDMI**

ARM9TDMI integer core는 ARM9-Family이다. 이 코어는 ARM7TDMI에서 성능이 향상된 프로세서로 홀로 사용하거나, ARM940T처럼 캐시 프로세서를 함께 이용할 수 있다.

ARM7TDMI에서는 3단계의 파이프라인 과정(fetch, decode, execute)을 가지고 있었지만 ARM9TDMI에서는 fetch, decode, execute, 메모리 access, write-back의 5단계로 이루어져 CPI(Clocks Per Instruction)가 향상되었다.

[표 5-3] ARM7TDMI과 ARM9TDMI 파이프라인 과정

[ARM7TDMI Pipeline Operation]

Fetch	Decode		Execute
Instruction Fetch	Convert Thumb to ARM	Main Decode Register Address Decode	Register Read Shifter ALU Writeback

[ARM9TDMI Pipeline Operation]

Fetch	Decode		Execute	Memory	Writeback
Instruction Fetch	ARM Decode Reg. Address Decode	Register Read	Shifter ALU	Memory Data access	ALU Result and/or Load data Writeback
	Thumb Decode				
	Reg. Address Decode	Register Read			

또한 ARM9TDMI의 ALU의 경우 arithmetic과 logic units 부분이 분리되어 명령어 수행 시 전력소모가 더욱 줄어들었다.

아래 [표 5-4]은 ARM9TDMI와 ARM7TDMI의 명령어(load, store), data processing, branch/link에 대한 CPI를 비교하였다.

[표 5-4] ARM9TDMI vs ARM7TDMI CPI 분석

Instruction	% Taken	% Skipped	ARM7TDMI	ARM9TDMI
Data processing	49	4	1	1
Data processing with PC	3	0	3	3
Branch/Branch with link	11	4	3	3
Load register	14	1	3	1-2
Store register	8	1	2	1
Load multiple registers	1	0	7	5
Store multiple registers	2	0	7	6
CPI			1.9	1.5

③ **ARM 구현**

ARM9TDMI 임베디드 core는 CPU의 코어지만, CPU 자체를 말하는 것은 아니다. 일반적으로 임베디드 시스템에서 탑재한 칩(CPU)은 이 코어를 포함하고 다양한 기능(인터럽트, 캐시 메모리, 컨트롤러 등)이 있는 원 칩이다.

㉠ 삼성 S3C2440

삼성의 S3C2400의 16/32비트 RISC 마이크로프로세서로 ARM9TDMI 임베디드 core로 개발되었다. 이는 확장 외부 메모리 컨트롤러, 4-ch DMA 컨트롤러, NAND Flash 컨트롤러, DMA 컨트롤러, IO port, PWM timer, LCD 컨트롤러, ADC&터치스크린 인터페이스, 리얼 타임 클록, 3-ch UART, 2-ch SPI, 2-ch USB host 컨트롤러, 카메라 인터페이스 등의 매우 다양한 기능이 있다. 이러한 기능은 인텔의 Strong ARM SA1100, SA1100 등에 따라 다르게 되며 타겟의 기능에 따라 다른 선택을 해야 한다.

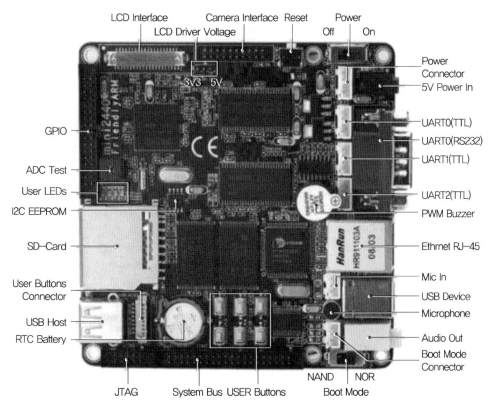

[그림 5-15] 삼성 S3C2440 제품 이미지

MDS에서 개발한 MRP-SC2400(Rebis)보드에서는 CPU로 S3C2400을 사용하였고 위에서 언급한 기능을 사용하여 테스트 보드를 만들었다. TFT-LCD와 카메라 역시 간단한 구동 드라이브(LC272C1B) 등을 이용해서 연결한 것이다. 또한 LCD 같은 것을 직접 IO port와 연결하여 제어할 수 있고, 쉽게 임베디드 시스템 목적에 맞는 하드웨어 구축이 가능하게 되었다.

ⓛ StrongARM

Intel StrongARM 기반의 CPU 보드를 설계하기 위해서는 여러 가지 방법이 있지만 가장 좋은 방법은 Intel에서 제공하는 참조보드의 회로를 분석해 보는 것이다. 이밖에는 시중에 많은 종류의 StrongARM 기반의 회로가 공개되어 있으며 이것을 참조하여 필요한 기능의 하드웨어 설계를 완성할 수 있다.

StrongARM으로 하드웨어를 설계하게 되면 PCB를 디자인할 때의 일반적인 시스템 설계보다 복잡한데, StrongARM이 1mm pitch에, BGA 패키지이기 때문이다.

[그림 5-16] DEC StrongARM SA-110 마이크로프로세서

ARM9TDMI와 ARM7TDMI는 고성능, 소형화, 저전력을 목적으로 설계되었고, 인텔이나 삼성 같은 곳에서 ARM 코어의 라이센스를 구입하여 StrongARM이나 S3C2400 같은 CPU를 개발했다. 미래에는 더욱 많은 임베디드 시스템들이 개발되고 사라질 것이다. 이에 CPU들은 점점 더 고성능화, 소형화, 저전력화가 이루어져야 하고 시스템의 빠른 개발과 비용을 줄이기 위해 많은 발전이 있을 것이다.

④ 8051 마이크로컨트롤러

㉠ 8051 마이크로컨트롤러의 개요

8051은 8비트 원 칩 내부에 대부분 기능을 모두 장착함으로써 별도의 하드웨어 없이 제어기 구성이 가능하다. CPU, 병렬 I/O 포트, 직렬 I/O 포트, 인터럽트 제어기, 타이머/카운터, ROM, RAM, SFR(특수 기능 레지스터) 등으로 구성된다.

Intel사는 8051 계열을 통틀어 MCS 51 계열이라고 하며, 그 종류에는 8051, 8051AH, 8052AH, 80C51BH, 83C51FA, 83C152 등이 있다. 이 계열은 특히 타사 호환 가능 칩이 매우 많다.

㉡ 특징

ⓐ 기능적 특징
- 8비트 ALU(CPU)
- 128바이트 레지스터 2개(데이터 레지스터 DR, 특수 기능 레지스터 SFR)
- 8비트 양방향 입출력(I/O) 4개 포트[4개 포트(P0, P1, P2, P3), 각 8개 핀으로 총 32개 핀]
- 전이중 방식 통신 UART
- 4KB의 ROM 메모리 내장
- 2중 우선순위 구조의 인터럽트 5개
- 16비트 타이머 2개

ⓑ 전기적 특징
- 직류 +5V(4.0 ~ 5.5V) 단일 전원에서 동작
- 발진기/클록 발생회로 내장(1 ~ 12MHz, 내부 12분주)

ⓒ 구조적 특징
데이터와 명령어(프로그램)를 분리하는 하버드 구조

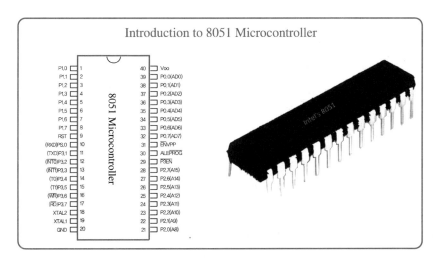

[그림 5-17] 8051 핀 배치도

ⓓ 메모리 구조
- 내부 데이터 RAM 영역(00h ~ 7Fh, 128byte)
- 특수 기능 레지스터 영역(80h ~ FFh, 128byte)

> 예 타이머/카운터 기능용
> - 타이머/카운터 모드 제어 레지스터 : TMOD
> - 타이머/카운터 제어 레지스터 : TCON
> - 타이머/카운터 레지스터 0 : (TH0, TL0)
> - 타이머/카운터 레지스터 1 : (TH1, TL1)

- 내부 프로그램 메모리(0000h ~ 0FFFh, 4KB)
- 외부 확장 프로그램 메모리(0000h/1000h ~ FFFFh, 60/64KB)
- 외부 확장 데이터 메모리(0000h ~ FFFFh, 64KB)

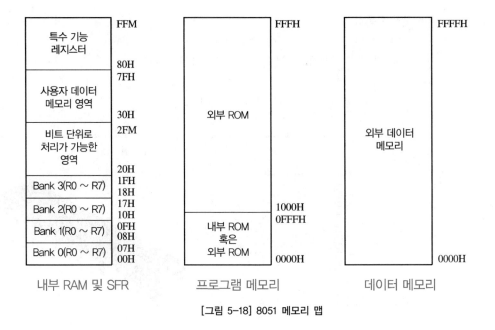

[그림 5-18] 8051 메모리 맵

(2) 임베디드 시스템의 소프트웨어 기초

C를 이용하여 8051을 제어할 수 있다. C는 간결한 고수준 언어로서 널리 인용되며, 구조화된 프로그래밍, 정의된 절차, 매개인자 전달 그리고 강력한 제어 구조 등 많은 특징이 있다. C는 간결하고 저수준인 명령어를 복잡한 함수와 같은 고수준의 언어로 결합하고 메인 프로세서의 실제적인 바이트와 워드에 접근하도록 하는 능력을 갖추고 있기 때문에 C는 상당한 정도까지 일종의 보편적인 어셈블리 언어라고 말할 수 있다.

C에 익숙한 대부분의 프로그래머는 리눅스와 Windows 10을 운용하는 개인용 컴퓨터 안에서 프로그램을 쓰는 데 익숙했을 것이다. 현재 메모리가 64KB로 제한된 커널에서조차 프로그램에서 가장 작은 변수가 16비트인 정수형일 정도로 상당한 공간이 필요하다. 실제 대부분의 인터페이스는 DOS 명령어와 함수 호출을 통해 이루어진다. 이처럼 쓰인 실제적인 C는 단지 변수, 문자열, 배열 등의 조작 및 처리와 관계된다. 그러나 현재 8비트 마이크로컨트롤러에서는 그 상황이 다소 다르다. 한 예로 8051을 보면, 전체 프로그램 크기는 4KB 내지 8KB만을 차지하며 RAM의 128바이트만을 이용할 수 있다. 이상적인 포트와 같은 실제적인 장치와 특별한 기능의 레지스터(SFR)는 C로부터 어드레스를 부여받아야 하며, 절대 어드레스에서 벡터를 요구하는 인터럽트가 제공되어야 한다. 후위 루프 데이터의 오버라이팅을 피하고자 한다면 루틴의 데이터 메모리 할당에 특별한 주의를 기울여야 한다. C의 기본 중의 하나는 매개인자(입력 변수)는 함수(서브루틴)로 전달되고, 그 결과는 호출한 상위 루틴으로 스택을 통해 반환된다. 그러므로 함수는 지역 변수가 오버라이트(재진입)되는 걱정 없이 인터럽트와 후위로부터 호출될 수 있다.

더 알아두기

오버라이딩(overriding)
오버라이딩은 사전적으로 '무시하다'라는 뜻을 가지고 있다. 프로그래밍에서는 기존의 정의된 함수를 무시해버리게 되며, 재정의라고도 한다. 이런 성질의 오버라이딩은 상속관계에서 자식의 클래스가 부모의 클래스에 대해서 이루어지는 것으로, 나쁜 자식이 부모를 무시하는 문법이라고 볼 수 있다. 오버라이딩은 상위 클래스가 가지고 있는 메소드를 하위 클래스가 재정의해서 사용하는 것을 의미하며, 기본 클래스의 가상 함수를 파생 클래스에서 이름, 매개 변수 타입과 개수, 리턴 타입까지 똑같이 만들어 재작성하는 것이다.

8051의 패밀리의 중대한 제약사항은 적절한 스택이 부족하다는 점이다. 8086과 같은 프로세서는 스택 포인터가 적어도 16비트는 된다. 보통 기본적인 스택 포인터 외에도 기본 포인터(base pointer)와 같은 다른 스택 상태 포인터가 존재한다. 스택 제어 시스템에 관해서 이러한 여분의 요구사항을 가지고 스택 상의 데이터에 접근할 수 있는 능력이 매우 중요하다. 이미 말했듯이 8051 패밀리는 반환 어드레스를 조절하는 능력을 갖춘 스택 시스템을 갖고 있다. 잠재적으로 사용 가능한 256byte의 스택으로는 많은 함수 호출과 빈번한 매개인자 전달을 감당해내지 못할 것이다.

이런 이유로 8051 상에서 C와 같은 스택 집약적인 언어를 실행한다는 것이 불가능하다고 생각할지도 모른다. 8051 사용자에게 여러 해 동안 C를 제공한 컴파일러들이 존재했지만 그 컴파일러들은 효과적이지는 못하였다. 68000과 같은 좀 더 강력한 마이크로프로세서를 위해 원래부터 쓰인 컴파일러에 실제로 적용되었다. 스택 문제에 대한 접근은 8051의 실행 코드(opcode)를 사용함으로써 실행되는 인위적인 스택의 사용을 통해 이루어졌다.

보통 외부 램에서 영역은 스택으로써 무시된다. 특별한 라이브러리 루틴은 함수가 호출될 때마다 새로운 스택을 다룬다. 이런 방법은 작동 시 재진입 능력을 부여하는 반면에 가격은 매우 서서히 변해 왔다. 최대 이점은 프로세서가 프로그램을 수행하는 것보다도 컴파일러 자체의 코드를 수행하는 데 너무 많은 시간을 소비한다는 것이다.

새로운 스택을 생성하는 본래의 비효율성 외에도, 컴파일러된 프로그램의 코드는 8051의 특성에 맞도록 최적화되지는 못한다. 이러한 오버헤드로 인해 IO 포트에 의해 제어되는 뱅크 전환 확장 메모리의 준비는 거의 필수가 되었다. 그러므로, 이는 특별히 8051 프로그래밍에서 어셈블러를 통한 접근성이 떨어지지만, 시간이 중요시되는 시스템에 대해서만 실질적 대안이 되었다.

마이크로컨트롤러에서 C를 사용할 때 주목할 만한 가치가 있는 고려사항은 다음과 같다.

① 온 칩에서와 칩 외부의 주변장치들의 제어
② 인터럽트 제공
③ 제한된 명령어들을 가장 잘 이용하기
④ 다른 롬과 램 구성을 지원
⑤ 코드 공간을 보전하기 위한 고수준의 최적화 기능
⑥ 레지스터 뱅크 전환의 제어
⑦ 진보되거나 특별한 칩 패밀리의 변형 분류들에 대한 지원(예 87C751, 80C517 등)

Keil C51 컴파일러는 마이크로컨트롤러 사용을 위해 필요한 모든 C 확장성을 포함하고 있는데, 이 C 컴파일러는 인텔에 의해 개발되었다. 그리고 부동 소수점 연산, formatted/unformatted IO 등과 같은 적절한 C 언어 장점들이 결합하였다.

(3) 네트워크 기반 임베디드 시스템을 위한 OS

① Windows CE

Windows CE는 Non-PC 디바이스들을 위한 마이크로소프트사의 새로운 임베디드 오퍼레이팅 시스템으로, 핸드헬드(handheld) 컴퓨터, 터미널, 산업용 제어기 및 다른 소형 컴퓨터들에서부터 인터넷 TV, 디지털 셋톱박스, 웹 폰 등과 인터넷 디바이스에 이르는 모든 분야에서 사용 가능한 32비트 윈도우 호환성의 오퍼레이팅 시스템이다.

Windows CE를 OS로 선정하는 이유는 일반적으로 다음과 같다.

> ⓐ 가정용 PC의 OS 대부분을 차지하는 Windows 계열(Windows 7, 8, 10 등)과 호환성이 높아 사용자의 편리성 및 네트워크 작업의 편리성이 증대된다.
> ⓑ 정보 가전기기를 위한 홈 네트워크용 미들웨어인 UPnP가 기본적으로 사용할 수 있어 별도의 작업 없이 UPnP 메커니즘을 이용할 수 있다. 그밖에 SNMP와 같은 다양한 네트워크 표준을 지원하며, 응용 프로그램 개발용 도구로 잘 지원되고 있다.

② 임베디드 Linux

임베디드 Linux는 이미 다양한 임베디드 시스템에서 운영체제로 널리 사용되고 있으며, 앞으로도 그 점유율은 더욱 늘어날 전망이다. 그것은 임베디드 리눅스가 가지는 서버 기능의 측면에서 뛰어난 안정성과 통신망에 대한 완벽한 지원에 기인한다. 초창기의 리눅스는 설치과정이 매우 복잡하여 많은 시행착오가 필요했다. 그러나 Redhat 계열을 위시하여 배포된 최근의 리눅스는 이와 같은 설치의 난해함이 거의 사라진 상태이다.

3 통신 인터페이스의 기초

(1) 시리얼 데이터 통신 `중요` ★★

처음에 컴퓨터가 개발되었을 때는 개인적인 용도로 컴퓨터를 사용한다는 것은 상상도 하기 힘든 일이었으나, 하드웨어 기술의 비약적인 발전으로 개인용 컴퓨터가 대량으로 보급되었고 사무실, 실험실, 공장 등에서는 데이터 처리, 문서 편집, 데이터베이스 관리, 공정제어, 전자우편 등의 다양한 정보처리 수요가 폭발적으로 증가하였다. 이러한 수요에 대응하기 위해서 컴퓨터끼리 서로 연결된 통신망이 등장하게 되었다. 보다 효율적이고 조직적으로 여러 업무를 처리하기 위해서 각 기기는 신속하고 정확하게, 그리고 쉽게 정보를 교환할 수 있어야 한다. 그래서 많은 규약이 등장했고, 그에 맞추어 여러 표준이 제정되었다. 통신에 사용되는 매체와 인터페이스의 물리적인 특성에 관한 표준은 가장 먼저 제정되어야 하는 것들이며, 신호의 특성에 대한 전기적인 혹은 광학적인 규약 없이는 어떠한 형태의 통신도 불가능하므로 어떤 통신이든지 이것들에 관한 표준이 필수적인 요소이다. 물리적인 인터페이스 사양이 없으면 모뎀이나 터미널들의 통신 장비 제조업자들은 여러 범위의 컴퓨터에 범용으로 연결해서 쓸 수 있는 제품을 만들어 낼 수가 없다. 전기적인 신호의 특성에 관한 표준이 없으면 어떠한 형태의 통신이든지 정의하기 어렵게 된다.

마이크로프로세서는 주변장치를 통해서 외부와 정보를 교환할 수 있는데, 일반적으로 정보를 외부와 교환하는 방법은 병렬 통신과 직렬 통신 2가지로 나눌 수가 있다. 컴퓨터 내의 장치와 정보교환을 할 때는 통상적으로 고속의 통신 속도를 필요로 해 한꺼번에 많은 정보를 처리할 수 있는 병렬 통신 방식을 주로 쓴다. 이는 대량의 정보를 이른 시간에 한꺼번에 처리함으로써 컴퓨터의 성능을 향상시킬 수가 있기 때문인데, 대표적인 것이 마이크로프로세서 자체의 정보처리량을 증가시키는 것이며 이것은 데이터 비트 수로써 나타난다. 80286은 16비트의 외부 데이터 비트, 80386, 80486은 32비트의 외부 자료 비트, 내부에서는 32비트로 동작하지만 64비트의 외부 데이터 비트를 갖는 펜티엄 계열을 보아도 알 수 있다.

그 외 HDD, FDD, VIDEO 카드 등 대표적인 병렬 통신 방식을 사용하는 장치가 있지만, 통신 거리의 제한성이 있고, 구현상 기술적인 어려움이 존재하며 비용이 너무 비싸다. 또한 애플리케이션 자체가 고속의 통신 속도를 필요로 하지 않을 경우도 많으므로 모든 경우에 병렬 통신 방식을 사용할 수는 없다. 이러한 이유로 컴퓨터가 **외부와 통신을 할 때는 직렬 통신 방식을 많이 사용**한다.

직렬 통신 방식이란 데이터 비트를 1개의 비트 단위로 외부로 송수신하는 방식으로써 구현하기가 쉽고, 멀리 갈 수가 있으며, 기존의 통신 선로(전화선 등)를 쉽게 활용할 수가 있어 비용의 절감이 크다는 장점이 있다. 직렬 통신의 대표적인 것으로 모뎀, LAN, RS232 및 X.25 등이 있다. 하지만 크게 직렬 통신을 구분하면 비동기식 방식과 동기식 방식 2가지로 나뉜다. 많은 사람이 비동기식 통신 방식을 RS232로 알고 있는데 실질적으로 RS232라는 것은 비동기식 통신 컨트롤러에서 나오는 디지털 신호를 외부와 인터페이스시키는 전기적인 신호 방식의 하나일 뿐이다.

일반적으로 RS232를 비동기식 통신 방식으로 인식하고 있는 것도 무리는 아니다. 비동기식 통신 방식을 지원하는 대표적인 컨트롤러는 NS사의 16C450과 16C550이며 그 외 호환되는 컨트롤러가 다수의 회사에서 생산되지만 성능에 차이는 없다. 호환은 되지 않지만 비동기 통신의 기능을 갖는 컨트롤러는 수십 가지의 종류가 있다.

비동기식 통신 컨트롤러를 일반적으로 UART(Universal Asynchronous Receiver/ Transmitter)라 부른다. UART에서 나오는 신호는 보통 TTL 신호 레벨을 갖기 때문에 노이즈에 약하고 통신 거리에 제약이 있다. 이러한 TTL 신호를 입력받아 노이즈에 강하고 멀리 갈 수 있게 해주는 인터페이스 IC를 LINE DRIVER/RECEIVER라 부르며 대표적인 것으로 RS232, RS422 및 RS485가 있다. 이들 인터페이스 방식의 특성은 아래 [표 5-5]에 나타나 있다.

[표 5-5] UART 인터페이스 방식 비교

Specification	RS232C	RS423	RS422	RS485
동작 모드	Single-Ended	Single-Ended	Differential	Differential
최대 Driver/Receiver 수	1 Driver 1 Receiver	1 Driver 10 Receivers	1 Driver 10 Receivers	32 Drivers 32 Receivers
최대 통달 거리	약 15m	약 1.2km	약 1.2km	약 1.2km
최고 통신 속도	20Kb/s	100Kb/s	10Mb/s	10Mb/s
지원 전송 방식	Full Duplex	Full Duplex	Full Duplex	Half Duplex
최대 출력 전압	±25V	±6V	-0.25V to +6V	-7V to +12V
최대 입력 전압	±15V	±12V	-7V to +7V	-7V to +12V

위의 표에서 알 수 있듯이 RS232과 RS423(single-ended 통신 방식) 통신 방식은 RS422, RS485와 비교해서 통신 속도가 늦고 통신 거리가 짧은 단점이 있으나 동작 모드에서 알 수 있듯이 하나의 신호 전송에 하나의 전송 선로가 필요하므로 비용 절감의 장점이 있다(RS422인 경우 하나의 신호 전송에 2개의 전송 선로가 필요함). 위의 인터페이스 방식 중 RS232, RS422 및 RS485에 대해서 각자 설명하 자면, 현재의 RS422 또는 RS485 칩의 경우 위의 표에 나와 있는 driver와 receiver의 수보다도 훨씬 많이 지원하고 있으며, RS485인 경우 최대 256의 노드를 갖는 칩도 있다.

① RS232C

RS232C는 EIA(Electronic Industries Association)에 의해 규정되었으며 그 내용은 데이터 단말기 (DTE : Data Terminal Equipment)와 데이터 통신기(DCE : Data Communication Equipment) 사이의 인터페이스에 대한 전기적인 인수, 컨트롤 핸드셰이킹, 전송 속도, 신호 대기 시간, 임피턴 스 인수 등을 정의하였다. 하지만 전송되는 데이터의 포맷과 내용은 지정하지 않으며 DTE 간의 인 터페이스에 관한 내용도 포함하지 않는다.

같은 규격이 CCITT(Consultative Committee for International Telegraph and Telephony)에서 도 CCITT V.24에서 DTE와 DCE간의 상호접속 회로의 정의, 핀 번호와 회로의 의미에 관해서 규정 하고 있다.

여기서는 자세한 내용은 피하고 필요한 내용만 간략하게 기술하겠다. RS232에서 일반적인 내용은 위에서 충분히 기술되어 있으며 기본적으로 알아야 할 내용은 커넥터의 사양, RS232 신호선과 케이 블 연결 결선도이다. 이들의 내용은 아래와 같다.

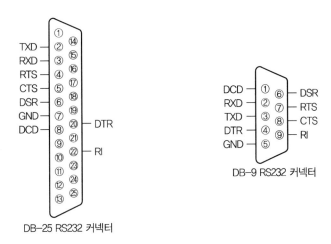

[그림 5-19] 커넥터 사양

㉠ 신호선

ⓐ TXD(Transmit Data) : 비동기식 직렬 통신 장치가 외부 장치로 정보를 보낼 때 직렬 통신 데이터가 나오는 신호선이다.

ⓑ RXD(Receive Data) : 외부 장치에서 들어오는 직렬 통신 데이터를 입력받는 신호선이다.

ⓒ RTS(Ready To Send) : 컴퓨터와 같은 DTE 장치가 모뎀 또는 프린터와 같은 DCE 장치에게 데이터를 받을 준비가 됐음을 나타내는 신호선이다.

ⓓ CTS(Clear To Send) : 모뎀 또는 프린터와 같은 DCE 장치가 컴퓨터와 같은 DTE 장치에게 데이터를 받을 준비가 됐음을 나타내는 신호선이다.

ⓔ DTR(Data Terminal Ready) : 컴퓨터 또는 터미널이 모뎀에게 자신이 송수신 가능한 상태임을 알리는 신호선이며, 일반적으로 컴퓨터 등이 전원 연결 후 통신 포트를 초기화한 뒤 이 신호를 출력한다.

ⓕ DSR(Data Set Ready) : 모뎀이 컴퓨터 또는 터미널에게 자신이 송수신 가능한 상태임을 알려주는 신호선이며, 일반적으로 모뎀에 전원 연결 후 모뎀이 자신의 상태를 파악한 후 이상이 없을 때 이 신호를 출력한다.

ⓖ DCD(Data Carrier Detect) : 모뎀이 상대편 모뎀과 전화선 등을 통해서 접속되었을 때, 상대편 모뎀이 캐리어 신호를 보내오며 이 신호를 검출하였음을 컴퓨터 또는 터미널에 알려주는 신호선이다.

ⓗ RI(Ring Indicator) : 상대편 모뎀이 통신을 하기 위해서 먼저 전화를 걸어오면 전화벨이 울리게 된다. 이때 이 신호를 모뎀이 인식하여 컴퓨터 또는 터미널에 알려주는 신호선이며, 일반적으로 컴퓨터가 이 신호를 받게 되면 전화벨 신호에 응답하는 프로그램을 인터럽트 등을 통해서 호출하게 된다.

ⓛ 결선도

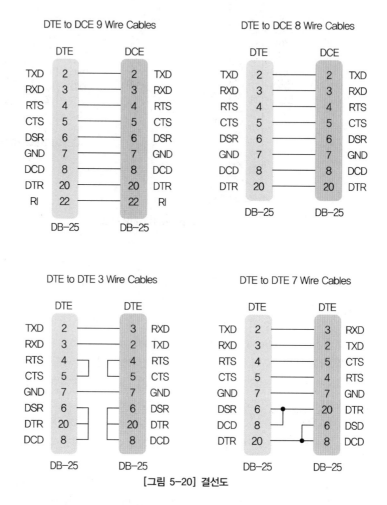

[그림 5-20] 결선도

② RS422

RS422는 EIA에 의해서 전기적인 사양이 규정되어 있으나 물리적인 커넥터 및 핀에 대한 사양은
아직 규정되어 있지 않다. RS422에서는 Point To Point 모드와 Multi-Drop 모드 두 가지가 있다.
Point To Point 모드인 경우 RS232와 신호선 당 2개의 라인이 필요한 것만 빼고 사용하는 방법에
있어서 별다를 것이 없다. 하지만 Multi-Drop 모드인 경우는 사용법이 좀 복잡하다.

㉠ 커넥터 구조

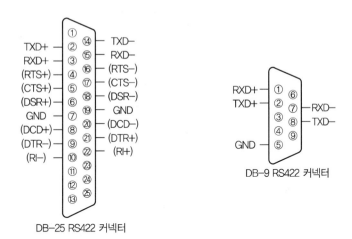

DB-25 RS422 커넥터

DB-9 RS422 커넥터

[그림 5-21] 커넥터 구조

괄호 안의 신호선은 시스템베이스의 제품 중 MULTI-1 모델에만 적용된다. 신호선에 할당된 핀 번호는 시스템베이스 제품에만 적용되고 다른 제품과 다를 수 있다. 일반적으로 사용되는 신호 선은 TXD+, TXD-, RXD+ 및 RXD-이고 나머지 신호선은 거의 사용되지 않는다.

㉡ 신호선

신호선에 대한 설명은 RS232와 별 차이가 없다. 다만 물리적으로 하나의 신호선에 두 개의 라인 이 필요한데 그들의 표현은 신호선명 뒤에 +와 -로써 구분하여 표기한다. 즉, 예를 들면 RS232 의 TXD 신호선이 RS422에서는 TXD+와 TXD-로 나뉠 뿐이다.

㉢ 결선도

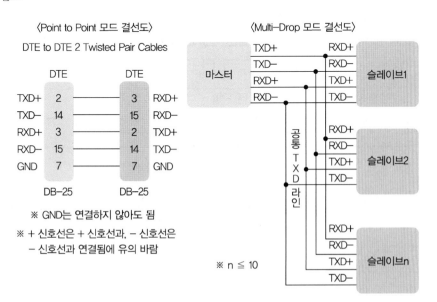

[그림 5-22] 결선도

ⓒ RS422 Multi-Drop 모드

Multi-Drop 모드가 사용되는 시스템은 **하나의 마스터에 여러 개의 슬레이브가 연결되어 마스터가 어떤 슬레이브와 통신을 할 것인지를 결정하고**, 해당 슬레이브를 호출하면 호출된 슬레이브가 응답하는 체제로 구성된다. 이때, 하나의 마스터에 최대 10개까지의 슬레이브가 연결될 수가 있다. 이때 마스터는 Point To Point 모드로 설정되어 있어도 상관이 없으나 슬레이브는 반드시 Multi-Drop 모드로 설정이 돼 있어야 한다.

여기서 주의하여야 할 내용은 모든 슬레이브의 TX 신호라인은 정보를 출력시킬 때만 공동 TXD 라인에 접속시켜야 한다는 것이다. 그렇지 않고 하나의 슬레이브가 계속 TX 신호라인을 공동 TXD 라인에 접속시키면 마스터에 의해서 호출된 다른 슬레이브가 정보를 출력시켜도 계속 접속된 슬레이브 때문에 공동 TXD 라인에 전기적인 충돌이 발생하여 마스터로 정보가 전달되지 않는다. 즉 동시에 2개 이상의 슬레이브가 공동 TXD 라인에 접속하면 안 된다.

TX 신호선과 공동 TXD 라인에 TX 신호선을 접속 또는 단락시켜주는 개폐 신호 사이에는 S/W 또는 H/W에 의한 적절한 타이밍의 조절이 필요한데, 일반적으로 S/W에 의한 방법을 많이 사용한다.

우선 TX 신호선과 개폐 신호 사이의 관계를 알아보는 것이 중요한데 이들 간에 필요한 타이밍 정보를 아래 그림을 통해서 알아볼 수 있다.

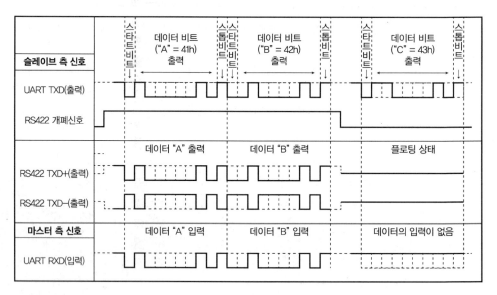

[그림 5-23] 타이밍도

먼저 슬레이브가 마스트로 데이터를 출력하기 전(슬레이브 측의 UART TXD 신호선) 먼저 개폐 신호를 출력시켜야 한다[슬레이브 측의 RS422 개폐 신호(Logic "1"이면 접속 Logic "0"이면 단락)를 참조].

즉, TXD 라인을 통해서 출력하는 첫 번째 데이터 "A"의 스타트 비트가 출력되기 전, 최소한 RS422 드라이버 칩이 개폐 신호를 받고 접속되는 데 걸리는 시간인 Driver Enable to Output High Delay Time(tZH)이나 Driver Enable to Output Low Delay Time(tZL) 이전에 RS422 개폐 신호를 접속하는 상태로 출력시켜야만 한다(Logic "1" 상태).

여기서 tZH와 tZL의 수치는 칩 제조회사마다 약간씩 다르나 보통 수십에서 수백 ns 사이의 값이다. 그러나 이 값이 최소 수치이기 때문에 정확하게 지킬 필요는 없고 여유 있게 주면 된다. 즉, S/W에서 먼저 RS422 개폐 신호를 접속 상태로 출력시키고 난 후 TXD 라인에 데이터를 출력시키며 TXD 라인에 마지막 데이터의 스톱 비트까지 출력되고 난 것을 확인 후 개폐 신호를 단락 상태로 출력시키면 된다(그림 상에서 데이터 "B"의 스톱 비트가 출력된 후 RS422 개폐 신호가 단락 상태(Logic "0")로 전환되는 것을 보면 알 수 있다.).

위 [그림 5-23]에서 알 수 있듯이 RS422 개폐 신호가 접속 상태일 때 슬레이브 측의 RS422 칩의 출력단인 TXD+와 TXD- 출력단에 신호가 출력되어(데이터 "A", "B") 마스터 측의 UART RXD 입력단에 신호가 입력됨을 알 수가 있고(데이터 "A", "B"), RS422 개폐 신호가 단락 상태일 때 슬레이브 측의 TXD+와 TXD- 출력단이 플로팅(Hi-Z) 상태가 되어 신호가 출력되지 않아(데이터 "C") 마스터 측의 UART RXD 입력단에 아무 신호가 입력되지 않음을 알 수가 있다.

TXD+와 TXD- 신호는 공동 TXD 라인에 접속 시 서로 반대의 상태를 갖고 출력되고, 단락 시 동시에 플로팅 상태임을 그림을 통해 알 수 있다. 일반적으로 RS422 개폐 신호는 RTS나 DTR 신호 중 하나를 사용하며 시스템베이스의 경우는 대부분 RTS 신호를 사용한다.

사실 TXD 신호선을 S/W에 의해서 접속 또는 단락하는 것 자체에 별 문제는 없으나 프로그래머 입장에서는 까다롭고 귀찮은 일임이 틀림없다. 이러한 불편함을 해소하기 위해서 TXD 신호선에서 데이터가 나올 때만 H/W가 이를 감지하여 자동으로 접속 또는 단락 동작을 자동으로 하는 것이다. 이 방법은 프로그래머에게 편리함과 다른 S/W와의 호환성 유지(Multi-Drop용인 S/W가 아닌 경우)에 유용하지만 전 세계적으로 그러한 기능을 제공하는 칩 및 제품은 없다.

③ **RS485**

RS485는 EIA에 의해서 전기적인 사양이 규정되어 있으나 물리적인 커넥터 및 핀에 대한 사양은 아직 규정되어 있지 않다.

RS485인 경우 RS232나 RS422처럼 Full Duplex가 아닌 **Half Duplex 전송 방식**만 지원하기 때문에 RS422의 Multi-Drop 모드의 슬레이브처럼 RS485의 모든 마스터는 TXD 신호를 멀티포인트 버스 (RS485의 모든 마스터가 공유하는 신호라인을 그렇게 부른다.)에 접속 또는 단락시켜야 한다. RXD 신호 역시 모드에 따라서는 접속, 단락의 제어를 하여야 한다. RS485에서는 Echo 모드와 Non Echo 모드 두 가지가 있다.

㉠ 커넥터 구조

신호선에 할당된 핀 번호는 시스템베이스 제품에만 적용되며 다른 제품과 다를 수 있다.

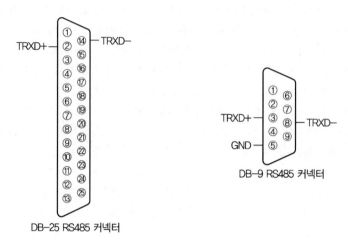

[그림 5-24] 커넥터 구조

㉡ 신호선

신호선에 대한 설명은 RS232와 별 차이가 없다. 다만 물리적으로 하나의 신호선에 두 개의 라인이 필요한데, 그들의 표현은 신호선 이름 뒤에 +와 −로써 구분표기한다. 하지만 UART의 TXD, RXD 신호선이 멀티포인트 버스에 의하여 공동으로 사용하게 됨에 유의하여야 한다. 즉 하나의 마스터는 멀티포인트 버스를 출력이면 출력, 입력이면 입력으로 구분하여 사용할 수밖에 없다.

㉢ 결선도

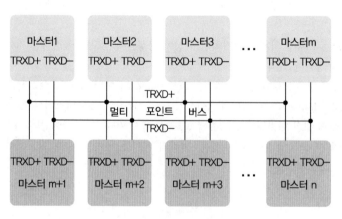

[그림 5-25] 결선도

ㄹ RS485 Echo, Non Echo 모드

멀티포인트 버스를 사용하는 시스템은 하나의 버스에 여러 개의 마스터를 연결하여 사용한다. 이 때문에 하나의 마스터가 다른 마스터와 통신을 할 때 반드시 출력 개폐를 하여야만 한다. 이 원리는 RS422의 Multi-Drop 모드와 같지만 동시에 여러 개의 마스터가 출력하여 데이터가 충돌하는 현상이 발생하기 때문에 이러한 문제는 S/W에 의하여 해결되어야 한다. 이렇게 충돌 여부를 확인하는 방법의 하나가 자기가 보낸 정보를 자기가 받아보아 **충돌 여부를 확인**하는 것인 데 이것을 RS485 Echo 모드라 부른다. 예를 들어 어떤 마스터가 멀티포인트 버스에 "ABC"라는 데이터를 보내면 이것이 자동으로 되돌아오므로(Echo) 이것을 읽어와 "ABC" 여부를 확인하여 같은 정보가 아니거나 들어온 데이터의 수가 틀리면 충돌한 것으로 보고 적절한 시간의 지연을 거쳐 다시 출력시켜 정확한 값이 되돌아올 때까지 되풀이하면 된다. 이때 마스터의 RXD 신호선 은 항상 멀티포인트 버스에 접속되어 있어 자신의 데이터뿐만 아니라 다른 어느 마스터가 보내는 데이터를 받을 수가 있다. 이러한 데이터가 자신에게 필요한 정보인지를 판단하는 것은 S/W에 의해서 결정된다.

위의 내용을 요약하면 RS485 Echo 모드에서 마스터의 RXD 신호선은 항상 멀티포인터 버스에 접속되어 있고 TXD 신호선은 데이터를 출력할 때만 멀티포인터 버스에 접속시켜야 하며, 나머 지는 반드시 단락시켜야 한다. 만약 단락시키지 않으면 RS422의 Multi-Drop 모드와 같이 다른 마스터가 데이터를 보내도 충돌이 발생하여 절대로 올바른 송수신이 발생할 수가 없다.

위의 RS485 Echo 모드에서 자기가 보낸 데이터가 자기 자신에게 되돌아오는 기능을 없앤 것이 RS485 Non Echo 모드이다. RS485 Non Echo 모드는 TXD 신호선을 멀티포인트 버스에 접속시 키면 그 즉시 RXD 신호선이 멀티포인트 버스에서 단락되고, TXD 신호선을 멀티포인트 버스에 서 단락시키면 그 즉시 RXD 신호선이 멀티포인트 버스에 접속하게 된다.

일반적으로 RS485 개폐 신호는 RTS나 DTR 신호 중 하나를 사용하며, 시스템베이스의 경우는 대부분 RTS 신호를 사용한다.

④ IEEE-488

IEEE-488은 단거리 디지털 통신 버스이다. 1960년대 후반 전자 측정 장비에 사용되었으며 지금도 사용되고 있다. IEEE-488은 HP-IB(Hewlett-Packard Interface Bus)로써 개발되었으며, 보통 GPIB(General Purpose Interface Bus)로 불린다.

ㄱ 장점

ⓐ 단순한 하드웨어 인터페이스

ⓑ 단일 호스트에 다수의 기기 연결 가능

ⓒ 저속 기기와 고속 기기를 혼합해 연결 가능

ⓓ 기술적으로 안정적이고 폭넓게 이용됨

ⓔ 단자가 튼튼하고 나사로 고정해 USB 등과 같이 쉽게 빠지지 않음

ⓕ 케이블이 튼튼해 다양한 환경에서도 안정적으로 연결 가능

ㄴ 단점

ⓐ 큰 단자와 두꺼운 케이블

ⓑ 명령 프로토콜 표준이 없음(SCPI로 개선)

ⓒ 전송 종료 등과 같은 부분에 대한 통일된 구현 방법이 없어 IEEE-488.2 이전 세대 기기와의
호환성 문제가 있음

ⓓ 버스와 기기 사이에 전자교란 분리에 대한 의무가 없음

ⓔ 대역폭이 낮음

ⓕ RS232/USB/FireWire/이더넷 등에 비해 고가임

ⓖ RS232/USB/FireWire/이더넷 등에 비해 구하기가 힘듦

[그림 5-26] 커넥터

제 2 절   유선 네트워크 기반 임베디드 시스템 관련 통신 기술

1   전력선 통신 기반 임베디드 시스템 구현 기술

일반적으로 통신을 위해서는 유선 및 무선 방식을 사용하게 된다. 유선 케이블 통신 방식의 경우 한 위치에서 다른 위치까지 케이블(배선) 공사를 해야 하고, 상황에 따라서는 케이블 공사가 도저히 불가능한 경우도 있다. 또한 케이블(배선)이 필요치 않은 무선 통신 방식 역시 주위 환경 또는 설치 장소에 따라 잡음(노이즈) 및 혼선에 의하여 통신이 불가능할 때도 있다. 이러한 유선 및 무선 통신이 불가능할 경우, 원활한 데이터 통신을 위하여 할 수 있는 것이 **전력선 통신(power line communication)**이다. 전력선 통신은 어떠한 주위 환경의 변화에도 영향을 적게 받으며, 사용자의 데이터 통신 환경을 원활하게 제공한다.

최근 주목받고 있는 '홈 오토메이션(home automation)' 기기의 일부 부품으로 많이 사용되고 있으며, 기존의 건축물 또는 구조물의 변경 없이 설치할 수 있고, 별도의 케이블(배선) 공사 기간을 필요로 하지 않기 때문에 소요비용이 절감되고, 주택, 사무실, 공장 등에서의 업무중단이 없이 즉시 설치 및 사용 가능한 통신 방식이다.

(1) 고속 전력선 통신망 기술의 개요

전력선 통신망을 이용한 옥외망 및 옥내망의 구성은 [그림 5-27], [그림 5-28]을 통해 요약할 수 있다. 일반적으로 전송선은 평균 60가구의 수용가(subscriber)가 있고, 지중선의 경우는 100 ~ 300가구의 수용가가 있다. [그림 5-27]의 경우를 보면 3상 전력선, 음성 및 데이터 접속, 백본 통신망 접속이 가능한 전력선 통신망 라우터/스위칭 장치를 통하여 200/100V 저압 전력선이 사용자에게 연결되는 저전력 가입자망의 구성을 나타낸다.

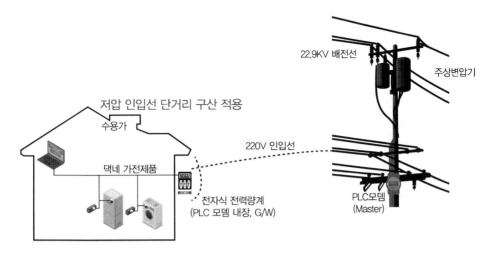

[그림 5-27] 전력선 가입자망 구성도

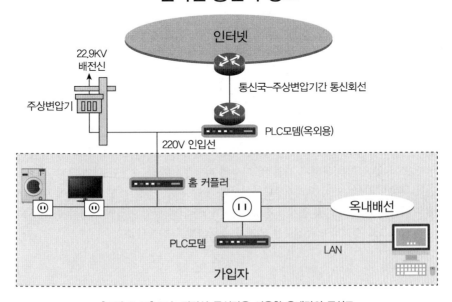

[그림 5-28] 고속 전력선 통신망을 이용한 옥내망의 구성도

[그림 5-28]은 각 수용가 내부의 구성도를 나타낸 것으로, 옥내용 모뎀을 이용하고 PC 연결장치를 이용하여 댁내 망을 구성한 경우의 예이다. 즉, 옥외만으로는 전력량계까지의 연결선을 통해 에너지 관련 회사는 원격검침 및 원격 수요관리를 할 수 있으며, 댁내망의 전력선을 통해 정보 가전기기(Web, TV, Web 폰, 세탁기)를 연결할 수 있는 구조도 되어 있다.

(2) 기술 개발 환경의 분석

① 외부 환경

전력선 통신망은 대부분 전력회사가 그 사업을 주도적으로 추진하고 있다. 유럽의 전력회사들은 통신 사업을 본격적으로 주도할 만한 사업 여력을 보유하고 있으며, 21세기 회사의 성장 사업으로 정보통신 사업으로의 진출을 적극적으로 시도하고 있다. 유럽의 경우 전력 증가율은 매년 1 ~ 2% 정도로, 크게 증가하지 않으므로 자사의 지속적인 성장을 위해서는 다른 사업 분야로의 진출을 모색하지 않을 수 없다. 최근 들어 전력 및 통신 분야에 대한 사업 진출 규제가 철폐 또는 완화되면서 정보통신 분야로의 진출이 가능하게 되었다. 따라서 전력선 통신망 사업에 참여하는 기업이 자사의 기술적 장점을 확보할 때 다른 업체와의 기술적/사업적 제휴가 충분히 가능하며 이미 이와 같은 시도가 관련 업체 간에 이루어지고 있다.

이처럼 전력선 가입자망에 관한 관심이 크게 고조되고 있으며, 이의 세계적 규모의 시장이 기대되는 상황이므로 전력선 가입자 및 기술 개발은 국가적으로도 매우 중요한 사업이라 하겠다. 전력선 가입자망을 통해 유럽과 같은 선진국에서는 고속 멀티미디어 서비스를 제공할 수 있으며, 동유럽, 중국, 인도 등과 같은 개도국에 대해서는 전화 자체만으로도 충분한 사업성이 보장된다. 또한 기존 고속 액세스 네트워크, 즉 케이블, xDSL, WLL 등과 연계하여 국내 통신망으로 활용할 때 매우 경쟁력 있는 솔루션이 될 것이므로, 막대한 시장 가치를 갖고 있음을 알 수 있다. 다행히도 이 분야에 대해서는 아직 기술 및 사업 제휴의 시작 단계이므로 현 상태에서의 산학연이 긴밀하게 공조하여 종합적이고 경쟁력 있는 전력선 가입자망을 개발할 때 충분한 경쟁력을 확보할 수 있을 것이다.

② 내부 환경

전력선 통신망을 성공적으로 개발, 구축하기 위해서는 국내뿐만 아니라 각국의 전력선 채널에 대한 상세한 정보 입수 및 조사를 기반으로 하여 전력선 통신에 적합한 통신 알고리즘 및 신호 처리 방식을 개발하고, 이를 바탕으로 전력선 통신 가입자 장치 및 기지국 장치를 개발하는 것이 필요하다. 일단 로컬 전력선 가입자망에 대한 기술적 문제만 해결되면, 상위 시스템에 대해서는 국내의 정보통신과 관련된 기술이 충분히 축적되어 있으므로 전체적인 망 개발 및 운영을 할 수 있을 것으로 전망된다. 이미 이 부분에 대해서는 기술적 검토가 충분히 이루어졌으며, 외국 전력 계통에 대해서도 현장 조사 및 실험을 통해서 사업 및 기술의 타당성 검증을 수행한 바 있으나 전력선 가입자망은 전력 계통, 네트워크 및 텔레커뮤니케이션의 통합 기술, 빌딩 체계, 신기술에 따른 제도 마련 등 매우 다양한 요소 기술 및 총체적 전략 등이 요구되므로 단일 기업에 의해서 추진하는 것보다 산학연이 공동으로 협력하여 추진하는 과제들이 국가별로 진행되었다.

(3) 고속 전력선망 기술의 계통도 및 핵심 기술

고속 전력선 통신 단말장치는 전력선 채널 상에서 고속 통신을 구현하는 데 사용하고자 하는 대역 또는 통신 범위 및 주변 환경을 고려하여 적합한 주파수 응답 및 잡음 특성 등을 사전 조사한다. 그리고 이를 바탕으로 목표하는 통신 속도를 구현하기 위한 전력선 통신 알고리즘을 결정하며 이 알고리즘이 동작하기 위한 아날로그 신호 처리 부분들이 결정되어야 한다.

① 고속 전력선 통신 모뎀용 칩셋 개발

PLC 모뎀의 변복조 방식으로는 QAM(Quadrature Amplitude Modulation), GMSK(Gaussian Minimum Shift Keying), CCK(Complementary Code Keying), CCSK(Cyclic-Code Shift Keying), MOK(M-ary Orthogonal Keying), QPSK(Quadrature Phase Shift Keying) 등이 있다. 또한 다중화 방식인 OFDM(Orthogonal Frequency Division Multiplexing), OCDM(Orthogonal Code Division Multiplexing) 등과 같은 여러 가지 방식들이 있다. 10Mbps 이상의 고속 데이터 전송을 지원할 수 있는 PLC(Power Line Carrier) 모뎀 시스템 개발에 있어서 이러한 여러 가지 방식들을 비교·분석하여 PLC 채널 환경에 적합한 고속 모뎀 시스템을 개발하는 것은 필수적이다. 특히 심한 AWGN, 교류 Harmonic 성분 잡음, 임펄스 잡음, 시변 페이딩이 존재하는 전력선의 열악한 채널 환경을 보상하기 위하여 고속 등화기 구조, 고속 FEC 구조에 관한 연구가 필요하며, 인터넷 접속, 파일 전송, 주변기기 공유, 그리고 다른 많은 네트워킹 응용을 위해 기본LAN망과의 연동이 가능하도록 이더넷, IP, 802.11등의 MAC 프로토콜의 연구가 필요하다.

② 고속 전력선 통신을 위한 모뎀 알고리즘의 개발

전력선 채널은 시변 특성과 함께 예측할 수 없는 frequency null, colored noise와 같은 특성이 있으므로, 당일 반송파나 협대역 변복조 기술보다는 다중 반송파나 대역 확장 기법의 통신 방법이 적절하다. 전력선 통신 연구의 초기에는 이중 DS/SS(Direct Sequence/Spread Spectrum)에 의한 변복조 기술이 많이 연구되었으나, 최근 들어 OFDM(Orthogonal Frequency Division Multiplexing) 등 다중 반송파 기술에 관한 관심이 고조되고 있다.

DS/SS는 이미 셀룰러폰 등에 성공적으로 응용된 예가 있지만 무선 채널에 적용된 수신기 등의 구조는 전력선 환경에 적당하지 않은 것으로 알려졌다.

OFDM은 역시 DAB(Digital Audio Broadcasting), 무선LAN, HDTV 등에 적용되었으나, 주파수 편이 보상, PAR(Peak to Average Ratio) 등의 단점을 갖고 있으므로 모의실험들을 통해 보다 효과적인 기법을 선택하는 것이 성공적인 개발을 위해 선행 과제이다.

DS/SS 방식의 경우, 고속의 적응 등화 기술, 간섭에 강한 PN 부호 등기와 기술이 요구된다. OFDM을 전력선 채널에서 적용하기 위해서는 부 채널 간 적용 비트 할당 기술, 부 채널별 적응 출력 제어 기술, PAR 감쇄 기술 등이 필요하다. 두 방식 모두에 대해 실시간으로 채널의 변화를 추적하는 채널 추정 기술, 채널 코딩 및 연집 오류방지를 위한 인터리빙 기술, 주파수 동기 기술, 시간 동기 기술, 임피던스 매칭과 노이즈 필터링을 위한 적응 AFE 기술, 대역의 효율적인 사용을 위한 echo 상쇄 기술, MAC 프로토콜 개발과 연계된 타 사용자 간섭 제거 기술 등을 적용하고 전력선 환경에 적당하도록 최적화한다.

③ 고속 전력선 통신을 위해 MAC 설계 및 성능 평가

　　㉠ MAC 프로토콜 및 인터페이스 디자인

　　MAC 설계의 핵심 기술은 MAC 프로토콜과 인터페이스를 디자인하는 데 있다. 네트워크 성능과 안정성을 결정하는 것은 MAC의 구현이 어떻게 이루어지는지에 있다. 특히 이것은 전력선을 이용한 고속 통신망의 구현에서 가장 중요한 부분이다. 전력선은 다른 전송 매체에 비해 전송 성능이 떨어지며, 안정성이 나쁘므로 MAC 프로토콜과 인터페이스 디자인은 전력선망 구현이 핵심이다.

　　㉡ 시뮬레이션 및 테스트 베드

　　MAC 설계에서 필수적인 부분은 설계된 MAC의 성능을 테스트하고 수치적인 검사 결과를 얻을 수 있는 테스트 환경이다. 특히 전력선의 특성상 갖게 되는 지역 의존적인 전송 특성과 다양한 간섭 요인들은 테스트 환경의 중요성을 높여주고 있다. MAC의 성능을 분석하기 위해 시뮬레이터 소프트웨어를 사용하는 방법과 테스트 베드를 직접 제작, 실제 상황에 가까운 조건으로 하드웨어적으로 테스트하는 방법을 이용한다.

　　㉢ 트래픽 모델링 기법

　　MAC 성능을 측정하는 데 필수적인 기술로 트래픽 모델링 기법을 들 수 있다. 기존의 선행된 전송선의 트래픽 연구를 사용하여, 실제 전송선을 이용하여 망을 구축한 상황에 근접한 트래픽 모델을 구현한다. 트래픽 모델을 개발하는 데 중요한 것은 효율적이면서도 정확하여야 한다는 것이다. 정확성을 높이기 위해서 국내와 국외의 경우로 나눠 모델을 개발한다.

　　㉣ 기타

　　이미 연구된 MAC에 관한 방대한 연구 자료 및 비법을 활용하여 빠른 시일 안에 전력선에 적합한 MAC 프로토타입을 개발할 수 있다. 기존의 MAC에 관한 연구 결과를 활용하기 위해서 유무선을 비롯한 다양한 환경에서 개발되어 사용 중인 MAC 기술의 분석 자료를 이용, 전력선의 특성과 토폴로지의 연구 결과에 근거한 전력선망에 적합한 MAC 프로토타입을 개발한다.

④ 댁내망 트래픽 특성 분석과 네트워크 설계

　　㉠ 트래픽 모니터링 및 통계화

　　댁내망의 구성요소 및 서비스에 의해 발생하는 트래픽을 모니터링하는 기술을 개발한다. 이는 구성요소별 또는 각 서비스별로 트래픽의 특성을 모니터링하는 것이 필요하다. 특히 서비스별 트래픽 모니터링 시에는 각 서비스의 서비스 품질 보장을 해주기 위해 주로 필요한 트래픽 변수들에 대한 통계적인 조사 방법을 개발한다.

　　㉡ 트래픽 예측 및 제어

　　단순한 모니터링을 넘어 이를 통한 트래픽 예측 기법을 개발한다. 트래픽 예측 기법은 일정한 주기를 갖고 반복적으로 발생하는 트래픽을 예측하여 미리 자원을 예약하거나 제어 신호와 같은 중요한 트래픽에 높은 우선순위를 두어 정확한 전달을 보장해 주는 데 필요한 기술이다.

　　이와 같은 트래픽의 모니터링과 통계화, 그리고 이에 따른 트래픽의 예측 기법을 통해 제어기법을 개발한다. 여기에는 서비스 품질 보장에 있어 중요한 자원 예약이나 트래픽의 효과적인 전달을 위한 라우팅, 트래픽의 지속적인 변동으로 인한 불안정성을 제거하기 위한 안정화 기법 등이 포함된다. 이는 망의 물리적, 논리적 구성, 망의 규모, 사용하는 MAC 프로토콜 등에 크게 영향을 받으며, 결국 이들과의 의존성을 고려하여 설계되어야 한다.

ⓒ 댁내망 구성 및 제어

댁내망의 구성요소 및 서비스가 정해질 경우, 이를 통해 구성할 수 있는 최적의 망 구조를 설계하는 기법을 개발한다. 가정별, 지역별, 국가별로 다른 구조를 가진 댁내의 전력선 구조를 고려할 때, 그러한 물리적인 망의 구조를 기반으로 각 서비스를 효과적으로 제공하기 위한 논리적인 구조를 설계하는 것은 매우 중요하다. 그리고 댁내의 전력선이 깔려 있어서 물리적인 구조가 고정된 상태에서 사용자가 편하게 망을 구성하여 사용할 수 있도록 하기 위해서는 간단히 모뎀 단말장치를 사다 전원 단자에 꽂기만 해도 자동으로 설정 및 동작을 할 수 있도록 할 필요가 있다. 이를 위해서 다양한 전력선 배전의 품질 및 형상에 대해 자동으로 망을 구성하고 설정하는 기능을 개발한다.

초기 설치 후에 망의 구성요소를 추가 혹은 제거할 때와 같이 망의 변화가 올 때, 이에 대해 적응적으로 망의 구조를 변경할 수 있어야 한다. 또한 구성요소의 오동작 등과 같은 망의 상황이 동적으로 변할 때에는 망의 보호 및 복구를 수행할 수 있어야 한다. 이를 위해서 동작 및 구성 설정 및 복구 기술을 개발한다.

⑤ **전력선 통신망을 이용한 홈 네트워크 및 홈 오토메이션의 구현**

컴퓨터 같이 높은 성능을 가지는 기기가 댁내에 하나씩 설치되면서 컴퓨터를 이용하여 댁내의 가전기기를 제어하거나 컴퓨터가 가지는 정보를 공유하고자 하는 수요가 발생하고 있다. 특히 데이터의 압축을 위한 MPEG 기법의 발달, 고화질 모니터와 고화질 디지털 카메라의 개발, 신호 처리 기술의 발달, 고속 데이터 통신 가격의 하락 등은 컴퓨터의 많은 데이터를 댁내의 가전기기들이 공유할 수 있는 주변 여건을 조성하여 합리적인 가격으로 데이터의 공유가 가능하도록 지원해 준다. 따라서 다양한 멀티미디어 서비스의 등장과 가입자망의 발달, 네트워크 기능을 가지는 가전기기의 발달에 힘입어 댁내 고속 데이터 통신망에 대한 수요가 증가하고 있다. 특히 위성 방송의 개시가 임박해지고 HDTV의 상용화가 이루어지고 있는 지금에 이르러서는 댁내에서의 서비스 분배와 서버 공유를 위해 댁내망에 관한 연구가 필요하다.

㉠ CEBus

CEBus는 10년의 기간에 걸쳐 개발되었다. 그리고 수많은 회사들의 공동작품이기도 하다. 그것은 수많은 다른 형태의 매체를 지원하는데, 그 매체들은 그들을 매개하는 버퍼 없이도 공존할 수 있다. CEBus는 CSMA/CD 프로토콜을 사용하며, 32바이트의 정보를 각각의 패킷에 담고 있었는데, 각각의 집들은 유일한 주소를 차례로 할당받는다. CEBus에 연관된, 배타적으로 CEBus 기본 개념을 사용하고 있지 않은 최근의 연구(CAL과 PnP 프로토콜)들은 확실히 이 통신망 프로토콜의 유명세를 넓히는 데 도움을 줄 것이다. 그러나 아직 시장에서 널리 상용되고 있지는 않다.

㉡ X10

X10은 가정 자동화를 현실성 있게 만든 선구자적 시스템으로 되어 있다. 이 프로토콜의 장점은 전력선에 기반으로 하는 것이어서 중복으로 케이블 공사를 할 필요가 없다. 이 시스템은 256개의 다른 주소를 가진 장치를 허용하여, 하나의 장치가 다수의 수신장치를 제어할 수 있다. 이 X10은 매우 성공적이기는 하지만, 아직 단순한 동적 관련 제어만 사용되고 있다.

ⓒ Lonworks

Lonworks는 가정용 시스템 시장의 유력한 경쟁자 중 하나인 Echelon에 의해서 개발되었다. Lonworks는 2개로부터 32000 장치들을 연결해주는 것을 허용하는 아주 매력적인 통신망이다. 이 통신망에서는 중앙제어장치가 필요 없으며, 각각 통신하는 노드들은 같은 프로토콜을 사용한다. 그리고 그 통신망의 매체에 대하여 자체에 탑재된 접속부를 제공한다. 각각의 노드들은 그 결과로 Neuron이라는 기본 칩으로 사용하고 있다. 이 통신망은 대부분의 매체를 지원하는 것이 검증되어 있고, 1.25Mbps라는 빠른 전송률을 허용한다.

ⓓ IEEE 1394

IEEE 1394 직렬 통신망 버스는 디지털 오디오/비디오용 응용 제품을 주 목표로 하고 있었다. 이 통신망은 25MB/s라는 고속의 데이터 전송률을 허용하면서, 63개의 다른 오디오/비디오 응용 장치를 단일 버스 브리지에 연결할 수 있고, 4.5m의 길이까지 사용할 수 있다. 이 통신망은 1394 카드를 이용해서 PC에 접속할 수 있도록 하고 있다. 이러한 형태의 버스는 자동으로 ID들을 할당해 주고 속도를 높이는 것을 다룰 수 있으므로 구매자가 좋아할 수 있는 장점이 있다. 1394카드는 다시 일반적인 칩 사용을 필요로 한다.

⑥ 원격 검침 시스템

원격 검침 시스템의 개발은 시간별 차등 요금제, 부하 예측 및 제어 등 전력회사의 수요 관리 시스템에 대한 기반 조성에 필수적 수요, 부하 관리 효과의 증대를 가지고 온다. 실시간 정보에 의한 예측 및 경영전략 구현을 통해 효율적인 요금제도 원격 관리가 가능해진다.

각 나라의 에너지 관련 회사의 구조조정과 더불어 전기, 수도, 가스 등의 검침 업무는 자동화되고 있다. 이 중 이미 표준화 작업이 완성단계에 있다. 현재 가장 많이 사용되는 시스템은 무선, 전화, 고속 전력선 통신을 이용한 원격 검침 방식이다. 고속 전력 통신 방식의 대표적인 제조회사는 EMETCON 시스템의 Cannon Technology, System-10의 DCSI, Turtle 에너지 관리 시스템사의 Hunt Technology 등이 있으며, 최근의 PLC 기술의 발전과 더불어 새로운 제조회사들이 생겨나고 있다. 이들은 검침 단말기뿐만 아니라 발전소용 통신망을 개발하여 시스템을 상품화하고 있다. 또한 Nertec 등의 여러 회사는 무선, 전화, PLC의 혼합 방식도 개발하고 있다.

⑦ 저압 배전선 채널 환경 특성 분석

전력선 통신망에서는 고압의 송전선이나 배전선을 통신 채널로 이용했으며 본 연구에서 통신 채널로 이용하고자 하는 저압의 전력선과는 다른 환경을 보인다. 최근 저압의 전력선을 통신 채널로 이용한 시스템들도 시도됐으나, 이들 시스템은 가정 내의 국한된 범위내에서 정보교환이 이루어지는 국부적인 시스템들로 전송 거리가 훨씬 길다. 따라서 시스템 설계 시 고려되어야 할 사항들이 많다. 사실 저압의 전력선은 통신 채널로서의 환경은 좋지 않다. 각종 전자기기와 가전제품 및 사무기기로부터 발생하는 잡음들이 바로 전력선으로 송출되고, 또한 부하가 전력선에 연결된 구성 형태들이 시간과 공간에 따라 상당히 다르기 때문이다. 그러므로 전력선 통신 시스템을 설계할 때 고려하여야 할 전력선의 잡음 특성, 임피던스 특성 및 신호 감쇄 특성 등을 조사하여 전력선의 전송 특성을 파악하여야 한다.

⑧ 고속 전력성 통신망을 이용한 콘텐츠 서비스

　㉠ 엑스트라넷(extranet)

　　프로젝트의 원활한 운영과 정보 공유 등을 위해 프로젝트 참여업체들을 하나로 묶을 수 있는 사이버 공간상의 그룹웨어 공유 시스템을 개발한다. 단순한 홈페이지 구축/운영이라기보다는 각해당 업체 간의 지식을 공유, 자체적인 개발에 적극적으로 활용해 프로젝트의 완성도를 높이고또는 외부적으로는 프로젝트의 홍보를 담당해 전력선 통신 안에 대한 적극적인 홍보에 일익을담당한다. 기본적으로 엑스트라넷을 활용한 그룹웨어로 구성되면 CGI와 JAVA 및 보안 솔루션, DB 솔루션 및 KMS(지식관리 시스템)를 결합해 완벽한 프로젝트 홈페이지를 구현한다.

　㉡ 멀티미디어 스트리밍 솔루션

　　전력선을 기간망으로 활용한 멀티미디어 스트리밍은 전화선이나 케이블 모뎀을 통한 것과는 또다른 차원에서 접근해야 하며 가장 최적의 스트리밍을 위한 다양한 변수들을 소화할 수 있는 솔루션을 찾아야 한다.

　　흔히 해당 분야의 솔루션으로는 이미 범용화된 상용 솔루션이 있으나, 콘텐츠 서비스를 위해 독자적인 스트리밍 변수를 계산하고 개발해 해당 솔루션과 접목하는 작업이 가장 중요하다. 전력선망 하에서도 VOD(주문형 비디오) 혹은 화상 커뮤니케이션 등을 구현할 수 있을 정도로 안정적인 스트리밍 기법을 개발하는 것이 중요하다.

　㉢ 인터넷 쇼핑 솔루션

　　가족 중심 콘텐츠 중 가장 우선시되는 것은 가족 쇼핑몰이라고 할 수 있다. 일반적인 인터넷 쇼핑몰이 특화된 것은 일정한 상품의 카테고리 숍이라고 할 수 있으나, 전력선 통신망 하에서 이루어지는 쇼핑몰은 가정생활에 직결되는 제품만을 모아 높은 쇼핑몰이 절대적으로 필요하다는 소비자욕구를 반영한 것이다. 쇼핑몰 운영과 입주업체 그리고 소비자 모두에게 안정적인 서비스를 제공하기 위해서는 보안성과 사용자 인터페이스 등을 유념하는 지불 시스템의 개발이 중요하다.

　㉣ 기타 솔루션

　　기타 각종 단말기와 연동하기 위한 표준으로 설정된 HDML의 버전 확장 및 기기별 포맷을 지원하기 위해 다양한 솔루션을 개발한다. 포털 사이트에 있는 기본 텍스트 정보를 각 단말기에 디스플레이할 수 있는 핵심적인 언어 사양을 지원해야 하기 때문이다. XML 혹은 SMIL 같은 표준적인 콘텐츠 기술 언어도 꾸준히 버전이 상향되어야 하며, 이 부분은 국제적인 표준양식 제정과함께 해당 기술을 추가로 연구해 단말기의 효용가치를 높이는 기반 기술로 활용한다.

제 **3** 절	무선 네트워크 기반 임베디드 시스템 관련 통신 기술

무선 근거리 네트워크 기술(WPAN : Wireless Personal Area Network)은 유비쿼터스 네트워킹, 댁내망의 구현 기술로 학계 및 관련 업계에서 활발히 연구 개발 중인 중요 분야이다.

이 기술은 수십 센티미터에서 수 미터에 이르는 댁내 및 근거리 데이터 전송과 더불어 주변장치 간의 원활한 통신을 위한 개인화된 무선 네트워크를 지칭하며, 일상생활을 보다 생산적이고 효율적으로 만들어가는데 근본적인 목표를 두고 있다. 예를 들면 개인용 컴퓨터와 그 주변기기 간의 유선 케이블을 무선으로 대체하고, 디지털 카메라와 노트북 간의 사진 파일 교환을 하나의 리모컨으로 제어하며 무선 위치 인식 서비스를 통해 효율적인 업무를 수행하는 등의 일련의 일들이 가능하게 한다.

이러한 기술이 이더넷과 같은 기본 유선 홈 네트워킹 기술들보다 주목을 받는 이유는 배선 작업이 필요 없는 사용의 편리함 때문이다. 본래 각 가정의 가옥은 기업의 사무실과 달리 네트워킹을 고려하여 설계되지 않았기 때문에, 가정의 여러 기기를 유선 케이블로 일일이 연결하는 것은 매우 번거롭고 불편한 일이 아닐 수 없다. 따라서 가급적이면 케이블을 이용하지 않고 무선으로 각 가정의 기기들을 연결할 수 있는 단거리 무선 네트워킹 기술에 대한 수요가 점점 커지고 있다.

무선 근거리 액세스 기술 가운데 IEEE 802.11 기술인 무선LAN과 홈 네트워크 구축을 위한 IEEE 802.15 WPAN 기술 가운데 블루투스, UWB(Ultra Wide Band), Zigbee 그리고 IrDA의 기술적 개념 및 특징을 알아보자.

1 무선LAN

(1) 무선LAN의 정의

무선LAN이란 기존 유선LAN을 대체 또는 확장한 데이터 통신 시스템으로, RF 기술을 이용하여 유선망 없이도 데이터를 주고받을 수 있는 기술을 제공한다. 전파를 전송 매체로 사용하므로 특히 단말기가 빈번히 이동할 때 유용하게 사용된다.

다른 무선 기술과 차별화되는 특징으로는 일반 이동 전화 단말기가 발산하는 전력보다 낮은 저전력 사용, 주파수 대역(전 세계적으로 인정된 License-free Ratio)의 사용, 그리고 신호 간섭이 존재하는 곳에서도 매우 강한 수신 강도기, 대역 확산 기술의 이점을 들 수 있다.

IEEE 위원회에서는 무선LAN에 관련된 기술을 IEEE 802.11로 규정하고, 이에 대한 표준화 활동이 활발히 전개되고 있으며 현재까지 많은 표준안을 권고하고 있다.

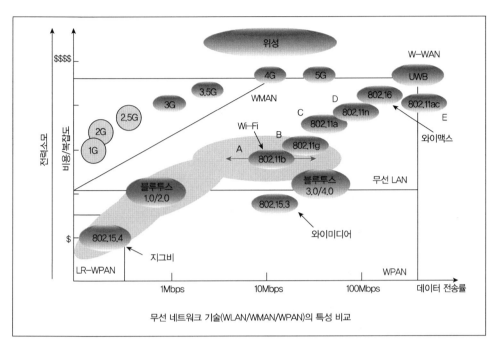

무선 네트워크 기술(WLAN/WMAN/WPAN)의 특성 비교

[그림 5-29] 무선LAN 적용 기술

(2) 무선LAN의 특징

무선LAN 기술은 수 kbps에서 수백 Mbps에 이르는 전송 속도의 발전과 함께 발달했다. 전파의 도달 거리가 초기에는 반경 10미터 내외의 옥내에 불과했으나, 이제는 수백 미터까지 늘어나 무선LAN의 사용이 보편화되고 있다. 장점은 유연성과 이동성을 갖춘 네트워크 구축이 가능하며, 유선 네트워크 설치 애로 지역에 설치하므로 케이블이 불필요하다는 것이다. 또한 빈번한 레이아웃 변경이 가능한 이동체를 LAN에 접속하여 사용하며, 노트북 사용자의 증가로 인한 이동선 개선이 자유롭다. 그리고 재해 현장, 전시회, 세미나 및 원서 접수 현장 등 기존 네트워크의 확장을 신속히 구축할 수 있다. 단점은 주파수 자원이 한정되어 있으며, 유선LAN에 비해 속도가 느리고 가격이 비싸다는 것이다. 또한 가격 대비 성능의 신뢰성의 보안성을 고려해야 한다.

[표 5-6] 유선LAN과 무선LAN의 비교

구분	유선LAN	무선LAN
전송 매체	케이블	자유공간
프로토콜	CSMA/CD Token Passing	CSMA/CA
전송 거리	UTP : 100, Thin : 185m	실내 : 45m, 실외 : 230m
노드변경 확장	• 전문적인 케이블 작업 • 확장 시 환경 변화 및 이동이 불편	• 유선과 확장 연결 가능 • 사용자가 손쉽게 이동 설치 가능 • AP 설치 수량에 따라 Node 확장

유지보수	• 복잡함, 비용 증가, 이동 확장이 불편함 • 별도의 전문요원 필요 • 유지보수 시 시간 및 업무 장애	• 손쉬운 유지보수 가능 • 사용자 직접 설치 • 비용 감소, 확장 시 이동 자유
초기투자비용	저가	유선에 비해 높음
유지보수비용	고가	저가

(3) 기술적 분류

① 전송 거리별 기술 비교

일반적으로 30 ~ 150m 정도의 거리에서 무선으로 1 ~ 54Mbps의 데이터를 고속으로 전송하는 네트워크를 가리켜 무선LAN이라고 부르고 있다. 무선LAN을 정의하는 기준은 뚜렷하게 없지만, 10m 정도의 단거리에서 주로 운용되는 블루투스와 같은 WPAN 기술이나 수 km 정도의 거리에서 운용되는 HiperAccess, 그리고 IEEE 802.16과 같은 WMAN(Wireless Metropolitan Area Network) 기술은 전송 거리의 관점에서 구분되고 있다.

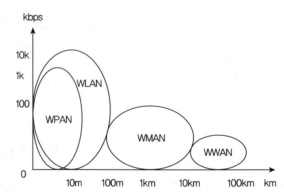

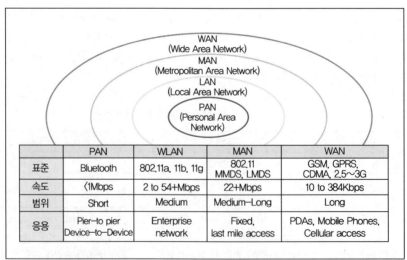

	PAN	WLAN	MAN	WAN
표준	Bluetooth	802.11a, 11b, 11g	802.11 MMDS, LMDS	GSM, GPRS, CDMA, 2.5~3G
속도	<1Mbps	2 to 54+Mbps	22+Mbps	10 to 384Kbps
범위	Short	Medium	Medium-Long	Long
응용	Pier-to pier Device-to-Device	Enterprise network	Fixed, last mile access	PDAs, Mobile Phones, Cellular access

[그림 5-30] 전송 거리별 무선 통신 기술 분류

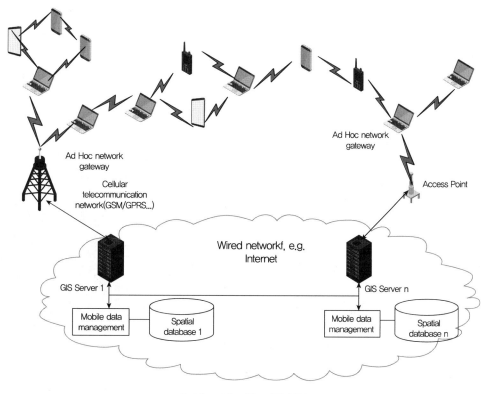

② **토폴로지별 비교**

무선LAN은 그림과 같이 기본 통신 인프라(기지국, AP)의 지원 여부에 따라 이동 단말들이 유성 환경에 기반을 둔 기지국이나 AP를 중심으로 구성되는 '인프라가 있는(infrastructure) 네트워크'와, 기지국이나 AP의 도움 없이 순순하게 이동 단말들로 구성된 '인프라가 없는 Ad-hoc 네트워크'로 분류할 수 있다.

[그림 5-31] 토폴로지별 분류

㉠ instrastucture 네트워크

instrastucture 네트워크는 마지막 부분이 무선으로 유선 네트워크와 연결되어 Last Hop 네트워크라고도 한다. 기존의 설치된 인프라(기지국, AP)를 통해서만 데이터의 송수신과 같은 통신이 이루어지는 구조로, 현재 많이 접하고 있는 이동 전화망이나 무선LAN 등을 예로 들 수 있다. 인프라가 있는 네트워크는 기존 인프라를 통해서만 통신할 수 있으므로 지진과 같은 재해, 테러, 전쟁과 같은 상황에서 기지국이나 AP의 고장, 유선 단절과 같은 상황 발생 시 통신을 할 수 없는 단점이 있다.

㉡ ad-hoc 네트워크

ad-hoc 네트워크는 중앙 집중화된 관리가 지원되지 않은 환경에서 지정된 이동성 지원 기반 시설의 도움 없이 임시만을 구성하는 이동 호스트와 무선 인터페이스가 집합된 네트워크다.

각 이동 호스트는 단말 호스트이면서 라우터로 동작하여 패킷을 다른 이동 호스트로 전달한다. 이때 이동성 지원 기술은 위치 정보가 서로 다른 하드웨어 특성 영역 혹은 서로 다른 이동 통신망 사이에서 단말의 이동을 추적하고, 필요하다면 네트워크 구성요소 사이에 상호 전달하는데 소요되는 방법론을 통칭하기도 한다.

Ad-hoc 네트워크는 기존 인프라가 필요치 않은 특성으로 인하여 임시 구성용 네트워크이나 지진, 태풍, 테러 등에 의한 재해/재난 지역과, 특히 전쟁터와 같은 기반 시설이 없는 환경에서 적용할 수 있도록 주로 군사용 망에 중점을 두어 연구 및 개발됐다.

(4) 표준화 동향

표준은 기술 분야에 있어 매우 중요한 부분이며, 가장 중요한 가치는 상호호환성이 가능해야 한다는 것이다.

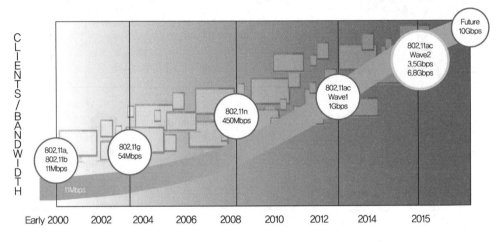

[그림 5-32] 무선LAN 기술 및 표준 발전 동향

① IEEE 802.11a

무선에서 고속전송을 실현하기 위해서는 보다 높은 주파수를 사용해야 하며, 이럴 경우 특히 장애물이 많은 옥내 환경에서는 전송 효율이 크게 저하되어 전송 거리가 심각하게 줄어들게 된다. 이 문제를 해결하기 위해 IEEE 802.11a에서는 5GHz 대역에서 6 ~ 54Mbps의 고속 데이터 전송을 OFDM 방식을 사용해 하나의 고속 반송파를 여러 개의 저속 부반송파로 나누어 병렬로 전송하게 함으로써 어느 정도 실효성 있는 전송 거리를 확보할 수 있게 되었다.

OFDM(Orthogonal Frequency Division Multiplexing)은 무선 채널에서 데이터를 고속으로 전송할 때 페이딩, 심볼 간섭, 주파수 재사용, 그리고 다중 경로 등의 영향으로 높은 오류율을 갖게 되어 무선 채널에 적합한 무선 접속 방식이 요구된다. 때문에 상호직교하는 부반송파를 사용하여 각 부반송파의 간격을 촘촘하게 함으로써 높은 주파수 효율을 보이는 OFDM 방식이 등장하였다. OFDM 방식은 광대역 전송 시스템에 유리한 구조로 차세대 시스템 관련 연구에서 매우 중요하게 언급되고 있다.

② IEEE 802.11b

IEEE 802.11b는 802.11(1997년 6월)의 확장본 802.11b(1999년 9월)으로, 전송률이 최고 2Mbps인 단점을 개선하여, 2.4GHz 주파수 대역을 사용하여 최대 11Mbps인 전송률을 갖도록 하였다. 현재 상용 무선LAN 대부분은 이 표준을 역호환적으로 수용하고 있다.

③ IEEE 802.11g

IEEE 802.11g는 기존의 2.4GHz OFDM 변조 방식을 사용하여 전송 속도를 54Mbps까지 지원함으로써 이론적으로는 802.11a과 같은 수준의 전송 속도를 높일 수 있어 현재도 널리 사용되고 있다.

④ IEEE 802.11n

IEEE 802.11n은 기존 표준인 802.11a와 802.11g의 대역폭을 향상시키기 위한 무선 네트워킹 표준의 개정판이다. 기존 802.11 표준위에 MIMO(Multiple Input Multiple Output)와 40MHz의 채널 대역을 사용함으로써 데이터 전송률을 최대 600Mbps까지 향상시키고 있으며 다중 HDTV, 디지털 비디오 스트리밍 등 높은 대역폭의 동영상도 처리할 수 있다.

MIMO(Multiple Input Multiple Output, 다중 안테나 기술)는 송수신 양단 또는 한쪽에 2개 이상 복수의 안테나를 사용하여 페이딩 영향 감소, 대용량, 고속, 커버리지 증대 등의 효과를 얻는 다중 안테나 기술로, 주파수 대역폭 및 송신전력을 증가시키지 않아도 채널용량을 크게 할 수 있다. 기존의 디지털 통신은 주로 시간 차원만의 신호처리 위주였으나, MIMO는 시간 차원뿐만 아니라 공간 차원의 신호 처리를 결합한 것이다.

MIMO의 장점은 공간 다이버시티 이득(spatial diversity gain) 면에서 페이딩 영향이 감소하고, 다이버시티 효과 달성 등 신뢰성이 제고되었다는 것이다. 공간 다중화 이득(spatial multiplexing gain)은 대역폭 증대 없이도 고속화와 대용량 전송 가능으로 수율 제고되었다.

빔포밍 이득(beamforming gain)은 어레이 이득(array gain) 및 간섭 제거 이득(interference reduction)이 있다.

2 Bluetooth

(1) Bluetooth의 정의

블루투스 기술은 에릭슨, 노키아, IBM, 도시바, 인텔 등으로 구성된 '블루투스 SIG(Special Interest Group)'를 통해서 1998년 처음 상용화되었다.

블루투스라는 이름은 10세기경 스칸디나비아 지역을 통일했던 덴마크와 노르웨이 국왕 헤럴드 블루투스(Harold "Bluetooth")의 별명에서 유래되었다. SIG는 자신들이 개발한 기술이 통신장치들을 하나의 무선 기술 규격으로 통일하고자 하는 마음으로 공식 명칭을 블루투스로 정했다. 블루투스의 로고도 하랄의 H와 블루투스의 B를 뜻하는 스칸디나비아 룬 문자에서 따온 것이다.

블루투스의 무선 시스템은 ISM(Industrial Scientific and Medical) 주파수 대역인 2400 ~ 2483.5MHz를 사용하고 있으며, 이 중에서 위아래 주파수를 쓰는 다른 시스템의 간섭을 막기 위해서 2400MHz 이후 2MHz, 2483.5MHz 이전 3.5MHz까지의 범위를 제외한 총 79개 채널을 사용하고 있다. 여기서 ISM은 산업, 과학, 의료용으로 할당된 주파수 대역으로서 전파 사용에 대한 허가가 필요 없는 개인 무전기에 많이 사용되고 있고 아마추어 무선, 무선랜, 블루투스가 이 ISM에 해당한다.

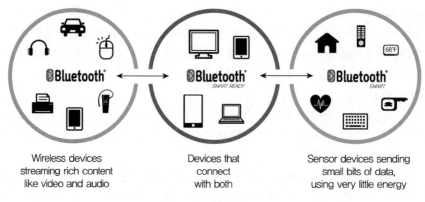

[그림 5-33] 블루투스 개념도

(2) 무선 접속 형태

블루투스는 피코넷과 스캐터넷(Scatternet)이라는 두 가지 종류의 무선 접속 형태를 구현하고 있다. 피코넷은 블루투스의 최소 단위 네트워크로, 1대의 마스터 주위 약 10m 이내의 거리에 최대 7대까지의 슬레이브를 접속할 수 있다.

스캐터넷이란 기술한 피코넷을 연결하여 구성하는 네트워크로, 약 100m정도의 범위 내에서 구현할 수 있다. 이론적으로 피코넷을 100개 이상 접속한 스캐터넷을 구축할 수 있다. 슬레이브는 반드시 1대 이상의 마스터(피코넷)에 속하며 기본적으로 모든 슬레이브는 마스터가 보유하는 기능을 하게 된다.

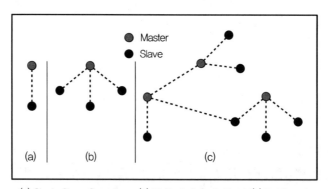

(a) Single Slave Operation   (b) Multi-slave operation   (c) Scatternet

[그림 5-34] 블루투스의 네트워크 구성

(3) 응용 서비스

① 휴대폰 & MP3 플레이어

휴대폰의 응용 분야는 블루투스의 가장 기본적인 응용 분야인 동시에 블루투스만의 장점을 살린 것이라고 할 수 있다. 블루투스와 가장 강력한 경쟁 관계에 놓인 무선랜(IEEE 8002.11b)과 비교했을 때, 블루투스가 내세울 수 있는 장점이 바로 '음성 채널'이다. 따라서 무선랜과 달리 휴대폰에 응용할 수 있다.

블루투스가 탄생한 초창기에 가장 먼저 선보인 것이 무선 헤드셋이다. 무선 헤드셋을 이용하면 휴대폰을 가방이나 주머니 속에 넣어둔 상태에서도 통화할 수 있으며, 운전 중인 차 안에서도 훌륭한 핸즈프리 역할을 할 수 있다. 최근에는 MP3 플레이어 등의 기기에서 무선 헤드셋을 활용할 수 있다. 무선 헤드셋 기능 외에도 'Three in One Phone'이라 하여 하나의 휴대폰에 블루투스를 장착하면 세 가지의 역할을 할 수 있다. 즉 휴대폰을 집 안에서는 유선 전화기와 연결된 무선 전화기로 사용할 수 있고, 가까운 거리에 있는 사람과 인터콤 내지는 무전기 등으로 활용할 수 있다. 이 외에도 일반 데이터의 무선 교환 기능을 이용하여 휴대폰을 ID 카드화하여 전자 결제를 하거나 전자열쇠로 이용할 수 있다.

② 인터넷 브리지(internet bridge)

블루투스를 이용한 대표적인 응용 분야가 인터넷 브리지이다. 인터넷 브리지란 인터넷 망이라 할 수 있는 이더넷(ethernet)라인과 이더넷라인에 접속되어 있지 않은 노트북, 휴대폰, PDA 등을 연결해주는 중계기 역할을 하는 것으로, 블루투스를 이용하여 이것을 무선으로 만드는 것이다. 랜 액세스 포인트(LAN access point)가 바로 인터넷 브리지를 말한다. 인터넷 브리지를 이용하면 우선 무선랜을 구축할 수 있지만, 블루투스의 스펙의 한계로 현재는 7대까지만 구성할 수 있다. 대규모에는 적합하지 않지만, 소규모 사무실에서는 적당한 솔루션이라 할 수 있다. 블루투스 인터넷 브리지를 공공장소 등에 설치하면 다양하게 응용할 수 있다. 규모가 큰 회사의 경우 회사의 복도 곳곳에 액세스 포인트를 설치하면 사원이 이동 중에도 휴대용 단말기로 쉽게 사내의 인트라넷(intranet)에 접속하여 업무를 수행할 수 있다.

호텔의 경우 액세스 포인트를 곳곳에 설치하면 투숙객에게 인터넷 접속 서비스를 제공해줄 수 있을 뿐만 아니라, 투숙객이 노트북, PDA, 휴대폰 등으로 체크인, 체크아웃은 물론 룸서비스 등의 서비스도 손쉽게 이용할 수 있다. 이외에도 백화점이나 음식점 등에 액세스 포인트를 설치하면 상품 정보, 가격 정보, 특별 메뉴 등을 자신의 휴대용 기기에 다운로드할 수 있다. 게다가 휴대용 기기를 이용하여 장소에 제한 없이 무선으로 결제를 하는 것도 가능해진다. 공항, 버스 터미널, 기차역, 도서관 등의 공공장소에서의 정보 제공 및 결제 서비스 등으로 활용할 수 있다.

③ 자동 동기화(automatic synchronization)

블루투스를 이용하여 데이터의 동기화도 가능하다. PDA, 휴대폰, 노트북 등의 기기들이 데스크톱 PC 등과 동기화되면, 사무실에 들어가거나 동기화된 데스크톱 PC 근처를 지날 때 자동으로 이메일, 스케줄, 연락처 등이 자동으로 휴대용 디지털 기기로 다운로드된다. 반대로 휴대폰이나 노트북 등으로 미리 작성해 둔 이메일, 일정, 서류 등이 데스크톱 PC로 자동으로 전송될 수도 있다.

④ **무선 데스크톱 컴퓨터**

마우스, 키보드, 프린터, 스캐너 등의 각종 컴퓨터 주변기기들이 무선으로 연결되므로 컴퓨터 주변의 복잡한 전선들이 없어지고 기기의 이동성 및 사용 편리성이 증대된다. 이외에도 디지털 카메라로 찍은 사진 파일이나 캠코더로 찍은 동영상 파일 등을 케이블을 연결하지 않고 바로 PC로 전송하거나 이메일로 보내는 것이 가능하다.

3 Zigbee 중요 ★

(1) Zigbee의 개념

ZigBee는 IEEE 802.15.4 기반으로 만들어진 WPAN 영역에 속하는 저가, 저전력, 저속을 특징으로 하는 근거리 국제 무선 통신 표준이다. ZigBee라는 이름은 참으로 우연히 만들어졌다. 해당 표준화를 위한 모임의 태동기에 여러 가지 이름에 대한 제안이 있었고, 이러한 제안 및 결정을 위한 혼선의 모양을 빗대어 Zig Zag에서의 Zig와 가장 경제적으로 통신을 한다는 벌(Bee)의 개념을 도입하여 ZigBee로 명명하였다고 한다. 현재 ZigBee(IEEE 802.15.4) 사양은 시장에서 입지를 다투고 있는 여러 무선 네트워킹 표준들과 비교할 때 빠른 성장을 보인다. ZigBee 표준화 멤버인 Philips와 Motorola사와 같은 업체들은 현재 단거리 무선 사양에 적합한 IC의 마지막 마무리 작업에 들어갔으며, PHY와 MAC 프로토콜의 표준을 다루는 IEEE 802.15.4 LR(Low Rate)-WPAN 표준화 작업은 완료되었고 현재 응용 서비스를 위한 시스템 개발에 필요한 MAC 상위 계층에 대한 표준화 작업이 ZigBee Alliance에서 진행 중이다. 저가, 저전력의 빠른 데이터 전송 기술을 자랑하는 ZigBee는 이미 잠재 고객들의 주목을 받고 있다. 이들 업체는 Honeywell과 Eaton사와 같은 산업 제어 및 홈 오토메이션 업체들에서부터 Mattel사와 같은 장난감 업체에 이른다. 또한 이들 모두는 ZigBee의 PHY 및 MAC 계층의 기술 사양 개발을 담당하고 IEEE 802.15.4 그룹에 참여하고 있다. 현재 IEEE가 여러 무선 표준들을 발표하고 있긴 하지만, ZigBee는 전력 소모 측면에서 효용성이 있어 배터리가 수개월에서 수년간 지속될 수 있는 장점이 있어 개인 무선 통신 환경 하의 저속 무선 데이터 통신을 위한 경제적인 솔루션이라 할 수 있다. 또한, 시스템에 ZigBee를 구현하는 비용이 2달러도 안 되기 때문에 네트워크에 더 많은 노드를 저렴하게 설치할 수 있으며, 구현 측면에서 ZigBee 프로토콜은 Bluetooth나 IEEE 802.15.3 HR(High Rate) - WPAN, 또는 802.11x 무선LAN 프로토콜보다 훨씬 간단하게 구성될 수 있다.

Philips사는 ZigBee 시스템 사양을 마무리하여 무선 및 베이스밴드에 통합된 최초의 원 칩 ZigBee 솔루션 샘플을 곧 출시할 것으로 예상되며, Motorola사는 RF 트랜시버를 포함한 2.4 GHz의 완벽한 ZigBee 시스템을 제공할 계획이다. 또한 802.15.4 사양이 요구하고 있는 전 기능 및 일부 기능 디바이스용 애플리케이션 스택을 포함하는 8비트 마이크로컨트롤러를 선택 옵션으로 제공할 계획이다.

ZigBee는 공장 작업장 시스템, 농장 살수 장치 또는 가정용 자동 온도 조절기와 같은 산업용 및 홈 오토메이션 애플리케이션으로 고안된 표준이다. 하지만 ZigBee 지지자들은 애플리케이션 범위를 넓혀 장난감, 게임기, 가전제품 디바이스 및 PC 주변기기 제조업체들에게도 큰 호응을 얻을 것으로 기대하고 있다.

(2) Zigbee의 접속 형태

Zigbee는 FFD(Full Function Device)와 RFD(Reduced Function Device)로 구분하여 디바이스의 목적에 최적화하였다. FFD는 IEEE 802.15.4의 기본적인 노드이며, RFD는 FFD의 많은 기능을 제한하여 비용과 기능을 특정 목적에 맞추어 간소화한 노드이다.

① FFD(Full Function Device)

FFD는 스타형, 메시형, P2P 네트워크 토폴로지를 지원하며 각 노드의 라우팅 기능과 하나의 네트워크를 관리하는 기능이 있다. RFD와 어떠한 토폴로지를 형성하더라도 FFD는 다른 노드와 통신을 할 수 있다. 이때 Zigbee 네트워크를 관리하는 코디네이터의 기능과 라우팅 기능을 포함한다.

② RFD(Reduced Function Device)

RFD는 특정 목적 노드의 비용을 줄이기 위하여 FFD의 기능 중 많은 부분을 간소화한 노드이다. P2P 네트워크 토폴로지를 지원하지 않으며, 항상 FFD를 통해서만 데이터를 교환할 수 있다. 단순히 데이터를 FFD에 전송하는 역할만을 수행한다.

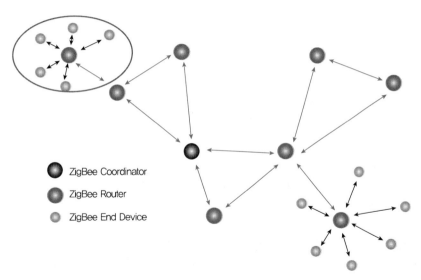

[그림 5-35] Zigbee 네트워크 구성도

(3) Zigbee의 서비스

저속, 저전력을 이용하는 Zigbee의 진화 서비스를 토대로 향후 센서 네트워크가 활용될 수 있는 시장을 예측해 볼 수 있다. 앞으로 실생활에 반영될 유비쿼터스 컴퓨팅 시대에 적용할 수 있는 무선 통신 기술로서 Zigbee 시스템의 역할을 고려해본다면 파장 효과는 클 것이다.

Zigbee는 현재 산업용 제어, 임베디드 센서, 의학자료 수집, 화재 및 도난 감시, 빌딩 자동화, 홈 오토메이션 등의 분야에 사용되고 있다.

① 스마트 에너지

스마트 에너지는 유틸리티/에너지 서비스 제공자에게 에너지를 관리할 수 있는 안전하고 사용이 편한 가정 무선 네트워크를 제공한다. 스마트 에너지는 유틸리티/에너지 서비스 제공자 혹은 그들의 고객들에게 온도조절장치 또는 다른 연계된 장치들을 직접 통제할 수 있도록 해준다.

② 홈 엔터테인먼트와 제어

스마트 전원, 발전된 온도조절 시스템, 안전성과 보안성, 영화와 음악 등을 제어한다.

③ 홈 인식 시스템

수온 센서, 전원 센서, 에너지 모니터링, 화재 및 도난 감시, 스마트 장치들과 접속 센서를 제어한다.

④ 모바일 서비스

모바일 결제, 모바일 모니터링 및 통제, 모바일 보안과 접속 통제, 모바일 헬스케어를 원격 지원한다.

⑤ 상업 빌딩

에너지 모니터링, 공기조화설비, 조명, 출입 통제를 제어한다.

⑥ 산업용 공장

프로세스 통제, 자재 관리, 환경 관리, 에너지 관리, 산업 디바이스 제어, M2M 통신을 제어한다.

4 UWB(Ultra Wide Band)

(1) UWB의 개념

UWB는 협대역 시스템 및 3G 셀룰러 기술로 설명되는 광대역 시스템과 구분하기 위해 중심 주파수의 20% 이상의 점유 대역폭을 차지하는 시스템이나 500MHz 이상의 점유 대역폭을 차지하는 무선 전송 기술을 말한다. UWB는 미국연방통신위원회(FCC1)가 2002년 2월 상업적 사용을 허가함에 따라 본격적으로 상용화되었다. 기존의 무선 기술인 블루투스가 2.4GHz, 무선랜이 5GHz로 특정 주파수 대역을 사용하는 데 반해, UWB는 3.1GHz에서 10.6GHz에 이르는 넓은 주파수 대역을 사용할 수 있어 주파수 부족 문제를 획기적으로 해결할 수 있다.

UWB는 500Mbps의 고속 전송이 가능한데, 이는 54Mbps 정도의 속도를 나타내는 무선랜의 약 10배에 달하는 속도이다. 따라서 UWB가 상용화될 경우 대용량의 고화질·고음질 동영상 정보의 기기 간 전송이 원활해지면서 다양한 서비스가 생겨날 것이다. 최대 전송 거리가 무선랜의 10배에 해당하는 1km로 서비스 커버리지가 넓은데, 이처럼 전송 거리가 확대되면 자동차용(ITS2) 통신, 재난 구조를 위한 통신 등 양방향 서비스의 구현이 가능해질 것이다. 이외에도 소모 전력이 휴대폰이나 무선랜에 비해 1/100 수준이고, 기술 상용화에 드는 비용이 적다는 점도 UWB의 대표적인 장점이다.

(2) UWB의 기술적 특징

기존의 협대역 시스템이나 광대역 CDMA 시스템에 비해 상대적으로 낮은 스펙트럼 전력 밀도가 존재하므로 기존의 무선 통신 시스템에 간섭을 하지 않고 주파수를 공유하여 사용할 수 있는 매우 유리한 장점을 가지고 있다. 기존의 무선 시스템과는 달리 반송파를 사용하지 않고 기저 대역에서 통신이 이루어지므로 송수신기의 구조가 간단해짐으로써 낮은 비용으로 송수신기를 제작할 수 있는 큰 장점이 있다.

① 초고속 전송의 실현

UWB는 수 GHz 대역을 이용하고 있으므로 데이터 전송 속도는 수백 Mbps의 고속 전송이 가능하며 소비전력은 휴대전화 및 무선LAN과 비교할 때 약 1/10에서 1/100 정도이다.

② 극히 짧은 펄스를 이용한 송수신

수 nsec 또는 psec의 매우 좁은 펄스를 사용하기 때문에 매우 넓은 주파수 대역에 걸쳐 낮은 스펙트럼 전력밀도가 존재하며, 펄스의 송수신이 불연속으로 이루어져 전송 거리는 한정되지만, 회로의 소비전력을 낮출 수 있다.

③ Channel Capacity

UWB 시스템은 펄스의 형태와 펄스 폭에 의해 사용 주파수 대역이 결정되며, 사용 주파수 대역이 결정되면 전송 가능한 데이터율이 결정된다. 기본적으로 기본 협대역 시스템들과 주파수를 공유하여야 하므로 상호간섭을 고려하여 사용 주파수 대역과 송신 출력에 제한이 있으므로 일정 S/N비를 유지하기 위해서는 거리가 멀어질수록 처리이득을 높여야 한다.

④ 기존 협대역 시스템과의 공유

저전력의 송신전력을 넓은 대역에 걸쳐서 송신하기 때문에 협대역 시스템 관점에서 UWB 전력과 스펙트럼을 보면 기저 대역 잡음과 같이 보일 수 있다. 때문에 기존 협대역 시스템에 심각한 장애를 야기하지 않고 동일 대역을 공유할 수 있게 된다.

⑤ 정밀한 위치 인식 및 추적이 가능

UWB 시스템은 매우 짧은 펄스를 이용한 radar 시스템에서 진화하여 통신에 적용된 방식으로, 짧은 펄스에 의한 분해능을 이용하여 cm 레벨의 정밀도를 구현할 수 있다.

⑥ 장애물 투과 특성이 우수

저주파수 대역에서 매우 큰 대역폭을 갖고 있으므로 투과 특성이 우수하여 빌딩 내부, 도심지, 삼림 지역에서도 운용할 수 있다.

[표 5-7] 무선 근거리 액세스 기술적 비교

구분	ZigBee	802.11	Bluetooth	UWB	Wireless USB	IR Wireless
데이터 전송 속도	250Kbps	11/54Mbps	1Mbps	100 ~ 500Mbps	62.5Kbps	20/20Kbps 115kbps
통신 거리	~Km	50~100m	10m	10m	10m	10m
네트워크 구성	P2P Star Mesh	Point to hub	P2P Star	point to point	point to point	point to point
동작 주파수	2.4GHz	2.4/5GHz	2.4GHz	3.1 ~ 10.6GHz	2.4GHz	800 ~ 900nm
전류소모	낮음	높음	중간	낮음	낮음	낮음
시큐리티	AES-128		64/128 Encryption	inherent	–	–
네트워크 형성 시간	30mS	3~5초	10초	–	–	–
네트워크 규모	최대 65000개	10대	7대	–	–	–

5 IrDA(Infrared Data Association)

(1) IrDA의 개념

국제적외선통신데이터협회(IrDA)는 적외선 통신 프로토콜의 국제표준화 등 회원사들의 적외선 통신활동을 촉진하기 위해 1993년 설립된 비영리 단체로, 하드웨어 및 소프트웨어 시스템 구성요소, 주변장치, 통신 그리고 소비자 시장에 대한 적외선의 표준을 개발하고 발전시킬 것을 목적으로 하고 있다. 이 협회에서 발표되는 적외선 데이터 통신 기술 규격명이 협회 명칭을 그대로 사용하기 때문에 통상 IrDA는 기술 규격을 통칭하는 말로 사용되고 있다. HP, IBM, 모토로라, 노키아, 에릭슨, 마이크로소프트, NTT도코모, 소니, 비자인터내셔널 등 세계 유수의 100여 개 업체가 회원으로 참여하고 있다.

근거리 무선 데이터 통신 기술의 하나인 적외선 데이터 통신에서는 테라 헤르츠 또는 트릴리온 헤르츠에서 측정되는 적외선 주파수 스펙트럼 내의 모인 광선이 정보로 변조되어 송신기로부터 비교적 짧은 거리 내에 있는 수신기로 보내진다.

적외선 통신 기술이 먼저 적용된 분야는 TV, 오디오, 에어컨 등을 무선으로 제어하는데 사용되는 리모컨이다. TV 리모컨 앞부분에는 적외선 송신 모듈이 달려 있고 TV 본체에는 적외선 수신 모듈이 내장돼 있어 리모컨을 누르면 TV가 이를 인식한다.

(2) 장단점

① 장점

ⓐ 전파가 아닌 빛을 사용하기 때문에 주파수 사용 허가가 필요 없다.

ⓑ 대역폭이 넓고 전송 속도가 빠르다.

ⓒ 보안성이 우수하다.

ⓓ 무선이므로 기동성이 양호하다.

ⓔ 소비전력이 적고 부품의 가격이 저렴하다.

ⓕ 데이터 통신, 음성 통신, 화상 통신도 가능하다.

ⓖ 근접 주파수에 대한 간섭이 없고 전자파에 장애가 없다.

② 단점

ⓐ 안개, 대기 중의 먼지 등에 의해 제한된다.

ⓑ 직사광선이나 형광등 및 백열등과 같은 여러 가지 빛들이 잡음으로 작용한다.

ⓒ 한정된 거리에서 사용할 수 있다.

③ 응용 분야

적외선 데이터 통신은 노트북 컴퓨터와 PDA, 디지털 카메라, 휴대전화, 무선 호출기 등의 대중화에 따라 무선 데이터 통신 내에서 그동안 중요한 역할을 해오고 있다. 기존에 사용되고 있는 것들 또는 새로운 가능성이 있는 것들에는 다음과 같은 것들이 있다.

ⓐ 넷북 컴퓨터에서 프린터로 문서를 전송한다.

ⓑ 포켓용 PC를 이용하여 명함을 교환한다.

ⓒ 데스크톱 컴퓨터와 노트북 컴퓨터 사이의 스케줄을 같게 맞춘다.

ⓓ 노트북 컴퓨터에서 유선 전화를 이용하여 떨어져 있는 팩시밀리에 팩스를 보낸다.

ⓔ 디지털 카메라에서 컴퓨터로 이미지를 광선으로 보낸다.

제4장 임베디드 시스템 검증 및 최적화

임베디드 시스템은 종종 성능과 관련된 하나 또는 그 이상의 요구사항을 갖는다. 현대의 임베디드 소프트웨어 시스템이 갖고 있는 복잡성으로 인해, 이러한 성능 목표를 달성하기 위해서는 체계적인 접근법이 필수적이다. 애드혹 프로세스는 마감 시간을 맞추지 못하는 시스템이나 빈약한 성능의 시스템을 만들 수 있고, 또한 프로젝트를 취소시키는 결과를 만들 수도 있다. 다중의 실시간 성능 요구사항에서 시스템을 정의하고 관리하며 전달하는데 필요한 성숙도를 갖기도 한다.

제 1 절 성능 프로세스 성숙도

1 성능 공학 성숙도 레벨

성능 프로세스 성숙도(PPM)는 능력 성숙도 모델(CMM)과 유사하게 등급으로 측정할 수 있고, 기타 연관된 등급으로도 측정할 수 있다. [그림 5-36]은 성능 공학을 위한 유사한 등급을 보여준다. 이러한 성숙도 레벨은 다음과 같이 기술될 수 있다.

(1) 성숙도 레벨 0(애드혹 장애 제거)

이 레벨에서는 성능과 연관된 운용적 양상에만 초점이 맞춰져 있다. 성능과 연관돼 존재하는 어떠한 요구사항이든 필요한 기본 능력만을 명시하며 정량적으로 명시하지 않는다. 이 레벨에서 성능 이슈는 개발 프로세스의 초기, 즉 프로토타입 또는 초기의 반복 단계 동안에 발견된다. 이러한 성능 이슈는 코드를 최적화해 애플리케이션을 조정함으로써 해결된다. 이 접근법은 점증적인 향상만 제공한다.

(2) 성숙도 레벨 1(체계적 성능 해결)

성숙도 레벨 1에서 소프트웨어 팀은 다음과 같은 전형적인 접근법을 이용해 성능에 대한 병목현상을 처리하는 등, 좀 더 체계적인 성능 해결 프로세스를 갖는다.

이 접근법은 병목을 식별하고 이를 적절히 조정해 성능을 해결하는 데만 초점을 맞추며, 성능 이슈를 해결하는 데 도움을 줄 수 있는 도메인 전문가를 요구한다. 그러나 이 레벨에서도 성능 문제를 조기에 식별할 수 있는 프로세스는 여전히 존재하지 않는다.

(3) 성숙도 레벨 2(성능 테스팅)

레벨 2에서 소프트웨어 팀은 임베디드 시스템에 대한 성능 데이터를 수집하기 위해 일정 수준의 자동화를 가질 수도 있다. CPU 사용 효율, I/O, 메모리, 전력 같은 임계 전원에 대한 관리를 체계적으로 다루기 위해서는 일반적으로 적극적인 노력이 있어야 한다. 그러나 이 성숙도 레벨에서도 시스템이 성능 결함을 수리하기 위해 노력의 대부분을 개발에 쏟아부을 때까지는 운영체제나 기타 하드웨어 형상 조정에 제한사항을 갖는다.

(4) 성숙도 레벨 3(조기 성능 밸리데이션)

이 레벨에서는 성능 평가와 성능 기획이 개발 프로세스의 필수적인 부분이 된다. 성능 요구사항은 모델링 접근법과 프로파일링 툴을 이용해 좀 더 공격적으로 관리된다. 성능에 대한 반응 시간 비용은 애플리케이션에 따라 할당되며 적절히 관리된다.

(5) 성숙도 레벨 4(성능 공학)

레벨 4에서는 소프트웨어 성능 공학의 근본적인 실천이 진행되며, 이는 수명주기 내내 관리된다.

(6) 성숙도 레벨 5(연속적 성능 최적)

이 레벨의 프로세스 성숙도에서는 시스템에 대한 변경 제안이 최종 사용자에 대한 영향을 기준으로 평가되며, 적절하고 중요한 자원 활용에 대한 영향도 평가된다. 이에 대한 트레이드오프는 익히 알려져 있고 합리적이다. 과도한 최적화는 목적의 이해를 통해 예방되며, 너무 빠른, 즉 시기상조의 최적화는 없다. 시스템의 전체비용은 시스템의 전체 성능이라는 관점으로 익히 알려져 있는데, 투자수익률이라는 관점에서 볼 때 이러한 최적화의 성취비용 대비 핵심 성능에 대한 최적화의 이점을 합리화하기 위해서는 준수해야 할 규율이 있다는 의미다.

[그림 5-36] 성능공학 성숙도 모델

2 소프트웨어 성능 공학(SPE : Software Performance Engineering) 중요 ★★★

(1) 소프트웨어 성능 공학

소프트웨어 성능 공학은 성능 공학 프로세스의 성숙도를 향상시킬 수 있는 폭넓은 시스템 공학 영역 내에서 준수해야 할 규율이다. SPE는 성능 목표에 적합한 소프트웨어 시스템을 구축하는 체계적이고 **정량적인 접근법**이자 소프트웨어 지향 접근법이다. 즉, SPE는 아키텍처, 설계, 구현의 선택사항에 초점을 맞춰 시스템의 성능 관련 요구사항을 충족하기 위해, 그리고 소프트웨어가 아키텍처화하고 구현된다는 것을 보장하기 위해 임베디드 소프트웨어 개발의 수명주기 전 단계에 적용되는 활동, 기법, 산출물에 초점을 맞추며, 특히 이의 반응성과 확장성에 초점을 맞춘다.

① 반응성

반응성은 시스템의 목표를 충족하기 위한 반응 시간과 처리량 같은 시스템의 능력이다. 종단 시스템에서 사용자 관점으로부터 정의되기 위해서는 태스크의 완료 시간, 시간 단위당 트랜잭션의 수, 이벤트에 대한 빠른 반응 속도 등이 정의돼야 한다. 또한 이더넷 포트 같은 주변 대역폭의 '라인 비율'인 패킷 처리량은 시스템의 반응성 능력을 충족시키는 임베디드 네트워킹 애플리케이션의 한 예가 될 것이다.

② 확장성

확장성은 증가하는 소프트웨어 기능의 수요만큼 반응 시간이나 처리량 목표를 계속해서 충족시키는 시스템의 능력이다. 예를 들어 팸토(Femto) 기지국에서 휴대폰의 호출 숫자가 증가한다면, 소프트웨어는 그만큼 증가하는 사용자 수에 대한 처리 요구사항을 충족시키기 위해 적절히 확장돼야 한다. 이처럼 시스템에서의 성능 장애는 비효율적인 코딩과 구현보다는 대부분 근본적인 하드웨어와 소프트웨어 아키텍처 또는 소프트웨어 설계 요소에 기인한다. 시스템이 요구하는 성능 속성을 보여줄 수 있는지 없는지는 아키텍처가 선택된 시기로 결정된다. 개발 주기 초반에 성능 관련 요소를 무시하는 것과 프로그램이 올바르게 동작한 후 성능을 조정하는 것은 적시에, 그리고 예산 범위 내의 배포를 실패로 만드는 임베디드 시스템의 가장 근본적인 원인인 "나중에 고치자."는 사고방식이다.

(2) 소프트웨어 성능 공학의 몇 가지 주요한 목표

① 성능 이슈로 인해 지연된 임베디드 시스템 배치를 제거한다.
② 성능 이슈로 인해 회피 가능한 시스템 재작업을 제거한다.
③ 회피 가능한 시스템 조정과 최적화 노력을 제거한다.
④ 성능 목표 충족에 필요한 추가적인 요소와 불필요한 하드웨어비용을 회피한다.
⑤ 제품에서 성능 문제로 인해 증가하는 소프트웨어 유지보수비용을 절감한다.
⑥ 고정된 애드혹 성능의 영향을 받은 소프트웨어로 인해 증가하는 소프트웨어 유지보수비용을 절감한다.

(3) 성능 향상을 위한 5단계(로이드 윌리엄스 제안)

① 있어야 할 장소를 결정하라.

"시스템은 가능한 한 빨라야 한다."와 같은 요구사항이나 요구는 거절하라. "패킷 처리량은 IP 포워딩을 위해 초당 600KB 패킷이 돼야 한다."와 같은 정량적 조건을 사용한다. 시스템의 잠재적인 유스케이스를 이해하고, 이러한 유스케이스를 다루기 위해 필수적인 확장성을 설계한다. [그림 5-37]

은 이러한 성능 목적을 어떻게 정의하는지에 대한 예이다. 이를 적절히 수행하기 위해 취해야 할 첫 번째 단계는 시스템 차원을 식별하는 것이다. 이것은 문맥적이며, '무엇'에 대해 정립하는 것이다. 그런 다음 핵심 속성이 식별된다. 이것은 시스템이 어떻게 "잘 해야 한다."를 식별하는 것이다. 그런 다음 "어떻게 알 것인가?"를 결정하기 위해 매트릭이 식별된다. 이 매트릭은 '예상'값과 '필수' 값을 포함해야 한다. [그림 5-37]의 사례에서 IP 포워딩은 시스템 차원이다. 네트워킹 애플리케이션 영역에 주안점을 둔 핵심 측정 요구가 바로 IP 포워딩으로, 핵심 속성은 '신속성'이다. 얼마나 많은 패킷이 시스템을 통해 포워드될 수 있는지를 기반으로 시스템은 측정된다. 핵심 매트릭은 초당 수천 패킷이 된다. 시스템은 600kpps를 성취할 수 있어야 하며, 최소의 시스템 요구사항을 충족하기 위해서는 적어도 550kpps에 도달해야 한다.

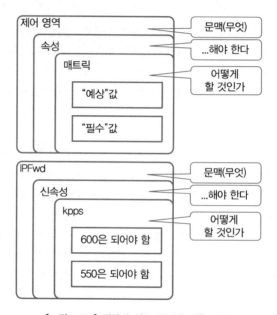

[그림 5-37] 정량적 성능 목적에 대한 정의

② **현재 어디에 있는지 결정하라.**

시스템의 어떤 유스케이스가 성능 문제의 원인인지 이해해야 한다. 가용한 툴과 측정장치를 이용해 정량화한다. [그림 5-37]은 성능 분석과 튜닝을 위해 가시성 '후크'를 디바이스에 제공할 수 있는 다중 코어 SoC를 위한 디버그 아키텍처를 보여준다. [그림 5-37]의 임베디드 시스템에서 성능 문제를 정량화에 필요한 정보를 수집하기 위해, SoC에 가시성을 제공하는 임베디드 프로파일링과 분석 툴을 이용하는 전략을 보여준다.

소프트웨어 아키텍처가 성능 목표를 지원할 수 있는지 없는지를 결정하기 위해 시스템에 대한 적절한 평가를 수행한다. 성능 이슈를 표준 소프트웨어 튜닝과 최적화 방법을 이용해 해결할 수 있는지는 중요한 문제이다. 그 이유는 이러한 튜닝 접근법을 이용해 목적을 성취할 수 없는지, 그리고 더 근본적인 변경이 요구되는지를 결정하기 위해 애플리케이션을 튜닝하는데 수개월을 소비한다는 것은 바람직하지 않기 때문이다. 궁극적으로 이 단계에서는 성능 향상이 재설계에 요구되는지, 또는 튜닝이 충분한지를 결정해야 한다.

③ **목표를 성취할 수 있는지 없는지를 결정하라.**

성능 최적화는 간단한 것부터 복잡한 것, 더 복잡한 것까지 다음과 같은 여러 범주가 있다.

ㄱ 저비용/낮은 ROI 기법 : 이 기법은 보통 자동화된 최적화 옵션을 포함한다. 임베디드 시스템에서 공통적인 접근법은 임베디드 소프트웨어에 대한 더 공격적인 최적화를 가능하게 만들기 위해 컴파일러 옵션을 사용한다.

ㄴ 고비용/높은 ROI 기법 : 임베디드 소프트웨어 아키텍처를 재사용하거나 리팩토링한다.

ㄷ 중간비용/ 중간 ROI 기법 : 이 범주는 더 효율적인 구축을 이용하기 위해 소프트웨어 보안 접근법뿐만 아니라 최적화 알고리즘과 데이터 구조(예로 DFT 대신 FFT를 이용하는 것)를 포함한다.

④ **목표를 성취할 수 있게 계획을 개발하라.**

첫 번째 단계는 투자수익률(ROI)을 기반으로 다양한 제안 솔루션에 대해 파레토 랭크를 매긴다. 모델링과 벤치마킹을 포함해 자원 요구사항을 평가하는 다양한 방법이 있다. 일단 성능 목표가 결정되면 튜닝 단계는 목표를 충족할 때까지 반복되며, 반복적 단계를 기반으로 애플리케이션을 최적화하는 정의된 프로세스는 다음과 같다.

ⓐ 애플리케이션에 대한 핵심 성능 시나리오를 이해한다.

ⓑ 성능, 메모리, 전력에 대한 핵심 최적화를 위해 목적을 설정한다.

ⓒ DSP 애플리케이션과 성능 요구사항을 일치시키기 위해 프로세서 아키텍처를 선택한다.

ⓓ 시스템에서 핵심 알고리즘을 분석하고 필요하면 알고리즘 변환을 수행한다.

ⓔ 핵심 벤치마크를 위해 컴파일러 성능과 출력을 분석한다.

ⓕ 고수준 언어에서 독창적으로 코드를 작성한다.

ⓖ 디버깅을 시행하고 정확성을 달성하며, 리그레션 테스트를 개발한다.

ⓗ 애플리케이션에 대한 프로파일을 작성하고 '핫스팟'에 대한 파레토 랭크를 매긴다.

ⓘ 컴파일러를 이용해 저수준의 최적화로 변환한다.

ⓙ 리그레션 테스트를 실행하고 애플리케이션 프로파일을 작성하며, 재링크를 실시한다.

ⓚ C/C++ 코드를 하드웨어 아키텍처에 연결시키기 위해 조율한다.

ⓛ 리그레션 테스트를 실행하고 애플리케이션 프로파일을 작성하며, 재링크를 실시한다.

ⓜ DMA와 기타 기법을 이용해 가능한 한 CPU에 밀접한 데이터를 얻기 위해 계기 코드를 작성한다.

ⓝ 리그레션 테스트를 실행하고 애플리케이션 프로파일을 작성하며, 재링크를 실시한다.

ⓞ 인트린식과 프라그마를 이용해 컴파일러에 링크를 제공하는 계기 코드를 작성한다.

ⓟ 리그레션 테스트를 실행하고 애플리케이션 프로파일을 작성하며, 재링크를 실시한다.

ⓠ 컴파일러 지시자를 이용해 더 높은 수준의 최적화로 변환한다.

ⓡ 리그레션 테스트를 실행하고 애플리케이션 프로파일을 작성하며, 재링크를 실시한다.

ⓢ 어셈블리 언어를 이용해 핵심적인 내부 루프를 재작성한다.

ⓣ 리그레션 테스트를 실행하고 애플리케이션 프로파일을 작성하며, 재링크를 실시한다.

ⓤ 목적을 충족하지 못하면 하드웨어와 소프트웨어에서 애플리케이션을 재분할하고 프로세스를 다시 시작한다.

ⓥ 각 단계에서 목적을 충족하면 문서화하고 빌드 설정과 컴파일러 스위치 설정을 위한 코드를 저장한다.

---

⑤ **이러한 계획을 기반으로 경제적인 프로젝트 분석을 수행하라.**

첫 번째 단계는 분석을 지원하는데 사용될 수 있는 데이터를 수집하는 것이다. 제한사항은 없지만 이 데이터는 성능 분석, 소프트웨어 변경 요구, 필요시 하드웨어 비용, 소프트웨어 구축과 배포비용을 완수하는 데 필요한 시간과 비용을 포함한다. 다음 단계는 성능 향상에 영향을 미치는 데이터를 수집하는 것이다. 여기서는 연기되거나 단계의 비용을 절감할 수 있는, 하드웨어 업그레이드 같은 내용을 포함한다.

제 **2** 절 임베디드 시스템 검증

임베디드 시스템은 일반적으로 소프트웨어와 하드웨어가 동시 병행적으로 개발되며 시스템 개발자는 소프트웨어와 하드웨어에 대한 모든 지식이 필요하다. 제품화 후의 개량과 보수는 많은 노력과 비용이 발생하기 때문에 버그를 허용하지 않고 고품질과 고신뢰성이 요구된다.

검증은 임베디드 시스템 프로젝트 전체의 1/3 이상을 차지하는 중요한 공정이다. 임베디드 시스템에서는 출시 후의 소프트웨어 갱신이 어렵기(거의 불가능하다) 때문에 검증(테스트) 공정에서의 불량은 간과할 수 없다. 제품 출시 후에도 소프트웨어의 수정은 가능하지만, 그 대신 제품에 대한 신뢰가 크게 손상된다.

1 검증

디버깅 또는 단순한 결과물 분석만으로는 시스템의 동작을 검증하고 문제점 및 코드의 부작용을 식별하기에 충분하지 않을 수도 있다. 대신 각기 다른 조건 아래의 전체 시스템 동작뿐만 아니라 단일 구성요소의 구현을 검증하기 위해 각기 다른 접근법을 취할 수 있다. 비록 몇몇의 경우에는 호스트 머신에서 결과물을 직접 측정할 수 있지만, 완전히 같은 시나리오를 재현하거나, 시스템 결과물에서 필요한 정보를 얻는 것은 어렵다. 좀 더 복잡하고 분산된 시스템의 통신 인터페이스와 네트워크 장치의 분석에 있어서는 외부 도구가 더 편할 수 있다. 단일 모듈은 시뮬레이터 또는 에뮬레이터 환경을 이용해 코드를 일부 수행함으로서, 타겟이 없는 테스트도 가능하며, 특정 시나리오를 위한 솔루션을 제시하기 위해 테스트, 검증 전력, 도구들을 고려해야 한다.

(1) 기능 테스트

코드를 작성하기 전에 테스트 케이스를 작성하는 것은 일반적으로 현대 프로그래밍의 가장 좋은 관습으로 여겨진다. 테스트를 먼저 작성하는 것은 개발 단계의 속도를 높여줄 뿐만 아니라 워크플로 구조도 향상시킨다. 처음부터 명확하고 측정 가능한 목적을 설정함으로써, 단일 구성요소의 설계상의 취약점을 나타내기 어렵게 하고, 모듈 간 명확한 분리를 도와준다. 다시 말하면, 임베디드 개발자가 직접 인터페이스를 통한 시스템의 동작이 정확한지 검증하는 절차를 줄여준다. 그러므로 **테스트 기반 개발**(TDD : Test-Driven Development)은 호스트 시스템으로부터 측정 가능한 희망 결과를 직접적으로 얻을 수 있는 한, 전체 시스템의 기능적 동작과 단일 구성요소의 검증을 위해 **선호되는** 접근법이다.

그러나 테스트가 보통 특정 하드웨어에 의존성을 야기하고, 때로는 임베디드 시스템의 출력이 특정 하드웨어 도구를 통하거나 매우 특별한 사용 시나리오에서만 검증 가능하다는 점도 고려해야 한다. 이런 경우 보통의 TDD 패러다임은 적용 가능성이 낮아지고, 에뮬레이션 또는 유닛 테스트 플랫폼 같은 통합 환경에서 가능한 한 많은 구성요소를 테스트할 수 있는 가능성을 주기 위한 프로젝트에서는 모듈설계에서 이득을 보기 어려워진다.

테스트 작성은 보통 호스트 프로그래밍을 포함한다. 따라서 임베디드 소프트웨어가 실행중이거나 타겟 중단점 사이를 진행 중인 디버깅 세션 중에도 동작 중인 타겟에 대한 정보를 얻을 수 있다. 통신 인터페이스(UART 기반 직렬 포트 등)를 통해 즉시 결과물을 제공하도록 타겟을 구성해, 호스트가 바로 해석하게 할 수 있다. 고수준 인터프리터 프로그래밍 언어를 사용해 호스트에 테스트 도구를 작성하는 것이 더 편리할 수도 있다. 테스트 케이스를 더 잘 조직화하고, 그 결과를 정규 표현식을 사용해 해석하도록 쉽게 통합하도록 한다. 파이썬(Python), 펄(Perl), 루비(Ruby), 기타 비슷한 특성을 갖는 언어들이 보통 이러한 목적에 잘 맞는다. 또한 테스트 결과를 수집 및 분석하고, 지속 통합 엔진과 상호작용하기 위해 설계된 라이브러리와 컴포넌트를 사용할 수 있다는 점도 좋다. 잘 조직화된 테스트와 검증 인프라스트럭처는 프로젝트의 안정성을 위해 그 어느 것보다 큰 역할을 하는데, 모든 변경에 대해 기준의 모든 테스트가 반복적으로 실행되면서 바로 리그레션(regression)을 탐지할 수 있기 때문이다. 개발 중 모든 테스트 케이스를 지속적으로 수행하면, 예기치 않은 영향을 가능한 한 빠르게 탐지하면서 효율성이 향상될 뿐만 아니라 항상 개발 목적을 볼 수 있게끔 유지하는 데 도움이 된다. 실패의 횟수를 직접 측정할 수 있게 하고 프로젝트 생애의 어느 단계에서든 구성요소의 리팩토링(refactoring)을 좀 더 효과적으로 할 수 있게 해준다. 임베디드 프로그래밍은 효율성이 핵심이므로 몇 단계의 순환 프로세스들이 계속 반복되고, 개발자에게 필요한 접근법은 때에 따라 반응하는 것보다는 더 잘 예측할 수 있다.

(2) 하드웨어 분석 도구

임베디드 소프트웨어 개발자를 돕기 위해 필요한 도구가 **로직 분석기**다. 마이크로컨트롤러의 입력과 출력 신호를 탐지함으로써, 그 인터페이스 프로토콜 내에 신호의 전기적 동작, 타이밍, 심지어는 단일 비트의 디지털 인코딩을 탐지할 수가 있다. 대부분의 로직 분석기는 유선 전압을 탐지함으로써 연속된 심볼의 디코딩 및 식별이 가능하다. 이는 프로토콜이 정확히 구현됐는지, 주변장치 및 네트워크 말단과의 통신이 계획과 일치하는지를 검증하기 위한 가장 효율적인 방법이다. 비록 역사적으로는 단일 고유 컴퓨터로만 사용할 수 있지만, 로직 분석기는 USB 또는 이더넷 인터페이스를 사용해 호스트 머신에 접속하고, 신호를 취하며 디코딩하기 위해 PC 기반 소프트웨어를 사용하는 전자기기 같은 형태로도 사용할 수 있다. 이 프로세스의 결과는 해당 신호의 완전한 이산 분석(discrete analysis)이며, 이는 일정 비율로 샘플링되어 화면에 시각화된다.

오실로스코프를 통해서도 비슷한 작업을 수행할 수 있지만, 이산 신호를 다룰 때는 로직 분석기보다 좀 더 그 구성이 복잡하다. 대신 **오실로스코프**는 아날로그 오디오나 라디오 수신기 통신 같은 아날로그 신호를 분석하는 데는 최고의 도구이다. 작업에 따라 골라 사용하는 것이 좋다. 단지 일반적으로 로직 분석기가 이산 신호를 분석하는 데 좀 더 나은 통찰력을 준다는 것이다. 혼합 신호 로직 분석기는 간결한 오실로스코프의 유연성과 이산 신호 로직 분석에 대한 통찰력 사이의 적절한 타협점이 된다. 오실로스코프와 로직 분석기는 일반적으로 특정 시간 간격의 신호 활동을 캡처하는 데 상용된다. 이를 실행 중인 소프트웨어와 동기화하는 것은 도전일 수도 있다. 이러한 신호를 계속 캡처하는 것 대신에, 캡처의 시작 지점을 물리적 사건과 동기화할 수 있다. 예를 들면, 디지털 신호가 처음 변경되는 것 또는 사전 설정된 임계점을 넘어서는 아날로그 신호와 같은 것이다. 이는 기기가 트리거(trigger)를 사용해 캡처를 초기화하도록 구성함으로써 가능한데, 진행 중인 분석을 위해 관심 있는 시간만을 포함하도록 캡처된 정보임을 보장한다.

(3) 오픈 타겟 테스트

개발의 속도를 높이는 또 다른 방법 중 하나는 실제 타겟과의 상호 작용을 가능한 한 제한하는 것이지만, 이것도 항상 가능한 것은 아니다. 특히 실제 하드웨어에서 테스트되어야 할 장치 드라이버를 개발할 때는 더욱 그렇다. 그러나 개발 머신 상에서 직접 소프트웨어를 부분적으로 테스트하는 도구 및 방법론은 존재한다.

CPU에 특화되지 않은 코드는 호스트 머신 아키텍처에서도 컴파일되고 바로 실행될 수 있으며, 그 환경이 실제 환경을 시뮬레이션하기에 적당히 추상화된다. 테스트하려는 소프트웨어는 단 하나의 함수만큼 작을 수도 있는데, 이 경우에는 개발 아키텍처를 위해 특별히 작성된 유닛 테스트를 쓴다. 유닛 테스트는 기본적으로 잘 알려진 입력이 주어지면 그 출력을 검증하는, 단일 컴포넌트의 동작을 검증하기 위한 작은 애플리케이션이다. 이러한 유닛 테스트 작성을 보조해주기 위해 리눅스 시스템에서는 다양한 도구가 존재한다.

(4) 에뮬레이터

코드에 훨씬 덜 위험하고, 특별한 이식성 요구 없이 개발 머신에서 코드를 실행하기 위한 또 다른 유효한 접근법은 호스트 PC에서 전체 플랫폼을 에뮬레이션하는 것이다. 에뮬레이터는 **핵심 CPU, 메모리, 일련의 주변장치 등을 포함하며, 전체 시스템의 기능을 복제할 수 있는 소프트웨어이다.** PC를 위한 현대의 가상 하이퍼바이저 중 일부는 QEMU를 계승하는데, QEMU란 실행 중인 머신이 다른 아키텍처를 갖는다고 하더라도 전체 시스템을 가상화할 수 있는 자유 소프트웨어 에뮬레이터다. 이것이 다양한 타겟의 인스트럭션 세트를 완전히 구현하고 있으므로, 개발 머신 운영체제의 프로세스 중에 QEMU는 타겟을 위해 컴파일된 펌웨어 이미지를 실행할 수 있다. ARM Cortex-M3 마이크로코드를 실행할 수 있게 지원되는 타겟은 LM3S6965EVB로, QEMU에 의해 완전히 지원되는 Cortex-M 기반 마이크로컨트롤러다.

에뮬레이션 접근법의 한계는 QEMU가 실제 하드웨어와 상호작용을 포함하지 않는 일반적인 기능을 위한 디버깅에만 사용할 수 있다는 점이다. 에뮬레이션된 플랫폼은 매우 특수하며, 실제 하드웨어 플랫폼과는 시스템 레이아웃이 일치하지 않는다. 그런데도 Cortex-M3 타겟과 WEMU를 실행하는 것은 일반적인 Cortex-M 기능(메모리 관리, 시스템 인터럽트 처리, 프로세스 모드 등)을 숙지하는 빠른 방법이다. Cortex-M CPU의 많은 기능이 정확하게 에뮬레이션됐다.

테스트 전략의 정의를 위해 제안된 접근법은 다양한 시나리오에 적용된다. 실험실 장비부터, 시뮬레이션 및 에뮬레이션된 환경의 오픈 타겟 테스트까지, 소프트웨어 검증을 위한 여러 가능성이 있는 솔루션을 제시해 왔다.

2 크로스 개발 환경용 디버거 중요 ★

(1) 디버그(debug)이란?

소프트웨어를 작성하는데 버그는 반드시 발생한다. 당연히 주의하면서 프로그래밍하는 것이 중요하지만, 인간이 개발하고 있는 이상, 프로그램의 오류는 반드시 발생한다고 생각해야 한다.

고급언어의 구문 기술 오류 등은 컴파일 단계에서 에러가 발생하므로 곧바로 눈치챌 수 있다. 그러나 프로그램의 구조상의 오류 등은, 컴파일 단계에서는 에러가 발생하지 않기 때문에 눈치챌 수 없다. 타겟 시스템에 다운로드해도 의도했던 대로 동작하지 않는 상황에 빠지게 되며, 이 경우에도 어디에 문제가 있는지 곧바로 알 수 없다. 디버그란, 이와 같은 버그를 발견하고 수정하는 작업으로, 그때 사용하는 툴을 디버거(debugger)라고 부른다.

(2) 디버거(debugger)의 기본 기능

일반적으로 사용되는 임베디드용 CPU는 아무리 느려도 수 MHz의 클록 주파수로 동작하는데, 기계어 레벨로 1초 동안에 수만 개의 명령을 실행해 버린다. '어? 지금 무언가 이상한 동작을 하지 않았는가?'라고 생각해도, 눈 깜짝할 순간에 실행되어 버린다. 그래서 디버거에는 명령을 하나 씩 실행하는 스텝 실행 기능이 준비되어 있다. 스텝 실행을 함으로써 프로그램이 어떠한 순번으로 실행되는지를 명확하게 알 수 있다.

또, 가동하고 나서 마지막에 실행하는 루틴을 디버그하는 경우, 모든 프로그램을 처음부터 스텝 실행해 가는 것은 시간이 너무 걸리기 때문에 어느 지점까지는 순식간에 프로그램을 실행하고, 지정한 지점에서 프로그램의 실행을 멈추고 거기서부터 스텝 실행하여 동작을 확인하는 방법도 있다. 이 어떤 지점(브레이크 포인트)에서 프로그램을 멈추는 기능을 **브레이크 기능**이라 부른다. 또, 브레이크 포인트를 지정하지 않고 프로그램을 실행시켜, 강제적으로 프로그램의 실행을 멈추는 **강제 브레이크 기능**도 사용된다.

프로그램의 동작 확인에서는 프로그램이 어떠한 순번으로 실행되었는지를 확인하는 것 외에 변수가 지금 어떠한 값을 유지하고 있는지를 확인하는 경우도 있다. 강제 브레이크 등으로 프로그램의 실행을 멈추고 값을 확인하려는 변수를 지정하면 그 값을 표시하는 기능을 **워치 기능**이라 부른다. 그래픽 기반 유저 인터페이스(GUI) 대응의 디버거에는 커서를 변수 부분에 가지고 가면 윈도우 등으로 변수의 내용이 표시되는 것도 있고, 그 변수의 내용을 변경할 수도 있다.

Windows상의 애플리케이션을 작성하기 위한 디버거에서도 위와 같은 기능을 갖고 있다. 이는 디버거로서 가장 기본적인 기능이라 할 수 있을 것이다.

(3) 크로스 개발 환경용 디버거

네이티브 환경에서는 작성한 프로그램을 그 환경에서 실행할 수 있다. 그러나 크로스 개발 환경에서는 작성한 프로그램을 타겟 시스템에 전송할 필요가 있다.

일반적으로, 크로스 개발용의 디버거에는 호스트와 타겟 시스템을 [그림 5-38]과 같이 어떤 통신 인터페이스로 접속하고, 그 인터페이스를 이용하여 호스트 환경에서 작성한 프로그램을 타겟 시스템에 다운로드하는 기능을 하고 있다. 또, 디버거로서의 기본 기능으로 스텝 실행이나 브레이크 기능, 변수의 워치나 변경 기능 등을 실장하고 있다. 게다가, 임베디드 기기에서는 물리적인 메모리 상태나 레지스터 상태를 파악하여 보다 세부적인 동작을 체크할 수 있게 되어 있다. 그 때문에, 메모리나 레지스터의 내용을 16진수 표시(덤프 기능)하거나 내용을 고쳐 쓰는 기능(메모리 수정 기능) 등도 가지고 있다.

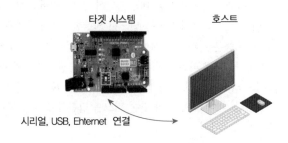

[그림 5-38] 크로스 개발 환경의 예

(4) 시판 중인 각종 임베디드 기기 개발용 디버거

대체로, 세상에는 이들의 분류나 조합이 상용 디버거로 주로 사용되고 있다.

① 풀 ICE(In Circuit Emulator) 디버거

CPU 자체를 치환하고, CPU의 동작을 흉내내어(에뮬레이션) 프로그램의 동작을 조사할 수 있는 툴이다. ICE 본체와 호스트 사이는 전용 인터페이스나 Ethernet, 최근에는 USB 등을 사용하여 접속한다. 또, CPU의 동작을 흉내낼 뿐만 아니라, 타겟 CPU 보드의 ROM이나 RAM도 ICE 본체에 내장(에뮬레이션 메모리)하거나 CPU가 명령을 실행한 주소를 유지하고(트레이스 메모리), 그것을 표시하는 기능 등을 실장한 ICE를, CPU 동작의 모든 기능을 서포트할 수 있는 ICE라는 의미로 풀 ICE라고 부르는 경우가 있다.

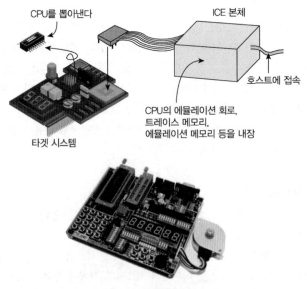

[그림 5-39] ICE 구성과 풀 ICE 디버거의 예

풀 ICE는 에뮬레이션 메모리 등을 내장하고 있으므로, 타겟 CPU 보드가 완전하게 동작하지 않는 상태에서도 에뮬레이션 메모리에서 프로그램의 개발을 진행시킬 수 있다. 즉 타겟 시스템의 CPU와 ROM이나 RAM 등 로컬 버스 연결에 문제가 있어도 ICE를 사용하여 로컬 버스의 어느 곳에 문제가 있는지 디버그를 진행시킬 수 있다. 물론, 타겟 시스템의 메모리나 I/O를 디버거가 점유해 버리는 일도 없으므로 모든 자원을 애플리케이션이 사용할 수 있다.

② ROM 모니터형 디버거

디버거는 스텝 실행이나 브레이크 기능 등, 디버그에 필요한 각종 기능을 갖춘 툴을 말한다. 또 하나, 임베디드 개발의 세계에서는 모니터라는 말을 사용하는 경우도 있다. 모니터란, 기본적으로는 말 그대로 값이나 상태를 표시만 하는 기능을 가진 툴이다.

원래, 임베디드 시스템은 특정한 용도로 특화한 시스템이므로 전원을 투입하자마자 처리가 시작된다. 그러나 개발용으로 사용하는 평가 보드라고 불리는 CPU 보드 그 자체에 특별히 명확한 처리 내용이 있는 것은 아니다. 그래서, 이와 같은 평가 보드 상의 ROM에는 임베디드 프로그램 개발자가 작성한 프로그램을 호스트로부터 다운로드할 수 있는 기능만을 써넣어 출시하는 것이 일반적이다. 이 ROM에 기입된 프로그램을 ROM 모니터라고 부른다.

ROM 모니터라고 했을 때는 프로그램의 다운로드 기능과 메모리나 레지스터의 덤프 기능, 그리고 지정한 어드레스부터 프로그램을 실행하는 기능 정도를 갖추고 있는 것이 일반적이다. 스텝 실행이나 브레이크 기능 등, 본격적인 디버그 기능을 갖추지 않는 것을 모니터라고 부른다.

ROM 모니터에 더욱 본격적인 디버그 기능을 실장하여 디버거로써 사용할 수 있도록 한 것이 ROM 모니터형 디버거이다. [그림 5-40]에 ROM 모니터형 디버거의 구성을 나타냈다. 호스트와의 접속에는 간편하게 시리얼 인터페이스를 사용하는 것이 일반적이다. 그 때문에 타겟 시스템 상 시리얼 인터페이스가 필요하다. 시리얼 인터페이스는 디버거가 호스트와 통신하기 위해 사용하므로 애플리케이션이 사용할 수 없다. 또, ROM 상에는 호스트로부터의 지시에 따라 메모리나 레지스터의 내용을 read/write하는 통신 프로그램을 기입해 두고 타겟 시스템의 CPU에 그것을 실행시킨다.

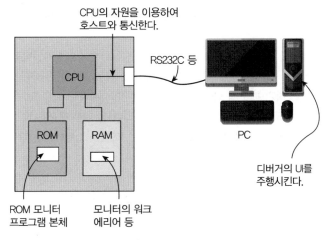

[그림 5-40] 롬 모니터형 디버거의 구성

이처럼 ROM 모니터형 디버거는 타겟 시스템에 실장된 인터페이스나 메모리 일부를 디버그 기능을 위해 사용해 버리고, 원래 호스트와의 통신 프로그램을 타겟 시스템 상에서 프로그램으로서 실행시키므로, 로컬 버스에 문제가 있어 ROM를 읽어낼 수 없는 경우는 디버거 자체가 동작하지 않는다. 이것이 ICE와 크게 다른 부분이다.

또, 일반적인 ROM 모니터형 디버거에서는 ROM 영역에 프로그램을 다운로드할 수 없다. 단, ROM으로서 플래시 메모리가 탑재된 시스템에서는 플래시 메모리에의 기입 알고리즘에 대응하면 직접 다운로드할 수도 있다. 비록 플래시 메모리에 다운로드할 수 있었다고 해도 ROM 모니터형 디버거는 ROM 영역에 브레이크 포인트를 설정할 수 없다(일부의 ROM 모니터형 디버거에서는 CPU 내장의 하드웨어 브레이크 기능을 이용하여, 최대 2개소 정도의 브레이크 포인트를 설정할 수 있는 것도 있다). 이와 같이, ROM 영역의 취급에 제한이 있는 경우가 많으므로 ROM화를 상정한 프로그램의 디버그에는 사용하기 어려운 면도 있다.

③ ROM 에뮬레이터형 디버거

ROM 에뮬레이터형 디버거는 기본적으로는 ROM 모니터형 디버거에 가까운 구조로 되어 있지만, ROM 에뮬레이션 기능을 갖고 있으며, ROM에서 동작시키는 프로그램을 다운로드하여 디버그할 수도 있다. 물론 ROM에 자유로이 브레이크 포인트를 설정할 수도 있다.

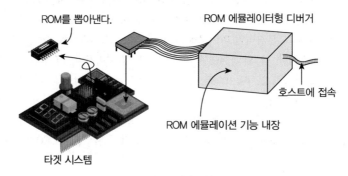

[그림 5-41] ROM 에뮬레이터형 디버거 및 예

ICE에서는 CPU를 뽑아내고 CPU 소켓에 장착했지만, ROM 에뮬레이터형 디버거에서는 ROM를 소켓에서 뽑아내고, ROM 소켓에 디버거를 접속한다. 호스트와의 접속에는 디버거 본체에 준비된 인터페이스를 사용하기 때문에 타겟 시스템의 자원을 사용하는 일은 없다. 또 에뮬레이션 메모리를 내장하고 있는 점도 풀 ICE에 가까운 특징이다. 그러나, 내부 구조는 ROM 모니터형 디버거에 가까운 구조로 되어 있으므로 로컬 버스에 문제가 있는 타겟 시스템에서는 디버거가 동작하지 않는 경우가 있다.

④ JTAG(Joint Test Action Group) 디버거

CPU를 DIP(Dual In-line Package) 패키지에서 뽑아낼 수 있었던 시대는 문제가 없었지만, 고밀도 실장 시대에 IC의 패키지가 QFP(Quad Flat Package) 패키지로 됨에 따라 CPU를 떼어낼 없게 되었다. 그래서 ICE용으로 근처에 DIP용 소켓을 준비하고, ICE를 사용하는 경우에는 QFP의 CPU를 비동작 상태로 하여 개발을 하는 일도 있었다. 또, 고가이지만 QFP용의 커넥터도 있으므로, 개발용으로는 그것을 사용하는 일도 있다. CPU를 떼어내고 접속하는 구성을 채택하는 ICE는 실현되기 어려

운 상황이 되고 있다. 이와 같은 상황은 ROM 에뮬레이터형 디버거에도 마찬가지라고 할 수 있다. 이전에는 UV-EPROM이 일반적이었으므로 28핀이나 32핀 DIP 패키지의 ROM 소켓이 반드시 사용되고 있었지만, 최근에는 플래시 메모리로 치환되어 ROM 소켓이 없다. 그리고 현재는 보드 상에 구성하던 회로 대부분을 LSI 내부에 실장하는 SoC(System On Chip)로 사용하게 되었다. CPU나 ROM를 떼어낼 수 없고, LSI 내부에 함께 내장되는 것에 대응하기 위해, CPU의 디버그 전용의 신호선을 준비하고 그것을 밖으로 인출하여 호스트와 통신하게 하는 방법을 사용하게 되었고, 현재는 JTAG 단자에 CPU 디버그를 위한 기능을 할당하여 JTAG 단자로부터 CPU 상태를 취득하거나 상태를 변경할 수 있게 되었다.

JTAG 디버거는 JTAG 단자를 이용하여 CPU를 디버그하는 것이다. 앞에서 언급한 상황으로부터 최근에 등장한 디버거이다. JTAG 단자의 신호는 그대로는 호스트에 접속할 수 없으므로 일반적으로는 JTAG 신호를 Ethernet이나 USB 등으로 변환하는 회로가 필요하게 된다. 이 때문에 ICE나 ROM 에뮬레이터형 디버거와 같이, 타겟 시스템의 외부에 박스를 두는 형태로 된다.

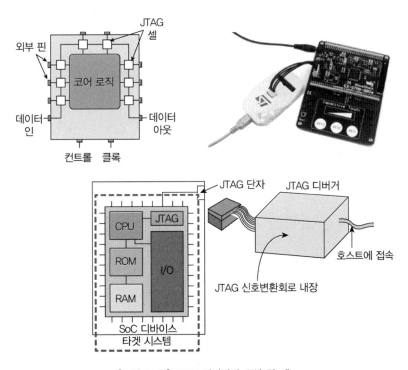

[그림 5-42] JTAG 디버거의 구성 및 예

일반적으로 JTAG 디버거는 CPU의 동작을 직접 내부에서 제어하므로, ICE와 마찬가지로 로컬 버스에 문제가 있는 타겟 시스템에서도 메모리나 I/O를 read/write하여 그 원인을 밝혀낼 수 있다. 그러나, 에뮬레이션용의 메모리는 내장하고 있지 않기 때문에 프로그램을 다운로드하려면 타겟 시스템의 메모리가 정상적으로 read/write할 필요가 있다.

ROM 영역의 취급은 ROM 모니터형 디버거에 가까운 부분이 있다. 플래시 메모리에 대응하고 있으면 ROM 영역에 다운로드할 수도 있다. ROM 영역의 브레이크 포인트도 CPU가 내장한 하드웨어 브레이크 기능을 이용하여 실현되고 있는 JTAG 디버거가 많다.

ICE와 ROM 에뮬레이터형 디버거, JTAG 디버거는 모두 타겟 시스템의 외부에 변환회로 등을 위한 박스를 두고, 호스트와 접속할 필요가 있기 때문에 비용이 발생한다. 일반적인 코스트 비교에서는 에뮬레이션 메모리나 CPU 기능을 내장한 ICE가 가장 비싸고, 그 다음이 에뮬레이션 메모리를 내장한 ROM 에뮬레이터형 디버거다. 이 중에서 비교적 저렴한 것은 JTAG 디버거라고 할 수 있다. ROM 모니터형 디버거는 타겟 시스템의 자원을 이용하여 호스트와 통신하므로, 디버거로서 필요한 부품에 대한 비용은 들지 않으나 디버거로써의 기능은 다른 세 종류의 디버거보다 뒤떨어진다. 최근에는 디버거가 좋은 부분을 조합한 디버거로써 ROM 에뮬레이션을 위한 에뮬레이션 메모리, 트레이스 기능을 위한 트레이스 메모리를 내장한 JTAG 디버거가 등장하고 있다.

제 3 절   임베디드 시스템의 소프트웨어 최적화

임베디드 시스템은 자원의 제약이 따름과 동시에 실시간성, 신뢰성 등이 강하게 요구되는 시스템이기 때문에 최소한의 자원을 사용하면서 성능을 극대화할 수 있는 소프트웨어의 구성이 중요하다.

동일한 기능을 수행하는 소프트웨어라 할지라도 최적화의 수행 여부에 따라 메모리 소비량이나 산출량과 같이 성능을 좌우하는 결과가 다르게 나타날 수 있다. 기본적으로는 컴파일러의 최적화 옵션을 사용함으로써 기본적인 최적화 과정을 수행할 수 있지만, 최적화의 수준에 따라 최적화되는 대상에 차이가 생기며, 최적화를 수행하는 것이 절대적으로 메모리를 적게 소비하거나 성능을 높여주는 것은 아니라는 점을 알고 있어야 한다.

1 개발 툴 이용

개발 툴은 시간 절약 등 많은 장점을 갖는 유용한 장치이기 때문에 개발 툴의 특징을 잘 이해하는 것이 중요하다. 최근 컴파일러는 점점 더 임베디드 소프트웨어에 대한 작업 수행 능력이 좋아지고 있고, 요구되는 개발 시간의 절감에 대해서도 주도적인 역할을 하고 있다.

(1) 컴파일러 최적화

컴파일의 관점에서 볼 때, 애플리케이션 컴파일에는 전통적 컴파일과 전역적(교차 파일) 컴파일이라는 두 가지 기본 방법이 있다. **전통적 컴파일**에서 각각의 소스 파일은 분리돼 컴파일되고, 그런 다음 생성된 객체는 함께 링크된다. **전역적 최적화**에서 각각의 C 파일은 사전에 처리되고 동일 파일에 있는 최적화기로 넘겨진다. 이것은 컴파일러가 프로그램의 가시성을 완료하게 하거나 외부 함수와 참조에 관한 보존 가설을 만들지 못 하게 하는 더 훌륭한 최적화(내부의 절차적 최적화)를 가능하게 만든다. 그러나 전역적 최적화에는 몇 가지 결점이 있다. 이 방법에서 컴파일된 프로그램은 컴파일에 더 많은 시간을 소요하고, 디버거는(컴파일러가 함수의 경계를 제거하고 변수를 이동시키는 것처럼) 더 어려워질 것이다. 전역적으로 구축할 때, 컴파일러 버그의 경우 이를 고립시키거나 작업하기가 더 어려워질 것이다. 전역적 또는 교차 파일 최적화는 모든 함수에 대한 완전한 가시성 제공이라는 결과를 가져오며, 속도와 규모 면에서 훨씬 더 좋은 최적화를 가능하게 만든다. 그러나 이 최적화의 단점은 최적화기가 함수의 경계를 없애고 변수를 제거할 수 있다는 것이며, 코드는 디버그하기가 더 어려워진다는 것이다. [그림 5-43]은 이들 각각에 대한 컴파일 흐름을 보여준다.

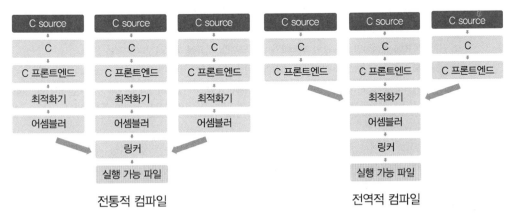

[그림 5-43] 전통적 컴파일과 전역적 컴파일

(2) 기본 컴파일러 구성

먼저 기본 컴파일러를 구성하기 전에 몇 가지 기본 구성을 갖추는 것이 필수적이다. 프로젝트에 수반되는 개발 툴이 기본적인 구성 옵션이 될 것이고, 그렇지 않다면 각각의 구성은 다음 항목을 검사해야 한다.

① **목표 아키텍처** : 올바른 목표 아키텍처를 명시하는 것은 최적의 코드를 생성하도록 허용할 것이다.
② **앤디안(Endianness)** : 벤더는 아마 하나의 앤디안만으로 실리콘을 팔 것이며, 실리콘은 아마 구성될 수 있을 것이다. 이것은 디폴트 옵션이 될 것으로 보인다.
③ **메모리 모델** : 각기 다른 프로세서는 각기 다른 메모리 모델 구성에 대한 옵션을 가질지도 모른다.
④ **초기 최적화 레벨** : 초기에 최적화를 사용하지 못하게 하는 것이 최적화이다.

(3) 최적화 보장 활동

최적화 레벨이 명시되지 않을 때 자동으로 최적화를 사용하지 못하게 될지도 모르며, 새로운 프로젝트가 만들어지거나 코드가 커맨드라인에 구축되는 두 가지 경우에도 최적화를 사용하지 못할 수 있다. 그러한 코드는 디버깅만을 위해 설계된다. 최적화를 사용하지 못한 상태에서 모든 변수는 작성되고 스택으로부터 읽히며, 프로그래머는 소프트웨어가 멈출 때 디버거를 거쳐 어떠한 변숫값이든 수정할 수 있다. 코드는 비효율적이며, 제품 코드에 사용돼서는 안 된다.

프로그래머에게 가용한 최적화 레벨은 벤더에서 벤더로 변하겠지만, 일반적으로 0 ~ 3까지의 네 가지 최적화 레벨이 있으며, 이 중 세 가지 레벨은 최적화 코드를 만들어 낸다. 최적화를 끄면 많은 디버거가 최적화된 코드나 스케줄이 잘못된 코드를 갖고 힘든 시간을 보내겠지만, 이럴 때 코드는 분명 훨씬 느려지거나 커질 것이기 때문에 디버깅은 더 간단해질 것이다. 최적화 레벨이 증가하는 것만큼 컴파일러의 특징은 점점 더 활성화될 것이고, 컴파일 시간은 더 길어질 것이다.

[표 5-8] 임베디드 최적화 컴파일러를 위한 최적화 레벨 예

레벨 설정	내용 설명
00	최적화를 사용할 수 없다. 출력은 최적화되지 않은 어셈블리 코드다.
01	목표에 종속적인 고수준의 최적화가 수행되지만, 목표에 특정적인 최적화는 없다.
02	목표에 종속적이고 특정적인 최적화가 수행된다. 출력은 비선형의 어셈블리 코드다.
03	전역적 레지스터 할당을 이용해 목표에 종속적이고 특정적인 최적화가 수행된다. 출력은 비선형 어셈블리 코드다. 애플리케이션 속도에 민감한 부분이 있는 경우 이 최적화 레벨을 추천한다.

일반적으로 최적화 레벨은 프라그마(pragma)를 이용해 프로젝트, 모듈, 기능 레벨에 적용할 수 있으며, 이는 다양한 최적화 레벨에서 컴파일되는 다양한 함수를 허용한다.

(4) 추가 최적화 구성

추가로, 어떠한 최적화 레벨에서도 명시될 수 있는 규모별 구축을 위한 옵션도 존재할 것이다. 실제로 속도에 대한 완전 최적화와 규모에 대한 최적화 같은 몇 가지 최적화 레벨이 종종 사용된다. 일반적으로 애플리케이션에서 핵심 코드는 속도에 최적화되며, 코드의 대부분은 대규모에 대해 최적화될 수도 있다.

(5) 프로파일러 이용

임베디드 솔루션을 개발하는 소프트웨어 및 하드웨어 엔지니어를 위한 프로파일러 키트 개발 툴을 많이 사용한다. 프로파일러는 프로그래머에게 주기가 소비되는지 분석할 수 있게 해주고, 핵심 영역을 발견하는데 사용될 수 있다. 그러므로 프로파일러는 IDE에서 동작하며, 커맨드라인 시뮬레이터를 이용할 수 있다.

2 기본 소프트웨어의 최적화 기법

(1) 적절한 데이터 타입의 선택

프로세서는 자신이 가장 잘 처리할 수 있는 크기의 워드 단위 네이티브 데이터 파일을 가지고 있다. 워드의 크기는 레지스터의 크기와 같으며, 데이터 버스의 폭과 같다. 따라서 어셈블리 수준에서는 네이티브 데이터 타입을 사용했을 때 가장 적은 인스트럭션을 사용하게 되며, 이러한 결과로 코드의 크기가 작아질 수 있고, 속도 또한 개선될 수 있다.

만약, double형(8바이트)의 데이터를 메모리로부터 읽어오는 경우라면, 32비트 프로세서에서 버스의 크기는 4바이트이기 때문에 메모리에 두 번 접근해야 한다.

반면, char형(1바이트)의 데이터를 읽어오는 경우, 버스의 크기가 4바이트이기 때문에 메모리에서 4바이트 크기의 데이터를 읽어온 후 char 단위의 1바이트 데이터를 다시금 추출하는 추가적인 연산이 필요하게 된다. 따라서 취급할 숫자의 범위가 작다고 해서 무조건 작은 크기의 데이터를 표현하기 위한 데이터 타입의 변수 선언은 적절하지 않다.

① 전역 변수의 최적화

초기화된 전역 변수는 데이터 세그먼트에 저장되지만, 초기화되지 않은 경우에는 BSS(Block Started by Symbol) 세그먼트에 저장된다.

ROM이 사용되는 경우 데이터 세그먼트는 ROM과 RAM에 모두 생성되고, BSS는 RAM에 생성된다. 이럴 때, ROM의 소비를 줄이기 위해서는 코드의 크기를 줄여야 하지만, RAM의 소비를 줄이려면 변수의 메모리 사용량을 줄여야 한다.

코드의 크기는 ROM의 텍스트 세그먼트와 데이터 세그먼트를 합한 크기이며, 코드의 크기를 줄이기 위해서는 상수를 없애거나 초기화된 전역 변수의 사용을 자제하면 된다. 데이터 세그먼트는 ROM과 RAM에 모두 존재하기 때문에 메모리를 절약하려면 초기화된 전역 변수의 사용을 피하는 것이 효율적이다.

더 알아두기

BSS(Block Started by Symbol)
컴퓨터 프로그래밍에서 .bss 또는 bss는 초기에 오직 제로값으로 표시된, 정적으로 할당된 변수가 포함된 데이터 세그먼트의 일부로 컴파일러나 링커에 의해 사용된다. 즉, 초기화되지 않은 전역 데이터를 위한 영역이다. 다시 말하면 수많은 컴파일러와 링커가 처음에 0값의 비트로 표현되는 정적으로 할당된 변수를 포함하는 데이터 세그먼트의 한 부분으로 사용한다. 'bss 섹션(bss section)', 'bss 세그먼트(bss segment)'라고도 부른다.
일반적으로 데이터가 없는 bss 섹션의 길이만이 오브젝트 파일에 저장된다. 프로그램 로더는 프로그램을 로드할 때 bss 섹션을 위한 메모리를 할당하고 초기화한다. 운영체제는 zero-fill-on-demand 라는 기술을 사용하여 bss 세그먼트를 효율적으로 구현한다(McKusick & Karels, 1986). 임베디드 소프트웨어에서 bss 세그먼트는 main()에 들어가기 전에 C 런타임 시스템에 의해 0으로 초기화되는 메모리로 매핑된다.

② 지역 변수의 최적화

지역 변수는 스택이나 레지스터에 저장된다. 함수의 인자는 프로세서에서 지정한 개수만큼 레지스터나 스택에 저장되는데, 프로세서마다 함수 호출 규약(calling convention)을 정의하고 있으므로 이 부분에서 차이가 생긴다.

ARM 프로세서의 경우, 함수의 인자를 저장하기 위해 4개의 레지스터(R4 ~ R7)를 할당하며, 반환값은 R0를 통해 처리된다. 인자가 5개를 초과하는 경우엔 스택을 사용하게 된다.

32비트 프로세서는 레지스터의 크기가 32비트이므로 함수의 인자나 반환값이 int형인 경우 인자에 대한 추가적인 처리가 필요하지 않지만, short형(2바이트)이거나 char형(1바이트)이 사용될 때는

32비트 크기로 확장하거나 32비트 크기의 레지스터값을 short 혹은 char형으로 변환하기 위한 연산이 추가로 필요하게 된다.

③ 타입 한정자(modifier)

임베디드 시스템에서는 장치의 제어와 관련된 코드를 사용하는 경우가 많다. 이때 장치가 매핑되어 있는 메모리 주소에 대한 포인터 연산이 이루어지는 경우, 일반적인 포인터 변수를 통해 장치의 주소를 가리키게 되면, 컴파일러의 최적화로 인해 메모리에 대한 I/O 횟수를 줄이는 연산이 더해지면서 의도한 장치의 제어가 정상적으로 이루어지지 않을 수 있다. 따라서 장치의 접근을 처리하는 데에 사용되는 포인터 변수에 대해서는 **타입 한정자인 volatile 키워드를 추가로 사용해야 한다.**

(2) 포인터 앨리어싱(aliasing)

두 개 이상의 포인터 변수가 같은 메모리 공간(주소)을 가리키고 있을 때 이를 앨리어스(alias)라고 한다. 만약 한 포인터에 값을 쓰게 되면, 이는 다른 포인터를 통해 읽는 값에 영향을 주게 된다.

컴파일러는 어떤 포인터가 앨리어스인지 아닌지 판단할 수 없으므로 어떤 포인터에 값을 쓰면 다른 포인터를 통해 값을 읽을 때 영향을 끼칠 수 있다고 가정한다. 따라서 앨리어스는 코드의 성능을 상당히 떨어뜨리는 요인으로 작용할 수 있다.

(3) 정렬과 엔디안(endian)

ARM 프로세서는 로드(load) – 스토어(store) 명령에서 사용되는 주소값이 로드 – 스토어할 데이터 타입의 배수라고 가정한다. 따라서 특정 타입으로 정렬되지 않은 주소값을 로드 – 스토어하게 되면 그 결과는 ARM 프로세서 버전에 따라 달라질 수 있으며, 때에 따라 Data Abort와 같은 예외(exception)를 발생시킬 수도 있다.

엔디안(endian)은 프로세서에서 데이터를 저장할 때의 순서를 가리킨다. 하위 주소에 하위 바이트를 먼저 저장하는 것을 리틀 엔디안이라고 하며, 하위 주소에 상위 바이트를 저장하는 것을 빅 엔디안이라고 한다. ARM 프로세서는 리틀 엔디안과 빅 엔디안을 모두 지원하지만, 전원이 공급될 때 한 가지 엔디안으로 설정이 이루어지고 유지되기 때문에 엔디안 설정이 필요할 수 있으며, 기본은 리틀 엔디안 방식이다. 엔디안 방식이 다른 시스템 간 데이터 교환을 수행할 때나 JPEG와 같이 빅 엔디안 방식의 데이터를 담은 파일을 처리할 때, 빅 엔디안 방식의 데이터를 리틀 엔디안 방식으로 또는 그 반대로 데이터를 가공해야 할 수 있다.

(4) 데드 코드 제거

어떤 변수가 정의된 위치에서부터 해당 루틴이 종료될 때까지 한 번도 사용되지 않는 것과 같이 프로그램의 실행 과정에서 사용되지 않는 불필요한 코드를 데드 코드라고 한다. 데드 코드를 제거함으로써 코드의 크기를 줄일 수 있지만, 어떤 경우에는 컴파일러의 최적화에 의해 꼭 필요한 코드임에도 데드 코드로 간주하여 삭제되는 경우가 발생할 수 있다.

데드 코드의 식별은 데이터 흐름 분석을 통해 이루어지며, 데드 코드로 간주하지 않아야 하는 변수에 대해서는 앞서 설명한 타입 한정자인 volatile 키워드를 사용해 선언해야 한다.

(5) 함수 인라이닝(inlining)

함수 인라이닝 혹은 프로시저 인라이닝은 **자주 반복되는 코드**에서 함수를 사용하는 대신, **함수의 몸체로 코드를 대체함**으로써 분기가 일어나지 않게 하여 속도를 향상할 수 있다. 하지만, 매크로나 인라인 함수의 사용은 메모리의 사용량을 증가시킨다는 단점이 있으므로 속도보다는 ROM의 크기에 더 신경을 써야 할 때는 사용하지 않는 것이 좋다.

(6) 상수 전파(constant propagation), 상수 접기(constant folding)

컴파일러 최적화 기법의 하나로, 컴파일 시점에 어떤 변수의 값이 상수임을 알 수 있다면 해당 변수 대신 상수를 직접 사용하게 하는 것이다. 이로 인해 표현식 전체가 상수가 된다면 이를 컴파일 시에 계산한 후 그 결과를 직접 이용할 수 있다.

(7) 루프(loop) 최적화

① **코드 모션(loop invariant code motion)**

코드 모션은 루프 내에서 매번 변화 없이 반복되는 코드(loop invariant)를 루프 밖으로 옮기는 최적화 작업이다.

② **인덕션(induction) 변수 제거**

인덕션 변수란 루프 내에서 반복되는 횟수를 가리키는 데 사용되는 변수를 말한다. 루프 내에서 사용되는 인덱스 변수가 여러 개인 경우, 불필요한 인덱스 변수를 제거함으로써 연산량을 줄일 수 있다.

③ **연산 횟수 감소(strength reduction)**

프로세서에서 나눗셈 명령을 지원하지 않는 경우에는 컴파일러가 라이브러리를 통해 제공되는 나눗셈 서브루틴을 호출해서 처리하게 된다. 그런데, 이러한 나눗셈과 곱셈 연산은 덧셈과 뺄셈 연산과 비교했을 때 훨씬 더 많은 사이클이 필요한 연산이기 때문에 가급적이면 곱셈, 나눗셈 연산 대신 덧셈과 뺄셈을 이용하도록 수정하는 것이 코드의 수행 성능을 높일 수 있다.

(8) 루프(loop) 변환

① **루프 언롤링(unrolling)**

루프 언롤링이란 반복문을 사용하는 대신, 반복문의 몸체에 해당하는 코드를 반복 횟수만큼 풀어서 나열하는 것이다. 일반적으로 프로세서에서는 분기를 처리하기 위한 인스트럭션의 사이클(4cycle)이 일반 연산에 소요되는 사이클(1 ~ 2cycle)보다 크다. 또한 스택을 사용하는 경우, 메모리에 대한 참조가 빈번하게 발생하기 때문에 성능을 떨어뜨리는 요인이 될 수 있다.

② **루프 퓨전(fusion)**

루프 퓨전은 인접한 루프들을 하나로 통합하는 방법으로, 서로 독립적이지만 반복되는 작업을 하나의 루프로 합치면 당연히 성능 향상에 도움이 될 것이다.

③ **루프 타일링(tiling)**

루프 타일링이란 하나의 루프를 중첩된 루프로 변환하는 과정이고, 데이터 캐시의 **사용 효율을** 극대화할 수 있다는 장점이 있다. 이때, 중첩된 루프를 의미하는 루프 타일은 해당 아키텍처의 캐시(cache) 크기에 맞게 설정해야 캐시 리필이 요구되는 횟수를 줄일 수 있고, 루프의 수행 성능을 높일 수 있다.

④ **루프 교환(interchange)**

루프 교환이란 중첩 루프에서 인접한 루프의 순서를 바꿈으로써 **캐시의 활용을 극대화**하는 방법으로, 해당 아키텍처의 캐시 크기에 의존적이기 때문에 아키텍처의 특성을 잘 파악하고 있어야 한다.

실제예상문제

01 다음 중 유닉스 시스템의 초기의 커널 구조로 옳은 것은?

① 모노리딕 구조 커널
② 계층형 구조 커널
③ 마이크로 구조 커널
④ 망형 구조 커널

01 모노리딕 구조(단일형 구조, monolithic architecture) 커널은 초창기 운영체제의 구조로, 커널의 핵심 기능을 구현하는 모듈들이 구분 없이 하나로 구성되어 있다. 단일형 구조에 속하는 대표적인 운영체제는 MS-DOS, VMS, 초기의 유닉스 운영체제이다.

02 임베디드 시스템 분야에 리눅스 운영체제가 많이 선택되는 이유로 적절하지 **않은** 것은?

① 하나의 형태의 파일 시스템과 실행 파일 포맷을 지원한다.
② 강력한 네트워크 기능이 있다.
③ 공개소스 운영체제와 저렴한 비용으로 사용된다.
④ 단일 플랫폼으로 다양한 하드웨어 및 주변장치를 지원한다.

02 리눅스는 다양한 파일 시스템을 지원하며, 대표적인 파일 시스템은 ext3, ext4, swap, xfs, ISO 9600, nfs 등이 있으며, ext4는 최대 1Ebyte 파일 시스템 크기와 16Tbyte 크기의 파일을 지원하고, 서브 디렉터리를 64,000개 지원하고 파일은 약 40억 개를 지원한다.

03 리눅스 커널이 RTOS의 요구사항을 보완하기 위해 실시간 지원 수준을 경성 실시간에 적합하도록 했고, 소규모 실시간 커널을 별도로 작성하여 실시간 지원방법으로 채택한 커널 방식은?

① 서브 커널 방식
② 커널 패치 방식
③ 모노리딕 커널
④ 계층형 커널

03 ① 서브 커널 방식 : 실시간 지원을 위한 소규모 커널은 별도로 제작한 것으로 리눅스 커널에 대한 골격을 완전히 변경한 방식이다. 비실시간 응용 프로그램이 실시간 응용 프로그램을 지연시키지 않아 결성 실시간성을 잘 지원한다.
② 커널 패치 방식 : 리눅스 설계 전략을 최대한 그대로 유지한 채 실시간 특성을 패치로 추가하는 방법이다. 그러나 실시간 응용 소프트웨어로 인한 리눅스 커널의 부하가 커질 때 실시간성 지원이 저하될 가능성이 있다.

정답 01 ①　02 ①　03 ①

04 신호가 0(LOW)과 1(HIGH) 사이 애매한 위치에 떠 있으므로 입력이 발생하는 현상이다. 스위치 입력단자 주변의 정전기나 전자기 유도에 의해 잡음이 발생하고, 이로 인해 정확한 값을 읽어 올 수 없게 되어 이를 방지하기 위해 풀업 저항 또는 풀다운 저항을 연결한다.

05 하드웨어와 밀접한 관계를 갖는 소프트웨어로 하드웨어와 소프트웨어 특성을 모두 가지며, 일반적으로 수정 가능하고 PROM에 저장된 프로그램 및 자료들이다.
② 하드웨어 장치에 포함된 소프트웨어로 대부분의 하드웨어 장비에 내장되어, 장비의 구동 및 제어를 위한 별도의 소프트웨어로 시스템의 효율을 올리기 위해 소프트웨어 기능을 의도적으로 하드웨어화한 것도 있다.

06 임베디드 시스템에서 워치독은 시스템이 고장나서 중단되거나 소프트웨어 오류로 무한루프에 빠지는 상태를 감시하는 것을 뜻한다. 타이머는 일정시간이 지나면 특정 동작을 하는 장치를 말하는데 여기서는 설정 시간 경과 시 시스템을 리셋한다. 결국 워치독 타이머 = 시스템 감시 타이머 = 설정한 일정시간 동안 시스템을 감시하다가 시간이 경과되면 시스템을 리셋하는 장치나 기능을 의미한다.

04 임베디드 시스템에서 택(tack) 스위치를 GPIO에 연결하는 경우 저항 없이 연결하게 되면 스위치를 눌렀을 때와, 안 눌렀을 때 차이가 별로 없는 현상은?

① 플로팅 현상
② 쇼트 현상
③ 단락 현상
④ 하이임피던스 현상

05 하드웨어 장치의 ROM이나 플래시 메모리에 내장하는 소프트웨어를 의미하는 것은?

① 시스템 소프트웨어
② 펌웨어
③ 응용 소프트웨어
④ 커널

06 다음 설명에 해당하는 용어는 무엇인가?

> 임베디드 시스템의 경우 혼자 오류를 복구해야 하는 능력이 필요한 경우가 많다. 시스템의 정상 동작을 감시하다가 문제가 생기면 다시 시스템을 재부팅해서 정상적으로 동작하도록 하게 만드는 타이머다.

① 워치독 타이머
② 클럭 타이머
③ 절전 타이머
④ 인터럽트 타이머

정답 04 ① 05 ② 06 ①

07 다음 중 실시간 운영체제(RTOS)의 기능으로 옳지 <u>않은</u> 것은?

① 다중 프로세스, 다중 스레드, 비선점 가능

② 예측 가능한 스레드 동기화

③ 최소 메모리 요구사항의 소형 커널

④ 개발자가 독자적인 운영체제 기능을 제작할 수 있는 개발 환경

07 RTOS는 목적을 수행하기 위해 여러 기능들이 동시에 수행될 필요가 있으므로, 기능 블록의 모듈화를 하여 다중 프로세스가 가능하고, 태스크들은 우선순위가 높은 태스크가 CPU를 점유하여 실행하는 선점형 커널을 사용한다.

08 프로토콜 계층 구조의 기본 구성요소 중 실체(entity) 간의 통신 속도 및 메시지 순서를 위한 제어 정보는?

① 타이밍(timing)

② 의미(semantics)

③ 구문(syntax)

④ 처리(process)

08 ② 의미(semantic)는 특정 패턴을 어떻게 해석하고 어떤 동작을 할 것인지를 결정한다.
③ 형식(syntax : 문법, 구문)은 데이터 포맷(형식), 부호화, 신호 레벨 등을 의미한다.
① 타이밍(timing)은 속도 일치 및 순서 제어 등을 정의한다.

09 다음 중 프로토콜의 주요 기능으로 옳지 <u>않은</u> 것은?

① 주소지정은 호스트/디바이스/프로세스 등을 유일하게 식별할 수 있는 방법을 제공한다.

② 캡슐화는 통신 계층의 각 계층이 자신만의 특정제어 정보를 추가하는 것이다.

③ 흐름제어는 포화/대기 패킷 수의 제한을 위한 제어 기법이다.

④ 오류제어는 전송 중 에러를 검출하고 에러를 정정하는 것이다.

09 흐름제어는 보낼 데이터양/전송률을 제한하는 것이고, 혼잡제어는 포화/대기 패킷 수의 제한을 위한 제어 기법이다.

정답 07 ① 08 ① 09 ③

안심Touch

10 데이터링크 계층은 LLC, MAC라는 두 가지 서브 층으로 나뉜다. LLC (Logical Link Control)는 상위 계층과 통신하는 소프트웨어로 오류 검출 및 제어 기능을 담당하고, MAC (Media Access Control)는 하위 계층과 통신하는 하드웨어로, 충돌 현상 제어 기능을 담당한다.

10 OSI 7 Layer 중 논리 링크제어(LLC) 및 매체 액세스제어(MAC)를 사용하는 계층은?

① 물리 계층
② 데이터링크 계층
③ 네트워크 계층
④ 응용 계층

11 표현 계층(presentation layer) : 통신을 수행하는 다양한 정보의 표현형식을 공통의 전송형식으로 변환하며 암호/복호, 압축, 인증 등의 기능을 수행하는 계층이다.

11 OSI 7 Layer에서 암호/복호, 인증, 압축 등의 기능이 수행되는 계층은?

① transport layer
② datalink layer
③ presentation layer
④ application layer

12 신뢰성은 통신망의 동작이 얼마나 사용자에게 신뢰를 주는가를 나타내며, 데이터 전송에서의 오류 발생률, 하드웨어와 소프트웨어의 고장율 이 두 가지 중 하나라도 높아지면 통신망의 신뢰성은 낮아지게 된다.

12 임베디드 시스템의 통신망 설계 시 데이터 전송의 오류 발생률과 하드웨어와 소프트웨어의 고장률의 복합적인 결과로 요구되는 사항은?

① 고성능
② 신뢰성
③ 응답시간
④ 유휴시간

정답 10 ② 11 ③ 12 ②

13 임베디드 시스템의 통신망 설계 시 통신망에 대한 일반적인 요구 사항에 대한 설명으로 옳지 <u>않은</u> 것은?

① 통신망의 성능과 관련된 중요한 요소로 통신망의 속도와 통신망에 걸리는 부하를 들 수 있다.

② 통신망 사용 시간은 실제 통신매체에서의 전송 시간과 통신망의 각 계층에서 소비된 시간을 합한 시간이다.

③ 데이터의 일치성에는 시간 일치성과 공간 일치성이 있다.

④ 유연성은 어떤 데이터가 만들어진 시점부터 그 데이터의 사용자에게 의미가 있을 때까지의 시간으로 정의된다.

13 실시간성은 통신망에 연결되는 각종 기기의 특성은 끊임없이 변화될 수 있고 이와 같은 변화에 영향을 받지 않고 데이터를 전송할 수 있어야 함을 정의한다.
④ 어떤 데이터가 만들어진 시점부터 그 데이터의 사용자에게 의미가 있을 때까지의 시간으로 정의되는 것은 유효시간이다.

14 컴퓨터 등의 직렬 포트 상에 위치하여 병렬−직렬 변환들의 기능 및 기능을 수행하는 통신 컨트롤은?

① 직렬 버스
② IEEE 1394
③ UART
④ USB

14 ③ UART : 직렬 통신을 위한 컨트롤러 역할을 하며, 비동기 직렬 통신을 지원하는 인터페이스(주로 RS232) 역할을 한다.
① 직렬 버스 : 일반적으로 1 ～ 2 정도의 와이어만을 사용하여 데이터를 1개 비트씩 연이어 전송하며 일련의 비트 흐름으로 전송하는 방식이다.
② IEEE 1394 : 애플사와 TI사가 공동 제창하고 1995년 표준화된 직렬 버스 기술이다.
④ USB : PC와 주변기기 간에 시리얼 버스 구조에 대한 규격이다.

15 다음 중 RS422 인터페이스 방식에서 슬레이브 연결 모드 설정은?

① 멀티드롭 모드
② 싱글 모드
③ 병렬 모드
④ 직렬 모드

15 RS422 방식은 RS232의 단점을 보완한 형태로, 송수신 간 접지(기준) 전압의 변화에 따른 오류 영향을 받지 않도록 2개 선(한 쌍의 신호선)의 전압 차이로써 신호를 만든다(차동 신호).
① 하나의 마스터에 최대 10개의 슬레이브 연결이 가능하고 이때 마스터는 Point To Point 모드로 설정되어 있어도 상관이 없으나 슬레이브는 반드시 Multi-Drop 모드로 설정이 돼 있어야 한다.

정답 13 ④ 14 ③ 15 ①

안심Touch

16 ④ PLC : 유선 및 무선 통신이 불가능할 경우 원활한 데이터 통신을 위하여 구현되는 기술이다.
① UPnP : 가정 내 PC나 가전제품들을 쉽게 접속시키고자 한 홈 미들웨어 기술이다.
② IrDA : 적외선 통신 링크에 사용되는 하드웨어와 소프트웨어에 대한 국제표준을 만들기 위해 산업계가 후원하는 조직을 말하며, 일반적으로 적외선 통신 방식을 의미한다.
③ HomePNA : 기존의 전화선을 이용한 홈 네트워크에 대한 표준화 단체를 말하며, 기존 전화선을 이용하여 고속의 통신을 의미한다.

17 ① 인트라넷(intranet) : 기관 내부 목적으로 사용되는 네트워크로, 인터넷의 확장성과 개방형 구조의 장점을 그대로 기업 업무에 이용할 수 있도록 한 기업의 내부 인프라다.
③ VAN(Value-Added Network, 부가가치 통신망) : 단순한 통신 기능 이외에 통신처리, 나아가 내용 변경을 통한 부가가치를 창출하는 정보처리까지도 포함하는 서비스다.
④ VPN(Virtual Private Network, 가상 사설망) : 공중망(주로 인터넷)을 통해 가상으로 구현된(확장시킨) 사설 네트워크로 공중망을 마치 확장된 전용 사설망처럼 사용한다.

18 ④ CSMA/CA : 반송파 감지 다중 접속 및 충돌 탐지이다.
① ALOHA : TDMA(시분할 다중 접속) 기술을 사용해 위성과 지구 사이의 무선 전송을 하는 프로토콜이다.
② CDMA : 코드 분할 다중 접속. 코드를 이용하여 하나의 셀에 다중의 사용자가 접속할 수 있도록 하는 기술이다.
③ CSMA/CD : 반송파 감지 다중 접속 및 충돌 탐지 방식으로 유선랜 접속 다중 접속 프로토콜이다.

정답 16 ④ 17 ② 18 ④

---

16 가정 내에 배선된 전력선을 이용하여 통신을 실현하는 홈 네트워킹 구현 기술 중 하나로 옳은 것은?

① UPnP
② IrDA
③ HomePNA
④ PLC

17 고속 전력성 통신망을 이용한 콘텐츠 서비스로, 프로젝트의 원활한 운영과 정보 공유 등을 위해 프로젝트 참여업체들을 하나로 묶을 수 있는 사이버 공간상의 그룹웨어 공유 시스템을 개발하는 것은?

① 인트라넷(intranet)
② 엑스트라넷(extranet)
③ VAN
④ VPN

18 IEEE 802.11 WLAN(무선랜) 접속을 위해 NIC에서 사용하고 있는 다중 접속 프로토콜은?

① ALOHA
② CDMA
③ CSMA/CD
④ CSMA/CA

19 무선랜의 구성 방식 중 무선랜카드를 가진 무선을 지원하는 기기(스마트폰, 태블릿 등)가 무선공유기를 통하지 않고 기기끼리 wifi를 연결하는 방식은?

① 4G

② AD HOC

③ LTE

④ infrastructure

20 IEEE802.11n 표준안으로 송수신 양단 쪼는 한쪽에 2개 이상 복수의 안테나를 사용하는 안테나 기술은?

① MIMO

② OFDM

③ DSSS

④ LAN

21 성능 목표에 적합한 소프트웨어 시스템을 구출하는 체계적이며 정량적인 접근법은?

① 소프트웨어 성능 공학

② 소프트웨어 테스트

③ 소프트웨어 품질

④ 소프트웨어 최적화

19 무선랜의 구성 방식 중 무선랜카드를 가진 무선을 지원하는 기기(스마트폰, 태블릿 등)가 무선공유기를 통하지 않고 기기끼리 wifi를 연결하는 방식은 'AD HOC(애드 혹)' 방식이다.

20 ① MIMO(Multiple Input Multiple Output, 다중 안테나 기술) : 송수신 양단 또는 한쪽에 2개 이상 복수의 안테나를 사용하여 페이딩 영향 감소, 대용량, 고속, 커버리지 증대 등의 효과를 얻는 다중 안테나 기술이다.

② OFDM(Orthogonal Frequency Division Multiplexing, 직교 주파수 분할 다중화) : 고속의 송신 데이터 열을, 수백 개 이상의 직교(orthogonal)하는 협대역 부반송파(subcarrier)로 변조시켜 다중화하는 방식이다.

③ DSSS(Direct Sequence Spread Spectrum,직접 확산 스펙트럼) : 원래의 신호에, 주파수가 높은 (빠른) 디지털 신호(확산 코드)를 곱(XOR)하여 원 신호의 대역폭을 확산(spreading)시키는 대역 확산(spread spectrum) 변조 방식이다.

21 소프트웨어 성능 공학(SPE : Software Performance Engineering)은 시스템 공학의 한 부류로 성능(처리량, 지연 또는 메모리 사용량 등)을 위한 비기능 요구사항을 충족하도록 설계, 구현 및 동작이 되는 해결책을 보장하는 시스템 개발 생명 주기의 모든 단계에 적용되는 역할, 기술, 활동, 방법, 도구 및 산출물의 집합을 포함한다.

정답 19 ② 20 ① 21 ①

22 코드를 작성하기 전에 테스트 케이스를 작성하는 것은 일반적으로 현대 프로그래밍의 가장 좋은 관습으로 여겨지며, 임베디드 개발자가 직접 인터페이스를 통한 시스템의 동작이 정확한지 검증하는 절차를 줄여준다.

22 임베디드 시스템 검증 과정 중 개발 단계의 속도를 높여줄 뿐만 아니라 위크플로 구조가 향상되는 단계는?

① 하드웨어 도구
② 오픈 타겟 테스트
③ 기능 테스트
④ 에뮬레이터

23 워치 기능은 임베디드 시스템의 디버거의 기본 기능으로 프로그램의 동작 확인에서는 프로그램이 어떠한 순번으로 실행되었는지를 확인하는 것 외에 변수가 지금 어떠한 값을 유지하고 있는지를 확인할 경우, 강제 브레이크 등으로 프로그램의 실행을 멈추고 값을 확인하려는 변수를 지정하면 그 값을 표시하는 기능이다.

23 임베디드 시스템의 디버거의 기본 기능으로 프로그램의 실행을 멈추고 값을 확인하려는 변수를 지정하면 그 값을 표시하는 기능은?

① 강제 브레이크 기능
② 안전 브레이크 기능
③ 워치 기능
④ 검색 기능

24 전역적 최적화 컴파일에서 각각의 C 파일은 사전에 처리되고 동일 파일에 있는 최적화기로 넘겨진다. 이것은 컴파일러가 프로그램의 가시성을 완료하게 하거나 외부 함수와 참조에 관한 보존 가설을 만들지 못 하게 하는 내부의 절차적 최적화를 가능하게 한다. 전역적으로 구축할 때 컴파일로 버그의 경우 이를 고립시키거나 작업하기가 더 어려워질 것이고, 전역적 또는 교차 파일 최적화는 모든 함수에 대한 완전한 가시성 제공이라는 결과를 가져오며, 속도와 규모 면에서 훨씬 더 좋은 최적화를 가능하게 만든다.

24 임베디드 시스템 소프트웨어의 컴파일러 최적화 중 모든 함수의 가시성과 속도, 규모 면에서 훨씬 더 좋은 최적화 방법은?

① 외부적 컴파일
② 지역적 컴파일
③ 전역적 컴파일
④ 전통적 컴파일

정답 22 ③ 23 ③ 24 ③

25 임베디드 시스템에서 장치의 제어와 관련된 코드로 장치 접근을 처리할 때 사용되는 포인터 변수에 추가로 사용되어야 할 타입 한정자 키워드는?

① volatile
② const
③ restrict
④ auto

26 임베디드 시스템 소프트웨어의 컴파일러 최적화 과정 중 프로그램의 실행 과정에서 사용되지 않은 불필요한 코드로 volatile 한정자 키워드를 사용해 선언해야 하는 것은?

① 목적 코드
② 데드 코드
③ 미실행 코드
④ 스택 코드

---

25 ① volatile 한정자 : 어떤 변수가 현재 동작하는 프로그램이 아닌 다른 엔티티에 의해 그 값이 변경될 수도 있다고 컴파일러에게 알린다. 일반적으로 하드웨어 주소, 또는 동시에 실행되는 여러 프로그램들이 공유하는 데이터에 사용된다. 이는 컴파일러의 최적화를 지원하기 위해 새로 생성된 키워드이다.
② const 한정자 : 변수선언에서 const 키워드는 해당 변수를 대입/증가/감소 연산으로 값을 변경할 수 없는 변수로 만든다.
③ restrict 한정자 : 컴파일러가 특정 유형의 코드를 최적화할 수 있도록 허용하여 계산능력을 향상시킨다. restrict 키워드는 포인터에만 적용할 수 있으며, 그 포인터가 어떤 데이터 객체에 접근하는 유일한 최초수단이라는 것을 나타낸다.

26 어떤 변수가 정의된 위치에서부터 해당 루틴이 종료될 때까지 한 번도 사용되지 않는 것과 같이 프로그램의 실행 과정에서 사용되지 않는 불필요한 코드를 데드 코드라고 한다. 데드 코드의 식별은 데이터 흐름 분석을 통해 이루어지며, 데드 코드로 간주하지 않아야 하는 변수에 대해서는 앞서 설명한 타입 한정자인 volatile 키워드를 사용해 선언해야 한다.

정답   25 ①   26 ②

01

정답 • 물리적 자원 : 프로세서, 메모리,
디스크, 터미널, 네트워크 등
• 추상적 자원 : 태스크와 스레드, 페
이지와 세그먼트, 파일과 아이노
드, 통신 프로토콜과 패킷, 보안과
사용자별 접근제어

해설 • 물리적 자원 : 프로세서, 메모리,
디스크, 터미널, 네트워크 등과 같
은 시스템 구성요소들과 주변장치
• 추상적 자원 : 프로세서를 추상화
시킨 태스크와 스레드, 메모리를
추상화시킨 페이지(page)와 세그
먼트(segment), 디스크를 추상화
시킨 파일 및 아이노드(i-node),
네트워크를 추상화시킨 통신 프로
토콜 및 패킷 등이 있다. 또는 보안
혹은 사용자 계정에 따른 접근제
어 등이 있다.

02

정답 전송 계층(transport layer), TCP,
UDP

해설 전송 계층은 네트워크 양 끝단에서
통신을 수행하는 당사자 간의 단대
단 연결을 제공한다. 전송 계층은 오
류 제어, 흐름 제어, 데이터 순서화
등을 제공하는 면에서 데이터링크
계층과 유사하다. 하지만 데이터링
크 계층은 물리적으로 일대일 연결
된 호스트 사이의 전송을 의미한다
면, 전송 계층은 논리적으로 일대일
연결된 호스트 사이의 전송을 의미
한다. 계층에서 동작하는 프로토콜
은 TCP, UDP 등이 있다.

◆ **주관식 문제**

01 커널의 물리적 자원과 추상적 자원을 각각 3가지 이상 나열하시오.

02 OSI 7 계층 모델에서 송수신 프로세스 사용자들이 신뢰성 있는
데이터를 주고받을 수 있도록 보장하는 규칙을 포함하는 계층과
이 계층에서 동작하는 프로토콜을 쓰시오.

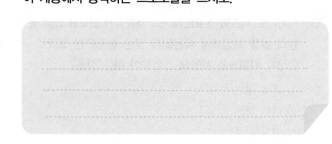

03 유선 네트워크 기반 임베디드 시스템 구축 시 고속 전력선 통신을 위한 MAC 성능을 측정하는데 필수적인 기법을 쓰시오.

03

정답 트래픽 모델링 기법

해설 트래픽 모델링 기법은 MAC 성능을 측정하는 데 필수적인 기술로, 기존의 선행된 전송선의 트래픽 연구와 실제 전송선을 이용하여 망을 구축한 상황에 근접한 트래픽 모델을 구현한다. 트래픽 모델을 개발하는데 중요한 것은 효율적이면서도 정확해야 한다는 것이다. 정확성을 높이기 위해서 국내와 국외의 경우로 나눠 모델을 개발한다.

04 임베디드 시스템의 성능 목표를 달성하기 위한 성능 공학 성숙도 모델 0단계부터 5단계를 순서대로 쓰시오.

04

정답 0단계 : 애드혹 장애 제거 / 1단계 : 체계적인 성능 해결 / 2단계 : 성능 테스팅 / 3단계 : 조기 성능 밸리데이션 / 4단계 : 성능 공학 / 5단계 : 연속적 성능 최적화

해설 임베디드 소프트웨어 시스템이 갖고 있는 복잡성으로 인해 이러한 성능 목표를 달성하기 위해서는 체계적인 접근법이 필수적이며 아래 그림과 같이 성능 공학 성숙도 모델을 통해 성능 프로세스 성숙도(PPM)를 측정할 수 있다.
[문제 하단 그림 참조]

>>>🔍

05

정답 루프 언롤링(unrolling), 루프 퓨전
(fusion), 루프 타일링(tiling), 루프
교환(interchange)

해설 • 루프 언롤링(unrolling) : 반복문을
사용하는 대신, 반복문의 몸체에
해당하는 코드를 반복 횟수만큼
풀어서 나열하는 것이다.
• 루프 퓨전(fusion) : 인접한 루프들
을 하나로 통합하는 방법으로 서
로 독립적으로 반복되는 작업을
하나의 루프로 합치면 당연히 성
능 향상에 도움이 될 것이다.
• 루프 타일링(tiling) : 하나의 루프
를 중첩된 루프로 변환하는 과정
이고, 데이터 캐시의 사용 효율을
극대화할 수 있다는 장점이 있다
• 루프 교환(interchange) : 중첩 루
프에서 인접한 루프의 순서를 바
꾸어줌으로써 캐시의 활용을 극대
화하는 방법이다.

05 임베디드 시스템 소프트웨어의 컴파일러 최적화 과정 중 코드의
반복적 작업인 4가지 루프의 변환을 나열하시오.

부록

최종모의고사

I wish you the best of luck!

제1회 최종모의고사 | 임베디드시스템

제한시간: 50분 | 시작 ___시 ___분 - 종료 ___시 ___분

⇥ 정답 및 해설 326p

01 다음 중 임베디드 시스템의 기술적 특징으로 옳지 **않은** 것은?

① 임베디드 시스템의 하드웨어를 소프트웨어화할 수 있다.
② 하드웨어 구성요소를 시스템 온 칩화 할 수 있다.
③ 임베디드 하드웨어의 설계를 늘려 기능의 고도화 및 다기능화를 할 수 있다.
④ 임베디드 기술에 의해 내장된 구성 부품 수를 줄일 수 있다.

02 다음에서 설명하는 마이크로컨트롤러로 옳은 것은?

> ATMEL사의 주력 마이크로컨트롤러로, 대부분 기능을 내장하고 있는 원 칩 마이컴으로 소비전력과 실행 속도에 중점을 두고 설계한 컨트롤러이다. 때문에 같은 C 코드 수행 시 같은 계열의 컨트롤러들에 비해 처리 속도가 상당히 빠르며, 소규모 시스템에 많이 사용된다.

① AVR
② PIC
③ DSP
④ PowerPC

03 다음 중 임베디드 시스템 소프트웨어 개발에 대한 설명으로 옳지 **않은** 것은?

① 기본적으로 사양서에 기술되어 있는 것을 실현하려고 한다.
② 설계 공정에서는 주어진 하드웨어를 사용하여 사양서에 쓰여 있는 것을 실현하려면 어떻게 하면 좋을지를 검토한다.
③ 도구, 재료를 제공한 후에 소프트웨어에 의뢰한다.
④ 테스트 공정에서는 소프트웨어가 사양서에 쓰여 있는 대로 만들어져 있는지, 아닌지 확인한다.

04 RAM과 ROM의 특징을 모두 가진 기억장치로, 전원이 끊겨도 기억된 내용을 그대로 유지하는 비휘발성 기억장치는?

① DRAM
② Flash Memory
③ SRAM
④ EPROM

05 임베디드 시스템 개발 프로세스 단계 중 외부설계서에 기재된 항목의 실현을 구체적인 방법으로 기술하는 단계는?

① 외부설계
② 시험
③ 내부설계
④ 소프트웨어설계

06 임베디드 시스템 소프트웨어 개발에 적용되는 모델로, 기본 공정을 반복하여 사양 변경을 반영할 수 있는 모델은?

① 나선형 모델(spiral model)
② 프로토타입 모델(prototype model)
③ 폭포수 모델(waterfall model)
④ 객체 지향 모델(object-oriented model)

07 다음 중 명령어 실행 사이클에 포함되지 않는 실행 단계는?

① 명령어 인출 실행
② 명령어 해독 실행
③ 피연산자 인출 실행
④ PC 감소 실행

08 파이프라이닝 기법을 사용하여 다음 명령어를 처리할 때 걸리는 파이프라인 실행 시간으로 옳은 것은?

> 실행 명령 수 : 4, 명령 단계 수 : 3

① 4
② 5
③ 6
④ 7

09 다음 중 RISC의 특징으로 옳지 않은 것은?

① 명령어 세트가 적다.
② 프로그램을 구성할 때 적은 명령어가 필요하다.
③ 간단한 명령어로 빠른 실행을 할 수 있다.
④ 회로 구성이 간단하다.

10 사용자 프로그램이 수행되는 과정에서 입출력 수행, 기억장치의 할당 또는 오퍼레이터의 개입 요구 등을 위하여 실행 중인 프로그램이 인터럽트를 명령을 수행할 때 발생하는 인터럽트의 종류는?

① 프로그램 오류(program error) 인터럽트
② 외부(external) 인터럽트
③ SVC(SuperVisor Call) 인터럽트
④ 입출력(I/O) 인터럽트

11 ADC의 선택에 있어서는 사용 목적과 비용에 의해 최적인 것을 선택할 필요가 있다. ADC에 해당되지 않는 것은?

① 계수 비교형 ADC
② 사다리형 저항형 ADC
③ 축차 비교형 ADC
④ 이중 적분형 ADC

12 다음 설명에 해당하는 부트로더의 기능으로 적절한 것은?

> 임베디드 시스템 개발 과정 중 하드웨어설계가 끝나면 가장 처음 시작하는 것이 프로세서를 동작시키는 것이다. 프로세서를 동작시키면 그 나머지 디바이스들에 대한 검증을 한다. 이러한 검증을 위해서는 프로그램을 이용하여 시스템 동작의 이상에 따른 하드웨어 검증 루틴을 만들어야 한다.

① 메시지 출력 및 명령어 처리 기능
② 실행 이미지 다운로드 기능
③ 하드웨어 디버깅과 시스템 초기화 기능
④ 운영체제 구동 기능

13 임베디드 시스템의 파일 시스템에서 파일의 내용을 실행 또는 사용하려면 메모리에 적재한 후 사용하는 것이 유리한데, 부팅에 관련된 파일 시스템을 저장하는 방법은?

① 램디스크
② 파일
③ 가상 메모리
④ 하드디스크

14 다음 중 mmap() 함수를 사용하는 장점에 대한 설명으로 옳지 않은 것은?

① 메모리에서 매핑된 파일을 read(), write() 등에 사용할 때 발생하는 불필요한 복사를 방지할 수 있다.
② 페이지 폴트에 대한 문맥 교환으로 인해 오버헤드가 발생하지 않는다.
③ 여러 개의 프로세스가 같은 객체를 메모리에 매핑한다면 데이터는 모든 프로세스 사이에서 공유된다.
④ 간단한 포인터 조작만으로 매핑 영역을 탐색할 수 있다.

15 다음에서 설명하는 임베디드 시스템 운영체제에서의 커널 방식은?

> 우선순위가 낮은 태스크가 실행되고 있는 도중에 스케줄러에 의해 현재 실행 중인 태스크보다 우선순위가 높은 태스크가 실행해야 하는 경우, 현재 실행 중인 태스크의 실행을 잠시 중지시키고 우선순위가 높은 태스크를 먼저 실행시킨다.

① 비선점형 커널
② 선점형 커널
③ 스케줄링 커널
④ 시스템 콜 커널

16 커널 접근 방식 중 프로세스 관리, 메모리 관리, 프로세스 간 통신 관리 등 가장 기본적인 기능만 제공한다. 커널의 구조 상 다른 커널에 비해 운영체제의 많은 부분이 사용자 영역에 구현되어 있는 커널은?

① 단일형 구조 커널
② 단일 구조 운영체제
③ 마이크로 구조 커널
④ 계층형 구조 커널

17 빛의 양에 따라 물리적인 특성이 변하는 소자에는 포토레지스터, 포토다이오드, 포토트랜지스터 등이 있다. 이와 같이 구분되는 센서로 옳은 것은?

① 온도센서
② 조도센서
③ 발광센서
④ 초음파 거리센서

18 다음에서 설명하는 프로토콜의 기능으로 옳은 것은?

> 어떤 네트워크를 통과하기 위해 데이터를 전송할 때는 다른 무언가로 감싸서 보내고, 다른 네트워크를 통과하면 감싼 부분을 다시 벗겨내어 전송하는 기능을 말한다.

① 캡슐화
② 연결제어
③ 단편화 및 재조립
④ 흐름제어

19 OSI 7 계층에서 양 끝단 사용자들의 신뢰성 있는 데이터를 주고받을 수 있게 하여 상위 계층이 데이터 전달의 유효성이나 효율성을 고려하지 않아도 되게 하는 계층은?

① 세션 계층
② 데이터링크 계층
③ 망 계층
④ 전송 계층

20 마더보드, 임베디드 시스템, 휴대전화 등에 저속의 주변기기를 연결하기 위해 사용되고, 데이터를 1개 비트씩 연이어 일련의 비트 흐름으로 전송하는 연결 규격으로 옳은 것은?

① SPI
② I2C
③ RS232
④ USB

21 홈 네트워킹 직렬 통신망 버스로 일반적으로 디지털 오디오/비디오용 응용 제품을 주 목표로 하며, 1394 카드를 이용해서 임베디드 시스템에 접속할 수 있도록 한 연결 규격은?

① CEBus
② IEEE 1394
③ PLC
④ Lonworks

22 임베디드 시스템 개발에 사용하는 대표적인 디버깅 장비로, 임베디드 시스템을 개발하기 위한 통합한 LSI 내부에 SoC로 구성된 장비는?

① ROM 에뮬레이터형 디버거
② JTAG(Joint Test Action Group) 디버거
③ ROM 모니터형 디버거
④ 풀 ICE(In Circuit Emulator) 디버거

23 다음에서 설명하고 있는 기본 소프트웨어의 최적화 기법으로 옳은 것은?

> 초기화된 이 변수는 데이터 세그먼트에 저장되지만, 초기화되지 않은 경우에는 BSS(Block Started by Symbol) 세그먼트에 저장된다. ROM의 소비를 줄이기 위해서는 코드의 크기를 줄여야 하지만, RAM의 소비를 줄이려면 변수의 메모리 사용량을 줄여야 한다. 그러므로 코드의 크기를 줄이기 위해 이 변수의 사용을 줄여 최적화해야 한다.

① 외부 변수의 최적화
② 타입 한정자
③ 전역 변수의 최적화
④ 지역 변수의 최적화

24 임베디드 시스템의 검증과 최적화에 적용되는 소프트웨어 성능 공학의 주요 목표로 적절하지 <u>않은</u> 것은?

① 성능 이슈로 인해 지연된 임베디드 시스템 배치를 제거한다.
② 성능 이슈로 인해 회피 가능한 시스템 재작업 제거한다.
③ 성능 목표 충족에 필수적인 추가적이고 필요한 하드웨어 비용은 충분히 지불한다.
④ 제품에서 성능 문제로 인해 증가하는 소프트웨어 유지 및 보수비용을 절감한다.

✔ **주관식 문제**

01 RISC 계열 프로세서의 명령어 집합 체계를 가지고 있는 마이크로컨트롤러로, R2000은 RISC 기반의 명령어가 처음으로 적용되어 상용화된 CPU다. R2000 출시 당시 모토로라 68000, 인텔 80386 시리즈와 경쟁한 마이크로컨트롤러의 이름을 쓰시오.

02 임베디드 시스템 개발 프로세스 단계 중
테스트 단계에서 모듈 내부의 처리 방식에는
주목하지 않고 입력의 출력 결과에 초점을
두어 테스트 검증하는 것을 의미하는 용어를
쓰시오.

04 일반적인 임베디드 시스템의 부팅 과정을
순서대로 나열하시오.

ㄱ Power On
ㄴ 부트로더에 의해 커널의 시작점으
로 분기
ㄷ 커널의 이미지를 램으로 재배치
ㄹ 커널 실행
ㅁ 커널 시작 함수의 커널 초기화
ㅂ 커널에서 init를 실행

03 컴퓨터에서 하드웨어장치를 운영체제에
연결하는 데 필요한 소프트웨어로, 하드웨
어의 기능을 추상화하는 역할이 주 목적인
것이 무엇인지 쓰시오.

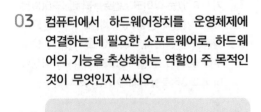

제2회 최종모의고사 | 임베디드시스템

제한시간: 50분 | 시작 ____시 ____분 - 종료 ____시 ____분

⊒ 정답 및 해설 331p

01 다음 중 CPU가 주변장치들과 데이터를 전송하는 방식에 해당되지 <u>않는</u> 것은?

① 프레임형 직렬 입출력 전송
② 프로그램 제어에 의한 데이터 전송
③ 가로채기에 의한 데이터 전송
④ 직접 메모리 접근 전송

03 리눅스 커널을 컴파일하는 일반적인 순서를 바르게 나열한 것은?

> ㉠ 커널 소스의 설정값 초기화
> ㉡ 커널 컴파일 옵션 설정 작업
> ㉢ 커널 이미지 파일 생성 작업
> ㉣ 커널 모듈 생성을 위한 컴파일 작업
> ㉤ 커널 모듈 설치 작업
> ㉥ 시스템 재부팅

① ㉠ → ㉣ → ㉤ → ㉡ → ㉢ → ㉥
② ㉣ → ㉤ → ㉠ → ㉡ → ㉢ → ㉥
③ ㉠ → ㉡ → ㉢ → ㉣ → ㉤ → ㉥
④ ㉡ → ㉠ → ㉣ → ㉤ → ㉢ → ㉥

02 다음 중 캐시기억장치에 대한 설명으로 옳은 것은?

① 캐시 적중이면 주기억장치에서 데이터를 읽어 올 수 있다.
② 빠른 접근 시간을 제공하는 기억장치이다.
③ 기억장치의 어드레스 공간을 확장한다.
④ 캐시기억장치는 빠르게 접근하고자 RAM을 사용한다.

04 다음 중 경성 실시간 시스템에 대한 설명으로 옳지 <u>않은</u> 것은?

① 시스템에 미세한 영향을 준다.
② 마감 시간 내에 반응해야 한다.
③ 원자력 발전소 제어, 화재 발생 검출 시스템, 항공기, 우주 왕복선에 활용된다.
④ 마감 시간을 못 지키면 응용 프로그램이 실패한다.

05 다음 중 마이크로 구조 커널에 대한 설명으로 옳지 <u>않은</u> 것은?

① 기능 확장이 쉽다.
② 각 서버 프로세스는 메시지 전달 방식으로 데이터 전달, 사용한다.
③ 시스템 자원을 효율적으로 이용할 수 있다.
④ 운영체제의 기능을 다수의 소규모 서버 프로세스로 분할하여 설계한다.

06 다음 중 리눅스 커널 소스 디렉터리에 대한 설명으로 옳지 <u>않은</u> 것은?

① arch : 플랫폼에 독립적인 부팅, 시그널 및 클록 처리 등의 코드가 존재한다.
② init : 하드웨어에 독립적인 커널 초기화 루틴으로 구성된다.
③ kernel : 하드웨어 독립적인 커널의 주요 시스템 호출과 관리 루틴으로 구성된다.
④ drivers : 각 디바이스를 제어하기 위한 드라이버 루틴으로 구성된다.

07 다음 중 부트로더에 해당되지 <u>않는</u> 것은?

① LILO
② GRUB
③ NTLDR
④ NFS

08 다음 중 리눅스에서 커널 소스의 설정값을 초기화하는 명령어는?

① make xconfig
② make menuconfig
③ make mrproper
④ make config

09 임베디드 시스템에 사용될 파일 시스템이 가져야 할 사항으로 적절하지 <u>않은</u> 것은?

① 대형 파일을 다룰 수 있어야 한다.
② 문제가 발생하면 자동으로 복구되어야 한다.
③ 열악한 환경에서도 잘 견디고 안정적으로 가동되어야 한다.
④ 전원이 순간적으로 차단되었어도 데이터 손실 없이 재가동되도록 해야 한다.

10 리눅스 파일 시스템에서 자주 사용되는 디렉터리 설명으로 옳지 <u>않은</u> 것은?

① /etc : 시스템 설정에 관련된 파일을 포함한다.
② /mnt : 마운트하기 위한 디렉터리다.
③ /proc : 시스템의 각종 정보를 포함한다.
④ /sbin : 일반 명령어에 해당하는 실행 파일을 포함한다.

11 다음 중 아이노드 데이터 구조체의 제어 정보에 포함되지 <u>않는</u> 사항은?

① 파일 소유자 이름
② 파일 접근 허가권
③ 디스크의 블록 위치
④ 파일 이름

12 다음 중 램디스크에 대한 설명으로 적절하지 <u>않은</u> 것은?

① ROM에서 동작하기 때문에 읽기/쓰기가 아주 빠르다.
② 메모리의 일부분을 하드디스크처럼 사용한다.
③ 압축하기 때문에 메모리 가용량을 늘릴 수 있다.
④ 휘발성이기 때문에 시스템을 다시 부팅하거나 전원이 꺼지면 내용을 잃어버린다.

13 다음 중 컴퓨터를 옷이나 안경처럼 착용할 수 있게 하는 기술을 무엇이라고 하는가?

① wearable computing
② pervasive computing
③ nomadic computing
④ sentient computing

14 다음 중 JTAG에 해당되는 내용으로 적절하지 <u>않은</u> 것은?

① 회로의 배선과 소자의 전기적 연결 상태를 점검한다.
② 디바이스 간의 연결 상태를 점검한다.
③ 플래시 메모리를 퓨징한다.
④ binding-scan이라고도 한다.

15 다음 중 DMA 제어기의 구성에 포함되지 <u>않는</u> 것은?

① 채널 레지스터
② 주소 레지스터
③ 데이터 레지스터
④ 카운터 레지스터

16 다음 중 일반적인 디바이스 드라이버 제작 및 검증 작업에 해당되지 <u>않는</u> 것은?

① 디바이스 드라이버 소스 코드 작성
② 모형 및 시제품 제작 테스트
③ 디바이스 드라이버를 타겟 시스템 커널에 적재
④ 호스트 시스템에서 타겟 시스템으로 디바이스 드라이버와 응용 프로그램을 전송

17 다음 중 디바이스 드라이버를 정의하는 데 필요한 정보에 해당되지 <u>않는</u> 것은?

① 디바이스 그룹 정보
② 디바이스 종류 정보
③ 디바이스 구분 정보
④ 디바이스 구동 정보

18 리눅스 시스템에서 파일이나 메모리를 가상의 프로세스 공간에 대응시켜 공유 메모리를 이용한 통신 프로그램을 작성하는데 이용되는 함수는?

① mmap()
② malloc()
③ pipe()
④ fopen()

19 32비트 프로세스가 장착된 임베디드 시스템에서 각 프로세스에 할당할 수 있는 가상 메모리의 크기는?

① 2GByte
② 4GByte
③ 8GByte
④ 32GByte

20 다음 중 화이트박스 검사 기법에 해당하는 것만으로 짝지어진 것은?

> ㉠ 동등 분할 검사
> ㉡ 경계값 검사
> ㉢ 원인 결과 그래프 기법
> ㉣ 오류 예측 기법
> ㉤ 데이터 흐름 검사
> ㉥ 루프 검사

① ㉤, ㉥
② ㉠, ㉡
③ ㉣, ㉥
④ ㉠, ㉥

21 다음 중 소프트웨어 프로젝트 관리에 대한 설명으로 가장 적절한 것은?

① 개발에 따른 산출물 관리
② 소요 인력은 최대화하되 정책 결정은 신속하게 처리
③ 주어진 기간은 연장하되 최소의 비용으로 시스템을 개발
④ 주어진 기간 내에 최소의 비용으로 사용자를 만족시키는 시스템을 개발

22 OSI 7 계층에서 최상위 계층으로 사용자 응용 프로세스를 지원하며 프로그램간의 정보교환 기능을 담당하는 계층은?

① 응용 계층
② 표현 계층
③ 물리 계층
④ 세션 계층

23 다음 중 프로세스를 복제하는 기능의 함수로 옳은 것은?

① create()
② exec()
③ memcpy()
④ fork()

24 다음 중 /mnt에 대한 설명으로 옳은 것은?

① 리눅스 커널이 저장되어 있는 디렉터리다.
② 외부장치인 플로피디스크, CD-ROM, Samba 등을 마운트하기 위해 제공하는 디렉터리다.
③ 시스템에서 사용하는 소스 파일이 저장되어 있는 디렉터리다.
④ X-windows 시스템에 사용되는 모든 파일들이 이 디렉터리 안에 저장된다.

✔ **주관식 문제**

01 커널 소스를 타겟 시스템에 적합하게 프로그래밍 및 컴파일해 생성된 커널 이미지를 타겟 시스템에 적재하는 과정을 쓰시오.

03 초음파 센서에서 발신된 초음파가 수신하기까지의 시간이 10ms가 걸렸다면 장애물까지의 거리는 얼마나 되는지 쓰시오. (단, 단위를 정확히 표기하시오)

02 여러 프로세스가 공유하는 자원에 대한 접근을 통제하기 위해 사용하는 커널의 동기화 메소드로 연산 기능이 있는 것이 무엇인지 쓰시오.

04 소프트웨어의 크기를 결정하는 소프트웨어 기능 유형별 수량과 성능 및 품질 요인들의 영향도를 고려하여 계산되는 SW 규모 산정방식이 무엇인지 쓰시오.

정답 및 해설 | 임베디드시스템

제1회

01	02	03	04	05	06	07	08	09	10	11	12
③	①	③	②	③	①	④	③	②	③	②	③

13	14	15	16	17	18	19	20	21	22	23	24
①	②	②	③	②	①	④	③	②	②	③	②

주관식 정답			
01	MIPS(Microprocessor without Interlocked Pipeline Stages)	03	디바이스 드라이버(device driver)
02	블랙박스 테스트(black box test)	04	㉠ → ㉡ → ㉢ → ㉣ → ㉤ → ㉥

01 정답 ③

다양한 종류의 하드웨어 설계를 감소시키고 그 상호보완으로 소프트웨어의 개발에 중점을 두어, 하드웨어의 비율을 소프트웨어화하여 감소시킬 수 있다. 남아있는 하드웨어 구성요소는 시스템 온 칩화의 방향으로 감소시킬 수 있다.

02 정답 ①

① AVR : 아트멜 AVR(Atmel AVR)은 1996년 아트멜사에서 개발된 하버드 구조로 8비트 RISC 단일 칩 마이크로컨트롤러이다. 단일 칩 플래시 메모리를 사용한 최초의 마이크로 컨트롤러 중 하나이다.
② PIC : 마이크로칩사의 마이크로컨트롤러로, 내부에는 ROM과 RAM을 내장하고 있으며, 종류에 따라 UART, SPI, I2C들의 다양한 통신 규격에 따른 컨트롤러를 내장하고 있다.
③ DSP : 디지털 신호 처리를 목적으로 하는 신호처리 전용 프로세서이다.

④ PowerPC : Apple, IBM, 모토로라사가 공동으로 개발한 32비트 기반 프로세서이다.

03 정답 ③

다음 표로 하드웨어 개발과 소프트웨어 개발을 구분할 수 있다.

하드웨어	소프트웨어
㉠ 모든 상태를 망라해서 상태가 확정되도록 설계한다.	㉠ 기본적으로 사양서에 기술되어 있는 것을 실현하려고 한다.
㉡ 부품을 모아 접속하면 마친다.	㉡ 설계 공정에서는 주어진 하드웨어를 사용하여 사양서에 쓰여 있는 것을 실현하려면 어떻게 하면 좋을지를 검토한다.
㉢ 도표를 활용한다(타이밍 차트, 블록도, 진리표 등).	
㉣ 도구, 재료를 제공한 후에는 소프트웨어에 의뢰한다.	㉢ 테스트 공정에서는 소프트웨어가 사양서에 쓰여 있는 대로 만들어져 있는지, 아닌지 확인한다.
㉤ PCB, 도면 작성, 공장에서의 제도와 같이 전문 분업이 진행되고 있다.	

04 **정답** ②

② Flash Memory : 휴대용 기기에서 사용하는 반도체 비휘발성 메모리로, 전기적으로 지울 수 있고 프로그래밍이 가능한 EEPROM의 한 종류다.

① DRAM : 기억장치로써 전원이 끊어지면 저장된 자료가 바로 소멸되는 메모리다.

③ SRAM : 휘발성 메모리이긴 하지만, 주기적으로 저장 데이터를 재생시켜야 하는 DRAM에 비해 저장된 데이터가 전원이 공급되는 동안에는 일정하게 유지되는 반도체 메모리다.

④ EPROM : 비휘발성 메모리로 내용을 소거하여 다시 프로그래밍할 수 있도록 만든 ROM(Read Only Memory)이며, 전용의 특수 기록장치가 필요하다.

05 **정답** ③

임베디드 시스템 개발 프로세스의 단계 중 내부설계는 외부설계서에 기재된 항목의 실현을 구체적인 방법으로 기술하고, 많은 경우 하드웨어와 소프트웨어의 기능을 분담하여 상호보완(trade-off)을 결정한다.

06 **정답** ①

② 프로토타입 모델(prototype model) : 요구 정의와 설계의 타당성을 검증하고 개발 의뢰자의 요구를 바르게 반영하는 모델이다.

③ 폭포수 모델(waterfall model) : 각 공정의 검증을 확실하게 한다면 재작업 없이 이전 공정으로 되돌아가지 않은 것을 전제로 각 공정을 완료한다.

④ 객체 지향 모델(object-oriented model) : 비즈니스 애플리케이션 분야에서는 유용한 프로세스 개발 모델로, UML(Unified Modeling Language)로 개발한다.

07 **정답** ④

MPU는 명령을 메모리에서 읽어내는 인출(fetch)을 수행한 다음, 명령을 해독(decode)하고 해독한 명령을 실행(execute)하는 작업을 반복하여 프로그램을 처리한다.

④ PC는 다음 명령어를 지정하기 위해 카운터(PC)를 증가시킨다.

08 **정답** ③

다음 그림은 파이프라인 실행 시간을 보여준다.

09 **정답** ②

RISC는 단순하고 고정된 길이의 명령어 집합을 제공하여 크기를 줄이고 속도를 높이고자 한 CPU 구조로, CPU 명령어 수 및 형식을 단순화하여 하드웨어만으로 실행시켜 속도를 높이는 구조이다. 그러나 프로그램을 구성할 때 많은 명령어가 필요하다.

10 **정답** ③

① 프로그램 오류(program error) 인터럽트 : 주로 프로그램의 실행 오류로 인해 발생한다.

② 외부(external) 인터럽트 : 시스템 타이머에서 일정한 시간이 만료된 경우 또는 오퍼레이터가 콘솔 상의 인터럽트 키를 입력한 경우에 발생한다.

④ 입출력(I/O) 인터럽트 : 해당 입출력 하드웨어가 주어진 입출력 동작을 완료하였거나 입출력의 오류 등이 발생하였을 때 발생한다.

11 정답 ②

- ADC의 종류에는 계수 비교형 ADC, 축차 비교형 ADC, 이중 적분형 ADC, 병렬 비교형 ADC 등이 있다.
- DAC의 종류에는 무게 저항형 DAC, 사다리형 저항형 DAC, 펄스 폭 변조를 이용한 DAC 등이 있다.

12 정답 ③

주어진 검증을 위해서는 프로그램을 이용하여 시스템 동작의 이상에 따른 하드웨어 검증 루틴을 만들어야 한다. 이러한 과정을 통해서 부트로더는 하드웨어 디버깅과 시스템 초기화 기능을 가지게 된다.

13 정답 ①

RAM의 공간 일부를 주기억공간이 아니라 보조저장공간으로 끌어오는 소프트웨어로, 반대 개념으로는 페이징 파일 혹은 스왑 영역이 있다. 이들은 메인 메모리가 부족할 때 디스크의 일부 공간을 메모리 용도로 쓰는 것이다.

14 정답 ②

mmap() 함수를 사용해도 페이지 폴트에 의한 문맥 교환은 발생한다.

15 정답 ②

선점은 어떤 프로세스가 CPU를 할당받아 실행 중이더라도 운영체제가 CPU를 강제로 빼앗을 수 있는 것으로, 우선순위가 높은 태스크가 실행을 마치면 우선순위가 낮은 태스크에서 스케줄러가 발생한 것으로 지점으로 돌아가서 다시 실행한다. 따라서 선점형 커널은 RTOS에 적합한 구조라고 할 수 있다.

16 정답 ③

③ 마이크로 구조 커널은 계층형 구조의 접근 방식과 반대로 개발된 커널 구조이다.
①, ② 단일형 구조 커널(단일 구조 운영체제)은 초창기 운영체제의 구조로, 커널의 핵심 기능을 구현하는 모듈들이 구분 없이 하나로 구성되어 있다.
④ 계층형 구조 커널은 단일형 구조 커널이 발전된 형태로, 비슷한 기능을 가진 모듈을 묶어서 하나의 계층으로 만들고 계층 간의 통신을 통해 운영체제를 구현하는 방식이다.

17 정답 ②

온도센서는 온도에 따라 출력되는 전압이 변하는 특성을 가진 센서로 일반적으로 TR 모양의 LM35를 사용한다.
② 조도센서란 사용되는 소자는 빛의 양에 따라 저항값이 변하는 포토레지스터로, 광센서, 광전도 셀, 포토셀이라고 불리기도 한다. 조도센서는 Cds 조도센서가 주로 사용되며, 카드뮴(Cd)와 황(S)으로 이루어진 황화카드뮴 결정에 금속다리를 결합하여 만든다.

18 정답 ①

② 연결제어는 연결 지향적 통신에서 연결설정, 데이터 전달, 연결종료 절차의 제어기능을 한다.
③ 단편화는 데이터 패킷을 전송에 적당한 크기로 분해, 조립하는 기능을 한다.
④ 흐름제어는 보낼 데이터양/전송률의 제한 기능을 한다.

19 정답 ④

전송 계층은 OSI 7 계층 모델의 4 계층에 해당하며, 양단 간 어떤 종류의 망이 사용되었는지를 의식하지 않고, 쌍방 응용 프로세스 간에 투명하고 신뢰성 있게 양단 사이에 논리적인 통신을 이루는 계층이다. 그리고 종단 간 양 호스트 내의 응용 프로세스들의 통신을 지원한다.

20 정답 ③

① SPI(Serial Peripheral Interface)는 단거리용 동기식 전이중 직렬 통신 방식으로 주변장치 연결 또는 임베디드 시스템 내부 모듈 간 직렬 연결한다.

② I2C(Inter Integrated Circuit)는 최소 2선만으로도 가능한, 단거리용 동기식 반이중 직렬 통신 인터페이스 규격으로 1986년 필립스 반도체사(후에 NXP사로 독립)에서 규격화했다.

④ USB(Universal Serial Bus)는 PC와 주변기기 간에 시리얼 버스 구조에 대한 규격으로 PC 역사상 가장 성공적인 접속장치이다.

21 정답 ②

① CEBus(Consumer Electronic Bus)는 전력선을 이용하여 가정 내 가전제품을 제어하도록 홈 네트워크 기능을 구현하는 통신 규약(프로토콜)으로 전력선뿐만 아니라 저전압 연선, 동축, 적외선, 무선(RF), 광섬유 등을 통해 통신할 수 있는 프로토콜을 정의한 공개 표준이다.

④ Lonworks는 에셜론사가 제안한 홈 오토메이션을 위한 제어용 네트워크 시스템으로 가정의 토스터, 전구, 스위치와 같은 작은 장치에 마이크로프로세스를 넣어 지능화된 네트워킹을 구현한다.

22 정답 ②

① ROM 에뮬레이터형 디버거 : ROM을 소켓에서 뽑아내고, ROM 소켓에 디버거를 접속할 수 있는 툴이다.

③ ROM 모니터형 디버거 : 디버거는 스텝 실행이나 브레이크 기능 등, 디버그에 필요한 각종 기능을 갖춘 툴이다.

④ 풀 ICE(In Circuit Emulator) 디버거 : CPU 자체를 치환하고, CPU의 동작을 흉내내어 (에뮬레이션) 프로그램의 동작을 조사할 수 있는 툴이다.

23 정답 ③

전역 변수는 언제 어디서 바뀔지 알 수 없으므로 전역 변수에 접근(읽기/쓰기)할 때 항상 메모리에서 불러와야 한다. 따라서 반복적인 내용을 실행하려면 전역 변수의 사용을 줄여야 하며, 최적화해야 한다.

24 정답 ②

임베디드 시스템에서의 성능 장애는 비효율적인 코딩과 구현보다는 대부분 근본적인 하드웨어와 소프트웨어 아키텍처 또는 소프트웨어 설계 요소에 기인하므로 성능 목표 충족에 필요한 추가적인 요소와 불필요한 하드웨어비용은 회피해야 한다.

주관식 해설

01 <u>정답</u> MIPS(Microprocessor without Interlocked Pipeline Stages)

<u>해설</u> 1980년도에 스탠퍼드 대학에서 개발되어, 64비트용 프로세서를 시장에 처음 출시한 컨트롤러이다. 현재 MIPS Technology사에서는 계속 Core만을 개발하고 있으며, 다른 수많은 회사에서 실제 칩을 만들어 상용화하고 있다.

최초의 MIPS 명령어 체계는 1986년 1월 MIPS Computer Systems(현 MIPS Technologies)에서 발표한 R2000 마이크로프로세서와 함께 'MIPS I'이라는 이름으로 발표되었다. R2000은 RISC 기반의 명령어가 처음으로 적용되어 상용화된 CPU이다. 그 당시에 R2000은 모토로라 68000시리즈, 인텔 80386 시리즈와 경쟁했다.

02 <u>정답</u> 블랙박스 테스트(black box test)

<u>해설</u> 소프트웨어의 내부 구조나 작동 원리를 모르는 상태에서 동작을 검사하는 방식이다. 사용자가 직접 특정 app이나 device를 가지고 이리저리 작동시키는 과정이 블랙박스 테스트와 동일하다. 즉, 내부에 어떤 내용이 있는지 하나도 모른 채, 내가 원하는 기능이 예측한 대로 정상 동작하는지를 확인하는 방식이다.

03 <u>정답</u> 디바이스 드라이버(device driver)

<u>해설</u> 디바이스란 네트워크 어댑터, LCD 디스플레이, 오디오, 터미널, 키보드, 하드디스크, 플로피디스크, 프린터 등과 같은 주변 장치들을 말하며, 디바이스를 구동하기 위해서는 디바이스 구동 프로그램(소프트웨어)인 디바이스 드라이버가 필요하다.

임베디드 리눅스 시스템에서의 디바이스 종류는 크게 3가지로 분류될 수 있다. 문자 디바이스(character device), 블록 디바이스(block device), 네트워크 디바이스(network device)로 구성된다.

04 <u>정답</u> ㉠ → ㉡ → ㉢ → ㉣ → ㉤ → ㉥

<u>해설</u> 일반적인 임베디드 시스템 부팅과정은 다음 그림과 같다.

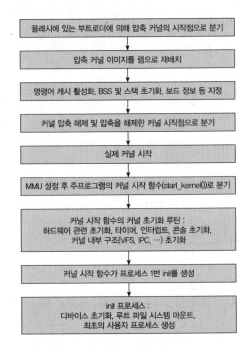

플래시에 있는 부트로더에 의해 압축 커널의 시작점으로 분기

압축 커널 이미지를 램으로 재배치

명령어 캐시 활성화, BSS 및 스택 초기화, 보드 정보 등 지정

커널 압축 해제 및 압축을 해제한 커널 시작점으로 분기

실제 커널 시작

MMU 설정 후 주프로그램의 커널 시작 함수(start_kernel())로 분기

커널 시작 함수의 커널 초기화 루틴 : 하드웨어 관련 초기화, 타이머, 인터럽트, 콘솔 초기화, 커널 내부 구조(VFS, IPC, ⋯) 초기화

커널 시작 함수가 프로세스 1번 init를 생성

init 프로세스 : 디바이스 초기화, 루트 파일 시스템 마운트, 최초의 사용자 프로세스 생성

제2회

01	02	03	04	05	06	07	08	09	10	11	12
①	②	③	①	③	①	④	③	①	④	④	①
13	14	15	16	17	18	19	20	21	22	23	24
①	④	①	②	④	①	②	①	④	①	④	②

주관식 정답			
01	커널 포팅	03	1.7미터(= 1.7m = 170cm)
02	세마포어	04	기능점수(Function Point) 또는 FP

01 **정답** ①

CPU가 주변장치들에 데이터를 전달하는 방식은 프로그램 제어 데이터 전송, 가로채기(인터럽트) 데이터 전송, 직접 메모리 액세스(접근) 전송, I/O 프로세서 전송이 있다.

02 **정답** ②

캐시는 CPU 안에 있고, CPU 내부 버스의 속도로 작동하므로 **빠른** 접근 시간을 제공하는 기억장치이다. 또한 기억장치의 어드레스 공간 확장과는 무관하며, **빠른** 속도로 작동하는 CPU와 느린 속도로 작동하는 메모리(RAM) 사이에서 두 장치의 속도 차이를 완화하는 효과가 있다.

03 **정답** ③

다음 그림은 커널 컴파일 과정이다.

1. 커널 소스 코드 다운로드
2. 커널 소스 파일 압축해제
3. 커널 소스의 설정값 초기화
4. 커널 컴파일 옵션 설정 작업
5. 커널 이미지 파일 생성 작업
6. 커널 모듈 생성을 위한 컴파일 작업
7. 커널 모듈 설치 작업
8. 커널 모듈 파일 복사, grub.conf 파일 수정
9. 새로운 커널 사용을 위한 시스템 재부팅

04 **정답** ①

경성 실시간 시스템(hard real-time system)은 작업실행에 시간 제약 조건을 못 지키는 경우 시스템에 치명적인 영향을 주는 시스템이다.

05 **정답** ③

마이크로 구조 커널의 운영체제는 프로세스 관리, 메모리 관리, 프로세스 간 통신 관리 등 가장 기본적인 기능만 제공한다.

06 **정답** ①

arch는 하드웨어 종속적인 부분들이 구현된 디렉터리고, 아키텍처 및 CPU에 종속적인 커널 코드를 포함하고 있다.

07 **정답** ④

NFS(Network File System)은 네트워크를 통해 원격 디스크 장치 내의 file들을 공유시켜줄 수 있는 파일 시스템이다.
리눅스 계열의 경우 LILO와 GRUB를 주고 사용하며, 윈도우 계열은 NTLDR을 주고 사용한다. 임베디드 리눅스의 경우 ARM 계열의 BLOB가 있으며, MPC 계열은 PPCBOOT 부트로더를 일반적으로 사용한다.

08 정답 ③

make mrproper은 이전 컴파일 시 남은 커널 옵션을 초기화한다.
② 메뉴설정 화면에서 설정을 추가한다.

09 정답 ①

임베디드 시스템은 제한된 자원을 사용하므로 데스크톱이나 서버와 달리 파일 시스템 운영에도 효율성을 추구해야 한다. 또한 열악한 환경에서도 잘 견디고 안정적으로 가동되어야 한다. 문제가 발생하면 자동으로 복구되고 전원을 차단해도 데이터 손실 없이 재가동되도록 해야 한다.

10 정답 ④

/sbin : 필수적인 system binaries(시스템 관리용)로, halt, reboot, fdisk 등을 포함한다.

11 정답 ④

다음은 아이노드 데이터 구조체의 제어 정보들이다.

필드	크기	설명
모드(형식)	2	파일 형태, 보호 비트
N링크	2	i-노드에 대한 디렉터리 엔트리 수
사용자 식별자	2	파일의 개별 소유자
그룹 식별자	2	파일의 그룹 소유자
크기	4	파일의 크기(바이트 수)
주소	39	주소 정보(직접 블록 10개, 간접 블록 3개)
생성자	1	생성 번호
액세스 시간	4	파일에 마지막으로 액세스한 시간
수정 시간	4	파일을 마지막으로 수정한 시간
변경 시간	4	i-노드를 수정한 마지막 시간

12 정답 ①

램디스크는 RAM에서 동작하기 때문에 읽고 쓰기가 매우 빠르고, gzip 알고리즘으로 압축하기 때문에 용량을 줄일 수 있다는 장점이 있다. 그러나 메모리 일부를 램디스크로 할당하기 때문에 메모리 가용량이 줄고, 휘발성이기 때문에 시스템을 다시 부팅하거나 전원이 꺼지면 내용을 읽어 버린다.

13 정답 ①

② pervasive computing : 네트워킹 기술이 확산되면서 PC에서만 할 수 있던 업무를 다양한 소형기기를 통해 언제 어디서나 처리할 수 있게 한 컴퓨터 기술이다.
③ nomadic computing : 인터넷이나 다른 컴퓨터와 접속할 수 있는 이동 통신 기술과 관련한 휴대 컴퓨터의 사용하는 기술이다.
④ sentient computing : 센서를 사용하여 환경을 인식하고 그에 따라 반응하는 유비쿼터스 컴퓨팅의 한 형태이다.

14 정답 ④

JTAG을 통해 데이터를 동기식 직렬 통신 전송하는 방식은 boundary scan을 통해 구현한다.

15 정답 ①

다음 그림은 DMA 구성도 및 구성요소이다.

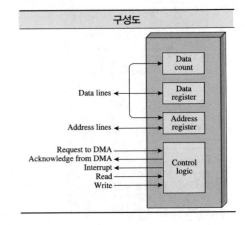

구성요소	설명
주소 레지스터	I/O 장치 주소
데이터 레지스터	데이터 버퍼
계수 레지스터	전송 Data 수
컨트롤 레지스터	전송모드
제어 회로	신호 발생 회로

16 **정답** ②

드라이버 확인 프로그램으로 커널에 내장된 커널 모드 드라이버 검증 및 테스트를 할 수 있는 디바이스 드라이버 검증할 수 있다.

17 **정답** ④

① 디바이스 그룹(device group) 정보: 가장 먼저 제어하려는 디바이스가 block, character, network device 그룹 중 어디에 속하는지에 대한 정보가 필요하다.

② 디바이스 종류 정보(major number) : 그룹 내에 있는 많은 종류의 디바이스 중에서 자신이 제어해야 할 디바이스가 어떤 종류에 속하는지를 알기 위해 번호를 붙여 관리한다.

③ 디바이스 구분 정도(minor number) : 디바이스를 제어하기 위해 마지막으로 필요한 정보는 같은 종류의 디바이스 중에서 실제 제어해야 할 디바이스를 구분하기 위한 정보가 필요하다.

18 **정답** ①

② malloc : 메모리를 사용하기위해 사용할 메모리 공간을 확보한다.

③ pipe : 프로세스 간 통신을 할 때 사용하는 커뮤니케이션의 한 방법이다.

④ fopen : 파일에 문자열을 쓸 때는 먼저 fopen()으로 파일 포인터를 얻은 뒤 fprintf()를 사용한다.

19 **정답** ②

메모리에 접근 가능한 비트가 32이므로 $2^{32} = 4,294,967,296$, 4GByte까지 액세스할 수 있다.

20 **정답** ①

화이트박스 테스트 종류는 다음과 같다.

- 기초 경로 검사(Basic Path Testing)
- 조건 검사(Condition Testing)
- 루프 검사(Loop Testing)
- 데이터 흐름 검사(Data Flow Testing)

21 **정답** ④

프로젝트 관리는 주어진 기간 내에 최소의 비용으로 사용자를 만족시키는 시스템을 개발하기 위한 전반적인 활동으로 소프트웨어 개발 계획을 세우고 분석, 설계, 구현 등의 작업을 통제하는 것으로 소프트웨어 생명 주기의 전 과정에 걸쳐 진행돼야 한다.

소프트웨어 프로젝트를 성공적으로 수행하기 위해서는 수행할 작업의 범위, 필요한 자원, 수행 업무, 이정표, 비용 추진 일정들을 알아야 한다.

22 정답 ①

① 응용 프로그램 계층은 사용자나 응용 프로그램 사이에 데이터의 교환이 가능하게 하는 계층으로, 응용 프로세스와 직접 관계하여 일반적인 응용 서비스를 수행한다.

② 표현 계층은 다른 기종의 여러 시스템이 서로 다른 데이터 표현 방식을 사용할 때 이를 하나의 통일된 구문 형식으로 변환시키는 기능을 수행하는 계층이다.

③ 물리 계층은 최하위 계층으로, 단말기기와 전송매체 사이의 인터페이스를 정의하고, 데이터링크 계층 엔티티 간의 비트 전송을 위해 물리적인(기계적, 전기적, 기능적, 절차적인) 수단을 제공하는 계층이다.

④ 세션 계층은 표현 실체가 특성에 맞게 데이터를 교환할 수 있는 통신방법을 제공하는 것을 목적으로 한다.

23 정답 ④

④ fork() : 현재 실행되는 프로세스에 대한 복사본을 만들어 자식 프로세스를 생성한다.

① create() : 객체를 생성한다.

② exec() : 한 프로세스가 다른 프로세스를 실행시키기 위해 사용한다.

③ memcpy() : 특정 메모리를 다뤄 복사하는 함수다.

24 정답 ②

mount 명령을 사용하여, 마운트한 CD-ROM, flopy disket 등이 들어가는 디렉터리다.

이 디렉터리는 여러 가지 기타의 파일 시스템을 마운트하는 곳이다. 때때로, CD-ROM과 플로피 장치를 마운트 하기 위해서 /cdrom과 /floppy 디렉터리가 사용되지만, 데비안이 아닌 다른 배포본에서도 이렇게 쓰이는지는 확신할 수 없다. /mnt는 때로 /mount라고도 불린다.

주관식 해설

01 정답 커널 포팅

해설 어느 한 운영체제에서 작동하는 프로그램을 다른 운영체제에서 작동하도록 프로그램을 변경하는 것 또는 운영체제 자체를 이식하는 것이다. 한 운영체제에서 작동하는 프로그램을 크로스 컴파일러를 통해 타겟 운영체제에서 실행될 수 있는 실행파일을 생성할 수 있다.

CPU나 메모리, 기타 장치가 탑재된 시스템에는 포팅 과정을 통해 OS를 설치하여야 한다.

02 정답 세마포어

해설 세마포어는 공유자원에 대한 동기화를 수행한다. 운영체제가 제공하는 자원으로 세마포어 S는 정수값을 변수로서 초기화 및 두 개의 연산(P,V 또는 wait, signal)으로만 접근 가능한 변수를 이용하여 상호배제를 구현한다.

03 정답 1.7미터(= 1.7m = 170cm)

해설 장애물까지의 거리(L), 장애물에 반사된 초음파가 돌아오는 데 걸리는 시간(△T), 음속(C) 사이의 관계를 다음과 같은 식으로 정리할 수 있다.

$$L = C \times \triangle T / 2 = 340 \times \triangle T / 2$$
$$= 170 \times \triangle T$$

- L : 장애물까지의 거리
- C : 음속
- △T : 초음파를 발신한 직후부터 수신하기까지 걸리는 시간

그러므로 $L = 170m/sec \times 10msec =$
$170m/sec \times 10 \times 10^{-3}sec = 1.7m$

04 **정답** 기능점수(Function Point) 또는 FP

해설 IBM사의 Allan J. Albrecht에 의해 처음 개발되었으며, 사용자가 요구한 기능을 기반으로 전체 시스템의 규모를 산정한다. 장점으로는 계발에 사용된 기술, 환경, 언어, 도구, 개발자 능력으로부터 독립적이고, 사용자 요구 사항만으로 규모 산정이 가능하므로 소프트웨어 개발 초기 단계에 산정이 가능하다는 점이다.
단점으로는 프로젝트 초기 단계에 모든 요구 사항을 파악하기에 어렵다면, 산정이 어렵고, 알려지지 않은 기능의 복잡도가 있다면 산정이 어렵다는 점이다.

여기서 멈출 거예요? 고지가 바로 눈앞에 있어요.
마지막 한 걸음까지 SD에듀가 함께할게요!

절취선

남도 전공심화과정인정시험 답안지(객관식)

컴퓨터용 사인펜만 사용

★ 수험생은 수험번호와 응시과목 코드번호를 표기(마킹)한 후 일치여부를 반드시 확인할 것.

전공분야

성명

	수 험 번 호										
(1)	3	―		―			―				
(2)											

※ 감독관 확인란

관 리 번 호

(연번)

(인)

(응시자수)

답안지 작성시 유의사항

1. 답안지는 반드시 컴퓨터용 사인펜을 사용하여 다음 보기와 같이 표기할 것.
   보기 잘된표기: ●
   잘못된 표기: ⊗ ⊗ ⊙ ○ ● ◑

2. 수험번호 (1)에는 아라비아 숫자로 쓰고, (2)에는 "●"와 같이 표기할 것.
3. 과목코드는 뒷면 "과목코드번호"를 보고 해당과목의 코드번호를 찾아 표기하고,
   응시과목란에는 응시과목명을 한글로 기재할 것.
4. 교시코드는 문제지 전면 의 교시를 해당란에 "●"와 같이 표기할 것.
5. 한번 표기한 답은 긁거나 수정액 및 스티커 등 어떠한 방법으로도 고쳐서는
   아니되고, 고친 문항은 "0"점 처리함.

과목코드

교시코드	응시과목
	1 ① ② ③ ④ 14 ① ② ③ ④
	2 ① ② ③ ④ 15 ① ② ③ ④
	3 ① ② ③ ④ 16 ① ② ③ ④
	4 ① ② ③ ④ 17 ① ② ③ ④
	5 ① ② ③ ④ 18 ① ② ③ ④
	6 ① ② ③ ④ 19 ① ② ③ ④
	7 ① ② ③ ④ 20 ① ② ③ ④
	8 ① ② ③ ④ 21 ① ② ③ ④
	9 ① ② ③ ④ 22 ① ② ③ ④
	10 ① ② ③ ④ 23 ① ② ③ ④
	11 ① ② ③ ④ 24 ① ② ③ ④
	12 ① ② ③ ④
	13 ① ② ③ ④

과목코드

응시과목
1 ① ② ③ ④ 14 ① ② ③ ④
2 ① ② ③ ④ 15 ① ② ③ ④
3 ① ② ③ ④ 16 ① ② ③ ④
4 ① ② ③ ④ 17 ① ② ③ ④
5 ① ② ③ ④ 18 ① ② ③ ④
6 ① ② ③ ④ 19 ① ② ③ ④
7 ① ② ③ ④ 20 ① ② ③ ④
8 ① ② ③ ④ 21 ① ② ③ ④
9 ① ② ③ ④ 22 ① ② ③ ④
10 ① ② ③ ④ 23 ① ② ③ ④
11 ① ② ③ ④ 24 ① ② ③ ④
12 ① ② ③ ④
13 ① ② ③ ④

[이 답안지는 마킹연습용 모의답안지입니다.]

년도 전공심화과정
인정시험 답안지(주관식)

전공분야

성명

★ 수험생은 수험번호와 응시과목 코드번호를 표기(마킹)한 후 일치여부를 반드시 확인할 것.

번호	※1차 점수	※1차 채점	※1차확인	응시과목	과 목	※2차확인	※2차 채점	※2차 점수
1	⓪①②③④⑤⑥⑦⑧⑨⑩							⓪①②③④⑤⑥⑦⑧⑨⑩
2	⓪①②③④⑤⑥⑦⑧⑨⑩							⓪①②③④⑤⑥⑦⑧⑨⑩
3	⓪①②③④⑤⑥⑦⑧⑨⑩							⓪①②③④⑤⑥⑦⑧⑨⑩
4	⓪①②③④⑤⑥⑦⑧⑨⑩							⓪①②③④⑤⑥⑦⑧⑨⑩
5	⓪①②③④⑤⑥⑦⑧⑨⑩							⓪①②③④⑤⑥⑦⑧⑨⑩

과목코드
①②③④⑤⑥⑦⑧⑨⓪
①②③④⑤⑥⑦⑧⑨⓪
①②③④⑤⑥⑦⑧⑨⓪
①②③④⑤⑥⑦⑧⑨⓪
①②③④⑤⑥⑦⑧⑨⓪

교시코드
①②③④

수험번호
(1) 3 —
①②③●④
(2)
①②③④⑤⑥⑦⑧⑨⓪ — ①②③④⑤⑥⑦⑧⑨⓪ — ①②③④⑤⑥⑦⑧⑨⓪

답안지 작성시 유의사항

1. ※란은 표기하지 말 것.
2. 수험번호 (2)란, 과목코드, 교시코드는 반드시 컴퓨터용 싸인펜으로 표기할 것.
3. 교시코드는 문제지 전면의 교시를 해당란에 컴퓨터용 싸인펜으로 표기할 것.
4. 답안은 반드시 흑·청색 볼펜 또는 만년필을 사용할 것.
   (연필 또는 적색 필기구 사용불가)
5. 답안을 수정할 때에는 두줄(=)을 긋고 수정할 것.
6. 답안지 부족하면 해당답란에 "뒷면기재"라고 쓰고
   뒷면 '추가답란'에 문제번호를 기재한 후 답안을 작성할 것.
7. 기타 유의사항은 객관식 답안지의 유의사항과 동일함.

※ 감독관 확인란

(인)

절취선

남도 전공심화과정인정시험 답안지(객관식)

컴퓨터용 사인펜만 사용

★ 수험생은 수험번호와 응시과목 코드번호를 표기(마킹)한 후 일치여부를 반드시 확인할 것.

전공분야

성명

(1) 3 - - -

(2) ① ② ● ④

수험번호

과목코드 / **응시과목**

	1 ① ② ③ ④	14 ① ② ③ ④
	2 ① ② ③ ④	15 ① ② ③ ④
	3 ① ② ③ ④	16 ① ② ③ ④
	4 ① ② ③ ④	17 ① ② ③ ④
	5 ① ② ③ ④	18 ① ② ③ ④
	6 ① ② ③ ④	19 ① ② ③ ④
	7 ① ② ③ ④	20 ① ② ③ ④
	8 ① ② ③ ④	21 ① ② ③ ④
	9 ① ② ③ ④	22 ① ② ③ ④
	10 ① ② ③ ④	23 ① ② ③ ④
	11 ① ② ③ ④	24 ① ② ③ ④
	12 ① ② ③ ④	
	13 ① ② ③ ④	

교시코드 ① ② ③ ④

답안지 작성시 유의사항

1. 답안지는 반드시 컴퓨터용 사인펜을 사용하여 다음 囝와 같이 표기할 것.
   囝 잘된 표기: ●
   잘못된 표기: ⊗ ⊙ ◐ ◑ ⊘

2. 수험번호 (1)에는 아라비아 숫자로 쓰고, (2)에는 "●"와 같이 표기할 것.

3. 과목코드는 뒷면 "과목코드번호"를 보고 해당과목의 코드번호를 찾아 표기하고,

4. 교시코드는 문제지 전면 의 교시를 해당란에 "●"와 같이 표기할 것.

5. 한번 표기한 답은 긁거나 수정할 수 없으며 스티커 등 어떠한 방법으로도 고쳐서는 아니되고, 고친 문항은 "0"점 처리됨.

과목코드 / **응시과목**

	1 ① ② ③ ④	14 ① ② ③ ④
	2 ① ② ③ ④	15 ① ② ③ ④
	3 ① ② ③ ④	16 ① ② ③ ④
	4 ① ② ③ ④	17 ① ② ③ ④
	5 ① ② ③ ④	18 ① ② ③ ④
	6 ① ② ③ ④	19 ① ② ③ ④
	7 ① ② ③ ④	20 ① ② ③ ④
	8 ① ② ③ ④	21 ① ② ③ ④
	9 ① ② ③ ④	22 ① ② ③ ④
	10 ① ② ③ ④	23 ① ② ③ ④
	11 ① ② ③ ④	24 ① ② ③ ④
	12 ① ② ③ ④	
	13 ① ② ③ ④	

[이 답안지는 마킹연습용 모의답안지입니다.]

※ 감독관 확인란

(인)

| 관리번호 (연번) | |
| (응시자수) | |

년도 전공심화과정
인정시험 답안지(주관식)

전공분야

성 명

과목코드

① ② ③ ④ ⑤ ⑥ ⑦ ⑧ ⑨ ⓪
① ② ③ ④ ⑤ ⑥ ⑦ ⑧ ⑨ ⓪
① ② ③ ④ ⑤ ⑥ ⑦ ⑧ ⑨ ⓪
① ② ③ ④ ⑤ ⑥ ⑦ ⑧ ⑨ ⓪

교시코드

① ② ③ ④

수 험 번 호

① ② ③ ④ ⑤ ⑥ ⑦ ⑧ ⑨ ⓪
① ② ③ ④ ⑤ ⑥ ⑦ ⑧ ⑨ ⓪
① ② ③ ④ ⑤ ⑥ ⑦ ⑧ ⑨ ⓪
① ② ③ ④ ⑤ ⑥ ⑦ ⑧ ⑨ ⓪
① ② ③ ④ ⑤ ⑥ ⑦ ⑧ ⑨ ⓪
① ② ③ ④ ⑤ ⑥ ⑦ ⑧ ⑨ ⓪
① ② ③ ④ ⑤ ⑥ ⑦ ⑧ ⑨ ⓪

3

(1) ① ② ● ④

(2)

답안지 작성시 유의사항

1. ※란은 표기하지 말 것.
2. 수험번호 (2)란, 과목코드, 교시코드 표기는 반드시 컴퓨터용 싸인펜으로 표기할 것.
3. 교시코드는 문제지 전면의 교시를 해당란에 컴퓨터용 싸인펜으로 표기할 것.
4. 답란은 반드시 흑·청색 볼펜 또는 만년필을 사용할 것. (연필 또는 적색 필기구 사용불가)
5. 답안을 수정할 때에는 두줄(=)을 긋고 수정할 것.
6. 답란이 부족하면 해당답란에 "뒷면기재"라고 쓰고 뒷면 "추가답란"에 문제번호를 기재한 후 답안을 작성할 것.
7. 기타 유의사항은 객관식 답안지의 유의사항과 동일함.

응시과목

번호	※1차 점수	※1차 채점	1차확인	응 시 과 목	※1차확인	2차 채점	※2차 점수
1	⓪ ① ② ③ ④ ⑤ ⑥ ⑦ ⑧ ⑨ ⑩						⓪ ① ② ③ ④ ⑤ ⑥ ⑦ ⑧ ⑨ ⑩
2	⓪ ① ② ③ ④ ⑤ ⑥ ⑦ ⑧ ⑨ ⑩						⓪ ① ② ③ ④ ⑤ ⑥ ⑦ ⑧ ⑨ ⑩
3	⓪ ① ② ③ ④ ⑤ ⑥ ⑦ ⑧ ⑨ ⑩						⓪ ① ② ③ ④ ⑤ ⑥ ⑦ ⑧ ⑨ ⑩
4	⓪ ① ② ③ ④ ⑤ ⑥ ⑦ ⑧ ⑨ ⑩						⓪ ① ② ③ ④ ⑤ ⑥ ⑦ ⑧ ⑨ ⑩
5	⓪ ① ② ③ ④ ⑤ ⑥ ⑦ ⑧ ⑨ ⑩						⓪ ① ② ③ ④ ⑤ ⑥ ⑦ ⑧ ⑨ ⑩

※ 감독관 확인란

(인)

[이 답안지는 마킹연습용 모의답안지입니다.]

절취선

참고문헌

1. 『임베디드 시스템을 위한 소프트웨어 공학 총론』, 로버트 오샤나 외 1명, 에이콘출판사

2. 『임베디드 시스템 아키텍처』, 다니엘 라카메라, 에이콘출판사

3. 『임베디드 시스템 개발 : C/C++를 이용한』, 김수홍, 21세기사

4. 『임베디드 컴퓨터 시스템』, 정환묵, 내하출판사

5. 『임베디드 시스템개론』, 차병래, 기한재

6. 『네트워크 기반 임베디드 시스템의 기초 및 실습』, 김동성, 한국학술정보

7. 『임베디드 리눅스 시스템 개발 및 응용』, 최무영 외 1명, 생능출판사

8. 『리눅스 프로그래밍 : 원리와 실제』, 창병모, 생능출판사

9. 『유닉스 리눅스 : 사용에서 프로그래밍까지』, 창병모, 생능출판사

10. 『IBM PC 어셈블러 프로그래밍』, 피터 에블, 교보문고

11. 『임베디드 리눅스 기초와 응용 : 인텔 PXA270 기반, VMWare 이용』, 우종정 외 1명, 한빛아카데미

12. 정보통신기술용어해설, http://www.ktword.co.kr/

안심Touch

여기서 멈출 거예요? 코치가 바로 눈앞에 있어요.
마지막 한 걸음까지 SD에듀가 함께할게요!

좋은 책을 만드는 길
독자님과 함께하겠습니다.

도서나 동영상에 궁금한 점, 아쉬운 점, 만족스러운 점이
있으시다면 어떤 의견이라도 말씀해 주세요.
SD에듀는 독자님의 의견을 모아 더 좋은 책으로 보답하겠습니다.

www.sdedu.co.kr

시대에듀 독학사 컴퓨터공학과 3단계 임베디드시스템

초 판 발 행	2022년 08월 05일 (인쇄 2022년 06월 30일)
발 행 인	박영일
책 임 편 집	이해욱
편 저	김동욱
편 집 진 행	송영진·김다련
표 지 디 자 인	박종우
편 집 디 자 인	김경원·박서희
발 행 처	(주)시대고시기획
출 판 등 록	제10-1521호
주 소	서울시 마포구 큰우물로 75 [도화동 538 성지 B/D] 9F
전 화	1600-3600
팩 스	02-701-8823
홈 페 이 지	www.sdedu.co.kr
I S B N	979-11-383-2634-6 (13000)
정 가	25,000원